U0469699

觅曲记

韦力·传统文化遗迹寻踪系列之三

韦力 著

上海文艺出版社
Shanghai Literature & Art Publishing House

【目次】

001　序　言

011　**戏　曲**

013　关汉卿：普天下郎君领袖，盖世界浪子班头
028　白朴：天公不禁自由身，放我醉红裙
043　王实甫：把尘缘一笔勾，再休提名利友
060　马致远：枯藤老树昏鸦，小桥流水人家
077　张养浩：峰峦如聚，波涛如怒
091　高明：论传奇，乐人易，动人难
106　纪君祥：落得个史册上标名，留与后人讲
125　张凤翼：少小推英勇，论雄才大略，韩彭伯仲
144　汤显祖：良辰美景奈何天，赏心乐事谁家院
160　赵南星：见做了紫阁名卿，哪里管青楼薄命
178　冯梦龙：我笑那李老聃五千言的道德，我笑释迦佛五千卷的文字
199　李渔：果是佳人不嫌妒，美味何尝离却醋
216　洪昇：万里何愁南共北，两心那论生和死
236　孔尚任：暗思想，那些莺颠燕狂，关甚兴亡
253　吴梅：半林夕照，红上峰腰，孤冢无人扫

269　小 说

271　施耐庵：恰如猛虎卧荒丘，潜伏爪牙忍受
288　罗贯中：古今多少事，都付笑谈中
305　吴承恩：相逢处，非仙即道，静坐讲《黄庭》
323　蒲松龄：天孙老矣，颠倒了、天下几多杰士
342　吴敬梓：不三不四，就想天鹅屁吃
355　曹雪芹：满纸荒唐言，一把心酸泪
375　李伯元：拉了翰林就有官做，做了官就有钱赚
390　曾朴：你自伴侬侬伴你，悠悠。
　　　倒无离恨挂心头

序言

关于中国戏曲在世界上的地位，刘文峰在《中国戏曲史》中有着如下表述："中国戏曲是与古希腊戏剧、古印度梵剧齐名的世界三大古典戏剧之一。在这三大古典戏剧中，古希腊戏剧和古印度梵剧早已退出历史的舞台，唯有中国戏曲不仅还生存于中国各地城乡舞台，而且随着时代的进步还在不断发展。"从这个角度而言，中国的戏曲跟中国的文字颇为相像。在世界几大文明体系中，唯有华夏文明史未曾断档，一直延续到了今日。

关于中国戏曲的起源，按照张庚先生《中国大百科·戏曲曲艺》卷中说："中国戏曲的起源很早，在上古原始社会的歌舞中已经萌芽了。……戏曲主要是由民间歌舞、说唱和滑稽戏三种不同艺术形式综合形成的。"这段说法讲述的是，中国戏曲的起始时期以及三种不同的来由。而王国维则认为，戏曲的来源乃是上古的古巫和古优，其在《宋元戏曲考》中说："古代之巫，实以歌舞为职，以乐神人者也。"许地山则认为中国戏曲是来自于印度的梵剧，其有《梵剧体例及其在汉剧上的点点滴滴》一文，他在该文中从十个方面论述了以上的这种观点，而后得出的结论为："中国戏剧变迁的陈迹如果不是因为印度的影响，就可以看作赶巧两国的情形相符了。"

除了以上的说法，孙楷第先生则认为中国戏曲来源于傀儡戏和影戏，他在《傀儡戏考源》一文中说："为宋元以来戏文杂剧所从出；乃至后世一切大戏，皆源于此。其于戏曲扮演之制，如北曲之以一人唱；南曲之分唱、合唱、互唱，以及扮脚人之自赞姓名，扮脚人之涂面，优人之注重步法等；语其事之所由起，亦莫不归之于傀儡戏影戏。"

关于中国戏曲起始的时段，前面张庚先生说到是上古原始社会，这种说法是一种朦胧的表述，难以找到相应的史料予以佐证。而有着相应的文字记载者，叶长海在《中国戏剧学史稿》中则举出了《尚书·尧典》中的一段话："帝曰：夔！命女典乐，教胄子。……诗言志，歌永言，声依永，律和声，八音克谐，无相夺伦，神人以和。夔曰：於！予击石拊石，百兽率舞。"叶长海认为，该段文字"记载了中国早期的文艺理论"。

余外，《吕氏春秋·古乐》中也曾说："昔葛天氏之乐，三人操牛尾，投足以歌八阕。"这句话也是谈及中国戏曲起源时多被引用者。另外《毛诗序》中的一段话也被认为是诗歌同源的证据："诗者，志之所之也，在心为志，发言为诗。情动于中而形于言，言之不足，故嗟叹之；嗟叹之不足，故永歌之；永歌之不足，不知手之舞之，足之蹈之。"

而王国维则认为，屈原《九歌》中描绘的一些篇章也谈到了楚国盛大的祭祀歌舞场面："浴兰沐芳，华衣若英，衣服之丽也；缓节安歌，竽瑟浩倡，歌舞之盛也；乘风载云之词，生别新知之语，荒淫之意也。是则灵之为职，或偃蹇以象神，或婆娑以乐神，盖后世戏剧之萌芽，已有存焉者矣。"

到了汉代，已经有些文献开始记载戏曲表演，比如《西京杂记》中的《东海黄公》一段："余所知有鞠道龙，善为幻术，向余说古时事。有东海人黄公，少时为术，能制蛇御虎。佩赤金刀，以绛缯束发，立兴云雾，坐成山河。及衰老，气力羸惫、饮酒过度，不能复行其术。秦末，有白虎见于东海，黄公乃以赤刀往厌之。术既不行，遂为虎所杀。三辅人俗用以为戏，汉帝亦取以为角抵之戏焉。"

这段话被后世认知为汉代角抵戏的记录文字。而对于该段记录，程千帆在《元代文学史·绪论》中说："这是魔幻与武术相结合，演出具有震撼性的悲剧，东海黄公的人物形象颇为鲜明，当然猛虎也是由人扮演的。不过这只能算是戏曲的萌芽时期。唐代的歌舞戏和参军戏才形成戏曲的初步形式，通过歌舞或讲唱，来表演短小的故事情节。"虽然这段记载颇为形象，但程千帆也同样认为文中的描绘只能算是戏曲的萌芽，他认为到了唐代才真正形成了初具形式的戏曲。

那怎样才算是成熟戏曲的标志呢？王国维在《宋元戏曲史》中认为："必合言语、动作、歌唱以演故事，而后戏剧之意义始全。"看来，严格意义上的戏曲，必须具备语言、动作、歌唱和故事性这几方面。

按照王国维所定出的这几大要点，流传至今的相应文献中，以唐代崔令钦《教坊记》中所记录的《大面》和《踏谣娘》，为最早符合标准者：

> 《大面》——出北齐。兰陵王长恭，性胆勇而貌若妇人，自嫌不足以威敌，乃刻木为假面，临阵着之。因为此戏，亦入歌曲。
>
> 《踏谣娘》——北齐有人姓苏，䶌鼻，实不仕，而自号为郎中，嗜饮酗酒，每醉辄殴其妻。妻衔悲，诉于邻里。时人弄之。丈夫着妇人衣，徐行入场。行歌，每一叠，傍人齐声和之云："踏谣，和来！踏谣娘苦，和来！"以其且步且歌，故谓之"踏谣"；以其称冤，故言"苦"。及其夫至，则作殴斗之状，以为笑乐。今则妇人为之，遂不呼郎中，但云"阿叔子"。调弄又加典库，全失旧旨。或呼为"谈容娘"，又非。

对于这两出戏，王国维在《宋元戏曲史》中评价说："此二者皆有歌有舞，以演一事，而前此虽有歌舞，未用之以演故事，虽演故事，未尝合以歌舞。不可谓非优戏之创例也。"而后他得出了这样的结论:"后世戏剧之源,实自此始。"

到了宋代,有关戏曲的记录文字渐渐多了起来,比如耐得翁在《都城纪胜》中,有专篇名为《瓦舍众伎》:

> 瓦者,野合易散之意也,不知起于何时;但在京师时,甚为士庶放荡不羁之所,亦为子弟流连破坏之地。
>
> 散乐,传学教坊十三部,唯以杂剧为正色。……杂剧中,末泥为长,每四人或五人为一场,先做寻常熟事一段,名曰艳段;次做正杂剧,通名为两段。末泥色主张,引戏色分付,副净色发乔,副末色打诨,又或添一人装孤。其吹曲破断送者,谓之把色。大抵全以故事世务为滑稽,本是鉴戒,或隐为谏诤也,故从便跣露,谓之"无过虫"。

这段记载也是各种戏曲专论中经常被引用者。而对于宋代曲目的记录,则以周密在《武林旧事》卷十《官本杂剧段数》最受后世所关注,该文中记录了二百八十本杂剧。

到了元代,才真正进入了中国戏曲的第一个高峰。为什么在这个时期会呈现出戏曲大繁荣的情况?相应著作多有分析,而这些论述大多是从社会环境的特殊性予以着眼,因为蒙古贵族对汉人的鄙视和欺压,使得一些文人把精力用在戏曲创作方面,比如明胡侍在《真珠船·元曲》中说:"于是以其有用之才,而一寓之乎声歌之末,以舒其怫郁感慨之怀,盖所谓不得其平而鸣焉者也。"

胡侍说,这些有才之士只能通过写歌填曲,来抒发自己心中的不平之气。对于这样的大繁荣局面,明王骥德在《曲律·杂论下》中说:"古之优人,第以谐谑滑稽供人主喜笑,未有并曲与白而歌舞登场如今之戏子者;又皆优人自造科套,非如今日习现成本子,俟主人拣择,而日日此伎俩也。……至元而始有剧戏如今之所搬演者。

是此窍由天地开辟以来,不知越几百千万年,俟夷狄主中华,而于是诸词人一时林立,始称作者之圣。呜呼异哉!"

王骥德说,古代唱戏者不过就是一些娼优,他们靠一些滑稽的表演来博主人一笑,所以那时也没有什么正统的剧本,只是随意地表演,而到了元代则有了现成的剧本,可以供点唱人选择。所以,元代戏曲的这种形式在王骥德看来,乃是开天辟地后的首次繁荣,故而叶长海在《中国戏剧学史稿》中说到:"元杂剧终以它的艺术力量和杰出成就稳然树立,并巩固了戏剧艺术在中国文艺史上的地位。"除此之外,元代的戏曲资料记载也是重要的一个高峰,故叶长海又说到:"如果说元代是我国古代戏剧的第一个黄金时代,那末元代的戏剧理论批评则是我国戏剧学历史上的第一个高峰。"

关于戏曲资料记载的高峰,则以元代钟嗣成的《录鬼簿》最具名气也最具史料价值。对于元曲作家的研究,该书可谓最具名气,有很多元曲作家的生平资料唯此书有载,该书记录了元代戏曲和散曲作家达一百五十二人之多,其中记录这些人的作品有四百多种。对于该书的写作目的,钟嗣成在《录鬼簿》的序言中说到:"余因暇日,缅怀故人,门第卑微,职位不振,高才博识,俱有可录,岁月弥久,湮没无闻,遂传其本末,吊以乐章。复以前乎此者,叙其姓名,述其所作,冀乎初学之士,刻意词章,使冰寒于水,青胜于蓝,则亦幸矣。名之曰《录鬼簿》。嗟乎!余亦鬼也。使已死未死之鬼,作不死之鬼,得以传远,余又何幸焉?若夫高尚之士,性理之学,以为得罪于圣门者,吾党且唉蛤蜊,别与知味者道。"

钟嗣成说他在闲暇之时会怀念自己的朋友,因为蒙古人的歧视政策,使得汉族文人基本上没有什么地位,他们的才能智慧无处发散,于是他们将精力用在了曲的创作上,而钟嗣成担心这些人因为在正史上没有传记收录,使得这些曲作家们在后世无闻,所以他才写了这么一部书。

在南宋时期,金人、蒙古人占领了中国的北方,形成了国家分裂的局面，而戏曲也在这两个区域内各自发展，故而有了南戏和北杂剧之分。相比较而言，北杂剧的社会影响力渐渐盖过了南戏，麻文琦、谢雍君、宋波合著的《中国戏曲史》中说："公元十二世纪前叶，南戏在南方小戏的基础上逐渐发展起来，到十二世纪后半叶演变成了完整成熟的戏曲形式。与此同时，北杂剧也在金院本的母体中孕育着，大概在十二三世纪之际，金院本中出现了以旦、末主演的演出形式，这便是北杂剧的前身。及至蒙古灭金、元朝定都大都后，北杂剧终于化蝶而飞，在河北、山西等北方地区流布开来。而至南宋覆灭、元朝一统中国后，北杂剧的光亮几乎掩盖了南戏的灿烂，特别是元贞、大德年间（1295—1307），北杂剧的繁盛书写了中国戏剧史上的第一个黄金时代。"

正是由于北杂剧的空前繁荣，才创造出了中国第一个戏剧史上的高峰，而这个时段中的关汉卿、王实甫、白朴、马致远等著名剧作家，被视为元曲中的代表，他们创作出的杂剧在后世被广泛传唱。

进入明代，朱元璋夺取政权后，为了巩固自己的统治，在文化思想方面实行严厉控制的政策，比如洪武二十二年三月二十五日颁布了这样的榜文："在京军官军人，但有学唱的，割了舌头。娼优演剧，除神仙、义夫节妇、孝子顺孙、劝人为善及欢乐太平不禁外，如有亵渎帝王圣贤，法司拿究。"（王利器辑录《元明清三代尽毁小说戏曲史料》）

看来，在军人的思想控制方面，朱元璋所下命令最为严格，若有军官或者军人跟着唱戏，那就会被割掉舌头。而专业的戏曲表演者虽然没有被彻底禁止，但只能演唱歌舞升平的曲目，并且禁止亵渎古代的帝王与圣贤。

然而到了明代中晚期，则又出现了中国戏曲界的大繁荣，金宁芬在《明代戏曲史·前言》中说："明代，是我国戏曲史上继元杂剧之后的第二个黄金时代。明代戏曲演出之盛，曾经达到'举国若狂'的地步；明代作者、作品之多，数倍于元代杂剧。"

这个时段可谓戏曲界的百花齐放，出现了"四大声腔"：海盐腔、弋阳腔、余姚腔、昆山腔。其实不仅如此，王骥德在《曲律·论腔调》中说："数十年来，又有'弋阳'、'义乌'、'青阳'、'徽州'、'乐平'诸腔之出；今则'石台'、'太平'梨园，几遍天下，苏州不能与角十之二三。"而其中的昆山腔，得以迅速发展，形成了后世极具名气的昆曲。对于昆腔的发展历程，明潘之恒在《叙曲》中说："长洲、昆山、太仓，中原音也，名曰昆腔，以长洲、太仓皆昆山所分而旁出者也。无锡媚而繁，吴江柔而清，上海劲而疏：三方者犹或鄙之。而毗陵以北达于江，嘉禾以南滨于浙，皆逾淮之橘、入谷之莺也。远而夷之，勿论矣。"

到了清初，明末戏曲的繁荣景象得以延续，叶长海在《中国戏剧学史稿》中，把中国戏剧史做了如下的分期："纵观中国古代戏剧学的发展历史，大略可以划分为五个时期。第一时期，自先秦至宋代，这是孕育发生期；第二时期，自元代至明前期，这是全面展开期；第三时期，自明中期至明晚期，这是高度发展直至高潮期；第四时期，自清初期至清中期，这是全面深入开掘期；第五时期，清晚期，这是徘徊、贫困期。"

由此可知，从清初到清中期这个时段，被称之为"第四时期"，而对于该时期的特点，叶长海将其称之为"全面深入开掘期"，这个时期最著名的戏曲家及其代表作品，则有洪昇的《长生殿》、孔尚任的《桃花扇》、李渔的《笠翁十种曲》等等。

而对于戏曲理论，则以李渔的《李笠翁曲话》最具名气，他在此明确地讲出了"结构第一"这样的重要观念。而到了清晚期，中国戏曲则迅速地衰落了下来。

以上即为中国戏曲的大致兴衰史，而各个时期的重要代表人物则成为了我的重点寻访对象。当然，元代之前的戏曲因为处于萌芽和初创时期，所以没有什么重要的曲作家，因此，我的寻访则以中国第一个戏曲高峰——元代为重点。虽然还有一些重要人物未能找到痕迹，比如郑光祖等，也有一些明代的著名曲作家写在了他文中，例如李开先，我已经将他写入了藏书家遗迹寻访之文内。但总体而言，我的寻访所得基本上展现了中国戏曲史的重要点面。

本书的下篇则为小说。对于小说的来源，鲁迅在《中国小说史略》中称："小说之名，昔者见于庄周之云'饰小说以干县令'（《庄子·外物》），然案其实际，乃谓琐屑之言，非道术所在，与后来所谓小说者固不同。桓谭言'小说家合残丛小语，近取譬喻，以作短书，治身理家，有可观之辞。'（李善注《文选》三十一引《新论》）始若与后之小说近似，然《庄子》云尧问孔子，《淮南子》云共工争帝地维绝，当时亦多以为'短书不可用'，则此小说者，仍谓寓言异记，不本经传，背于儒术者矣。后世众说，弥复纷纭，今不具论，而征之史：缘自来论断艺文，本亦史官之职也。"

这个追溯足够早，已经到了庄子的时代。而后他又提到了桓谭所言，显然，鲁迅先生也认为这些历史文献中提到的"小说"二字，跟我们今日的这个词，无论是内涵还是外延都有着较大的区别。

现代意义上的小说起源，聂石樵在《中国古代戏曲小说史略》中称："我国的通俗小说，一般地讲是从宋元话本开始的。从宋元开始我国的小说才用通俗的语言、完整的故事、简明的情节表现市井中的人物生活，为通俗小说的正式形成和发展奠定了基础。"

看来，宋元话本奠定了后世通俗小说的基础。那"话本"二字作何解呢？聂石樵在其专著中说到："'话'，即宋朝人所谓'说话'，明朝人所谓'平话''词话'，近代人所谓'说书'。话本即说话人的底本，也就是说书人的底本。那么，我国的通俗小说就是产生于说书人的讲故事，产生于群众的艺术创作之中。"

既然"话"就是宋朝人所说的"说话"，而"说话"这种形式早在隋代就已产生，《启颜录》记载杨素手下有位叫侯白的官员，因为此人"能剧谈"，所以受到了杨素的看重，而杨素的儿子杨玄感曾跟侯白说："侯秀才，可以玄感说一个好话。"对于这句话，袁行霈主编的《中国文学史》一书中说："这是目前所知关于'说话'的最早记录。"而到了唐代，元稹在《寄白乐天代书一百韵》中有这样一句诗——"翰墨题名尽，光阴听话移"，在这句诗的下面，元稹作了这样一句小注："又尝于新昌宅听说《一枝花》话，自寅至巳，犹未毕词也。"

元稹所说的"一枝花"乃是指长安名妓李娃，元稹说自己跟白居易在长安新昌里的家中听李娃等人"说话"。而到了宋代，这种"说话"的形式又渐渐分为了四个流派，耐得翁所撰《都城纪胜》中有"瓦舍众伎"篇：

> 说话有四家。一者小说，谓之银字儿，如烟粉、灵怪、传奇。说公案，皆是搏刀赶棒及发迹变泰之事；说铁骑儿，谓士马金鼓之事。说经，谓演说佛书；说参请，谓宾主参禅悟道等事。讲史书，讲说前代书史文传、兴废争战之事。最畏小说人，盖小说者能以一朝一代故事，顷刻间提破，合生与起令、随令相似，各占一事。

该段话讲述了那时的"说话"人分为了四派：小说、讲经、讲史、合生，而耐得翁称其中的小说在那时最有影响力，因为这样的"说话"人能够在不长的时间内，就把一朝一代的兴衰故事讲得明明白白。可能也是这个原因吧，到了后世，小说就渐渐地发达了起来。

到了明代，乃是小说大发展的阶段，聂石樵在《中国古代戏曲小说史略》中称："明代小说在宋元话本的基础上发展起来，形成极其繁荣的局面。其题材包括历史演义、英雄传奇、神魔故事、人情世态和市民生活等，创作过程由集体编撰到个人著述，既有长篇，也有短制，内容由演述历史，到面向现实人生。"而这些小说中，以长篇的章回小说成就最高，袁行霈主编的《中国文学史》中说："在各类通俗文学中，小说的勃兴最为引人注目。特别是中国古代长篇小说主要的甚至是唯一的体裁——章回小说的发展和定型，是明代对中国文学作出的最为宝贵的贡献。章回小说是在宋代讲史等话本的基础上发展而成的。它的特色是分章叙事，分回标目，每回故事相对独立，段落整齐，但又前后勾连、首尾相接，将全书构成统一的整体。"

明代的长篇章回小说中最受后世瞩目者，乃是《三国演义》《水浒传》《西游记》《金瓶梅》等，其中与前三书的作者有关的遗迹，我最终都找到了结果，虽然《金瓶梅》一书的名气很大，然而关于该书的作者是谁，至今也无定论，故对该书作者遗迹的寻访只能付诸阙如。

明代的短篇小说集最具名气者，当然是"三言""两拍"，对于该书作者的寻访，也算找到了结果。而清代的小说则以《红楼梦》最具名气，余外则是《聊斋志异》和《儒林外史》，此三书作者的遗迹，也一一予以寻得。到了近代，则以四大谴责小说最受后世所关注，而其中的《老残游记》作者刘鹗，因为在此前我已经将其故居写入了藏书楼的寻访文中，而与他有关的其他遗迹，我却未能寻得，故在此小说一辑中未曾叙述他的成就。

文化遗迹的寻访总是有着这样那样的缺憾，而其中一些重要人物的遗迹却完全找不到痕迹，这样的遗憾只能等待未来有了新的发现再予以补充吧。

韦力序于芷兰斋
2017 年 1 月 6 日

戲曲

关汉卿：普天下郎君领袖，盖世界浪子班头

关汉卿是元代四大戏曲家中名气最响的一个，李占鹏在《关汉卿评传》一书中称："关汉卿是中国文学史上最伟大的戏曲作家，一生创作了大量意境优美的散曲和情节动人的杂剧，是中国古代戏曲创作的开山祖师，在文学史上占有十分重要的地位。"

李占鹏在这里用上了"最伟大"这样级别的字眼，然而关汉卿在历史上虽然有着不小的名气，但还未曾达到"最"的级别，这种至高无上评价的出现，已是上世纪五十年代的事了，其中的原因我在下面再细聊。

然而，这位伟大人物的生平至今还是一笔糊涂账，因为跟他生平有关的历史记载特别稀少，而学界广泛引用者，总计有三个出处。一是钟嗣成的《录鬼簿》，该书中有关关汉卿的记载仅有下面这几个字："关汉卿，大都人。太医院尹。号已斋叟。"二是元代熊自得在《析津志》内的记载："关一斋，字汉卿。燕人。生而倜傥，博学能文，滑稽多智，蕴藉风流，为一时之冠。是时文翰晦盲，不能独振，淹于辞章者，久矣。"第三则是朱右在《元史补遗》内的记载："关汉卿，解州人，工乐府，著北曲六十本。世称宋词元曲，然词在唐人已优为之，唯曲目元始，有南北十七宫调。"

以上三处记载对关汉卿的生平事迹少有谈及，且跟他有关的名、字、号、籍贯、学业、职业等，不但相互之间有矛盾，同时太多地

方语焉不详。我们先说说他的名。

袁行霈主编的《中国文学史》中称："关汉卿（1225？—1300？），字汉卿，号已斋叟，大都（今北京）人，其户籍属太医院户，但尚未发现他本人业医的记载。"

由这段描述可知，关汉卿字汉卿，但他的名是什么，文中没有提，只是说他号"已斋叟"，是大都人，属于医户。这段描述基本是本自钟嗣成的《录鬼簿》，唯一的区别是《录鬼簿》上说关汉卿的职业是"太医院尹"，而非"太医院户"。

然《析津志》上却说，关汉卿的名叫"一斋"。对于"一斋"二字，相关学者都认为这是号，而非名，只是到了上世纪五十年代，著名目录版本学家赵万里先生认为，"一斋"就是关汉卿的名。（《关汉卿史料心得》）

而此后不久，胡季在《乐府群珠》发现了五首小令，署名为"一斋"，故这一发现被视为关汉卿名"一斋"的证据。然而相关学者对此表示了异议，故这种认定未能得到学界的普遍首肯，因为大多数学者认为，"一斋"乃是"已斋"之误。按照《录鬼簿》的说法，关汉卿号"已斋叟"，因此，"一斋"仍然是关汉卿的号，而非名。总之，关汉卿是他的姓加字的组合，而他的名，至今未能搞清楚。

关汉卿的籍贯也有三个说法：《录鬼簿》说他是大都人，《析津志》说他是燕人，《元史补遗》说他是解州人。雍正年间所修的《山西通志》以及蔡显的《闲闲录》，都支持解州人这个说法，然而到了近现代，吴梅和王国维都认为《录鬼簿》说得对，关汉卿应当是大都人。

除此之外，乾隆年间所修的《祁州志》卷八《纪事》中有"关汉卿故里"一条，文中说："汉卿，元时祁之伍仁村人也。"而这里所提到的"伍仁村"，今属河北省安国县伍仁桥乡。由于此条的出现，又给关汉卿的故里多一种说法，即他是安国县人。

关于这一条有个重要的依据,那就是他葬在了这里,至今他的墓仍有留存。但对于这一条,也有人表示疑问,比如李占鹏认为《祁州志》对该条的记载,没有把关汉卿放入人物志,而是放在了纪事。为什么会这样呢?李占鹏觉得,这是因为修志的人认为,对于关汉卿是祁州人只是个民间传说。

关于关汉卿的职业,《录鬼簿》上说他是"太医院尹",按照《元史·百官志》上的规定:"太医院,秩正二品。掌医事,制奉御药物,领各属医职。"这个职位足够高,然而《百官志》中没有写明太医院的最高长官名为"尹",并且金、元两代的《职官志》中都没有这个称呼。显然,这种说法很可疑。

然元代有"医户"之说,因此,后世学者猜测这"尹"字有可能是"户"字之讹,因为这两个字的字形很相像,所以《中国文学史》上说关汉卿"其户籍属太医院户"。对于这种说法,最早是上世纪五十年代王季思所提出,据此他认为关汉卿:"只是一个通常的医士,或者在太医院兼有一些杂差。"

既然关汉卿是医户出身,那他会不会看病呢?《中国文学史》上说"尚未发现他本人业医的记载"。然而关所撰的《拜月亭杂剧》在第二和第三折中,有对医药和病症的描写,那几段描写看上去颇为专业,故而李占鹏认为:"关汉卿不仅是一个医户,而且是懂得医术的医户。"

关汉卿的学历被前人称为"解元",这个说法最早出现在蒋一葵《尧山堂外纪》一书中所提到《鬼董》跋。该跋中说,《鬼董》是关汉卿的作品,而该书的后跋是元泰定丙寅临安钱孚所书,其中有"关解元之所传",于是有人就说关汉卿曾是解元。

然而元朝初年的科考十分罕见,元太宗九年的那一场开科,所录取者均为名士,且正史上均有传记,上面没有关汉卿的名字,如果他考中了进士，那么《录鬼簿》和《析津志》肯定都会有记载。接下来的一场考试则到了元皇庆二年，这与上一场相隔了六十余年，以关汉卿的年龄来推断，即便他仍然在世，那也快一百岁了，不太可能再去参加科考。

关汉卿的生卒年，也同样是一笔糊涂账，为此近代学者做出了多种推论，比如郑振铎在《插图本中国文学史》中说："《录鬼簿》称汉卿为已死名公才人，且列之篇首，则其卒年至迟当在1300年以前，其生年至迟在金亡之前的二十年（即1214）。"而孙楷第则认为，关汉卿生于宋淳祐元年至十年，卒于元延祐七年至泰定元年。然胡适却认定关汉卿生于金兴定四年至正大七年，而卒年则在元大德四年以后，王季思基本认可这种说法。

由以上这些可知，这位伟大的戏曲家，后世虽多有研究，可是关于他的情形却没有一个是清晰明了者。虽然如此，这一点儿也不影响他的伟大，因为他在元朝之时就已经是很有名气的曲作家，但却并非如后世所言为元曲四大家之首。

关汉卿的具体生平事迹，元陶宗仪在《南村辍耕录》中有一段形象的记载："大名王和卿，滑稽挑达，传播四方。中统初，燕市有一蝴蝶，其大异常。王赋《醉中天》小令云……由是其名益著。时有关汉卿者，亦高才风流人也。王常以讥谑加之，关虽极意还答，终不能胜。王忽坐逝，而鼻垂双涕尺余，人皆叹骇。关来吊唁，询其由，或对云：'此释家所谓坐化也。'复问鼻悬何物，又对云：'此玉箸也。'关云：'我道你不识，不是玉箸，是嗓。'咸发一笑。或戏关云：'你被王和卿轻侮半世，死后方才还得一筹。'凡六畜劳伤，则鼻中常流脓水，谓之嗓病；又，爱讦人之短者，亦谓之嗓，故云尔。"

这段记载谈的是名为王和卿的一位元代曲作家，此人的名姓在《录鬼簿》中有所记载。这位王和卿生性诙谐，他经常取笑关汉卿，显然关汉卿斗不过他。某天，王和卿坐在那里突然就去世了，然而他的鼻涕却流了下来。众人吃惊于死人为什么会有这种现象，于是问关汉卿这是何故。关汉卿告诉众人这叫"嗓"。嗓有两意，一是指牲口太过劳累，受伤后鼻中流脓水，这叫嗓病；二者，喜欢揭人之短也叫"嗓"，故关汉卿在这里用的是双关语。对于这段记载，赵建坤认为这是"小说家言"，原因就是文中记载得太过详细。

对于关汉卿的另一则生平细节描写，则出自明代杨慎的《词品》，该书卷一有《白团扇歌》，里面提到关汉卿曾看上一位从嫁来的媵婢，为此他写了首小令："鬓鸦、脸霞，屈杀了将陪嫁。规摹全似大人家，不在红娘下。巧笑迎人，文谈回话，真如解语花。若咱、得他，倒了蒲桃架。"看来，关汉卿对这位婢女动了真情。

此事很快让他夫人发觉了，这使他的美梦成空，然而吴梅却在其所撰的《顾曲麈谈》第四章《谈曲》中，有着别样的说法。吴梅说，上面的那首小令是关汉卿特意写给他夫人的，希望他夫人能够成全自己的好事。其妻看到后，也给他写了首小令来作答："闻君偷看美人图，不似关王大丈夫。金屋若将阿娇贮，为君唱彻醋葫芦。"看来，他老婆也是位醋意很浓者，她以这种方式拒绝了关汉卿的企图。

也正因关汉卿的生平流传事迹太少，故后世多从他的作品中寻找线索，比如他写过一组名为《不伏老》的散曲，相关学者把此视为他个人生平的描写，关汉卿在此曲中自称"普天下郎君领袖，盖世界浪子班头"，看来，他有着蔑视一切的气概。

而对于个人的爱好，他又有着这样的详细描写："我玩的是梁园月，饮的是东京酒，赏的是洛阳花，攀的是章台柳。我也会围棋、会蹴鞠、会打围、会插科、会歌舞、会吹弹、会咽作、会吟诗、会双陆。"而最受后世夸赞者，则是他的那句"是个蒸不烂煮不熟捶不扁炒不爆响当当一粒铜豌豆"，正是因为这样的性格，他才能写出那么多

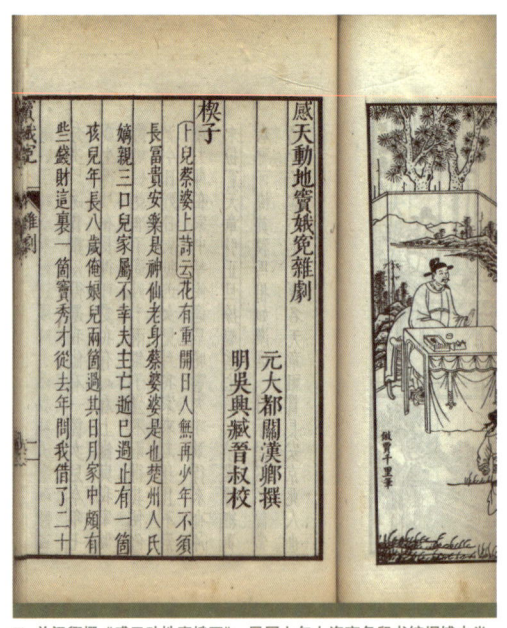

□ 关汉卿撰《感天动地窦娥冤》，民国七年上海商务印书馆据博古堂印本石印影印本

受到后世夸赞的作品。

关于关汉卿在元曲上的地位，胡应麟在《少室山房笔丛》中有过这样一段形象的比喻："今王实甫《西厢记》为传奇冠，北人以并司马子长固可笑，不妨作词曲中思王、太白也。关汉卿自有《城南柳》《绯衣梦》《窦娥冤》诸杂剧，声调绝与'郑恒问答'语类。《邮亭梦》后或当是其所补。虽字字本色，藻丽神俊大不及王。然元世习尚颇殊，所推关下即郑，何元朗亟称第一。今《倩女离魂》四摺大概与关出入，岂元人以此当行耶？要之公论百年后定，若顾、陆之画耳。"胡认为，元曲第一大家非王实甫莫属，他把王实甫比喻为诗歌界的曹植和李白，关汉卿虽然也字字本色，却比不上王实甫。

而蒋一葵在《尧山堂外纪》卷六十八中称："元人乐府称关、马、郑、白为四大家。"这里把关汉卿列为了四大家之首。

其实将关、郑、白、马四大家并称者，最早见于元周德清《中原音韵自序》：

泰定甲子，存存托友张汉英以其说问作词之法于予，予曰："言语一科，欲作乐府，必正言语；欲正言语，必宗中原之音。乐府之盛，之备，之难，莫如今时。其盛，则自缙绅及闾阎歌咏者众。其备，则自关、郑、白、马一新制作，韵共守自然之音，字能通天下之语，字畅语俊，韵促音调；观其所述，曰忠，曰孝，有补于世。其难，则有六字三韵，'忽听、一声、猛惊'是也。诸公已矣，后学莫及！"

对于关汉卿在剧作上的成就，明王骥德在《王实甫关汉卿考》中说："按元大梁钟嗣成《录鬼簿》，载王实甫、关汉卿，皆大都人。汉卿，号已斋叟，为太医院尹。或言关汉卿尝仕于金，金亡，不肯仕元，为节甚高。实甫、汉卿，皆字，非名也。"在这里，王骥德将王、关并称，并且把王排在了前面。

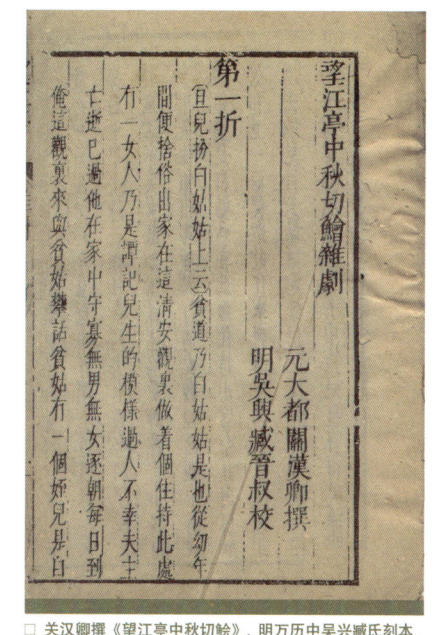

□ 关汉卿撰《望江亭中秋切鲙》，明万历中吴兴臧氏刻本

明何良俊在《四友斋丛说》中称："元人乐府，称马东篱、郑德辉、关汉卿、白仁甫为四大家。马之辞老健而乏滋媚，关之辞激厉而少蕴藉，白颇简淡，所欠者俊语，当以郑为第一。"这里谈到了元曲四大家，但把关汉卿排在了第三位，然而这却是元曲四大家一说最早的出处。

虽然说王骥德在上面把王实甫排在了关汉卿之前，然而他在自己的文中也没有将四者的顺序固定下来。到了清代，这样的顺序也依然有着变化，比如焦循在《剧说》中称："作近体难于古诗，作诗余难于近体，作南曲难于诗余，作北曲难于南曲。总之，音调、法律之间，愈严则愈苦耳。北如马、白、关、郑，南如《荆》《刘》《拜》《杀》，无论矣。"焦的顺序则为马、白、关、郑。而吴梅村在《杂剧三集》序言中称："金元之乐，嘈杂凄紧，缓急之间，词不能接。一时才子，如关、郑、马、白辈，更创为新声以媚之。"这里又变成了关、郑、马、白。

究竟有多少种排列组合方式，赵建坤在《关汉卿研究学术史》中做出了如下的总结："关郑白马（周德清、胡侍、王骥德）；马郑关白（何良俊）；关马郑白（蒋一葵、朱彝尊）；王马关郑、王关马白（王骥德）；郑马关白（沈德符）；马白关郑（焦循）；关郑马白（吴伟业、阮葵生）；王白关郑（邹式金）；王关马郑（孙振械）。"而后他做出了如下的结论："'关马郑白'这样的简称，明代论者也有将'关郑白马'四人并称的论述，但主要是因为这一简称一定程度可以极为方便地指代元曲创作高峰。这不是一个具有所谓'公信力'的称谓，难以传达出诸如'班马''李杜'这类文学史概称所包含的信息或意味。"

由此看来，今人多称关汉卿为"元曲四大家之首"，这样的说法显然是感情上的偏私。为什么会这样呢？从现有的历史文献看，把关汉卿列为元曲第一大家者，应当是王国维先生，《王国维戏曲论文集》中，记载有这样一段话："元代曲家，自明以来，称关、马、郑、白。然以其年代及造诣论之，宁称关、白、马、郑为妥也。关汉卿一空依傍，自铸伟词，而其言曲尽人情，字字本色，故当为元人第一。白仁甫、马东篱，高华雄浑，情深文明。郑德辉清丽芊绵，自成馨逸，均不失为第一流。其余曲家，均在四家范围内。唯宫大用瘦硬通神，独树一帜。"

王国维在这里不但按照关、白、马、郑来排顺序，同时他明确地点出关汉卿"当为元人第一"，而后他也做出了这样一段形象的比喻："以唐诗喻之：则汉卿似白乐天，仁甫似刘梦得，东篱似李义山，德辉似温飞卿，而大用则似韩昌黎。以宋词喻之：则汉卿似柳耆卿，仁甫似苏东坡，东篱似欧阳永叔，德辉似秦少游，大用似张子野。"在这里，王把关比喻成了唐代大诗人白居易，以及宋词中的第一位专业词人柳永，可见其把关汉卿看得是何等之高。

然而关汉卿取得如日中天的地位，则是1949年之后的事情，其原因正是关汉卿性格上的反叛，而他的这种性格契合了上个世纪五十年代的社会意识形态。很快，对于关汉卿的研究，成为了那个时代的显学，几乎很多文人都参与到这场文化运动中，比如1955年李束思在《关汉卿底〈窦娥冤〉》一文中，评价该剧说："反映了元代在蒙古奴隶主黑暗统治下的中国社会情况和人民生活；它表现了中国人民坚强不屈的英雄精神，它传达了人民反抗一切压迫、争取独立生存的要求及强烈的情感。"

王季思在1956年发表了《谈关汉卿及其作品〈窦娥冤〉和〈救风尘〉》等一系列文章，他在《关汉卿和他的杂剧》等文中，以人民性来评价关汉卿的艺术成就，王在文中称："即就这仅传的十五种杂剧看，它内容包含的丰富和艺术创作上的造就，确是达到空前的高度；不但使与他同时的马致远、白仁甫为之黯然失色；即明清两代的南戏传奇作者，也没有人能够全面超越过他的成就的。"

到了1958年，关汉卿被世界和平理事会评为"世界文化名人"，并且专为此出了一套纪念邮票。这一年全国各地都展开了纪念关汉卿戏剧创作七百周年的文化活动，而革命家陈毅也为此写了题词，这个题词的第一段和第三段分别为：

"关汉卿接近下层人民，熟悉人民语言和民间艺术形式，也深知人民的疾苦和愿望，所以能成为元代杂剧的奠基人，使他在思想上，在艺术上能发出炫耀百代的光彩。"

"关汉卿是一位现实主义的艺术家，也是一位伟大的民主主义人道主义的思想家，因此他不是爬行的现实主义者，而是有思想有理想的伟大的现实主义者，这值得我们纪念和学习。"

那时，田汉写出了话剧《关汉卿》，此剧影响很大。郭沫若看后，在给田汉的信中称赞道："我一口气把您的《关汉卿》读了，写得很成功。关汉卿有知，他一定会感激您。"至此，关汉卿成为了元代戏曲家中绝对第一的位置。他流传至今的十八出剧作，也全面地受到了学界的关注。而他所写的《窦娥冤》，则被视为关汉卿的代表作。

《窦娥冤》一剧的全称为《感天动地窦娥冤》，经过几百年的传播，该剧的内容基本做到了妇孺皆知，我在这里仅简单地叙述几句。

窦娥的父亲是个读书人，窦娥三岁时，母亲就去世了，父亲靠借债度日，而后无力偿还，于是把窦娥抵给了债主蔡婆婆。此剧第一折中，蔡婆婆称："自十三年前窦天章秀才留下端云孩儿与我做了媳妇，改了她小名，唤做窦娥。自成亲之后，不上二年，不想我这孩儿害弱症死了。媳妇儿守寡，又早三个年头。"看来，窦娥的父亲叫窦天章。

窦娥在蔡家生活十三年后，也就是在她十五岁那年，嫁给了蔡

□ 关汉卿撰《望江亭中秋切鲙》，民国七年上海商务印书馆据博古堂印本石印影印本

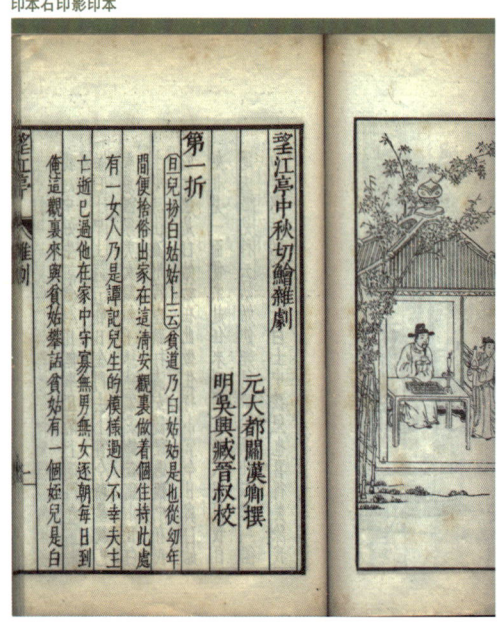

婆婆的儿子，可惜两人结婚不到两年，蔡的儿子就病死了，窦娥成了寡妇。然而在同一折中，窦娥又自称："至十七岁与丈夫成亲，不幸丈夫亡化，可早三年光景，我今二十岁也。"这样，使得她结婚的年龄跟其婆婆所言差了两年，也不知孰是孰非，但这并不打紧。

这位蔡婆婆，用今天的话来说，其职业就是放高利贷，向她贷款的人有位叫赛卢医者，此人在剧中自称："我问她借了十两银子，本利该还她二十两。"如此算下来，这位蔡婆婆的贷款利息是一年翻倍，今天看来，她的做法足够黑，然这却是那个时代的现象。

赛卢医借的钱，到年底无法归还，于是他就想将蔡婆婆杀掉，危急时刻，蔡氏因意外被张驴儿父子救出，然这父子不怀好意，想趁机将蔡氏和窦娥一并霸占，窦娥执意不从，张驴儿怀恨在心，他称蔡氏生病，暗中下毒，想害死蔡氏，没想到的是，他的父亲误服了有毒的汤水，由此身亡，于是张驴儿想嫁祸窦娥。窦娥与张驴儿对簿公堂，没想到那位贪官桃杌却把窦娥判了死刑。

这样的冤案让窦娥无处诉说，于是她在临死之前发了三大誓愿，我引用剧中的两段如下：

> （正旦跪科。）（刽子开枷科。）（正旦云：）窦娥告监斩大人，有一事肯依窦娥，便死而无怨。（监斩官云：）你有什么事，你说。（正旦云：）要一领净席，等我窦娥站立；又要丈二白练，挂在旗枪上，若是我窦娥委实冤枉，刀过处头落，一腔热血休半点儿沾在地下，都飞在白练上者。（监斩官云：）这个就依你，打甚么不紧。（刽子做取席，站科，又取白练挂旗上科。）

> （正旦唱：）【耍孩儿】不是我窦娥罚下这等无头愿，委实的冤情不浅。若没些儿灵圣与世人传，也不见得湛湛青天。我不要半星热血红尘洒，都只在八尺旗枪素练悬。等他四下里皆

瞧见，这就是咱苌弘化碧，望帝啼鹃。

对于这样的黑暗，窦娥只能靠发誓来表明自己的清白，而她对如此黑白不分的社会，又有着这样的痛恨："【滚绣球】有日月朝暮悬，有鬼神掌着生死权。天地也，只合把清浊分辨，可怎生糊突了盗跖、颜渊？为善的受贫穷更命短，造恶的享富贵又寿延。天地也，做得个怕硬欺软，却原来也这般顺水推船！地也，你不分好歹何为地？天也，你错勘贤愚枉做天！哎，只落得两泪涟涟。"（第三折）在这里，她愤怒地喊出了被当世学者广泛引用的一句话："地也，你不分好歹何为地？天也，你错勘贤愚枉做天！"

对于《窦娥冤》这样一出戏，王国维认为："明以后，传奇无非喜剧，而元则有悲剧在其中。就其存者言之：如《汉宫秋》《梧桐雨》《西蜀梦》《火烧介子推》《张千替杀妻》等，初无所谓先离后合，始困终亨之事也。其最有悲剧之性质者，则如关汉卿之《窦娥冤》、纪君祥之《赵氏孤儿》。剧中虽有恶人交构其间，而其蹈汤赴火者，仍出于其主人翁之意志，即列之于世界大悲剧中，亦无愧色也。"（《王国维戏曲论文集》）

而郑振铎也在《论关汉卿的杂剧》一文中说："他的悲剧，首先当然要指出《感天动地窦娥冤》。这是一部最能感动人的大悲剧。"显然，这是一出著名的悲剧。

然而钱锺书却不认同王国维把《窦娥冤》视为悲剧的看法，他在《中国古典戏剧中的悲剧》一文中说："悲剧自然是最高形式的戏剧艺术，但恰恰在这方面，我国古代剧作家却无一成功。"

且不管《窦娥冤》算不算悲剧，这是专家们讨论的问题，但此剧的名气以及广泛的社会认可度，确实有着巨大的影响力。仅凭此剧，关汉卿就足以不朽。

关汉卿墓位于河北省保定安国市伍仁村东北约五百米处。从寺店村出来，一路打听驶上大堤，进入安国市境内，在路边加油，服务小姐不断地问我要不要发票，我问她有什么区别，她说不要发票每升可以便宜两毛钱，在北京却从来没有听过这个说法，既然有这样一个优惠，那我也乐得享用。

给车加满油，自己也觉得饿了，在路边看到有饸饹馆，我小时候特别喜欢吃油面饸饹，看到这两个字立即感到食欲大振。我等三人进内，店不大，仅有五六张桌子，但都坐着人，招呼人的是一个年轻的女子，看上去颇有几分姿色，我猜想她应该是老板娘，或者是老板的女儿。她客气地让其中一位食客与他人共坐一桌，让我等坐下来，点了三碗面、秋刀鱼和两个凉菜，菜上得很快，饭菜同时端上来，吓了一跳，北京炸酱面的碗已被外地人叹为观止，然而这个饸饹面的碗至少要比北京炸酱面碗大一倍，三人吃一碗面都吃不了，更何况是三碗，既然端上来了，也只好努力地往下吃，果真剩了一大半，结账时价钱合计二十七元，这个价钱要吃这些东西，在北京我想至少应该乘以五。

饭后前往伍仁村，在村中东拐西拐穿过，

□ 文保牌躺在了地上

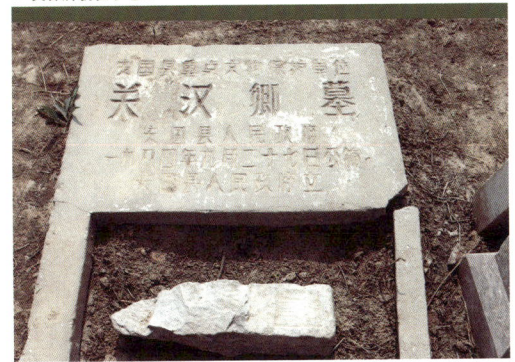

□ 田地中的关汉卿墓

□ 墓地被切削成窄窄的一条

□ 关汉卿墓碑　　　　　　□ 另一块文保牌

进入村外的大片玉米地中，在村东北的大堤内侧看到了关汉卿墓，墓的文物保护牌已被砸断，裂在了地上，另一个说明牌，也倒伏在一旁，仅有墓碑还矗立在墓前，墓丘用红砖垒成方形，上面没有长满草，总体印象是关汉卿墓残破不堪，仅墓旁的五六棵侧柏能称得上是旧物，然而从树林看，也超不过三十年。

对于关汉卿墓的记载，最为详细者，就是前面提到的乾隆年间所修的《祁州志》，该文中有这样一段话："汉卿，元时祁之伍仁村人也。高才博学而艰于遇，因取《会真记》作《西厢》以寄愤。脱稿未完而死，棺中每作哭涕之声。状元董君章往吊，异之，乃检遗稿，得《西厢记》十六出，曰：'所以哭者，为此耳，吾为子续之。'携去，而哭声遂息。续后四出以行于世。此言虽云无稽，然伍仁寺旁有高基一所，相传为汉卿故宅，而《北西厢》中方言，多其乡土语，至今竖子庸夫犹能道其遗事。故特记之，以俟博考。"

这段记载很有趣，也正是因为这段记载，使得后世对于《西厢记》的作者有了"关作董续"一说。此处又称伍仁村有一块高台地，是关汉卿家的故宅，可惜我在村内转了一圈，没能找到这块高地。

关汉卿的名声在上世纪初即大火，尤其解放以后，更可称得上是家喻户晓的历史文化名人，然而他的墓庐却如此破敝，很是出乎我的想象。尤为奇特者，是关汉卿的墓变成了窄窄的一个竖

□ 墓碑背面的文字漫漶不可识

条，在竖条两侧，则是用犁切出的新痕。我不能理解，为什么要把墓切成这样。回到车边时，我遇到了一位路过此地的农民，便向他请教关汉卿墓为什么是这个形状，老伯淡定地跟我说：现在已经分田到户，这家人当然不愿意有这样一座大墓立在他家地中，因为机器耕种时，这样圆形的墓不便于操作，故而此家每次犁地时，都会削掉一点墓土。原来是这样！真不知如此的蚕食下去，哪天这座墓将会变得荡然无存。

白朴：天公不禁自由身，放我醉红裙

白朴是元曲四大家之一，他的个人情况较另三大家为详。由史料得知，白朴原名恒，字仁甫，又字太素，号兰谷。究其原因，这应当跟他父亲有一定的地位相关。

白朴的父亲名白华，为金宣宗贞祐三年的进士，曾在朝中做到了枢密院判官、右司郎中。当时金国的南京，即今日之开封，白朴就出生于此。

但这样的好日子没过上几年，蒙古军队一路南下包围了开封，经过长时间的围困，开封粮尽援绝。第二年，金朝西面元帅崔立投降，南京陷落，蒙古军队大肆劫掠。这些军人除了抢金银财宝，就是抢王公大臣的妻女，白朴的母亲也死于此难。后来蒙古军队押运汉人北上，而幼年的白朴就跟着元好问北渡黄河到了山东聊城等地。

元好问特别喜爱幼年的白朴，关于其幼年的经历，元王博文在《天籁集序》中说："元、白为中州世契，两家子弟，每举长庆故事，以诗文相往来。太素即寓斋仲子，于遗山为通室侄，甫七岁，遭壬辰之难，寓斋以事远适。明年春，京城变，遗山遂挈以北渡。自是不茹荤血，人问其故，曰：'俟见吾亲，则如初。'尝罹疫，遗山昼夜抱持，凡六日，竟于臂上得汗而愈，盖视亲子弟不啻过之。"

看来，白华跟元好问的关系极其密切。他们的关系就如同唐代大诗人白居易与元稹，恰好的是，这两人的姓氏也如同历史上并称的元、白，故而两家的子弟也常拿白居易与元稹的故事，来形容两家关系之密切。为此，元好问就把白朴视为自己的亲侄子。

在被元人驱赶北上的过程中，白朴得了重病，元好问昼夜地抱着他，竟然一抱就是六天。没想到，因为元好问的疲累，让他出了很多汗，在汗的浸泡下，白朴竟然痊愈了。元好问对白朴如此的疼爱，以至于让王博文感慨说：恐怕对自己的亲儿子，一般人也难以做到这样。

王博文在《天籁集序》中接着写道："读书颖悟异常儿，日亲炙遗山，謦欬谈笑，悉能默记。数年，寓斋北归，以诗谢遗山云：'顾我真成丧家狗，赖君曾护落巢儿。'居无何，父子卜筑于滹阳。"看来，元好问没有白疼爱这个孩子。

白朴聪明异常，他跟在元好问身边，因为记忆力超强，故元好问所言他都能记下来，而元好问是金元之间第一流的大学问家，白朴能够陪伴其身边，天资聪颖再加上这种特殊的际遇，使得他从小就打下了极好的学问底子。几年后，白华归来，专门写了诗感谢元好问，多亏有了他，才让白朴有了可以栖身的地方。

离开元好问后，白朴跟着父亲就住到了滹沱河北岸的真定，而真定就是今天的河北省石家庄附近的正定县城。白朴在此一住就是三十多年，虽然他的祖籍是今日山西省河曲县，但他并没在那里生活过，而他的艺术创作也基本上是发生于居住在真定期间，故而今日的正定县城可谓是白朴的第二故乡。直到元至元十七年，那时白朴已经五十五岁，他离开了真定，迁居到了今天的南京。

元人统一中国后，汉人的地位很是低下，尤其读书人更加受到了蒙古人的鄙视。在社会分工方面，读书人的地位要比手艺人低很多，仅排在乞丐之前，被称为"九儒十丐"，这也就是后世把读书人贬斥为"臭老九"一词的来由，并且元朝也很少进行科举考试，这种情形就断了读书人希望通过参加科举考试而改变命运的途径。

饱读诗书又极其聪明的白朴，无法通过科举考试走入仕途，而他的家庭也算是有着一定的经济实力，于是他把自己的很多精力都用在了作诗词和写剧本方面，尤其他的作曲，跟他的一段经历有着一定的关系。

其实从历史经历来看，白朴也不是没有出仕的机会，他的父亲白华带着他前往真定，其实是去投靠史天泽。这位史天泽在元世祖中统二年做过中书右丞相，史天泽曾推举白朴做元朝的官员，而白朴却再三逊谢。

白朴为什么要放弃这样难得的机会？他自己未做过说明，朱经在《青楼集序》中说白朴等人："不屑仕进，乃嘲弄风月，留连光景，庸俗易之，用世者嗤之。"看来，白朴就是喜欢沉湎于勾栏，整天在妓女堆中欢快，以至于让当时的有识之士看不起。

白朴为什么会这样呢？有人的解释是："先生少有志天下，已而事乃大谬。顾其先为金世臣，既不欲高蹈远引以抗其节，又不欲使爵禄以干其身。"（孙大雅《天籁集序》）

这段话是说，白朴在少年时就想有一番作为，但是社会的变动使他觉得这个想法不可为，再加上他的父辈是金朝的大臣，而今进入了元朝，白朴觉得自己应当保持气节，不能到元朝的朝廷中去任职。这种民族大义的说法，似乎也难以成立，吴乾浩在《白朴评传》中说："白朴的父亲白华于金王朝灭亡后几度变节，白朴又并未做过金王朝的官，如果单说其先辈为金之遗老，毋庸说是一种讽刺。"

既然如此，那怎样看待白朴不愿出来做官的行为呢？吴乾浩在其专著中引用了白朴的好友王博文在《天籁集》序言中的一段话："然幼经丧乱，仓皇失母，便有山川满目之叹。逮亡国，恒郁郁不乐，以故放浪形骸，期于适意。"看来，白朴少年时经历的苦难给他的心灵留下了极深刻的烙印。

白朴的母亲因战乱而亡,他自己也差点儿死在战乱过程中的疾病。战争所带来的种种不幸让他觉得人生应当及时行乐,所以他要寻找一种不受约束,且能快快乐乐生活的姿态。

蒙古海迷失称制二年,当时白朴二十五岁,他从真定出发,前往燕京游玩,燕京也就是今日的北京。在这个过程中,他认识了剧作大家关汉卿,同时也结识了不少当地的文人,这期间他出入于青楼妓院,与很多歌伎保持着良好的关系,尤其认识了著名的歌伎天然秀。

在这些歌伎的鼓励下,白朴开始撰写剧本。他从事杂剧的创作,应该跟这段经历有着直接的关系。据说白朴一生总计创作了十六部杂剧,而流传至今者,则仅有《墙头马上》《梧桐雨》和《东墙记》三部,其他还有两部残本。

白朴所创作的杂剧在其当世就很受欢迎,元钟嗣成在《录鬼簿》中排列出了金元时期的剧作家及艺人一百五十六人,排在第一位的是关汉卿,第二名就是白朴,即此可知白朴在剧作史上的地位。而明代朱权在《太和正音谱》中列有"古今群英乐府格势"一栏,此栏目总计有一百八十七人,而白朴排在第三位。

□ 钟嗣成撰《录鬼簿》二卷《续编》一卷,清最初斋抄本

白朴创作的杂剧《墙头马上》,其全称为《裴少俊墙头马上》。此剧的女主角叫李千金,她本是皇帝宗室洛阳总管的千金,因其父亲管教极严,

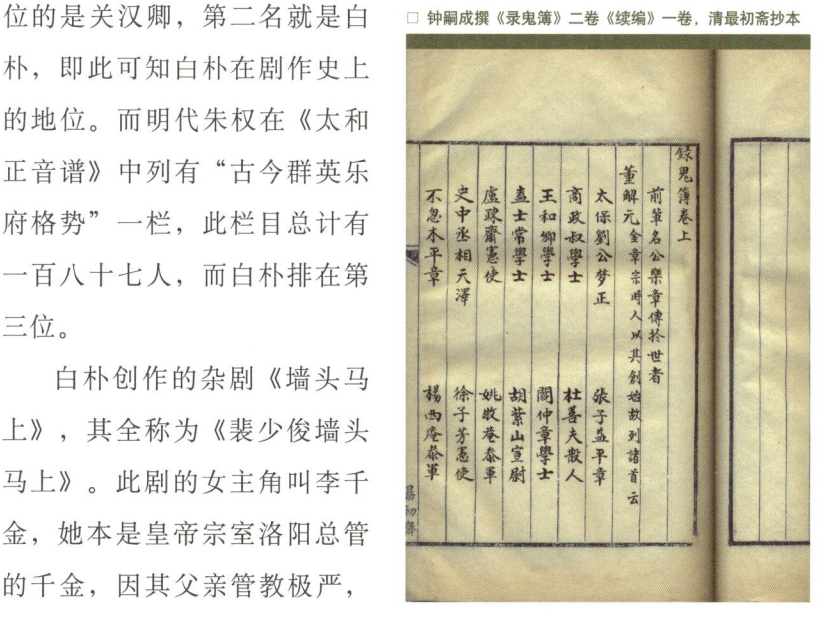

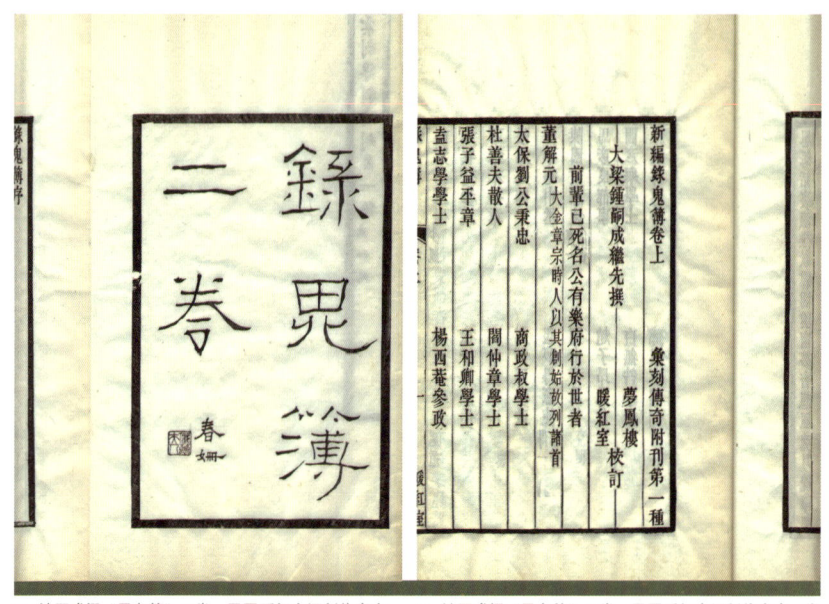

□ 钟嗣成撰《录鬼簿》二卷，民国暖红室汇刻传奇本，书牌

□ 钟嗣成撰《录鬼簿》二卷，民国暖红室汇刻传奇本，卷首

使得李千金很少有机会出门玩耍，在春游的季节，李千金只能在自己的后花园内赏花。某天，她无意间看到墙外有一位身骑白马的英俊书生，这让她一瞬间动了春心，而后经过一番周折，她终于跟这位名为裴少俊的书生私奔到了长安。于是二人躲在了裴家的后花园，一过就是七年。

但裴少俊是私自带李千金回家的，这件事他一直瞒着家人。某天，他们两人出来玩耍，无意间被裴少俊的父亲撞到，双方经过一番舌战，李千金被赶出了家门。后来裴少俊考上了状元，并且当上了洛阳县尹，于是他就开始寻找李千金。

而在这个过程中，裴少俊的父亲裴尚书，也得知这位李千金原来是皇帝宗室洛阳总管李世杰的女儿，这让他大为后悔当时赶走李千金的行为，于是带着夫人以及孙子和孙女，同时牵着羊、担着酒前去给李千金赔礼道歉，李千金断然拒绝。后来裴尚书推出了李千

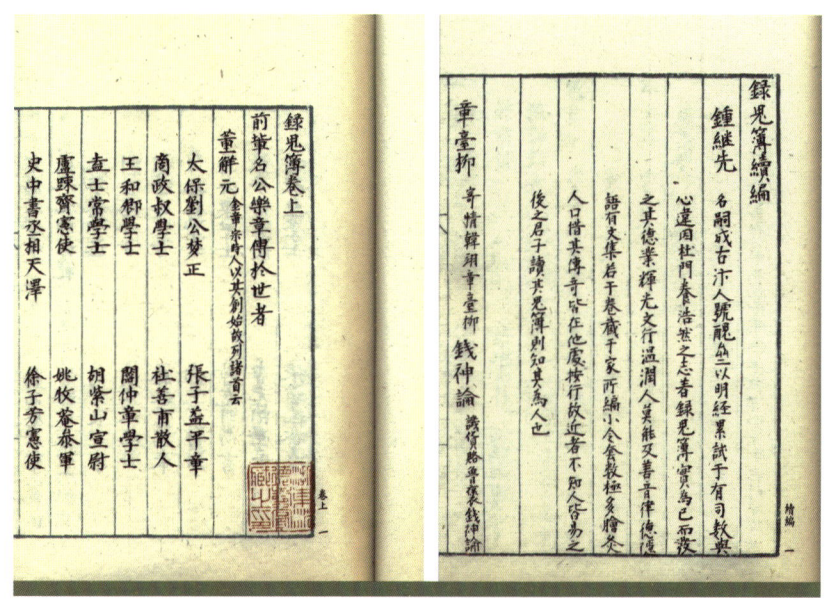

□ 钟嗣成撰《录鬼簿》二卷《续编》一卷，一九六〇年中华书局上海编辑所据北京图书馆藏本影印本，卷首　　□ 《录鬼簿续编》，一九六〇年中华书局上海编辑所据北京图书馆藏本影印本

金所生的这对儿女，这才让她心软了下来，同意回到裴家，此剧最终成为了大团圆的喜剧。

其实，该剧是本于唐代大诗人白居易所作的一篇名为《井底引银瓶》的乐府，此乐府的首段为：

> 井底引银瓶，银瓶欲上丝绳绝；石上磨玉簪，玉簪欲成中央折。瓶沉簪折知奈何？似妾今朝与君别。

这几句话的意思是说，让一个女子去做一件根本做不到的事情。而乐府中还有这样一段：

> 妾弄青梅凭短墙，君骑白马傍垂杨，墙头马上遥相顾，一见知君即断肠。

看来，白朴所作的《墙头马上》，就是出自这几句所讲的故事。

白朴根据白居易的这首乐府所改编的《墙头马上》，受到后世所喜爱的原因，是他让那个封建礼教压抑下的女子看到了希望，因为主角李千金敢于不顾家人的阻拦，勇敢地与自己所爱的人私奔。对于这个主旨，白朴在该剧中写道："从来女大不中留，马上墙头亦好逑。只要姻缘天配合，何必区区结彩楼。"

当时裴少俊出现在墙外时，瞬间吸引了李千金的眼光，于是她暗通信息与裴相约，后来被奶母发现，奶母责怪她不应如此，而李千金却能讲出一堆她认为的道理来：

【牧羊关】龙虎也招了儒士，神仙也聘与秀才，何况咱是浊骨凡胎。一个刘向题倒西岳灵祠，一个张生煮滚东洋大海。却待要宴瑶池七夕会，便银汉水两分开；委实这乌鹊桥边女，舍不得斗牛星畔客。

这位李千金引经据典，以此来证明自己的所为并不为错。在奶母不答应的情况下，她就以死相威胁。这样的敢爱敢恨，引起了多少少女的共鸣，这也应该是该剧受欢迎的主要原因吧。

显然，这种歌颂也会有人提出批评意见，比如清梁廷楠在《曲话》中就以《墙头马上》为例，说了这样一段话："言情之作，贵在含蓄不露，意到即止；其立言尤贵雅而忌俗。……元人每作伤春语，必极情极态而出。"

梁廷楠认为，关于谈感情的剧作要以含而不露为上，不可以把一些情感描写得太直白，比如《墙头马上》有一首《后庭花》：

休道是转星眸上下窥，恨不得倚香腮左右偎，便锦被翻红浪，罗裙作地席。既待要暗偷期，咱先有意，爱别人可舍了自己。

梁廷楠就认为这首词写得"出语浅露"。其实，时代的不同对一些行为的要求标准也不同，元代没有那么多的道德礼数约束，这也正是元剧作品中敢于大胆描写的主要原因。

相比而言，白朴所创作的《梧桐雨》似乎更有名气，该剧的全称是《唐明皇秋夜梧桐雨》。吴乾浩在《白朴评传》中评价该剧说："是白朴的力作，在文学史上有极高的地位，影响深远。"

《梧桐雨》一剧也是脱胎于唐白居易所撰的长篇史诗《长恨歌》，该诗中有一句"秋雨梧桐叶落时"，该剧讲的是唐明皇与杨贵妃的故事。《梧桐雨》从安禄山讲起，当时幽州节度使张守珪准备斩首部将安禄山，因其出征战败，但张仍觉得安是位勇将，于是将其押运到了京师。丞相张九龄提出，按照法律规定，应当处斩安禄山，但安的口才很好，获得了唐玄宗的欣赏。于是不但没有斩杀安禄山，反而封他为渔阳节度使，同时杨贵妃也收安禄山为义子。

后来安禄山以讨贼为名，向长安进发。安禄山果真是位勇将，很快就打到了长安附近，于是唐玄宗、杨贵妃等人准备前往四川避难。在走到马嵬坡时，军士哗变，龙武将军陈玄礼请求杀杨国忠以谢天下，接着又要求杀杨贵妃。唐玄宗不得已，命高力士带杨贵妃去佛堂自尽。

战乱平息之后，太子登基，唐玄宗面对杨贵妃的画像时常哭泣，某天他梦见自己跟贵妃在长生殿重逢，然而世间的梧桐雨却惊醒了他的这个美梦。白朴所撰此剧，基调是对唐明皇和杨贵妃爱情的同情，这样的笔调改变了后人痛恨杨贵妃以色误国的批判。虽然白朴也是把安史之乱的起因跟杨贵妃联系在一起，但他却能够歌颂唐明皇与杨贵妃之间的真挚感情，这也应当是他对当时社会看法的一种表态吧。

在马嵬坡时，唐明皇无奈地同意让杨贵妃自尽，这个时刻，唐明皇的心境十分复杂，而白朴就在剧中以唐明皇的口吻说出了如下两段词：

【落梅风】眼儿前不甫能栽起合欢树，恨不得手掌里奇擎着解语花，尽今生翠鸾同跨；怎生般爱她看待她，忍下的教横拖在马嵬坡下！

【殿前欢】她是朵娇滴滴海棠花，怎做得闹荒荒亡国祸根芽？再不将曲弯弯远山眉儿画，乱松松云鬓堆鸦，怎下的磕磕磕马蹄儿脸上踏！则将细袅袅咽喉掐，早把条长挽挽素白练安排下。她那里一身儿受死，我痛煞煞独力难加。

这两段词将唐明皇复杂的心境描绘得十分传神。

白朴传世的第三部杂剧则是《东墙记》，但游国恩主编的《中国文学史》和王季思主编的《元杂剧选注》，都未收录该剧。看来，这两位专家不承认《东墙记》是白朴的作品。对此也有人有着不同的意见，比如胡世厚在《白朴论考》一书中认为《东墙记》也是白朴的作品，因为元钟嗣成的《录鬼簿》就在白朴的名下载有《东墙记》，而明初朱权的《太和正音谱》，也将其著录为白朴所作，胡世厚认为《录鬼簿》的成书时间，仅距白朴去世时间相差二十几年，所以他认为该书的记载可靠。

但也有人说《东墙记》是盗袭了《西厢记》，比如聂石樵在《中国古典文学名著题解》中说："白朴还受到王实甫剧作的直接影响，像《墙头马上》《东墙记》在思想内容、艺术手法上都与《西厢记》相近，特别是《东墙记》可以说是从《西厢记》脱胎而来的。"

既然该剧有着这样那样的争论，在此也就不再细聊。

白朴在创作杂剧之外，在散曲的创作方面，也很有成就，比如他的一首《双调·乔木查·对景·幺》

岁华如流水，消磨尽自古豪杰。盖世功名总是空，方信花开易谢，始知人生多别。忆故园，漫叹嗟，旧游池馆，翻做了狐踪兔穴。休痴休呆，蜗角蝇头，名亲共利切。富贵似花上蝶，春宵梦说。

此曲被视为他对金国沦丧的哀叹。

对于个人的处世姿态，白朴作过一首《双调·沉醉东风·渔夫》：

黄芦岸白蘋渡口，绿杨堤红蓼滩头。虽无刎颈交，却有忘机友，点秋江白鹭沙鸥。傲杀人间万户侯，不识字烟波钓叟。

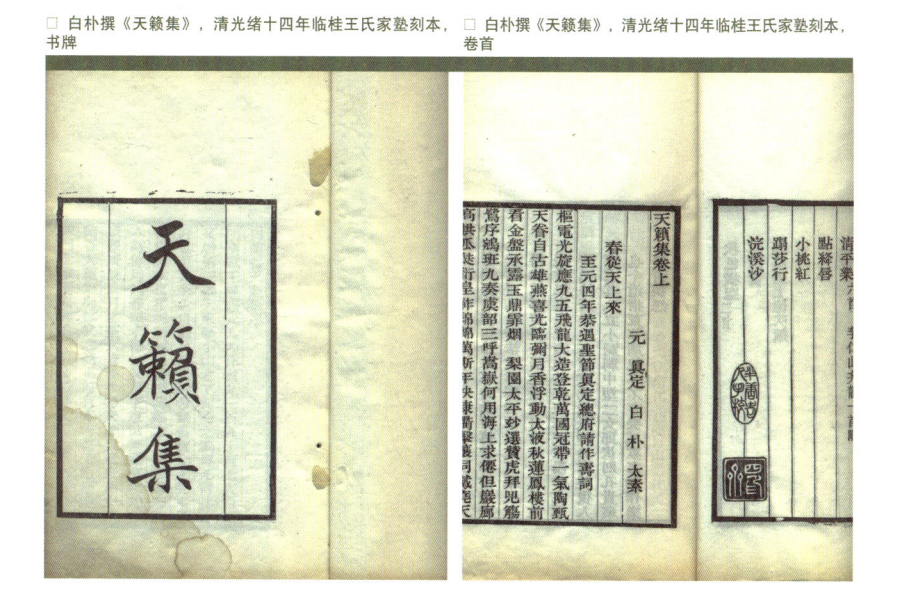

□ 白朴撰《天籁集》，清光绪十四年临桂王氏家塾刻本，书牌
□ 白朴撰《天籁集》，清光绪十四年临桂王氏家塾刻本，卷首

除此之外，白朴在词作方面也很有成就，他有着专门的词集，名为《天籁集》。对于此集的由来，白朴的朋友王子勉在给该集所写的序言中称："太素与予，三十年之旧。时会于江东。尝与予言：'作诗不及唐人，未可轻言诗；平生留意于长短句，散失之余，仅二百篇，愿吾子序之。'读之数过，辞语遒丽，情寄高远，音节协和，轻重稳惬，凡当歌对酒，感事兴怀，皆自肺腑流出，予因以'天籁'名之。噫，遗山之后，乐府名家者何人？残膏剩馥，化为神奇，亦于太素集中见之矣，然则继遗山者，不属太素而奚属哉！知音者览其所作，然后知余言不为过。"

这位王子勉当时任江南御史台中丞，他跟白朴有着三十年的交往，白朴告诉他：作诗必须要以唐诗为标准。而作词以何为标准？白朴却未曾谈到。但序中又说：《天籁集》中所收二百篇词作只是散失后的所余。看来，白朴当年所作不止此数。王子勉读后认为，白朴所写之词都是发自肺腑，他认为这是继元好问之后，他所见到的最好词作。

对于《天籁集》中所收词作的价值，清初戴名世在给此集刊刻的序言中说到："《天籁集》者，元初白仁甫所作诗余也。诗余莫盛于元，而仁甫所作尤称隽妙，至今流传人间者无多。"看来，戴认为白朴词的质量很高。

但到了近代，王国维却看不上白朴所作之词，他在《人间词话》中说："所作《天籁集》，粗浅之甚，不足为稼轩奴隶。"

王国维把白朴跟辛弃疾相比，认为白词的质量难以望辛词之项背。这样的比法，似乎并不公允。辛弃疾是一流的词人，如果都以辛词的水平为标准，那么天下也就留不下多少词作了。好在四库馆臣在给《天籁集》所作的提要中给出的评价还算公允："朴词清隽婉逸，意惬词谐，可与张炎《玉田词》相匹。惟以制曲掩其词名，故沉晦者越数百年，词家选本遂均不载其姓字；朱彝尊辑《词综》

时亦未见其本,书成之后乃得之。书虽晚出,倚声家未有疑其伪者。盖其词彩气韵,皆非后人之所能,故一望而知为宋元人语矣。"

四库馆臣认为,白朴词的水平不在宋张炎之下,只是因为白朴所作之曲更有名,反而掩盖了他的作词成就。

其实,宋元之间乃是词曲的转换点,宋翔凤在《乐府余论》中称:"宋元之间,词与曲一也。以文写之则为词,以声度之则为曲。晁无咎评东坡词,谓'曲子中缚不住',则词皆曲也。"看来,词跟曲之间并没有严格的界线。清沈谦在《填词杂说》中也有类似的说法:"承诗启曲者,词也,上不可以似诗,下不可以似曲。然诗与曲又俱可入词,贵人自运。"

在这里,先引一首白朴所作的《石州慢》:

> 千古神州,一旦陆沉,高岸深谷。梦中鸡犬新丰,眼底姑苏麋鹿。少陵野老,杖藜潜步江头,几回饮恨吞声哭。岁暮意何如,怯秋风茅屋。
>
> 幽独。疗饥赖有商芝,暖老尚须燕玉。白璧微瑕,谁把闲情拘束。草深门巷,故人车马萧条,等闲瓢弃樽无绿。风雨近重阳,满东篱黄菊。

这首词的内容是白朴对自己生活的描写,类似的作品白朴还作过一首《木兰花慢·歌者樊娃索赋》:

> 爱人间尤物,信花月,与精神。听歌串骊珠,声匀象板,咽水萦云。风流旧家樊素,记樱桃、名动洛阳春。千古东山高兴,一时北海清樽。
>
> 天公不禁自由身,放我醉红裙。想故国邯郸,荒台老树,尽

赋《招魂》。青山几年无恙，但泪痕、差比向来新。莫要琵琶写恨，与君同是行人。

这首词作得颇为通达，他直率地表达出，在这样的世道中，他沉湎于女色，如此的生活方式让他极为快活。为这种及时行乐的思想，他还作过一首《水调歌头》：

朝花几回谢，春草几回空。人生何苦奔竞，勘破大槐宫。不入麒麟画里，却喜鲈鱼江上，一宅了杨雄。且饮建业水，莫羡富家翁。

玩青山，歌赤壁，想高风。两翁今在何许，唤起一樽同。系住天边白日，抱得山间明月，我亦遂长终。何必翳鸾凤，游戏太虚中。

白朴在这首词中明确地表达了自己不愿走仕途。为什么会有这样的心态呢？他在《西江月·渔父》中说：

世故重重厄网，生涯小小渔船。白鸥波底五湖天，别是秋光一片。竹叶醅浮绿酽，桃花浪渍红鲜。醉乡日月武陵边，管甚陵迁谷变。

在白朴的眼中，整个社会就如重重的天罗地网，而人生就像一条小小的渔船，既然逃不过尘网，那不如就尽量欢快。

从以上几首词可以看出，白朴所作之词既像曲又像词，其实这两者之间本来就无严格的区分，金文京在《白仁甫的文学》一文中说："《四库提要》评其《天籁集》为'清隽婉逸，意惬韵谐'，他的散曲和杂剧的曲辞，风格也与此相近。尤其是他的散曲，有一种词的延伸之感，缺乏散曲独有的味道。"而张石川认为："金文京的说法来自于田中谦二，后者在《元代散曲之研究》一文中认为白朴的散曲是他的词的'延长乃至于亚流'。"（《白朴与元初词曲之嬗变》，张石川著）

□ 正定整修过的古城墙

同时，白朴的这种写法也并非是孤例，例如刘毓盘在《词史》中说："关、马、郑、白为元曲四大家，鲜于枢、姚燧、冯子振、白无咎、乔吉、张可久、陶宗仪等皆工于曲，故其词亦近于曲。若白朴词曰《天籁集》，曲曰《摭遗》，知词曲之别矣。"

□ 残破的古城墙

白朴墓位于河北省石家庄市正定古城南门内侧。从石家庄开车到正定约有十五公里的路程，实际上因为城乡发展，正定与石家庄已连为了一体。南门是恢复后的正定古城城门，看上去倒是巍峨高大，门洞内已不允许行车，汽车车道从城的西侧绕路。我步行穿过城门洞，在城墙的四周到处寻找着古墓，查过多份资料都说白朴墓就在城门的内侧，然而围着城门四处寻找，却看不到古墓的任何痕迹。

在城门的东侧，有一段残破的古城墙。我爬上城墙的断垣，准备到这一带寻找，断垣的内侧已经改造成了一个院落。如何能够进入院落，我却未看到入口，因为我已经在院落的上方，于是准备踏着房顶跳进院内。

□ 找遍了这一带，没有任何踪迹

　　刚刚登上房顶，就听到了里面数条狗的狂吠，吓得我止步于此。站在房顶上，向院内张望，看不到任何坟状的土丘，有数只羊爬在了陡峭的断壁之上。沿着城墙向东行，走出去至少有一千米，城墙的雪还没有融化，寒风吹在脸上，留下小刀割皮肤的感觉，一路走下去，无论新坟旧坟均无踪影，只好原路返回。回来时才看到，那段残破的城墙被人改成了窑洞在居住使用，在这种摇摇欲坠的残墙下居住，真要有一定的胆量。

　　回到城门附近，向几位锻炼身体的老人打听，其中一位告诉我，自己在此城住了六十多年，不知道有这么个古墓在。我拿出资料给他看，他告诉我原来在南门的内侧摆着一些正定历史名人的雕像，到去年不知什么原因都被拉走了，但他不能确定这些雕像中是否有白朴。我进一步向他追问，在城墙的西面荒地中是否有古墓？他说以前这一带的确是有很多坟头，但近几年旧城改造，已经全部被平掉了。

王实甫：把尘缘一笔勾，再休提名利友

《西厢记》是元曲中的名品，而关于该剧的作者，后世有着诸多争论，有说关汉卿是作者，也有说王实甫是作者。还有的人认为，《西厢记》的前半部分是关汉卿所作，而后半部分为王实甫所续，也有的说法是将这个顺序倒过来，即王作关续，比如明王世贞在《艺苑卮言》中说："《西厢》久传为关汉卿撰，近来乃有以为王实甫者，谓'至邮亭梦而止'。又云'至碧云天，黄叶地而止'，此后乃汉卿所补也。"

而王骥德、胡应麟、金圣叹等人则怀疑《西厢记》的第五本不是王实甫所作。虽然有着这样的怀疑，但却拿不出相应的证据。以上的这些不同观点，一直争论到今天，也没能达成统一的意见，但大多数学者还是认为王实甫作《西厢记》更接近正确。

关于王实甫的生平资料记载，历史上留下来的更少，《录鬼簿》中把他列在"前辈已死名公才人"，将其排在关汉卿之后，故后世推断，他是跟关同时代的人，在年龄上应该比关汉卿略小。而《录鬼簿》把王实甫的籍贯列为大都人；程千帆著、吴志达修订的《元代文学史》则称，王实甫为易州定兴人，即今河北省定兴县，该地距北京较近，故称王实甫为大都人，因此王实甫即便是定兴人，而将其称为大都人，也相差不大。对于王实甫的履历，程著《元代文学史》上有这样一个段落："曾在元朝做过县官，后来擢升为陕西行台监察御史。

因为和台臣议事不合，他在四十岁的时候，就弃官归隐了。后来，由于他儿子王结的贵显，曾受太原郡公的封号。"

对于这种说法的依据，该书的小注中称，是根据孙楷第《元曲家考略》，但小注中并没有将此作为确证，而是在正文中引用了王实甫所作的两首套曲，题目为《商调·集贤宾·退隐》：

【梧叶儿】退一步乾坤大，饶一着万虑休，怕狼虎恶图谋。遇事休开口，逢人只点头，见香饵莫吞钩，高抄起经纶大手。

【后庭花】住一间蔽风霜茅草丘，穿一领卧苔莎粗布裘，捏几首写怀抱歪诗句，吃几杯放心胸村醪酒，这潇洒傲王侯。且喜的身登中寿，有微资堪赡赒，有亭园堪纵游。保天和自养修，放形骸任自由。把尘缘一笔勾，再休提名利友。

从曲中的内文推论出，王实甫写此曲时已过了六十岁，其在曲中隐含着曾经任职的烦恼以及退休后的洒脱自在，以此来说明他确实在朝中任过职，然而贾仲名在《凌波仙》补《录鬼簿》的王实甫吊词中说："风月营密匝匝列旌旗，莺花寨明飐飐排剑戟，翠红乡雄赳赳施谋智。"由此可见，王实甫曾经长时间地混在歌伎之中，这似乎又跟他在朝中为官的身份不相符。

且不管作者的身份是如何的不清晰，这部《西厢记》却堪称千古绝唱，张燕瑾在其校注的《西厢记》前言中说："在中国文学发展史上，就作品而论，有两座高峰，这就是王实甫的《西厢记》和曹雪芹的《红楼梦》，赵景深先生在《明刊本西厢记研究·序》中称之为'中国古典文艺中的双璧'。"看来，《西厢记》的艺术成就跟《红楼梦》有一比。这种说法见仁见智，然而此剧在古代就极其著名，如前面所说的贾仲名《凌波仙》，该曲中就有这样一句："新

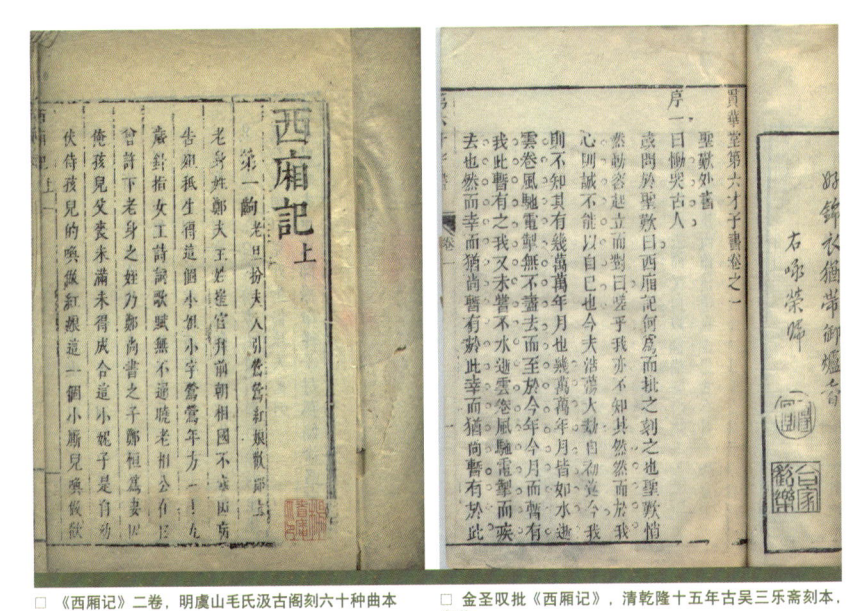

《西厢记》二卷，明虞山毛氏汲古阁刻六十种曲本　　金圣叹批《西厢记》，清乾隆十五年古吴三乐斋刻本，卷首

杂剧，旧传奇，《西厢记》天下夺魁。"而明代的陈继儒则称《西厢记》为"千古第一神物"。

张燕瑾在序言中还引用了俄国柯尔施主编、瓦西里耶夫所著《中国文学史纲要》中的评语："单就剧情的发展来和我们最优秀的歌剧比较，即使在全欧洲恐怕也找不到多少像这样完美的剧本。"

袁行霈主编的《中国文学史》第三卷第三章，专讲"王实甫的《西厢记》"，对于王实甫，该书中作出了这样的对比："剧坛上的关、王，如同诗坛上的李、杜，是一前一后出现的双子星。"此书将关汉卿、王实甫并提，说他二人在曲坛上的地位就如同诗坛上的李白、杜甫。按照资料记载，王实甫总共写过十四个剧本，现完整保存下来者有三种，除了《西厢记》，另外还有《破窑记》《丽春堂》，但是后两剧的创作水准要比《西厢记》低很多，而这也正是后人怀疑《西厢记》的真正作者是否是王实甫的主要原因，因为《西厢记》

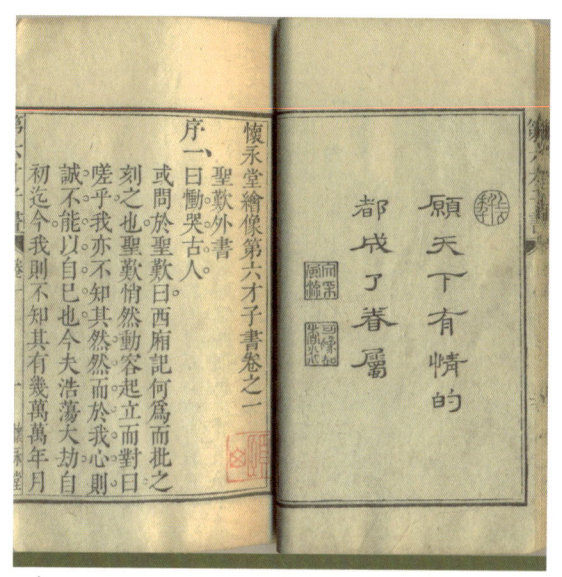

金圣叹批《西厢记》，清康熙五十九年怀永堂刻巾箱本，卷首

的确写得太好了。

就剧情内容来说，《西厢记》并非王实甫凭空创造出来的，这个故事本自唐元稹所作《莺莺传》，此传的第一个段落是：

> 唐贞元中，有张生者，性温茂，美风容，内秉坚孤，非礼不可入。或朋从游宴，扰杂其间，他人皆汹汹拳拳，若将不及，张生容顺而已，终不能乱。以是年二十三，未尝近女色。知者诘之，谢而言曰："登徒子非好色者，是有凶行。余真好色者，而适不我值。何以言之？大凡物之尤者，未尝不留连于心，是知其非忘情者也。"诘者识之。

这里也谈到了主角是张生，并且说张生到二十三岁时还没有尝过女色，有人问他怎么回事，他说找不到真正的好女人。而此传接下来的段落则为：

> 无几何，张生游于蒲。蒲之东十余里，有僧舍曰普救寺，张生寓焉。适有崔氏孀妇，将归长安，路出于蒲，亦止兹寺。崔氏妇，郑女也。张出于郑，绪其亲，乃异派之从母。是岁，浑瑊薨于蒲。有中人丁文雅，不善于军，军人因丧而扰，大掠蒲人。崔氏之家，财产甚厚，多奴仆。旅寓惶骇，不知所托。

这一段的写法基本跟现在流行的《西厢记》一样，也讲到了蒲州的普救寺，其女主角也是崔莺莺。《莺莺传》的故事情节基本上被《西厢记》保留了下来，只是结尾不那么激动人心，因为《莺莺传》中两人分手后，莺莺又嫁给了他人，而张生也娶了另外的女人。

显然，这样的故事梗概难以抓住观众，故而到了金代，有位被称为董解元的人对此进行了改编。这位董解元究竟叫什么名字，后人已经难以查证，《录鬼簿》中把他列在了"前辈已死名公"，并称他是："金章宗时人，以其创始，故列诸首。"董解元是根据元稹的《莺莺传》进行改编者，而《莺莺传》当时也称为《会真记》，但元稹所作的《会真记》，其篇幅总计三千字左右，董解元对此进行了大幅度地改编，将篇幅增大到了五万余字，并将其定名为《西厢记诸宫调》。

经过这么一改，张生和崔莺莺的故事变得丰满起来，故而后世把他的改编简称为"董西厢"。而王实甫就是根据董解元的《西厢记诸宫调》改写成了《西厢记》，后世为了区别他二人的同一部作品，故把王之所作称为"王西厢"。

由上可知，王实甫是根据这个历史故事而改编成为了《西厢记》者。他的改编虽然保留了原本的故事梗概，但在剧情安排方面做了重大改革。

元代杂剧有一个固定的模式，几乎每一出都是由四折组成。这样的模式有其好处，那就是要求作者必须将故事冲突十分凝练地展现出来，但这种做法也有其弊端，那就是无法展现复杂丰富的剧情，为此，王实甫在这方面做了大胆的突破，他将《西厢记》写成五本二十折，这就比其他的元杂剧增加了几倍的内容。

在演员的唱法上，王实甫也有着较大的突破。元代杂剧大多数是由一位主角来唱，只是偶尔才会有个别非主角者插唱一两支曲子，这种做法虽然突出了主角,但其他人物就会变得可有可无,于是王实甫突破这种限制,他让张生和莺莺接唱,同时在某些场合又让张生、莺莺和红娘轮流来唱,这样的大胆突破影响到了明代的戏曲。

《西厢记》的故事梗概,几乎做到了家喻户晓,但细想起来,多少还是有些疑问,比如这位张生,他在该剧的一开场就做了如下的自我介绍:

> 小生姓张名珙,字君瑞,本贯西洛人也。先人拜礼部尚书,不幸五旬之上因病身亡。后一年丧母。小生书剑飘零,功名未遂,游于四方。

这段介绍报上了自己的名和字以及籍贯,同时又说自己已故的父亲是礼部尚书,这可是个不小的官儿,虽然已经去世,但想来,他们家也颇有实力。然而他在自我介绍后又唱道:

> 【仙吕·点绛唇】游艺中原,脚根无线,如蓬转。望眼连天,日近长安远。

如此的说法,似乎是清苦的穷书生,这跟礼部尚书之子的身份不是很相符。当然,《西厢记》是一出戏,无法做相应的考证,但戏曲既然是源于生活,那总应当给出合理的解释。因为他在普救寺跟莺莺之间的谈吐,听着也像是一位没见过世面的穷书生,同时张生唱出的一首《混江龙》也说明他是一位不问世事、刻苦读书的书生:

> 向诗书经传,蠹鱼似不出费钻研。将棘围守暖,把铁砚磨穿。投至得云路鹏程九万里,先受了雪窗火萤二十年。才高难入俗

人机，时乖不遂男儿愿。空雕虫篆刻，缀断简残编。

张生与莺莺在普救寺偶遇，而后二人迅速地相爱，红娘觉得这样的发展恐怕要出问题，于是她一直进行阻拦，再后来，出现了孙飞虎事件，此事就显现出张生有着具备何等实力的朋友，而张生正是利用朋友的影响让贼兵退下。老夫人原本说谁能化解危机就把莺莺嫁给谁，可是危险过后，她马上又反悔，但在红娘的巧妙安排下，张生和莺莺还是成就了好事。

对于这段传奇的描写，也是后世的关注点。蒋星煜所著《〈西厢记〉研究与欣赏》一书，其中一篇文章题目是《〈西厢记〉对性禁区的冲击——〈月下佳期〉欣赏》，文中有这样一段论述："《西厢记》还整整用了一折篇幅铺陈他们两个人的性行为。崔莺莺走出闺门前往张君瑞书房之前，形势已如箭在弦上、不得不发之际，她所说的'羞人答答的，怎生去'，既是一个处女真实的心态，又是她在红娘面

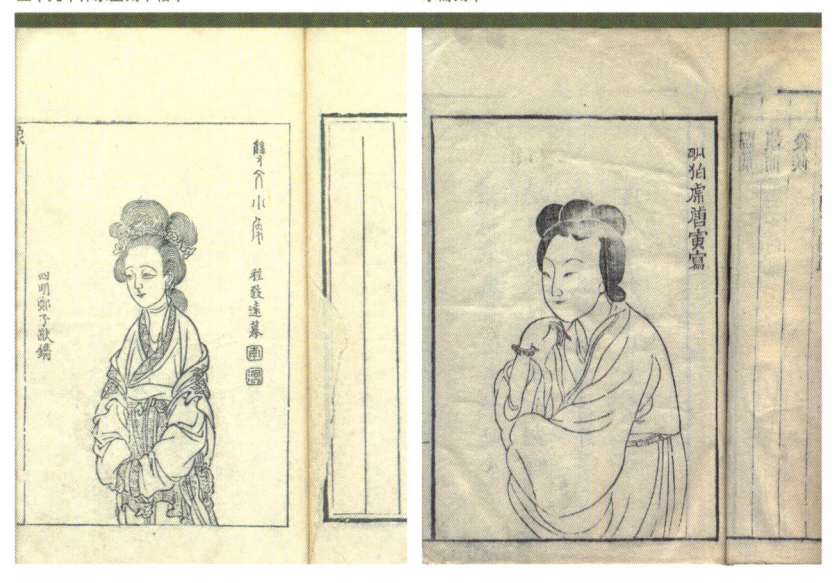

▫ 崔莺莺像。《怀永堂绘像第六才子书》八卷，清康熙五十九年怀永堂刻巾箱本　▫ 崔莺莺像。金圣叹批《西厢记》，清乾隆十五年古吴三乐斋刻本

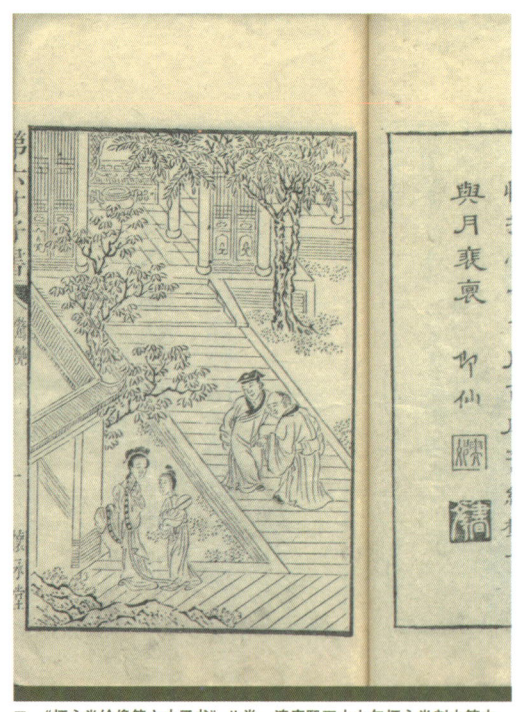

□《怀永堂绘像第六才子书》八卷,清康熙五十九年怀永堂刻巾箱本,场景

前的自我掩饰,妙不可言。红娘回答:'有甚的羞,到那里只合着眼者。'实际上是暗示崔莺莺,说她进入书房,一切全会有张君瑞主动,再不必要你小姐去张罗什么了。到了书房门口,红娘把'羞人答答'的崔莺莺直推进房去。凡此种种,都说明崔莺莺从未有过如此的行为、经历。"

由这段话可知,王实甫对《莺莺传》进行了大胆的改编。对于二人的初次床戏,王实甫在《西厢记》中用了四个曲子予以描绘:

【上马娇】我将这纽扣儿松,把缕带儿解。兰麝散幽斋。不良会把人禁害,哈,怎不肯回过脸儿来?

【胜葫芦】我这里软玉温香抱满怀。呀,阮肇到天台,春至人间花弄色。将柳腰款摆,花心轻拆,露滴牡丹开。

【幺篇】但蘸着些儿麻上来,鱼水得和谐,嫩蕊娇香蝶恣采。半推半就,又惊又爱,檀口揾香腮。

【后庭花】春罗原莹白,早见红香点嫩色。灯下偷睛觑,胸前着肉揣。畅奇哉,浑身通泰,不知春从何处来?无能的张秀才,孤身西洛客,自从逢稔色,思量的不下怀;忧愁因间隔,相思无摆划,谢芳卿不见责。

对于这段细腻的描写,蒋星煜予以了这样的评价:"春在古代文学中本来就有它独特的涵义,例如思春、怀春等等,原来就意味着男女爱情或十分具体的性行为。'露滴牡丹开'一句成了中国古典文学中描写性行为最典雅最富于诗意的名句。"

《西厢记》受到后世广泛的夸赞,除了情节上的丰富,另一个就是文字语言优美,比如王骥德在《新校注古本〈西厢记〉》中评价说:"前无作者,后掩来哲,遂擅千古绝调。"而徐复祚也在《曲论》中夸赞到:"字字当行,言言本色,可谓南北之冠。"《西厢记》中的曲子流传最广的一句则为:

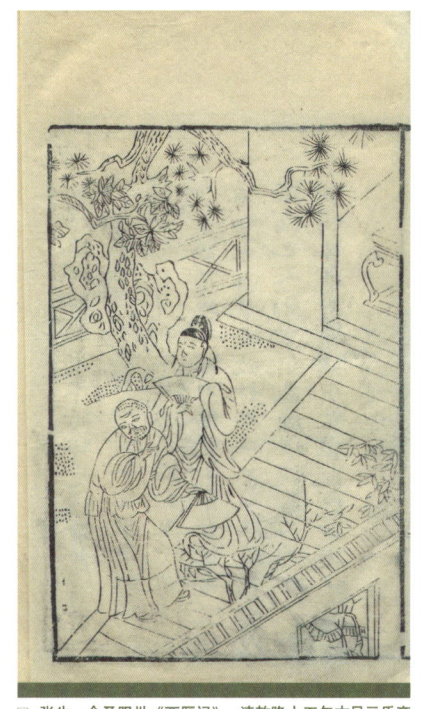

□ 张生。金圣叹批《西厢记》,清乾隆十五年古吴三乐斋刻本

【正宫·端正好】碧云天,黄花地,西风紧,北雁南飞。晓来谁染霜林醉,总是离人泪。

《西厢记》中的这些美词被吴梅夸赞为"词中异军"(《中国戏曲概论》)。

王实甫能根据剧中不同人的身份写出不同的唱词,例如莺莺是大家闺秀，故她的唱词就会表现得颇为典雅，例如莺莺的一首《混江龙》：

> 落花成阵，风飘万点正愁人。池塘梦晓，兰槛辞春，蝶粉轻沾飞絮雪，燕泥香惹落花尘。系春心情短柳丝长，隔花阴人远天涯近；香消了六朝金粉，清减了三楚精神。

而与之相比，红娘虽然也是女性，但她只是个仆人，故她的唱词就能表现出语言上的泼辣与通俗，比如红娘的一首《满庭芳》：

> 来回顾影，文魔秀士，风欠酸丁，下工夫将额颅十分挣，疾和迟压倒苍蝇，光油油耀花人眼睛，酸溜溜螫得人牙疼。

然而红娘的语言最受后世夸赞者，则是在著名的《拷红》一场中，她跟老夫人之间的对话。原本老夫人是想尽办法拆散莺莺与张生，她认为红娘在此起了坏作用，本想借此拷打她一顿，没想到这位口齿伶俐的红娘不但能够审时度势，同时她还有着用其人之道还治其人之身的办法，把老夫人的气焰彻底打了下去：

> 信者，人之根本，"人而无信，不知其可也，大车无輗，小车无軏，其何以行之哉！"当日军围普救，老夫人所许退军者，以女妻之。张生非慕小姐颜色，岂肯建区区退军之策？兵退身安，夫人悔却前言，岂得不为失信乎？既然不肯成其事，只合酬之以金帛，令张生舍此而去。却不当留请张生于书院，使怨女旷夫，各相早晚窥视，所以老夫人有此一端。目下老夫人若不息其事，一来辱没相国家谱；二来张生日后名垂天下，施恩于人，忍令

反受其辱哉？使至官司，老夫人亦得治家不严之罪。官司若推其详，亦知老夫人背义而忘恩，岂得为贤哉？

看来这位红娘不愧是大家闺秀的丫头。开头的几句说明她也读过书，竟然能够引经据典，以此来说明做人要讲信用。她指责老夫人说：当时被贼军包围时，您已经答应谁能退军就把女儿嫁给谁，而今张生做到了这一点，您却食言，这不就是失信吗？既然您不愿意成全他们俩，那您就应该赶快让张生离开此地，然而您却把他留在了书院，让这一男一女整天有接触的机会，而今二人已经在一起了，如果张扬出去，那岂不是辱没家门？一旦这位张生真的考取了功名，要打起官司来，那您不成了背信弃义之人？

红娘的这番大道理果真让老夫人泄了气。由此可见，《西厢记》中的红娘已经不同于之前其他相应的作品，此时的红娘已经成了剧中十分重要的人物。既然如此，问题就来了：那《西厢记》的主角究竟是谁呢？这么简单的问题，在历史上却有不同的解读，比如李渔在《闲情偶记》中说过这样一段话："一部《西厢》，止为张君瑞一人；而张君瑞一人，又止为白马解围一事。其余枝节，皆从此一事而生——夫人之许婚，张生之望配，红娘之勇于作合，莺莺之敢于失身，与郑恒之力

□ 莺莺与红娘。金圣叹批《西厢记》，清乾隆十五年古吴三乐斋刻本

争原配而不得，皆由于此。是'白马解围'四字，即作《西厢》之主脑也。"

至少李渔认为，《西厢记》的主角就是张生，其余的人都是配角。他的这个说法在后世有着非议，比如金圣叹在批《西厢记》时就说过这样的话："《西厢记》止写得三个人，一个是双文，一个是张生，一个是红娘。其余如夫人，如法本，如白马将军，如欢郎，如法聪，如孙飞虎，如琴童，如店小二，他俱不曾着一笔半笔写，俱是写三个人时，所忽然应用之家伙耳。"这里所说的"双文"，指的就是莺莺。在这里，金圣叹把莺莺排在了第一位，而后他在该文中又明确地点出："若更仔细算时，《西厢记》止为写得一个人——一个人者，双文是也。"由此，金圣叹认为，《西厢记》有三个主角，而第一主角就是崔莺莺。

同时金圣叹对红娘又做了这样的一番评价："《西厢记》写红娘，凡三用加意之笔：其一，于《借厢》篇中峻拒张生；其二，于《琴心》篇中过尊双文；其三，于《拷艳》篇中切责夫人。一时便似周公制礼乃尽在红娘一片心地中，凛凛然，侃侃然，曾不可得而少假借者。"

针对这段话，蒋星煜在其《谁是〈西厢记〉的主角、第一主角》一文中说："因此，无论从《西厢记》原作分析，还是历代戏剧评论家的看法，《西厢记》的第二主角是红娘，而张生只能屈居为第三主角也。"

由这段话可知，"一千个观众眼中有一千个哈姆雷特"这句话是何等的正确。

有意思的是，《西厢记》的故事发生地普救寺，在历史上真有这么个地方，并且该寺一直保存到了今天，这里当然就成为了我的寻访目标。普救寺位于山西省运城永济市西北十二公里土岗上。此程的寻访是以山西南部的运城为中心，在当地张总的安排下，由他的司机带着我每天一个方向去探寻各个目标。

昨夜研究下一步的出行路线，本想转完永济市之后前往华阴乘火车到西安，通过携程网订旅店，我指定一家出行较方便者，告诉他晚上八点左右能够到达，接线员跟我说房间保留到晚上六点，我耐着性子跟他解释说自己八点才到，他保留到六点岂不等于没有订，他说现在是旅游旺季，房间紧张故无法留房，这样的回答令我无奈，也许他所说确实是事实，但我还是觉得近一年来携程的服务质量下滑的速度很快。

放下电话重新确定出行路径，如果现在赶到西安，不但房间有问题，在那里几天的租车恐怕也变得很不容易，去年到西安寻访时就遇到过类似的问题，如此想来，只能避开所有的旅游景区，等到盛夏或春冬时再前往这些热点地区。

早八点退房上车后，里面的陪同人员已不是小秦，而是其公司的另外一个女孩，复姓令狐，这个姓氏让我马上想到了金庸武侠小说里的那位大侠，而今这位女令狐告诉我，小秦另有他事，今日的寻访则由她来陪同。在车上聊天时，我还是没有忍住自己的好奇心，向她询问这个姓氏的故事，她向我讲述了一些家族的事情，同时告诉我，在平陆地区这个姓氏还有不少人。

说话间驶上运三高速，十几公里后转上风运高速，此路是沿着中条山的北侧由东向西行驶。曾到芮城县去看永乐宫，返回运城的路是从中条山的中部翻山而过，盘山路何止九曲十八弯，车缓慢地爬到了山顶，回头望望走过的路，虽然不是自己攀爬而上者，但仍然产生了一览众山小的豪迈。今天的行程没有攀爬中条山，路面很平坦，但不知为什么，却起了大风，虽然昨天的风也不小，但今天增加了风力。车在高速上飞奔，不时的有腾空而起的感觉，虽然是重型越野车，但我还是觉得有着抓地不牢的飘忽，于是我请司机小崔放慢了车速。

□ 进入普救寺

　　刚刚进入永济城，远远的就看到了矗立在黄河边小山顶上的莺莺塔，这座塔像它的名字一样，看起来秀丽婀娜，缺少佛教应有的尊严。司机没有将车停在山门，他为了让我节约点力气，直接从另一个方向把车开到了山顶，停在了普救寺的门口，如此的熟门熟路，看来他不知为老总送了多少位客人到这里参观。

　　门票七十元一张，进入寺内首先经过的是商品街，一眼望去千篇一律的旅游纪念品，未见任何有特色者。走过这长长的商业街，没有看到一位游客购买。来此参观的人不算少，穿过旅游街右转就算进入了寺内，莺莺塔处在普救寺的正中位置，上面有明嘉靖年间重修此塔的塔铭。塔身的下端触手可及之处，有两个方形的凹槽，应该也是嵌有碑铭之处，今碑铭已不知去向，变成了两个凹洞。令狐介绍称，此塔有个传说，如果两个人相爱，在塔两侧用砖敲塔，就能听到蛙叫声，这两个凹洞就是被游客用砖头砸出来的。听她这么一说，我才注意到凹洞旁贴有告示，上面写着：禁止砸塔。

□ 普救寺内的游客

　　塔的后方有一个院落，形制像北京的四合院，这里就是《西厢记》故事的发生地。走进院内，一对男女正穿戴着古装服饰在拍照，那种不古不今的感觉让我看着不舒服。院中每间屋子门口都挂着介绍牌，当然最有名的是那西厢房，据说是当年莺莺和红娘的居室，《西厢记》的命名就由此而来。

　　这间房的面积很小，感觉不到二十平米，里面有莺莺和红娘的蜡像，形象是莺莺坐在书桌旁读信，红娘在作劝说状，蜡像做得精致而逼真，桌上还摆着一函线装书，细看之下也确是实物，只可惜那张书桌搞错了，它实际上是一张琴台，然而上面却陈列着笔墨纸砚。

□ 瘦长的莺莺塔

□ 长联

厢房的另一侧是莺莺的卧室，摆成了布幔床榻状，总体感觉以《西厢记》之大名，跟所看到的情形有些落差。在寺庙内各个大殿都挂着介绍牌，几乎每个牌子都跟《西厢记》里面的故事有些瓜葛。比如大雄宝殿，介绍牌的最后一句为"古典戏剧名著《西厢记》中'张君瑞闹道场'一折即发生在此殿之中"。藏经阁介绍牌则写着"系董解元《西厢记》中描绘寺内'祥云笼经阁，瑞霭罩钟楼'的景物，其中经阁即指此阁"。

而藏经阁门口的抱柱长联更是写得直白：

慕情来惜情去人人情纷纷情一砖一石一草一木四堵墙内无爱不是情普救寺里和尚也是情种好个情深境界。

从情始以情终字字情句句情一章一节一回一折一本书里全写的是情西厢记中人物皆为情生真个情憾天地。

□ 王实甫故里碑

  这些词美则美矣，但我总觉得这里毕竟是寺庙，如此的直白抒情似乎与佛教圣地的庄严肃穆相忤。

  王实甫故里位于河北省保定市定兴县究室村。本次的行程是以石家庄为起点，而后一路向北行，这次导航仪发挥了作用，从杨继盛墓出来很容易地就找到了究室村。其村不在大路旁，却在路旁做了一个金属的大门楼，上面挂着三个金光闪闪的金属字——究室村，旁边还挂着一块金属牌：保定艾格瑞种业有限公司郝建良捐建。原来这也是一种广告方式，而与之相对的另一个立柱上，却有着观光采摘和出售公鸡母鸡的广告牌。

  沿着牌坊下的路向村内驶去，刚一进村就看到了用铁栅栏圈起来的一块石碑，前往视之，果真是王实甫故里碑，只是在这几个字的上面加上了头衔"伟大戏剧家"，有了如此明显的时代烙印，碑的背面是王实甫的生平介绍，以及立碑的时间，后面的落款是"公元一九九三年七月"。进村内打听王实甫的故居，无一人知晓。

马致远：枯藤老树昏鸦，小桥流水人家

马致远是元曲四大家之一，他有着"曲状元"的美誉，袁行霈主编的《中国文学史》中说："马致远在元代梨园声名很大，有'曲状元'之称。他既是当时名士，又从事杂剧、散曲创作，亦雅亦俗，备受四方人士钦羡。"

但是，何为曲状元，后世有着不同的解读。一种说法，认为这是元朝的科举考试中，单独开设了曲艺考试这么个门类，而马致远取得了头名状元。此说为华连圃所深信，为了佐证自己的看法，他在《戏曲丛谭》中列出了三条历史依据。对于华连圃的这个结论，赵景深先生在其所撰《有关马致远生平的几个问题》一文中，一一予以了反驳。

华连圃所举出的第一个证据，是明代沈德符在《顾曲杂言》中说了这样一段话："元人未灭南宋时，以此定士子优劣，每出一题，任人填曲，如宋宣和画学，出唐诗一句，恣其渲染，选其能得画外趣者登高第，以故宋画元曲，千古无匹。元曲有一曲传至四五本者，予皆见之。"

沈德符的这段话说得很明确，他说元人开考了曲艺，其具体的考法是由朝廷出一题目，然后让考生们来填曲。为了证实自己所言不虚，沈德符看到元曲中在同一个曲名下有四五种不同的版本，也正是这句话成为了华连圃做出判断的依据："夫一题得见四五本，

显然其为场屋中所制。"华连圃的意思是说,一个剧名竟然有四五个不同的版本,只有考试才会出现这种情况,这就如同今日的作文考试,题目一样,但每个考生的答案却不相同。

但赵景深认为这种说法不正确,因为"沈德符上了臧晋叔《元曲选》的当"。因为臧晋叔在《元曲选》中列出了同一个名字、不同的曲名、不同的本数,比如"《西厢记》五本",但这种著录方式并不是说这五本内容均不相同。

然而沈德符却说"予皆见之",他的这句话只会有两种情况:一是他在撒谎,因为他根本没有见过同一部剧有四五个不同的版本,就如赵景深先生所言,他只是看到了《元曲选》上的著录而做出这种猜测;第二种情况,有可能是他真的看到了某一个剧有四五个不同的版本。对于沈德符所说的这四个字,赵景深先生没有予以反驳。

臧晋叔在其所辑的《元曲选》序言中说了这样一段话:"元以曲取士,设有十二种,而关汉卿辈争挟长技以自见。至躬践排场,面傅粉墨,以为我辈生活,偶倡优而不辞。"

臧的这句话说得十分明确,他说元代开设了以曲为专题的科考,并且说这个科考设了十二个门类。对于这种说法,明末清初的吴梅村在《北词广正谱序》中称:"盖当时固曾以此取士,士皆傅粉墨而践排场,一代之文人,皆从此描眉画颊,诙谐调笑而出之,固宜其擅绝千古。"吴梅村也强调元代以曲来取士,并且他说那些考生们化妆后当场表演。

对于以上的这个说法,也成为了华连圃的第二个证据,其称:"夫朝士大夫既能不辞于描眉画颊,可以想见其君必深好之。其君能深好之,则设科取士,当然可能。"

然赵景深认为,臧晋叔是明朝人,吴梅村是明末清初的人,他们距元朝都有一定的时段,所以赵认为更应该相信元朝人的话。而后赵景深列举了《元史》卷八十一中"选举志"上的一个段落，这个段落中列明了考试的内容，其中未曾提到以曲取士，故而赵景深说："可见当时所考都是四书经义、诏诰章表、经史、时务之类，根本没有戏曲，怎么能说是以曲取士呢？"

然而《元史》也是明初人所修，更何况这部史修得十分草率匆忙，故其被史学家视为中国正史中较差的一部。为此到了民国年间，柯劭忞才重新写了一部《新元史》，该书纠正了《元史》中大量的错误。以此来推论，会不会元代真的进行过曲艺的考试，却未被列入正史中呢？赵景深在文中也讲到了元初只在太宗九年开科一次，而第二次科考则隔了七十八年，也正因学子们没有出路，他们才去写编杂剧。

既然如此，那为什么臧晋叔在《元曲选》的序言中开口就说"元以曲取士，设有十二种"？如果这不是事实的话，那臧晋叔为什么要编造这么个说法？同时他还说出了具体的种数。对于臧晋叔的这个说法，赵景深没有予以正面的驳斥。同样，吴梅村所说的曲艺考试的具体情形，赵景深也没有进行直接的反驳。那吴梅村的出处在哪里呢？这是不是也是他编造出来的呢？如果是的话，那么这些人编造这种说法的目的是什么呢？这些问题我未能看到正面的回答。

关于臧晋叔所说的"十二种"的问题，明代朱权在《太和正音谱》中列杂剧十二科，而沈宠绥在《度曲须知》中说："自元人填词制科，而科设十二，命题惟是韵脚，以及平平仄仄谱式，又隐厥牌名，稗举子以意揣合，而敷平配仄，填满词章。折凡有四，如试牍然，合式则标甲榜，否则外孙山矣。"沈在这里也称，元人考曲设为十二科，并且他列明了具体的填词方式。

对于这种说法，赵景深认为也不可靠，他列出了十二科的内容，并称"这十二科实在很不科学"，同时他认为这种考试方式有点儿像猜谜，而后赵景深又用《元史·选举志》中没有戏剧十二科这么一说来反驳。但对于沈宠绥为什么有此一说,赵文中也没有展开分析。

赵景深是以《元史·选举志》中没有谈到以曲取士作为反驳的主要依据,这种说法前人也曾提及,比如清梁廷楠在《曲话》中称:"元人百种,佳处恒在第一、二折,奇情壮采,如人意所欲出,至第四折则了无意味矣。世道谓元人以曲试士,百科杂剧,多出于场屋,第四折为强弩之末,故有工拙之分。然考之《元史·选举志》,固无明文,或亦传文(闻)之误也。"

梁廷楠也注意到了《元史》中没有以曲取士这种说法,所以他觉得这可能只是一种误传。对于梁廷楠的这句猜测,华连圃则称:"自梁氏蓄此论后,世人遂群起疑古,不知梁氏适足为元人以曲取士之证,不足为反证也。"

华认为,人们怀疑元人以曲取士这个说法就是本自梁廷楠,但华倒认为梁的这个说法恰好证明了元人就是以曲取士。但赵景深认为,梁廷楠以《元史·选举志》来怀疑以曲取士说,"是有确定证据的",所以他觉得梁的这个说法超过了沈德符、沈宠绥和吴梅村等人。

然而谭正璧却认为华连圃的结论有道理,赵景深在其文中引用了谭正璧说的这样一段话:"按元人以曲取士之说,迄于今日,信者疑者仍参半,而其所引证,皆不出明人著作。然贾仲明《凌波仙》,可为信有其事之证明。仲明元末人,其言当然较明人为可信。所谓'战文场,曲状元'非明指应曲科、中魁首而何?但仲明词仅附载于天一阁藏钞本《录鬼簿》,此书近始发现,故前人多未征引及之。"

对于谭正璧的这个说法,赵景深引用了贾仲明的那首《凌波仙》:

> 万花丛里马神仙,百世集中说致远,四方海内皆谈羡。战文场,曲状元。姓名香,贯满梨园。《汉宫秋》《青衫泪》《戚夫人》《孟浩然》,共庚白、关老齐肩。

这就是马致远为元代曲状元的最早出处。赵景深认为，这首《凌波仙》没有提到马致远应试科场，因此这"曲状元"是一句形容词，就如同今日所说的"行行出状元"，这样的结论也就是业界对"曲状元"一词的第二种理解，其意是称马致远为元曲中写得最棒者。

由此可知，马致远在元代剧作家中有着何等的影响和名气。元代究竟是否举行过以曲艺为内容的科考，至少未能找到确证之前，无论其肯定还是否定，其实都没有过硬的证据，既然前人有过类似的著录，那也姑妄信之吧。

按资料记载，马致远写出了十五种杂剧，流传至今者有七种，其中最有影响力者则是《汉宫秋》，该剧可谓马致远的代表作，明臧懋循把《汉宫秋》排在了《元曲选》一书的最前列。《汉宫秋》讲的是王昭君出塞的故事，但在具体情节上，马致远予以了改编。

□ 马致远撰《东篱乐府》，民国二十年上海中华书局聚珍仿宋版排印《散曲丛刊十五种》本，书牌　　□ 马致远撰《东篱乐府》，民国二十年上海中华书局聚珍仿宋版排印《散曲丛刊十五种》本，卷首

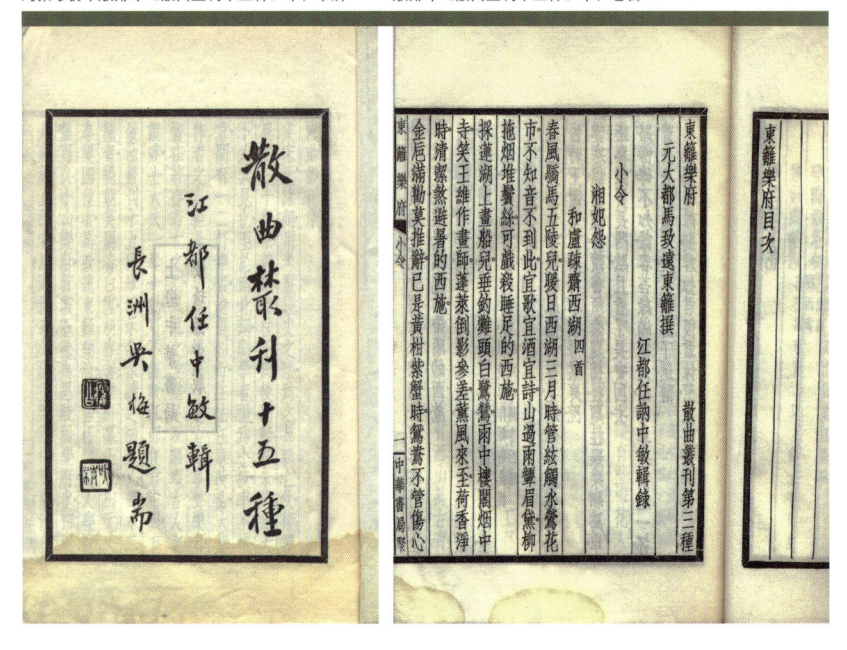

关于王昭君出塞之事，记载于《汉书·元帝纪》，而《汉书·匈奴传》的记载则比《元帝纪》略详："单于自言愿婿汉氏以自亲。元帝以后宫良家子王嫱字昭君赐单于。单于欢喜，上书愿保塞上谷以西至敦煌，传之无穷，请罢边备塞吏卒，以休天子人民。……王昭君号宁胡阏氏，生一男伊屠智牙师，为右日逐王。……呼韩邪死，雕陶莫皋立，为复株累若鞮单于。……复株累单于复妻王昭君，生二女：长女云为须卜居次，小女为当于居次。"

这段话是说，匈奴提出和亲，元帝把王昭君赐给了单于，后来王给单于生了个儿子，但不到三年的时间，单于去世。按照匈奴的习俗，王昭君又成了单于儿子雕陶莫皋的女人，而后她又给此人生了两个女儿。但是对这一段的记载，到了《后汉书·南匈奴传》中，又增添了一些新的内容："昭君字嫱，南郡人也。初，元帝时，以良家子选入掖庭。时呼韩邪来朝，帝敕以宫女五人赐之。昭君入宫数岁，不得见御，积悲怨，乃请掖庭令求行。呼韩邪临辞，大会，帝召五女以示之，昭君丰容靓饰，光明汉宫，顾景裴回，竦动左右。帝见大惊，意欲留之，而难于失信，遂与匈奴。"

这段话说，匈奴提出和亲，皇帝赐给了他五个宫女，而王昭君在宫中多年，没有受到皇帝的宠幸，所以她主动提出前行，皇帝见到她后，没想到王昭君长得这么漂亮，故有了悔意，但既然答应了匈奴，也不好反悔。

之前汉元帝为什么没有见到如此美丽的王昭君？这当然成为了后世猜测的内容。到了晋代，葛洪在《西京杂记》中就添加了这部分的猜测："元帝后宫既多，不得常见，乃使画工图形，案图召幸之。宫人皆赂画工，多者十万，少者亦不减至五万，独王嫱不肯，遂不得见。匈奴入朝，求美人为阏氏，于是上按图，以昭君行。及去，召见，貌为后宫第一，善应对，举止娴雅。帝悔之，而名籍已定，帝重信于外国，故不复更人。乃案穷其事，画工皆弃市，籍其家资皆巨万。"

这段解释使得故事变得圆满起来。其称，因为汉元帝后宫人太多，于是皇帝让画匠给每位嫔妃画一张玉照，而后汉元帝根据画像来选择宠幸哪一位。后宫的这些女人们为了能够增加被召见的机会，于是就花大价钱来贿赂画匠，让画匠把自己画得美一些。但唯独王昭君不肯这么做，画匠于是把她画得很丑，所以皇帝未曾召见过她。等把她赐给匈奴时，皇帝才见到王昭君，感觉她是后宫最美的一位，但事已至此，不便反悔。而后皇帝调查这是怎么回事，由此方知是画匠做了手脚，于是他杀掉了这位画匠，并且从其家中抄出了大笔的受贿钱财。

对于这样的记载，马致远在创作《汉宫秋》时予以了改编，他在此剧的第一折，就首先让那位画匠毛延寿上场，这位无耻的画工一上场就先吟诵了一首无耻的诗：

大块黄金任意抟，血海王条全不怕。
生前只要有钱财，死后那管人唾骂。

看来，他已经受贿到天不怕地不怕的程度。他认为只要活着能捞钱，绝不怕死后被别人骂。

接下来，马致远借这位毛延寿的自我介绍讲述了事情的起因："某，毛延寿，领着大汉皇帝圣旨，遍行天下，刷选室女，已选勾九十九名；各家尽肯赠送，所得金银，却也不少。昨日来到成都秭归县，选得一人，乃是王长者之女，名唤王嫱，字昭君。生得光彩射人，十分艳丽，真乃天下绝色。争奈他本是庄农人家，无大钱财。我问他要百两黄金，选为第一。他一则说家道贫穷，二则倚着他容貌出众，全然不肯。我本待退了他，不要，倒好了他，眉头一纵，计上心来。

只把美人图点上些破绽,到京师必定发入冷宫,教他受苦一世。正是:恨小非君子,无毒不丈夫。"

显然,马致远对原本的历史做了演绎,他把毛延寿写成了皇帝派到民间选美之人,在这个过程中,他已经受贿了大笔钱财,但唯有王昭君因为长得特别漂亮,所以不愿意贿赂他。而王不愿意贿赂毛的另一个原因,是王家只是耕种的农户,根本拿不出毛所要的百两黄金,于是,毛决定仍然把王昭君选入宫中,而后把她画得很丑,从此将她打入冷宫。

但是一个偶然的原因,汉元帝听到了王昭君在后宫弹琵琶,于是宠幸了她,之后封她为西宫娘娘,这个过程让毛延寿的伎俩暴露了出来。按照《西京杂记》上的说法,毛延寿被斩首,而马致远对此做了改编,他说毛逃出宫,跑到了匈奴那里,撺掇呼韩邪单于点名要王昭君来和亲。

单于的这个要求让汉元帝十分为难,因为他喜欢王昭君,他也知道这是毛延寿出的恶招儿,可是为了国家,他又不能断然拒绝,于是就让朝官们出主意,没想到这些人个个拿不出好点子。在这种情况下,王昭君主动提出,为了解救国家的危难,她愿意前去和亲。虽然汉元帝舍不得,但此时也没什么办法,于是马致远就安排汉元帝在剧中有了这样一段著名的唱词:

【梅花酒】呀!俺向着这迥野悲凉。草已添黄,兔早迎霜。犬褪得毛苍,人搦起缨枪,马负着行装,车运着糇粮,打猎起围场。他他他,伤心辞汉主;我我我,携手上河梁。他部从入穷荒,我銮舆返咸阳。返咸阳,过宫墙;过宫墙,绕回廊;绕回廊,近椒房;近椒房,月昏黄;月昏黄,夜生凉;夜生凉,泣寒螀;泣寒螀,绿纱窗;绿纱窗,不思量!

【收江南】呀!不思量,除是铁心肠。铁心肠,也愁泪滴千行。美人图今夜挂昭阳。我那里供养,便是我高烧银烛照红妆。

王昭君跟着单于的大军前往匈奴的领地,当她走到两国的分界线——黑龙江边上时,她毅然地投江自尽了。

以上就是《汉宫秋》的故事梗概。那马致远为什么要写这么一出典型的悲剧?袁行霈主编的《中国文学史》予以了这样的解读:"在金元之际,马致远选择了汉室受到凌辱的历史题材,不能说他不曾寄寓着对现实生活的感受。环绕着汉元帝、王昭君的形象,他向人们揭示的主要是对历史、对人生的体悟。他通过戏剧冲突,写出乱世中的个体无法主宰命运、只能任由拨弄的哀痛。"

因为此剧创作得十分成功,故清焦循在《剧说》中赞誉道:"元明以来,作昭君杂剧者有四家。马东篱《汉宫秋》一剧,可称绝调;臧晋叔《元曲选》取为第一,良非虚美。"而李德身在其编著的《困煞中原一布衣》一书的总序中说:"其《梧桐雨》最负盛名,与王实甫的《西厢记》、关汉卿的《窦娥冤》并称为元杂剧的'三大杰作',谓之'千古绝品'。"

除了戏剧创作,马致远在散曲方面也极有成就,程千帆在其主编的《元代文学史》中说:"马致

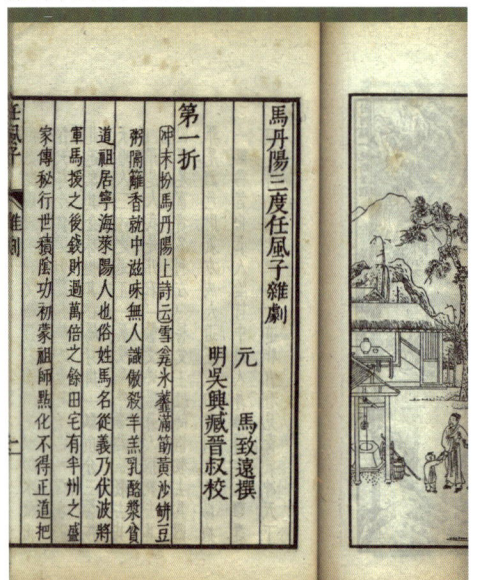

□ 马致远撰《马丹阳三度任风子》,民国七年上海商务印书馆据博古堂印本石印影印《元曲选一百种》本

远还擅长散曲,并且是最先出现的在杂剧和散曲两方面都具有很高造诣的作家。"而刘荫柏在《马致远及其剧作论考》一书中给出了这样的比喻:"如果我们说李白为诗中之魁,苏轼是词中之首,那么称马致远曰散曲之冠,他是当之无愧的。"

就数量而言,马致远所作散曲也是他那个时代元曲大家中最多的一位。马致远所作散曲有不少反映了他那个时代无法仕进的苦闷,他在《双调·拨不断》中写道:

布衣中,问英雄,王图霸业成何用?禾黍高低六代宫,楸梧远近千官冢。一场恶梦。

酒杯深,故人心。相逢且莫推辞饮,君若歌时我慢斟。屈原清死由他恁,醉和醒争甚!

马致远所作的套曲中也多有表现这样的心态者,我节选《双调·行香子》前半段如下:

无也闲愁,有也闲愁,有无间愁得白头。花能助喜,酒解忘忧。对东篱,思北海,忆南楼。

【庆宣和】过了重阳九月九,叶落归秋。残菊胡蝶强风流。劝酒,劝酒。

【锦上花】莫莫休休,浮生参透。能得朱颜,几回白昼?野鹤孤云,倒大自由。去雁来鸿,催人皓首。位至八府中,谁说百年后?则落得庄周,叹打骷髅。爱煞当年,鲁连乘舟。那个如今,陶潜种柳?

马致远的散曲中名气最大,也是流传最广的一首则为《越调·天净沙·秋思》：

> 枯藤老树昏鸦，小桥流水人家。古道西风瘦马。夕阳西下，断肠人在天涯。

对于这首散曲，周德清在《中原音韵》中将其誉为"秋思之祖"，而该曲也受到了王国维的夸赞，他在《人间词话》中说："寥寥数语，深得唐人绝句妙境。"

然而，这么重要的一位人物，个人生平资料却大多模糊不清，经过专家们的一系列考证，而今也仅知道一些大概的情况，比如马显慈在《关汉卿白朴马致远三家散曲之比较研究》一书中说："约生于元海迷失皇后二年（1250），卒于元英宗至治元年（1321）至泰定元年（1324）之间。号东篱，或东篱老，东篱先生。一说字千里。大都（今北京）人，一说东光人。"

看来，马致远的生卒年也只能做出这样大致的猜测。而他的故里也有着不同的说法，其实这些不同说法的缘由，是因为在元代有不少人都喜欢叫这个名字，刘荫柏在其专著中列出了四位。

第一是许州马致远，其出处是元王恽在《文通先生墓表碑阴先友记》中所说："马寅字致远，许州人。性雅重，嗜古学，恬于仕进。"

第二位马致远是元代中期的画家，张以宁在《题马致远清溪晓渡图》的自注中称："致远，广西宪掾。子琬，从予学。琬字文璧，秦淮人。"

而第三位则是广平马致远，此人在邓文原的《巴西集》等书中有记载。

而第四位马致远则是这位元代的剧作家。

同时，刘荫柏还说在元末明初还有一位东平马致远，他认为这位东平马致远被后世视为剧作家马致远是不对的。

那么,作为剧作家的马致远,他的祖籍究竟是北京还是东光呢?后世学者有不同的意见,光绪《东光县志》卷十二辑有肖德宣所撰《马东篱先生碑记》:"马东篱先生,东光人。工长短句,与关汉卿、王实甫齐名。尝阅其所著,幽雅淡远,一空凡响,当时称为'朝阳鸣凤',有以也。辛丑,余调理兹土,得悉马氏为宋以来旧家。先生于元季应词科,取进士,由司教而县令,而部署,仕途偃蹇,大猷未展,而胸襟洒脱,惟以衔杯击缶自娱。后其孙经,其曾孙孔惠者,俱以家学捷南宫。尤足见先生工于词而不止于词也。……余尝过先生之祠,因题额曰'千古词宗'悬其上,并为记。"故而,有的学者认为马致远就是东光人。

相应的说法还有马凤藻所撰的《长支合谱序》中的说法:"考吾马氏,自唐、宋居河西皇庄(今阜城县),伊有祖茔一区,年远无可纪述。厥后迁居油周庄(今东光县),庄东茔有家庙一座,周围群墙数百丈,松柏若干株,内有老坟七座,世次、名字亦难追溯。再迁马庄,立祠堂后遂以祠堂名庄焉。"而马凤藻在其所撰的《马氏宗谱》中又说:"德昭有三子,长子视远(即致远),字东篱,妻杨氏,居老庄。"

对于以上的这个说法,刘荫柏认为是牵强附会,他在《马致远及其剧作考论》一书中说:"清末东光县令肖德宣撰《马东篱先生碑记》,而东平马致远后裔马凤藻又据府志、县志及传说撰《马氏宗谱》,于是元末明初的进士马视远,就变成了元初的大戏剧家马致远,这显然是讹误。"

持同样观点者还有赵景深先生,他认为:"元曲大家马致远绝不能与马视远混为一谈。马视远曾考过明初朱洪武的进士可信,但马致远却根本没有在元朝应过科举,马视远是河北省东光县人可信,但马致远却是元代大都人,大都管辖的'畿辅'范围不能扩充到河间府东光县。"

除此之外,孙楷第则认为马致远是广平人,而广平则是今日河北省永年县。

对于马致远的故乡还有一种说法,那就是在北京的门头沟。对于这种说法,也有专家有着不同的意见,比如马晓霓编撰的《元曲四大家学术档案》一书中就有这样一段叙述:"2002年,北京门头沟区与河北东光县间引发了一场马致远故里之争。关于马致远到底是北京人还是东光人,学术界一直没有定论,过去一般认为马致远是大都人而没有说是'河北东光人'。北京史研究专家王灿炽认为:'根据东光县目前所提供的史料,包括石碑、县志、族谱、历史文献记载,尤其是清朝光绪年间的碑刻等史料记载,我认为这些史料都是真实可靠的,可以初步断定元曲大家马致远是东光人。'"

由这段叙述可知,还是有不少的学者认为东光县是马致远的故乡。既然如此,那我就到这里去探访一番。

马致远祠堂和墓位于河北省沧州市东光县于桥乡马祠堂村。十一长假期间,我来到了沧州市,在这里首先拜见了当地的藏书大家梁振刚先生。梁先生看了我的寻访单后,帮我做了一系列的安排。这让我在沧州的寻访变得异常顺利。

第二天一早七点半,梁兄来电,他因急事赶往北京,已安排两位朋友带我去寻找欲看之点,一位是其办公室李主任,李兄协调能力极强,一路上打电话联系每一点,每到一处都有人在路口处接应,且接应者均是了解情形的行家,这让我大为省事;另一位则是研究沧州文献的专家孙建先生。

今日寻访的第一站就是马致远的祠堂和墓。驶上昨日拥堵不堪的京沪高速,只一晚之差,路上车却少了很多,行驶了四十多公里,

□ 马致远祠堂前的空地

从东光站下道驶上 338 省道，再东行十余公里，到达东光县于桥乡马祠堂村，东光县领导及乡里的领导已在高速口等候。见面寒暄之后，我跟在他们后头，前行不远就来到了村南的马致远祠堂前。在这里见到了管祠堂的人，我顾不上寒暄，马上开始拍照。

祠堂前面的空地约有七八亩，正门的左侧空地上一前一后有两座坟丘，前面的一座就是马致远墓，碑是新补刻的，碑上中间书刻一行"元诰授奉直大夫工部主事进士马公致远墓"，墓围是用水泥贴砖，看上去不古不新。墓后不足两米还有一墓，旁边有人说这是马致远父亲的墓，我回头一看，说话的人是一位看上去七十岁上下的老者，他手里领着一个小女孩，当地领导介绍称，这是马致远的后人。

能将后人找来，这当然是我求之不得的，这又让我感念梁先生的朋友安排得如此周到。我马上向这位后人了解细节，他告诉我："我

□ 马氏祠堂

□ 马致远墓　　　　　　　　　　□ 重修碑记

是马致远的二十一代孙马秀伦，她是第二十四代，这个村子叫马祠堂，就是因为马致远的祠堂，才有了这个名儿。祠堂原建在明永乐年间，原来这个院子中有两人不能合抱的大松树好多棵，到1951年，村里为了修桥，就把这里的树砍光了。在永乐年间建这个祠堂以前，这个村子叫马庄，到'文革'时这个祠堂基本上被砸烂了，祠堂院里有好多的石碑，不是砸碎了就是拉去当了门槛，现在这个祠堂是到2002年在原址上重新修建起来的。"

边听马秀伦介绍，边走进祠堂院内，整个祠堂占地约两三亩，先进正堂，门楣上悬匾写着"千古词宗"，祠堂内正中为马致远汉白玉石雕像，马秀伦说是花了二十多万元在曲阳雕造的，除此雕像外，祠堂内空无一物，只是两侧的墙上挂着一些版画，其中四幅是马致远所作的四出名剧内容的图案，另外还有毛泽东手书体的马致远那首最有名的小令"枯藤老树昏鸦"，毛泽东还抄写过这首小令，

马致远：枯藤老树昏鸦，小桥流水人家　　075

□ 躺在地上的碑刻

我还是第一次知道。

看罢祠堂，再看祠堂外左手侧房，侧房的右手地面上躺着三块碑，马秀伦介绍说这就是原祠堂内院中的原碑，因为有的高大不能竖起，只能将碑额戳在旁边。将几块碑细看一遍，基本上都是清代重刻的，其中有一块是墓志铭盖，应是明初的故物，算是这个祠堂中最古老的东西。右手侧房内则是马家列祖列宗的牌位及世系表。

孙建介绍称："关于马致远是否就在这儿，学界还有争论，因为从世系表上看，马德昭有三个儿子，平远、治远、致远，一般说来给自己孩子起名，不应

□ 祠堂院景

□ 马致远祠堂正堂

当起两个相近的音,但这个到今天也没有定论。"但马秀伦说,这就是马致远的祠堂及墓所在,并说马祠堂村的人基本都姓马,而于桥乡姓马的人有四五千,他解释称:"马致远以前在家的名字叫马视远,是后来才改成了致远,所以说他的原名跟治远不重复。"马秀伦介绍称这个祠堂平时不开放,只是节假日时马姓的族人才会来祭拜。

张养浩：峰峦如聚，波涛如怒

张养浩为元代散曲名家，卢前在《饮虹曲话》中说："江西诗派一祖三宗之说，余尝拟之于曲：东篱，一祖也；三宗者，小山、梦符、希孟。"冀野先生在这里用江西诗派的"一祖三宗"之说来比拟散曲的"一祖三宗"，他认为"一祖"是马致远，而"三宗"分别是张可九、乔吉和张养浩。到了当代，又有"元代散曲三大家"之说，张养浩跟张可九、乔吉并称为"三大家"。

张养浩在元代官至礼部尚书，这也算是他那个时代的达官贵人，故而他在《元史》中有传，此传的第一个段落凝练地概括了他品行的各个方面，我将其分句解之：

□ 张养浩像

"幼有行义，尝出，遇人有遗楮币于途者，其人已去，追而还之。"此话是说，他在幼年之时拾金不昧，捡到了钱马上去寻找失主并归还给了对方。这句话可以概括为一个"义"字。

"年方十岁，读书不辍，父母忧其过勤而止之，养浩昼

则默诵,夜则闭户,张灯窃读。山东按察使焦遂闻之,荐为东平学正。游京师,献书于平章不忽木,大奇之,辟为礼部令史,仍荐入御史台。"他小的时候因为刻苦读书,以至于让当朝权贵都知道了他在这方面的品性,于是他被推荐入朝为官。此句可概括为一个"勤"字。

"一日病,不忽木亲至其家问疾,四顾壁立,叹曰:'此真台掾也。'"某天他生了病,领导到他家去探望,没想到,他家里穷到没有任何的物件,这让领导大为感叹。这句话可以用"廉"字来概括。

"首毁淫祠三十余所,罢旧盗之朔望参者,曰:'彼皆良民,饥寒所迫,不得已而为盗耳;既加之以刑,犹以盗目之,是绝其自新之路也。'众盗感泣,互相戒曰:'毋负张公。'"张养浩在任地方官期间能纠正地方的不良之风,同时还能爱民如子,能够懂得恩威并重。这句话可以用"明"来形容。

"有李虎者,尝杀人,其党暴戾为害,民不堪命,旧尹莫敢诘问。养浩至,尽置诸法,民甚快之。"当地有个暴徒,无人敢惹,张养浩将这种恶棍绳之以法,令民心大快。他的这个做法可以用一个"威"字来形容。

以上这几个方面,可以说基本涵盖了张养浩性格的各个方面,他能做到礼部尚书,应该跟他的这些性格和行为有很大的关联。

但张养浩是位知进退的人,他在元至治元年,辞职返回了家乡,回家之后,他兴建园林,做起了隐士。张养浩是济南历城人,他的云庄就建在这里。关于云庄的所在方位,张养浩在其所写的《云庄记》中有这样的描述:"违历城西北十数里,有山曰标,若二而一,皆乱石丛蠹,危立道左。其背有水西流,民桥于上;逾桥而东不里许,余别墅在焉。"

对于云庄的建设,张养浩下了很大的工夫,他用了六七年的时间来建造这处园林。除了房屋建设,他还在这里搞绿化,同时还花重金买来了两只仙鹤,可惜其中一只被一位田间老夫打伤了腿,两个月后就死掉了。这让张养浩很伤心,于是他写了一组名为《惜鹤十首》的诗。为一只仙鹤能作诗十首,也足见其对此灵物颇有感情。

其实以数量来做分析,有时也是一种想当然,因为张养浩特别喜欢将一组诗一写就是十首,不知这是不是一种强迫症。清初顾嗣立在编《元诗选》时,也选了张养浩的十首诗,而后顾嗣立在《元诗选》中写到:"张文忠自和凡十题,每题皆十首,今择其警练者录之。"看来,顾嗣立也注意到这位张养浩写一组诗就要有十个题目,而每个题目就要写十首。

张养浩的这种写诗方式也让有些人觉得讨厌,薛祥生、孔繁信选注的《张养浩作品选》中收录了国图所藏《归田类稿》一书中的一段批语,批校之人号云门外史,此人在批《遂闲堂独坐自和十首》时称:"公好作叠韵,又必以十首为限,故乏佳制。韵多淡薄,近于以诗为戏。"看来,这位云门外史认为张养浩的这种作诗方式,纯粹是为了凑数,而这种凑数之诗当然佳句较少。

张养浩在云庄休闲期间也作了不少诗,并效仿苏东坡来和陶渊明的诗,他在《和陶诗序》中说:"余尝观自古和陶者凡数十家,惟东坡才盛气豪,若无所牵合,其他则规规模仿,政使似之,要皆不欢而强歌,无疾而呻吟之比,君子不贵也。"其称,古代和陶诗者有几十家之多,但他认为因东坡才气大,所以和得最好。言外之意,他也要效仿东坡来和陶渊明的诗作。

为什么要做这样的事呢?张养浩在序言中写到:"余年五十二即退居农圃,日无所事,因取陶诗读之,乃不继其韵,惟拟其题以发己意,可拟者拟,不可者则置之,凡得诗如千篇。"

他在这里谦称自己整天闲着没事儿,于是就读陶诗,因为喜欢,所以就开始和诗。可惜的是,他所作的《和陶诗》没有流传下来,不知他的和诗水平究竟如何。但在这个阶段,他所作的一些散曲却得以流传至今,他被后世称为"散曲三大家"跟这些作品能够流传到后世,当然有很大的关系。

关于张养浩所作散曲的风格,按照陆侃如、冯沅君在《中国诗史》上的说法:"他的散曲有《云庄休居自适小乐府》一卷,约存曲百数十首,此外还有些许艳曲见其他选本中。他本是个关心时政而又遭受过陷害的人,所以他在生活上虽然'休居自适',而内心却不能平静。《休居自适小乐府》所写的正是他这时候的心情与生活,至于作风则兼有豪放与清逸。"

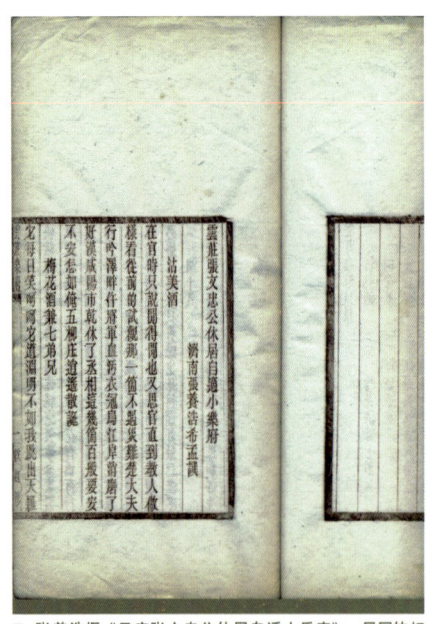

□ 张养浩撰《云庄张文忠公休居自适小乐府》,民国饮虹簃红印本

关于张养浩所作豪放的曲作,《中国诗史》中举出了《沽美酒兼太平令》:

> 在官时只说闲,得闲也又思官,直到教人做样看。从前的试观,哪一个不遇灾难;楚大夫行吟泽畔,伍将军血污衣冠,乌江岸消磨了好汉,咸阳市乾休了丞相。这几个百般、要安,不安,怎如俺五柳庄逍遥散诞。

至于张养浩所作的清逸的例子,该书中举的是《雁儿落兼得胜令》:"云来山更佳,云去山如画,山因云晦明,云共山高下。……云霞,我爱山无价。看时行踏,云山也爱咱。"

而任讷在《曲谐》中则称其最喜欢张养浩所作的《警世·红绣鞋》:

> 才上马齐声儿喝道,只这的便是那送了人的根苗。直引到深坑里恰心焦:祸来也何处躲?天怒也怎生饶!把旧来时威风不见了。

而后任讷说出了他喜爱此曲的理由:"玩其意致,感遇必深,不然似乎体会不至此也。而词又特为直质,乃益觉言下凛然,信威服之不容擅作矣。"

由以上几首可知,张养浩的散曲可谓通俗易懂,且读来朗朗上口,而这种特色也正是元代散曲的主体风貌,卢前在《散曲选》中作出过这样的总结性言论:"曲肇始金元之际,其原盖出于词。……词之兴,初不过为诗之附庸,多男女艳冶之辞,或杂隐逸山水,苏辛有作,意境恢广,迄乎宋季而其体益尊,遂与诗同桃骚雅矣。始者元好问、孟昉、王恽、吴镇、倪瓒之为曲,亦以附诸词。自张养浩有《休居自适之集》,乃褎然离词自立,一时作者若刘秉忠、姚燧、卢挚、胡祗遹所制,率渊渊大雅,如词中欧范……"

卢前说,散曲诞生于金元时代,且曲是词的变体。卢前认为,词原本就是诗的附庸,并不受文人重视,只是到了苏轼、辛弃疾那里,才成为了一种尊贵的文体,由此使得诗与词得以平起平坐;然而到了元好问等人的时代,他们又变词为曲,使得曲成为了词的附庸;但真正到了张养浩时,他才将曲从词中独立出来,并经过他的努力,再加上其他作者的提倡,终于使得曲成为了独立的一类文体。这样的褒奖可谓高尚。

宋词分婉约与豪放两大派，那么散曲是否也是如此呢？卢前在《饮虹曲话》中说："豪放、端谨、清丽，为曲中大三派。《太和正音谱》乐府十五体，于豪放曰丹丘，希孟是也；于端谨曰江东，小山其前导；梦符则又开清丽之东吴。至于宗匠，不得不推东篱矣。"看来，曲的派别比词还要多一类，成为了三分法。

卢前把张养浩的曲风归为了豪放派，同时他认为，张养浩所代表的豪放曲风传导给了明代的康海和冯惟敏："以逮于明，对山、海浮，希孟之遗也；青门、伯良、子野，梦符之变也；宁庵、伯龙则又祖小山而未能出之；以俊爽，唯康、冯之于张，始有青出于蓝之概。"

将张养浩的曲风归类为豪放派，这也是龙榆生先生的观点，其在《中国韵文史》中称："张养浩为《云庄休居自适小乐府》，多恬退之言，艾俊序所谓'和而不流'者。然其《山坡羊》怀古诸篇，亦殊豪壮，与九皋风格相仿。"

龙先生所说的"山坡羊"，指的就是张养浩在当世流传最广的那首《潼关怀古》：

峰峦如聚，波涛如怒，山河表里潼关路。望西都，意踌躇。伤心秦汉经行处，宫阙万间都做了土！兴，百姓苦！亡，百姓苦！

这首曲中的最后两句——"兴百姓苦，亡百姓苦"，在解放之后被选入了初中课本，于是变得世人皆知。对于该曲，龙榆生在后面评价道："元人豪放一派作家，略如上述。"

但也有的学者跟卢前和龙榆生的观点略有差异。除了上面提到的陆侃如和冯沅君，梁乙真也认为张养浩散曲的风格有豪放与清逸两类，梁举出的清逸的例子有《尧民歌·归旧乐》：

见斜川鸡犬乐升平，绕屋桑麻翠烟生，杖藜无处不堪行，满月云山画难成。泉声，响时仔细听，转觉柴门静。

对于此曲，梁乙真评价说："这便是'清逸'的例。此曲的妙处，即从闹中而反写出静境；将林泉的真趣表现无遗，堪称匠心。"（《元明散曲小史》）

对于张养浩的这些散曲，梁乙真说他最喜欢者则是上面提到的那首《警世·红绣鞋》。

早在元代当朝，张养浩所作的散曲就受到了世人的关注，元周德清在《中原音韵》中收有张养浩所作的《折桂令·金山寺》：

长江浩浩西来，水面云山，山上楼台。山水相辉，楼台相映，天与安排。诗句就云山失色，酒杯倾天地忘怀。醉眼睁开，回首蓬莱，一半烟遮，一半云埋。

这首曲读来更加口语化，然而却受到了后世的夸赞，比如明王世贞在《艺苑卮言》中评价到："元人曲如……'水面云山，山上楼台。山水相连，楼台上下，天地安排'，景中壮语也。"

这么口语化的句子，王世贞竟然认为这是写景的壮语，可见，这样的曲子读来貌似轻松，而实际上却有着内在的力度。

张养浩隐居在家乡的云庄，享受着自造的美景，为什么还能写出《山坡羊·潼关怀古》这样的作品呢？因为他的家乡毕竟距离潼关有很远的路途，而他能写出这样的名篇，也一定有着相关的经历。

张养浩辞官回乡之后，朝廷没有忘记他，不断地召唤他回朝工作，可能厌烦了朝官间的勾心斗角，所以他百般辞让，竟然七召不复，但这并不等于说他不关心天下大事。有那么两年，陕西大旱，而后瘟疫流行，在这种危急时刻，已经隐居云庄八年的张养浩又收到了朝廷的召唤，皇帝任命他为陕西行台中丞。

在这种关键的时刻，张养浩不再辞让，他立即接受了朝廷的任命。张起岩给张养浩所写的神道碑中，记载了他听到灾荒后的反应："吾退处丘园，七辞聘召，闻西土民饥殍流亡，忍不起而拯救哉！"

这真是个有担当的男人，他为救灾放弃了自己优裕的生活，按照小人的猜测，说不定他也是赋闲太久，想就此重新出山。面对这样的流言，张养浩在其所写的《西番经》中做出了说明：

> 天上皇华使，来回三四番，便是巢由请下山。
> 取索檀，略别华鹊山。无多惭，此心非为官。

张养浩很快前往灾区，在前行的路上以及救灾的过程中，他写了一些相关的散曲，除了那首《潼关怀古》，他还作过一首《洛阳怀古》：

> 天津桥上，凭阑遥望，春陵王气都凋丧。树苍苍，水茫茫，云台不见中兴将，千古转头归灭亡。功，也不久长；名，也不久长。

这种写法，这种句式，基本与《潼关怀古》相同，看来他的怀古系列也有喜欢写满十首的偏执，为此，他还作了一首《北邙山怀古》：

> 悲风成阵，荒烟埋恨，碑铭残缺应难认。知他是汉朝君，晋朝臣？把风云庆会消磨尽，都做了北邙山下尘。便是君，也唤不应；便是臣，也唤不应！

这首怀古的最后两句,同样是《潼关怀古》的咏叹方式。而他作的《骊山怀古》也同样不会改变这样的句式:

骊山四顾,阿房一炬,当时奢侈今何处?只见草萧疏,水萦纡,至今遗恨迷烟树,列国周齐秦汉楚。赢,都变做了土;输,都变做了土!

此后,他还写了《未央怀古》等等,但这样的怀古散曲,他总计作了九首,没能达到他所追求的"十全十美"。因为他在救灾的过程中忧劳成疾,所以六十岁就去世了,可能没来得及写第十首怀古诗,这真是一个大遗憾。

张养浩除了作曲也作诗,他的诗作在元人中颇有名气,清陈焯

□ 张养浩撰《庙堂忠告》,清乾隆五十四年周氏竹西书屋据益都李文藻刻本重编印本,卷首

□ 张养浩撰《风宪忠告》,清乾隆五十四年周氏竹西书屋据益都李文藻刻本重编印本,卷首

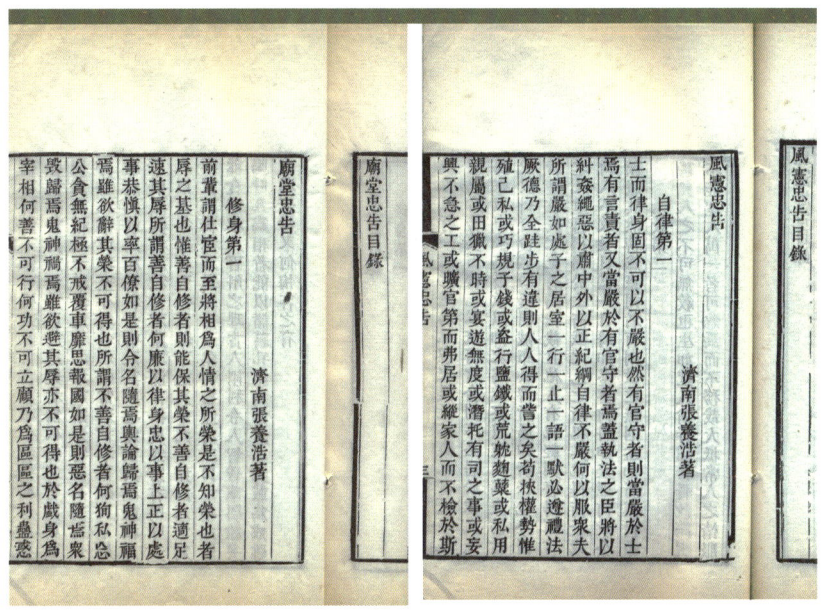

在《宋元诗会》中说:"王执谦,字六,皆济南人,与张养浩、李京辈称'诗家四杰'。"

看来,张养浩是元代诗家四杰之一,可惜他的诗作在后世影响不大,而他的散曲却受到了后世各种各样的评价,当然这种评价是以夸赞为主。但也有人认为,他的散曲并无多少思想性,比如郑振铎在《插图本中国文学史》中有过这样一段表述:"马九皋字昂夫,所作多小令,只是宴饮时的漫唱,貌为豪放,而实中无所有。像'大江东去,长安西去,为功名走遍天涯路。厌舟车,喜琴书,早星星鬓影瓜田暮。'(《山坡羊》)其实,当时一般老官僚们所作的散曲,大都是这一类的不痛不痒的自夸恬退的东西。张云庄(名养浩)的《云庄张文忠公休居自适小乐府》,全都是如此。'紫罗襕未必胜渔蓑,休只管恋他,急回头好景已无多。'(《梅花酒兼七弟兄》)从这样浅薄的情绪里出发的歌曲,自然不会是很高明的。"

郑振铎的这段论述显然是从政治角度来解读张养浩的作品,且不论这种评价是否公允,但至少说明,张养浩的散曲在后世的学者中有深入的探讨。

□ 张养浩撰《牧民忠告》,清乾隆五十四年周氏竹西书屋据益都李文藻刻本重编印本,卷首

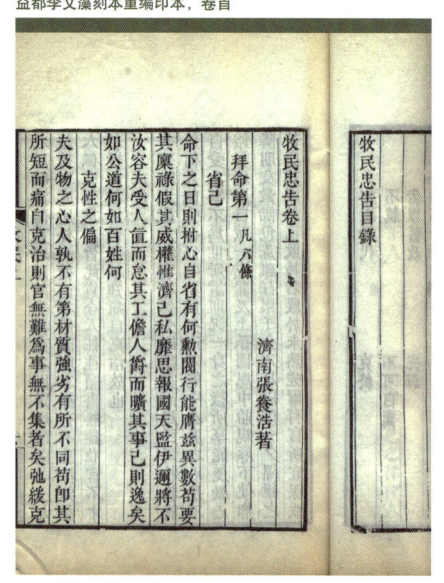

对于张养浩的研究,当以马继业所撰《张养浩评传》一书最为详备,该书用十一个章节讲述张养浩的生平以及他的文章事业,其中的第十章为"三事忠告起群蒙",内容讲的是,张养浩所刻《牧民忠告》《风宪忠告》和《庙堂忠告》三书。

对于这三书的内容,马继

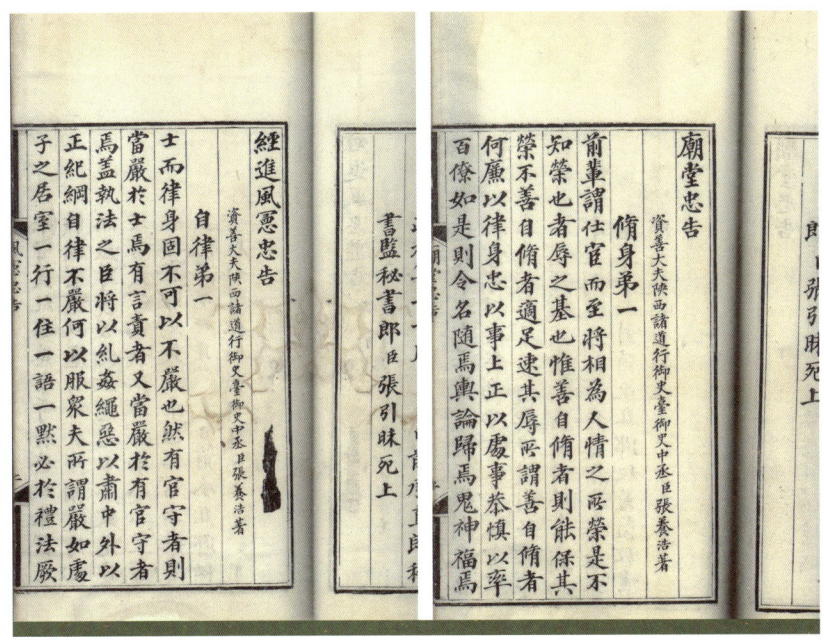

□ 张养浩撰《经进风宪忠告》一卷，清刻本　　□ 张养浩撰《庙堂忠告》一卷，清刻本

业在此专著中有着这样的描述："张养浩一生不仅勤于政事，而且善于总结自己的政治经验。他的政治成就绝不仅仅因为他官居极品，而在于他为后世留下了极为珍贵的政治经验。由于张养浩长期担任地方和中央官员，对官场情况十分熟悉，本人又遵循儒家学说，始终言行一致，所以对问题捕捉准确，分析透彻，见解独到。'尝著书三卷，一曰《庙堂忠告》，二曰《风宪忠告》，三曰《牧民忠告》，皆言居官之道。'他在不同任职阶段所撰政论书籍《三事忠告》（也称《为政忠告》），是对当时中央和地方官吏的真诚劝告。"

即此可证，张养浩并非有着真正的隐士心态。当天下有灾时，他能挺身而出，而当他出仕为官时，又能对工作有着这样的总结，由此可知，他的那些散曲都是他不同时段的真实写照。休闲是真，同样，怀古感慨也是真，而这也正是张养浩的难得之处。

□ 从正面望过去

□ 张养浩墓　　　　　　　　　　□ 墓碑

　　张养浩墓位于山东省济南市柳云社区清河北路公园内。前往张养浩墓之前，我还是踌躇了一下，因为在网上查得地址为柳云社区清河北路公园内，但这个公园具体是什么公园，并未查到名字。但想到已经有具体的路名了，范围应该不会太大，到了附近打听一番应该就能找到。

　　这两天济南打车十分困难，站在路边等了将近半小时，竟然没有一辆出租车驶过，我感觉这种情形不正常，于是返回酒店问服务员。对方告诉我，今天正巧赶上出租车行业为了达到某种要求，正在罢工。

　　这个结果我未曾料到，于是打听其他的交通方式。门童告诉我，从酒店到柳云社区的清河北路有一趟公交车，虽然途经几十个站台，然而好过打不到车。我特意错过高峰期来到公交站台，果然乘客并不多，我向公交车司机打听张养浩墓，司机让我好好坐着，如果睡得着就小睡一会儿，睡醒了就到了。这个回答让我有些糊涂，唯一明白的是，路途并不近，得坐上好一会儿。

好吧，生活就是这样的无奈，不断地在等待与停顿中浪费光阴。我选择了靠近上车门口司机背后的位置，这样抬头就能看见钉在车厢里的公交站路线牌，并可以适当时向司机打问。司机显然心情不错，等红灯的时候问我为什么要去看一座坟墓，我告诉他张养浩是元代著名的文学家。司机打断我说，文学家又怎么样，买得起三室一厅吗？不仅买不起三室一厅，连块切糕都买不起。说完他又自己笑了起来，说："不过时代不同了，你去看看，他现在住的房子，十个三室一厅都不止，好风好水的。"他的这番话也让我的心情好了起来，虽然还是不太明白张墓的具体情况，但听他所言，似乎占地面积颇大，虽然还没有目睹，但已经让我颇为期待。快到站时，司机提醒我在柳云村站下车，然后往马路对面指了指，说你走过去就看见了，不用再问人了。

在柳云村车站下车，觉得这里像是八十年代的小县城边缘，房屋老旧，也不见什么行人，按司机所指的方向，过了马路向前走去，果然没走多远就在湖边看见了一个公园。公园是开放的，没有园门及大门，随意从各个方向都可以进入，

□ 文保牌

□ 这只赑屃的形制有些特别

感觉更像是一个街心花园。然而这个公园的主题明显就是张养浩墓，面向右边依次有着赑屃、石狮、牌坊及神道碑，然后是张养浩的墓丘，牌坊上部嵌着的石条上刻着"张文忠公之墓"，感觉整个牌坊像搭积木般是由一些新旧石块搭起来的，每一部分各自为政，彼此不买账。

中轴线之外是街心公园常见的小树林。这里总算看到了两三个人影，却也不像是逛公园的样子，我看到有几位妇女站在那里聊着家常，跟她们一起出来的半大孩子则无聊地在石构件上爬来爬去。我看了看这些石件，基本上是新旧混搭，但也算忠于历史，碑券内嵌着的古碑，风化十分严重。

与牌坊的生硬组合相反，公园底部的张养浩墓丘修得十分工整，墓丘似乎是以圆规画成。看过了太多不规则的墓丘，突然看见如此正圆的墓丘，还是觉得有些突兀，而正圆上坟起一个土坡，线条、坡度三百六十度对称。墓后种着一排冬天的、疏落的北方的树，我在墓丘前稍立了片刻，渐渐感觉到这公园的冷清正是映衬张养浩气质的绝佳气氛。他应该也不喜欢太多的人来这里吧。

高明：论传奇，乐人易，动人难

高明是《琵琶记》的作者，而《琵琶记》是古代戏曲中的名品，明王世贞在《曲藻》中说："南曲以《琵琶》为冠，是一道《陈情表》，读之使人欷歔欲涕。"即此可知，《琵琶记》在中国戏曲史上有着怎样崇高的地位。

对于王世贞所下的这个定语，黄仕忠先生予以了肯定，他在专著《〈琵琶记〉研究》一书中称："《琵琶记》所用的曲牌曲律，在沈璟《南曲谱》问世之前，一直是人们用以填词谱曲的直接范本之一。而蒋孝、沈璟等人的南曲曲谱所征引的曲例，也仍以《琵琶记》为最多。所以明人尊之为'南曲之祖'，或曰'南曲中兴之祖'。声誉地位，无与伦比。"

□ 高明像

王世贞所说的南曲又称南戏，关于南戏的产生，明祝允明在《猥谈》中说："南戏出于宣和之后、南渡之际，谓之'温州杂剧'。予见旧牒，其时有赵闳夫榜禁，颇述名目，如《赵贞女蔡二郎》等，亦不甚多。"

祝允明认为，南戏产生于宋宣和年之后，到了南宋初年才渐渐流行，当时管南戏叫"温州杂剧"。由此可知，南戏诞生于温州地区。

对于这种说法，明代的徐渭没有表示反对，但他又提出了另一个时段，他在《南词叙录》中称："南戏始于宋光宗朝，永嘉人所作《赵贞女》《王魁》二种实首之。……或云：宣和间已滥觞，其盛行则自南渡。号永嘉杂剧，又曰鹘伶声嗽。"看来，徐渭认为南戏的产生时间要比祝允明的说法晚。

但不管怎样，南戏都是产生在宋代。随着元朝的成立，南戏又流传到了中国北方，同时这种戏剧也在国内各地流传，而后渐渐形成了四大声腔：余姚、海盐、昆山、弋阳。余姚和海盐都在今日的浙江；而昆山则在江苏，当年属于苏州；弋阳处在今日的江西。由此可知，这四大声腔其实都在江浙地区。

等到南戏流传到元大都时，结合了北京的语音，便逐渐形成了北曲。关于北曲和南曲的区别，王世贞在《曲藻》中有着这样的论述："凡曲，北字多而调促，促处见筋；南字少而调缓，缓处见眼。北则辞情多而声情少，南则辞情少而声情多。北力在弦，南力在板。北宜和歌，南宜独奏。北气易粗，南气易弱。大抵北主劲切雄丽，南主清峭柔远。"

王世贞把《琵琶记》视为南曲之冠，可见，此曲在中国戏剧史上有着何等不可替代的地位。我们在此先说说作者的情况。

高明本就是浙江温州地区瑞安人，他大约出生在元大德时期。关于他名字的来由，相关记载均称是出自《礼记》中"明则诚矣"一语，因此他姓高，名明，字则诚，他还有一些其他的字号，但后世多称他为高则诚。从他个人的经历来看，几乎找不到他从事戏曲创作的缘由和契机。

早年，他同样刻苦学习，想考取功名，当时他拜了金华黄溍为师，而黄溍则是朱子的四传弟子，也是理学中的著名人物，黄宗羲在《宋元学案》中录有他的事迹，而高明拜黄溍为师，显然所学也是正统的理学观念，如果按照黄溍的排行，这高明也算是朱熹的五传弟子。他的学问重点主要是研究《春秋》，而对于《春秋》的爱好，在他少年时即已有之，再经过黄溍的点拨，当然在这方面有了更深的造诣。

元朝建立之后，很少举办科举考试，那个时代，南人地位最低，而读书人只有通过科考才可能有一线出路，故再次开科取试，当然参加的人数特别庞大，而考取的概率也变得很低，高明却很顺利地考取了举人。

按照历史记载，高明能取得这个好成绩，除了自身的努力，还有一个原因，那就是他的老师黄溍在背后使了劲儿，元陶宗仪在《南村辍耕录》卷二十八中说："至正四年甲申，江浙揭晓后，乃有四六长篇，题曰《非程文语》，与抄白榜同时版行。语云：……瑞安高明，托馆主有堂上之友。"看来，黄溍替弟子高明走了后门，他跟主考官提前打了招呼，这才使得高明得以中举。

情况是否确如陶宗仪所说，这无从证明，但有一点可证高明确实有学问，因为他在至正四年考取了举人，而转年就考取了进士，估计黄溍没有那么大的本事，一直把关系托到朝中吧，所以，在录取率极低的进士考试中，高明能够脱颖而出，这也足证其学问功底确实很好。

按理说，他师出名门，应该在理学方面有所作为，而同时他又考中了进士，出来为官应该在政绩方面有所表现，奇怪的是，他在这两方面几乎都让后世无所称道，能让他的大名享誉天下的，竟然是他写的这部《琵琶记》。

高明如此正统的出身，为什么要写《琵琶记》呢？有这样好奇心的人，于历史上大有人在，太多的人有着这样那样的猜测，我在

明清近代学者评价《琵琶记》

明姜淮:《琵琶记》为杂剧之冠,后此有作者,莫出其右。
——《岐海琐谈》

明王骥德:实甫,则诚辈,皆读书人,……所以,其创作千古不磨。
——《曲律》

明徐渭:《琵琶记》句句是本色语,无今人时文气。
——《南词叙录》

明彭朔:曲面能达,俚面能雅,骛宕之气,寓于浑厚,读《琵琶记》观止矣。
——《词余偶抄》

明胡应麟:《西厢》主韵度风神,太白之诗也;《琵琶记》主名理伦教,少陵之作也。《西厢》本金、元世习,《琵琶》特创规获,无古无今,仅尤难。
——《少室山房笔丛》

明李贽:杂剧院本,游戏之上乘也(西厢)。

《拜月》何工之有? 盖工莫干《琵琶》矣。
——《樊书》

明陈眉公:北曲以《西厢》为冠,南曲以《琵琶》为最。
——《批评琵琶记》

清焦循:《琵琶》乃词曲之祖。
——《剧说》

清黄图珌:《琵琶》为南曲之宗,《西厢》乃北调之祖。
——《看山阁集闲笔》

清刘廷玑:自古迄今,凡填词家咸以《琵琶》为祖,《西厢》为宗,更无有等而上之者。
——《在园杂志》

清李渔:《西厢》《琵琶》推为曲中之祖。
——《闲情偶寄》

近代吴梅:传奇定于永嘉,《琵琶》一记,卓然千古,《荆钗》、《拜月》望尘莫追。
——《曲学通论》

□ 后世学者对《琵琶记》的评价

此引用《大圜索隐》上的说法:"高东嘉名则诚,元末人也,与王四友善。王四亦当时名士,后以显达改操,遂弃其妻周氏,而坦腹于时相不花氏家。东嘉欲挽不得,乃作此书以讽之。托名蔡邕者,以王四少贱,尝为人佣菜也;赵五娘者,以姓传,自赵至周而数适五也;牛相者,以不花家居牛渚也,记以《琵琶》名,以其中有四'王'字也;所谓张大公者,东嘉盖以大公自寓也。"

显然,这是一段八卦。此语中称,高明有位朋友叫王四,当年二人的关系很好,后来王四飞黄腾达,于是他就抛掉了原妻,成了当时宰相的女婿。高明曾劝王四不要这么做,王四当然不听,于是高明就写出了《琵琶记》,用此剧来暗讽王四的那些行为。

而《琵琶记》的主角是蔡伯喈,这蔡伯喈就是汉末著名的文人蔡邕。高明为什么要用蔡邕来暗指王四呢? 因为王四在没有发达时,曾在别人家菜园里当长工,所以他就以蔡邕的"蔡"字来影射王四少年时的卑贱。而高明将该剧的名称以"琵琶"来取名,这两个字的上半部分加起来就是四个"王"字,也就是"王四"。

这样的附会,解释得倒是很巧妙,可惜跟历史的真实有着较大的差距。因为高明作《琵琶记》,其实是本自宋代的一出名为《赵贞女蔡二郎》的戏曲,此剧原本已经失传,但大概的情节黄仕忠在《〈琵琶记〉研究》中概括如下:"蔡伯喈中状元后入赘相府,背亲弃妻。其妻赵贞女在家乡独立奉养公婆;饥荒年岁,公婆双亡,贞女剪发买葬,罗裙包土,修筑坟台。后来,天上降下一面琵琶,贞女便怀抱琵琶,弹唱为生,上京寻夫。但与夫见面时,伯喈不仅不认其为糟糠妻室,而且放马踹死赵贞女。这一行为人神共愤,遂雷殛蔡伯喈,以悲剧收场。"

《赵贞女蔡二郎》一剧,本是说蔡邕中了状元,而后背亲弃妻,成了丞相的女婿,他的妻子赵贞女在家中侍奉公婆,十分痛苦,后来她的行为感动了上天,于是从天上降下来一把琵琶,而后赵贞女就以弹琵琶为生,来京寻夫,偶然遇到了蔡邕,但蔡不承认这个糟糠之妻。为了以绝后患,蔡邕放出马来,将赵贞女踩踏而死,他的恶行遭到了天谴,而后雷把他殛死了。

这样的故事情节,似乎是中国戏曲中常见的主题,然而这跟历史的真实相去甚远。蔡邕是汉末名士,《后汉书》中有《蔡邕传》,本传中称他是个大孝子,母亲患病卧床三年,蔡邕衣不解带地服侍母亲;母亲去世后,他又守孝三年,而后才出来做官;后来他因为得罪了官员而到处躲避,在外漂泊长达十二年之久。

汉中平六年,董卓当上了司空,他听闻蔡邕的才学,于是召其来朝中做官,蔡不从,董就以灭族相威胁,蔡只能来到了朝中。董任命蔡为祭酒,蔡在任职期间尽心尽力,故董把蔡一路提升,一直让其做到了尚书,而后拜左中郎将,封高阳侯,所以后世多称他为"蔡中郎"。

后来董卓危害朝中，司徒王允设计将董卓杀死。这本是大快人心的事，因为董卓之恶，天下人皆知，但没想到的是，蔡邕却趴在董卓的尸体上痛哭。他的这个做法令王允大怒，而后王将蔡杀死。

关于蔡邕为什么要这么做，后世有着各式各样的议论。有人说这是蔡邕的污点，也有人说这正是蔡邕仗义的表现，比如裴松之说："蔡邕虽为卓所亲任，情必不党。宁不知卓之奸凶，为天下所毒，闻其死亡，理无叹惜。纵复令然，不应反言于王允之坐。斯殆谢承之妄记也。"

显然，裴松之不认可蔡邕的这个做法。然李贽却是完全相反的态度："今人俱以蔡邕哭董卓为非，是论固正矣。然情有可原，事有足录，何也？士各为知己者死。设有人受恩桀纣，在他人固为桀纣，在此人则尧舜也，何可概论也？董卓诚为邕之知己，哭而报之，杀而殉之，不为过也。犹胜今之势盛则借其余润，势衰则掉臂去之，甚至为操戈，为下石，无所不至者。毕竟蔡为君子，而此辈则真小人也。"

李贽认为，人们以此来谴责蔡邕，也有其道理在，但中国的古人特别强调"士为知己者死"，所以蔡的做法也是正人君子表现的仗义，这比很多见人失势就逃之夭夭者要好太多。所以，钟敬伯同样有着这样的看法："士为知己者死，蔡邕哭卓，未为不是。第卓非可知己人，而邕翻成知己死，哀哉！"

历史上的这位著名人物，却被后世在戏曲中描绘成了一个忘恩负义的小人。显然，这样的污蔑性传闻令高明为此愤愤不平，于是他想以蔡邕的故事为蓝本，重新写出一出戏，以此来替蔡邕辩诬。

然而后世的记载中却有着另外的说法，《留青日记》上说，当年高明所写的《琵琶记》的初稿，原本也是把蔡邕描写成了一个不忠不孝的人，蔡邕在地下知道此事后，便托梦对高明说：如果你把我的形象改得很高大，我肯定会报答你。于是，高明就把蔡邕改写成为了一位忠孝双全的完美人物。果真，此后不久，高明就考中了进士。看来，人们还是认为高明是通过老师走后门考中的举人。但没想到的是，转年高明又中了进士，这一点让人觉得不可思议，故只能将其跟《琵琶记》的故事联系起来，认为这是蔡邕在暗里帮助高明。

这样的传闻当然无法证实，而高明也确确实实在《琵琶记》里把蔡邕写得很好。原本《赵贞女蔡二郎》是一出悲剧，但高明将其改编为《琵琶记》后，则变为了典型的喜剧。《琵琶记》的故事梗概的前半部分跟《赵贞女蔡二郎》类似，是说蔡伯喈跟赵五娘结婚两月之后，朝廷张皇榜招贤，伯喈的父亲一定让他去应聘，然伯喈是个孝子，他不愿离开年迈的父母。在父亲的逼迫下，他只能上京赴选。没想到，他竟然高中状元。

当时朝中的高官正在明争暗斗，而牛丞相坚决要让伯喈成为自己的女婿，以此来作为政治斗争的胜利标志之一。当时伯喈不从，而后牛丞相把此事禀报给了皇帝，皇帝劝伯喈说："孝道虽大，终于事君；王事多艰，岂遑报父。"皇帝所言，伯喈只能遵从，于是他就成了牛家的女婿。

这个结果让蔡伯喈始料未及，他在牛府内虽然享受着荣华富贵，但内心还是惦记着父母与妻子："几回梦里，忽闻鸡唱，忙惊觉，错呼旧妇，同问寝堂上。"他在梦中喊出了妻子的名字，而在白天时，他在院子中还在寻思着脱身之策："我夫人虽则贤慧，争奈老相公之势，炙手可热，我待说与夫人知，一霎时老相公得知，只道我去也不来，如何肯放我去？不如姑且隐忍，和夫人都瞒了，直待任满，寻个归计。"看来，这位牛丞相的女儿倒也贤惠，跟伯喈相处得不错。

但是老丈人的势力太大了，这使他不敢讲出真相。其实伯喈不了解，牛丞相早就知道伯喈在家里已经有妻，而伯喈在牛府一住就是三年。后世认为这个情节不合理，因为在三年的时间内，伯喈总能派人偷偷地回家报信，显然高明已经考虑到了这个细节：既然牛丞相已经是知情人，那么他肯定有着各式各样的防范，所以，蔡伯喈即使有主意，却也无法实施。

但蔡伯喈是个孝子，这三年来让他很痛苦，因为他无法回家尽孝。后来他跟牛丞相的女儿对谈时讲到了自己的纠结："非是我声吞气饮，只为你爹行势逼临。怕他知我要归去，将你厮禁，要说又将口噤。我待解朝簪，再图乡任，他不提防着我，须遣我到家林，和你双双两个归昼锦。"

蔡伯喈终于回到了家乡，可惜此时父母均已去世，而在他离开的这三年，赵五娘侍奉公婆，其具体做法跟《赵贞女蔡二郎》中的故事基本相同，后来也是五娘在书馆弹琵琶时偶遇蔡伯喈，蔡方知父母已经去世。而后，他跟着赵五娘返回家乡，给父母守墓，而最为难得者，他的这两位夫人却能和睦相处，这样的故事让天下男人们羡煞。

《琵琶记》彻底改变了《赵贞女蔡二郎》的结局，因为后者是背亲杀妻，那里的蔡伯喈就是个彻头彻尾的恶棍，而《琵琶记》却把蔡伯喈写成了一个真正的孝子，并且剧中基本上没有坏人，即使牛丞相做出了这样那样的干涉，但他也并没有什么恶劣的行为，而剧中的另三位主角——蔡伯喈和他的两位妻子，也同样都是好人。

高明为什么要做出这样的反转呢？黄仕忠在其专著中说："《琵琶记》在直观的层面上，已经将《赵贞女》的谴责性题旨转化为歌颂性主题。而把蔡伯喈从负心转为不负心，关键之处并不在于男主角是否'笃孝'，而在于他对现实功名的态度。"

这里谈到了对于现实功名的态度问题，显然，这关涉到了应以怎样的姿态来处世。高明既然做出这样的改变，那肯定跟他个人的处境有着相类似的地方。对于这样的类比，黄仕忠在专著中说："高则诚有感于这一故事而作剧，则是因为元末现实与东汉末年的状况极其相似，他本人对现实功名的感受也与历史人物的情况有类似之处。他早年热衷仕途，企望有所作为。十年宦海的沉沦，才认识到做官实为'忧患之始'，至正十七年左右，终于拒绝当时身为元朝万户的方国珍的邀请，解官退隐而创作《琵琶记》。"

前面提到，高明最初是跟黄溍学正统的理学，而后他却把很大的精力用在了写《琵琶记》上，显然，他的这个做法让老师不以为然。雍正年所修的《浙江通志》中引《东阳县志》上的一段说法："元时，永嘉高则诚从乌伤黄文献游，不闻其读书。既辞归，黄偶登其所居楼，见壁间书，乃《琵琶记》草，文辞渊博，意义精工，读而奇之，追饯此亭，三杯而别，因传为'三杯亭'。"

高明跟着黄溍读书，老师没看他是怎样的用功，而后高明告辞返乡，黄走进他的居所，看看他到底在干什么，在那里看到了《琵琶记》的草稿，黄翻看之后，感觉高明写得太好了，于是立即追上弟子，给他送行。二人坐在一起，喝了三杯酒，于是后人就在那个地方建起了三杯亭。由此可见，这位黄溍虽然是理学中的人物，但他并非是不食人间烟火者。

关于高明为什么要写《琵琶记》？前面提到了后世的猜测，但相比较而言，还是明嘉靖年间所修的《宁波府志》上的记载较为确切："高明字则诚，温州瑞安人。少以博学称。尝言：人不明一经取第，虽博奚为！乃以《春秋》登至正乙酉第，授处州录事，有能声。后改调浙东阃幕都事，四明狱囚多冤，明平反允当，人称神明。转江南行台掾，数忤权势。又转福建行省都事，道经庆元，方国珍强留置幕下，不从。旅寓鄞之栎社沈氏，以词曲自娱。因感刘后村'死后是非谁管得，满村争唱蔡中郎'之句，乃作《琵琶记》传于世。太祖御极，闻其名，召之，以疾辞。使者以《琵琶记》上，上览毕曰：'《五经》《四书》在民间，譬之五谷不可无；此记乃珍馐之属，俎豆间亦不可少也。'后抱病还乡，卒于宁海。"

这里讲到了高明年轻时刻苦读书的事情，称他做官之后也是位好干部，但因为他为人正直，所以得罪了权贵，此后他不愿再出外任职，于是就住在了朋友家。这个过程中，他读到了刘克庄的一句诗，于是他决定替蔡邕辩诬，而后他所写的《琵琶记》被广泛传唱，以至于让朱元璋都听到了。朱元璋派人让高明到朝中任职，高坚决地推辞，并让把《琵琶记》转呈给朱，朱对此大为夸赞。

但黄仕忠认为这是一种传说，后世为了能让明太宗赞赏《琵琶记》，故特意把高明的卒年推迟到了明初，并且后来的《明史》也采用了这个说法。而后黄仕忠专有一文进行考辨，证明高明在元末时就已去世。

对于《琵琶记》的主旨，该剧的副末开场所吟的一首《水调歌头》，概括了该剧的宗旨：

秋灯明翠幕，夜案览芸编，今来古往，其间故事几多般。少甚佳人才子，也有神仙幽怪，琐碎不堪观。正是：不关风化体，纵好也徒然。

论传奇，乐人易，动人难。知音君子，这般另作眼儿看。休论插科打诨，也不寻宫数调，只看子孝共妻贤。正是：骅骝方独步，万马敢争先。

也正因如此，后世大多认为《琵琶记》是一部封建理念说教的作品，但也有人认为这种说法不确切。

对于该剧的编排体例，同样也是夸赞和贬斥均有之，比如王世贞《艺苑卮言》中说："则成（诚）所以冠绝诸剧者，不唯其琢句之工，做事之美而已，其体贴人情，委曲必尽；描写物态，仿佛如生；问答之际，了不见扭造，所以佳耳。"此语是夸赞剧中的对白写得很美很流畅，在这里录两段赵五娘的唱白：

【三仙桥】一从他母死后，要相逢不能勾。除非梦里，暂时略聚首。若要描，描不就，暗想象，教我未写先泪流。写，写不得他苦心头；描，描不出他饥证候；画，画不出他望孩儿的睁睁两眸。只画得他发飕飕，和那衣衫敝垢。休休！若画做好容颜，须不是赵五娘的姑舅。

【前腔】我待画你个庞儿带厚，你可又饥荒消瘦。我待画你个庞儿展舒，你自来长恁皱。若写出了，真是丑，那更我心忧，也做不出他欢容笑口。不是我不画着好的，我从嫁来他家，只见两月稍优游，他其余都是愁。那两月稍优游，可又忘了。这三四年间，我只记得他形衰貌朽。这画呵，便做他孩儿收，也认不得是当初父母。休休，纵认不得是蔡伯喈当初爹娘，须认得是赵五娘近日来的姑舅。

从语言风格上说，这样的唱白流畅自然，也是该剧长唱不衰的缘由之一。明胡应麟在《少氏山房笔丛》卷四十一中有这样一段话："浸淫胜国，崔、蔡二传奇迭出，才情既富，节奏弥工，演习梨园，几半天下。上距都邑，下迄间阎，每奏一剧，穷夕彻旦，虽有众乐，无暇杂陈。"在这里，胡应麟把《西厢记》与《琵琶记》并提，称赞此两剧每次演出都观者如潮。

而吕天成在《曲品》中则对《琵琶记》的评价更高："永嘉高则诚，能作为圣，莫知乃神。特创调名，功同仓颉之造字；细编曲拍，才如后夔之典音。意在笔先，片语宛然代舌；情从境转，一段真堪断肠。化工之肖物无心，大冶之铸金有式。关风教特其粗耳，讽友人夫岂信然？勿亚于北剧之《西厢》，且压乎南声之《拜月》。"吕天成把高明视作神人，认为他所作的《琵琶记》，简直可以跟仓颉造字来并提。

而黄仕忠在《〈琵琶记〉研究》一书中对《琵琶记》的评价更为高大，"《琵琶记》在中国戏曲史上的地位，可以一言蔽之：元代戏曲之殿军，明代戏曲之先声。高则诚如同欧洲中世纪最后一位巨人但丁，站在时代的分界线上。"

高明墓位于浙江省温州市瑞安市反云镇柏树村上桥南岸的集善院。昨晚到街上去找当地的特色小店吃饭，点了三样菜，感觉豆芽炒蟮段味道最佳，从饭店出来，闻到了爆米花的香味，食欲仍在，

□ 与高明纪念馆隔河相望

□ 这里叫"高则诚纪念堂"

花十块钱买了两大兜，今天装上一大包，请司机在路上跟我以此共进午餐。

进入柏树村，村中到处是河道，路边晾晒着各式各样的鱼干，看上去令人很有食欲。在村边看到两处仿古建筑，走到近前均不对，都是村中新建的祠堂，向村民打问，都说不知道高明是谁，我马上再用他的号来打听高则诚，村民全都明白了，马上指给我前行的路。

穿村而过，在村边看到路牌，上面写着高明路，纪念馆就在高明路对面的河道边上，这条路就叫高明路，那当地人为什么不知道高明呢？

高明路对面的小河宽约十米，沿旁边小桥穿过，即是高明纪念馆的正门，院门上写着"南曲祖师"，墙上的对联则是："此地曾蕴玉，其人可镂金。"门半开着，进入院内，未见有管理者，进院则是正堂，匾额写着"高则诚纪念堂"，难怪村民不知高明而知高则诚。

□ 高明半身像

　　进入纪念堂，正中摆着高明的半身胸像，然而他却是背对着正门，这种摆法很是少见。他背后的地上放着一张矮凳，矮凳上放着块匾，从左往右读为"曲高流长"。转到高明的正面，碑座上刻着他的生平介绍，说他是"一位世界文化名人"。侧墙上挂着一些生平介绍的展板，其中有"高则诚衣冠冢"的照片，旁边的说明文字写着：

　　　　高明，大约病逝于明洪武初年。有的说他死在鄞县栎社，有的说他死在抱病回乡途中的宁海，有的说他死于家乡。

　　　　高明墓在其故里柏树桥南岸，原紧邻集善院东侧，在"文革"期间被毁，墓地又被村民建了房屋。今墓乃近年新建的衣冠冢。

　　另一面侧墙上，则是谈论高明"南曲之祖"的介绍文字，其中还有《琵琶记》主要版本一览表，详列出本书几十种不同的版本，我看了一下，我仅有其中的七种，真是惭愧。

□ 高明衣冠冢

  穿过纪念堂即为后院，后院的正中有三十米长的甬道，甬道的尽头即是刚才在照片中看到的高则诚衣冠冢，墓碑后面的墓丘做成了井栏的模样，上面未封顶，中间有三块石头，最大的一块石头上面立着一只仙鹤的雕像；碑后墙上的影壁，则画得很是鲜艳，图案是一棵松树下两只鹿，鹿的前方是彩云中的红日，旁边悬挂着一副对联："南曲琵琶翻别调，东嘉风雅属诗人。"然而在侧墙上却横卧上"高公则诚之墓"的墓碑。

  衣冠冢的侧边有个小门，由此门进入是另一片旧居，有几十间房之多，都锁着门，未挂牌匾，我觉得可能是高则诚纪念馆，院中的玉兰树种着七八棵，上面的花蕊有些已半开，预示着春天的临近。

纪君祥：落得个史册上标名，留与后人讲

纪君祥是著名元代戏剧《赵氏孤儿》的作者，关于他的生平事迹，历史记载极其稀少。按照《录鬼簿》上的记载，仅知他是元大都人，又名纪天祥。他所编写的杂剧总计有六种：《冤报冤赵氏孤儿》《陈文图悟道松阴梦》《信安王断复贩茶船》《韩湘子三度韩退之》《曹伯明错勘赃》和《驴皮记》，流传至今者，全本仅第一种，第二种《松阴梦》则仅存一些残曲，除此之外，对他的事迹则一无所知。

□ 纪君祥撰《赵氏孤儿大报仇杂剧》，民国七年上海商务印书馆据博古堂印本石印影印

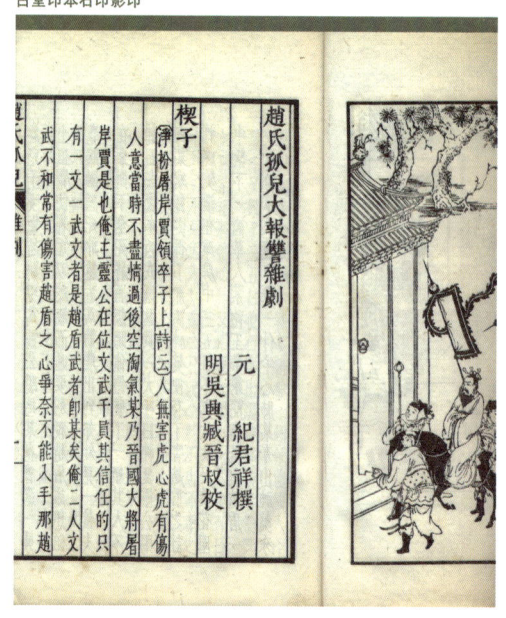

纪君祥所编撰的《赵氏孤儿》享誉中外，因为该剧是中国戏曲第一次流传到欧洲者。乾隆二十年，也就是公元1755年，伏尔泰根据马若瑟译本把《赵氏孤儿》改编为五幕诗剧《中国孤儿》，此后该剧在欧洲公演。然而有意思的是，伏尔泰在《中国孤儿》的剧名之下又加了一句"据孔子教导改编成的

五幕剧"。细品此意,这句话的大概意思应该是说,他是按照儒家的观念把《赵氏孤儿》改编成了《中国孤儿》。

然而,伏尔泰的改编完全脱离了纪君祥《赵氏孤儿》的叙述时代。王立新所著《探赜索幽》一书中有《〈赵氏孤儿〉与〈中国孤儿〉两种思想与艺术的对话》一文,该文把伏尔泰的改编总结出四个要点:一是时间后移,《赵氏孤儿》的原本故事发生在春秋战国时代,伏尔泰把它后移了一千八百余年,把故事的背景写为宋末元初。第二,则是把《赵氏孤儿》中的主角程婴、公孙杵臼、赵氏孤儿等人替换为张惕以及张惕之妻伊达梅,皇帝也变成了成吉思汗。

伏尔泰的第三个改编则是简化情节,他把《赵氏孤儿》原本的前因后果全部改变,只保留中间的"搜孤"和"救孤",同时又增加了成吉思汗对伊达梅的恋情。而第四点则是改变了故事的结局,原本《赵氏孤儿》一剧以最终的复仇作为全剧结终,《中国孤儿》则改为成吉思汗被道德力量所感化。

伏尔泰为什么要做这样大幅度的改编,对这一点有很多专家学者予以了探究。其主要思路则是称伏尔泰改编此剧是为了响应社会的变革,以此来批判国王权力的无限,比如《中国孤儿》中第二幕第三场,有伊达梅的一段慷慨陈词:

> 啊,不管是大人物还是小人物,
> 不管是臣民还是那显赫一时的君王,
> 都有同样的人性,
> 都该承受苦难,
> 每个人的痛苦该自己去承担。

这样的言语显然是追求人人平等的社会宣言。

王国维是最早关注西方翻译《赵氏孤儿》的中国学者,他在《宋元戏曲考》中说过这样一段话:"至我国戏曲之译为外国文字也,为时颇早。如《赵氏孤儿》,则法人特赫尔物 Du Halde 实译于一千七百六十二年,至一千八百三十四年,而裘利安 Julian 又重译之。"然而,王福和、郑玉明、岳引弟所著的《比较文学原理和实践阐释》一书中,在引用了王国维的这段话后,又称:"这里王国维所说虽然并不准确,因为《赵氏孤儿》是华名马若瑟的传教士翻译过去的,法文译本全部出版是在 1735 年,杜赫德只是收入马若瑟译本的《中国帝国志》一书的编者。"

虽然王国维的这段叙述并不准确,但他的确是最早关注海外翻译中国戏曲的学者,对于这一点,陈受颐在《十八世纪欧洲文学里的〈赵氏孤儿〉》一文中明确指出:"我国学者,首先注意于中国戏剧之欧译者,为海宁王静安先生。"

除此之外,徐中玉的《中国近代文学大系》第一集第二卷中收录有王国维谈到元代戏剧被翻译成外文的事情:"如戏曲之作,于我国文学中为最晚,而其流传于他国也则颇早。法人赫特之译《赵氏孤儿》也,距今百五十年,英人大维斯之译《老生儿》,亦垂百年;嗣是以后,欧利安、拔善诸氏,并事翻译,迄于今,元剧之有译本者,几居三之一焉。余虽未读其译书,然大维斯于所译《老生儿》序中,谓元剧之曲,但以声为主,而不以义为主,盖其所迻译者,科白而已。"由此可以推论出,王国维并没有读到过《赵氏孤儿》等元剧的外文译本。

王国维把元剧《赵氏孤儿》的价值看得十分重要,他曾说:"明以后,传奇无非喜剧,而元则有悲剧在其中。……其最有悲剧之性质者,则如关汉卿之《窦娥冤》,纪君祥之《赵氏孤儿》。剧中虽有恶人交构其间,而其蹈汤赴火者,仍出于其主人翁之意志,即列之于世界大悲剧中，亦无愧色也。"（《宋元戏曲考》）看来王国维非常关注元代戏曲中的悲剧，他将《赵氏孤儿》与《窦娥冤》并称为元剧中悲剧作品的代表作，认为这两出剧作排在世界的大悲剧中也并不逊色。

对于王国维的这种评价，李修生、查洪德所著《二十世纪中国文学研究·辽金元文学研究》予以了这样的肯定："自王国维将其与《窦娥冤》一同誉为世界大悲剧，赞其主人翁有蹈汤赴火之意志之后，近现代学人对其投注了相当的研究精力。二十世纪三十年代以后陆续问世的各类文学史、戏曲史，都给予《赵氏孤儿》一定的篇幅。中外学者撰写的专题研究文章，多达六十余篇。"

然而，对于纪君祥的《赵氏孤儿》，刘文峰所著《中国戏曲史》却着墨不多，对该剧的全部评价仅是百十余字的一个段落，不过文中却称《赵氏孤儿》一剧"开中国戏曲舞台演绎忠奸斗争之风气"，这也算是给该剧性质的一种定调。而张庚、郭汉城主编的《中国戏剧通史》也有着同样的论述："在元代前期杂剧创作中的几种著名悲剧里，《赵氏孤儿》是突出的一个。这个戏，以歌颂英雄人物的自我牺牲精神，构成了全剧悲壮的基调；以剧中人物所倾泻出的对受害者的无限同情和对阴谋家的强烈仇恨情绪，构成了全剧浓烈的悲剧气氛。"

《赵氏孤儿》的故事有着历史所本，其最早记载于《左传》，然所记颇为简略。司马迁的《史记》在《赵世家》里对这个故事有着颇为详尽的叙述。纪君祥编《赵氏孤儿》一剧，基本上是本自《史记》中的记载，然后增加了一些改编。比如《史记》中提到晋大夫屠岸贾想铲除政敌赵氏。《史记·赵世家》中对于这段的描述原文如下：

> 晋景公之三年，大夫屠岸贾欲诛赵氏。初，赵盾在时，梦见

叔带持要而哭,甚悲;已而笑,拊手且歌。盾卜之,兆绝而后好。赵史援占之,曰:"此梦甚恶,非君之身,乃君之子,然亦君之咎。至孙,赵将世益衰。"屠岸贾者,始有宠于灵公,及至于景公而贾为司寇,将作难,乃治灵公之贼以致赵盾,遍告诸将曰:"盾虽不知,犹为贼首。以臣弑君,子孙在朝,何以惩罪?请诛之。"韩厥曰:"灵公遇贼,赵盾在外,吾先君以为无罪,故不诛。今诸君将诛其后,是非先君之意。而今妄诛,妄诛谓之乱。臣有大事而君不闻,是无君也。"屠岸贾不听。韩厥告赵朔趣亡。朔不肯,曰:"子必不绝赵祀,朔死不恨。"韩厥许诺,称疾不出。贾不请而擅与诸将攻赵氏于下宫,杀赵朔、赵同、赵括、赵婴齐,皆灭其族。

对于这一段历史,纪君祥在《赵氏孤儿》的"楔子"中让屠岸贾说了这样一段话:

  人无害虎心,虎有伤人意;当时不尽情,过后空淘气。某乃晋国大将屠岸贾是也。俺主灵公在位,文武千员,其信任的只有一文一武:文者是赵盾,武者即某矣。俺二人文武不和,常有伤害赵盾之心,争奈不能入手。那赵盾儿子唤做赵朔,现为灵公驸马。某也曾遣勇士鉏麑,仗着短刀越墙而过,要刺杀赵盾,谁想鉏麑触树而死。

由此可见,纪君祥的改编使得那一段历史变得简洁明了。在这里,屠岸贾和赵盾是晋灵公最为信任的文武二将,因为一山不容二虎,所以屠岸贾要想方设法除掉赵盾,而赵盾的儿子赵朔成为了晋灵公的驸马,这也让屠岸贾感到了威胁,于是他派了一位名叫鉏麑的勇士前去刺杀赵盾,没想到这位鉏麑也是位义士,他宁可以头撞树来自杀,也不去杀赵盾。这样的叙述方式,一开始就加强了冲突性,更具戏剧效果。

后来屠岸贾向晋灵公说赵氏想篡位,这样的说辞最能触动领导的心,于是赵氏一家三百多口被满门抄斩,唯有赵朔之妻,因为身为公主的原因没有被杀,而赵朔在被杀之前,公主就已经怀孕。《史记·赵世家》中写道:

> 赵朔妻成公姊,有遗腹,走公宫匿。赵朔客曰公孙杵臼,杵臼谓朔友人程婴曰:"胡不死?"程婴曰:"朔之妇有遗腹,若幸而男,吾奉之;即女也,吾徐死耳。"居无何,而朔妇免身,生男。屠岸贾闻之,索于宫中。夫人置儿绔中,祝曰:"赵宗灭乎,若号;即不灭,若无声。"及索,儿竟无声。

在危险时刻,赵朔妻躲入了宫中。赵朔的门客公孙杵臼问他的朋友程婴为何不与主公一同死难,程婴说,赵朔的妻子有身孕,如果她生的是男孩,我是要好好地照顾,如果生的是女孩,那我再死不迟。而后赵朔妻果真生的是男孩,屠岸贾听到了赵家还有活口在,于是就到宫中索要这个小孩。赵妻把孩子藏在裤子里,并且祈祷说,如果赵家注定要灭亡,那么这个小孩就会啼哭,如果赵氏不灭,此孩就不会出声。等屠岸贾派人来搜捕之时,这个孩子果真没有动静,因此没有被来者搜去。

对于这段历史,纪君祥在《赵氏孤儿》中安排了赵朔这样一段道白:

> 小官赵朔,官拜都尉之职。谁想屠岸贾与我父文武不和,搬弄灵公,将俺三百口满门良贱,诛尽杀绝了也。公主,你听我遗言,

你如今腹怀有孕，若是你添个女儿，更无话说；若是个小厮儿呵，我就腹中与他个小名，唤做赵氏孤儿。待他长立成人，与俺父母雪冤报仇也。（旦儿哭科，云）兀的不痛杀我也！

看来，这个小孩还没有出生的时候，赵朔就给他起了个"赵氏孤儿"的名字，并且祝愿他长大之后能替自己的父母报仇。

在《赵氏孤儿》里，屠岸贾当然不会善罢甘休，派了将军韩厥把守府门，防备有人将赵氏孤儿带走。这位韩厥果真从程婴的身上搜出了这个孤儿，但他觉得自己是个顶天立地的男人，绝不能做这种恶行，然而面对此况，他只能做出抉择，韩厥在剧中唱道：

【赚煞尾】能可在我身儿上讨明白，怎肯向贼子行捱推问！猛拼着撞阶基图个自尽，便留不得香名万古闻，也好伴鉏麑共做忠魂。你，你，你要殷勤，照觑晨昏，他须是赵氏门中一命根。直等待他年长进，才说与从前话本，是必教报仇人，休忘了我大恩人。（自刎下）

这位韩厥也是位义士，他决定要像鉏麑那样成为忠魂，于是自刎而亡，放走了程婴。纪君祥的这段改编跨度实在太大，因为按照司马迁的记载，韩厥并没有死，后来赵氏孤儿能够重新立于朝中，替家族报仇，正是这位韩厥向晋景公提出的建议。由此可见，故事和历史，有时真的不是同一个概念。

戏剧中的韩厥自刎引起了屠岸贾的警惕，《赵氏孤儿》中的第二折有屠岸贾的这样一段道白：

（屠岸贾云）韩厥为何自刎了？必然走了赵氏孤儿。怎生是好？眉头一皱，计上心来。我如今不免诈传灵公的命，把晋国内但是半岁之下，一月之上，新添的小厮，都与我拘刷将来，见一个剁三剑，其中必然有赵氏孤儿。可不除了我这腹心之害？令人，与我张挂榜文，着晋国内但是半岁之下，一月之上，新添的小厮，拘刷到我帅府中来听令。违者全家处斩，九族不留。（诗云）我拘刷尽晋国婴孩，料孤儿没处藏埋；一任他金枝玉叶，难逃我剑下之灾。

屠岸贾料定韩厥的自刎恰是表明赵氏孤儿逃出去了，于是心生一计，把晋国国内半岁以下、一月以上的男婴一律抓起来杀死。然而，这位被程婴救出的赵氏孤儿会不会也遭到此难呢？司马迁在《史记》中写道：

已脱，程婴谓公孙杵臼曰："今一索不得，后必且复索之，奈何？"公孙杵臼曰："立孤与死孰难？"程婴曰："死易，立孤难耳。"公孙杵臼曰："赵氏先君遇子厚，子强为其难者，吾为其易者，请先死。"乃二人谋取他人婴儿负之，衣以文葆，匿山中。程婴出，谬谓诸将军曰："婴不肖，不能立赵孤。谁能与我千金，吾告赵氏孤处。"诸将皆喜，许之，发师随程婴攻公孙杵臼。杵臼谬曰："小人哉程婴！昔下宫之难不能死，与我谋匿赵氏孤儿，今又卖我。纵不能立，而忍卖之乎！"抱儿呼曰："天乎天乎！赵氏孤儿何罪？请活之，独杀杵臼可也。"诸将不许，遂杀杵臼与孤儿。诸将以为赵氏孤儿良已死，皆喜。然赵氏真孤乃反在，程婴卒与俱匿山中。

这一段是故事中的高潮部分。程婴跟公孙杵臼说，虽然屠岸贾没有搜到这个小孩，但他绝不会善罢甘休，如果再来搜捕，应该怎么应对呢？公孙问程婴，你觉得抚养孤儿和为之去死，哪个更难？程婴说当然死容易，抚养孤儿难。于是公孙杵臼就称，当年赵朔对你最好，所以你应当做难的事，我来做容易的事，所以我先死。于是，他二人就从别处找来了一个婴儿，将这个婴儿包裹好，藏入了山中。此后程婴就跟搜捕的军人说：我没本事，没能保护好赵朔之子，如果谁能给我一大笔钱，我就说出藏孤之处。这些军人们听后很高兴，立即答应了程婴的千金之求，而后程婴带着这些军人找到了公孙杵臼，杵臼大骂程婴是小人，为了钱财出卖主公的儿子，他同时说，可以杀了我，希望能让这个小孩活下去。这些军人都是屠的手下，当然不会答应，于是连同公孙与孤儿一并杀死。这些人觉得终于将赵氏斩草除根，高高兴兴地回去了，而真正的赵氏孤儿却被程婴藏在了山里。

对于这段大悲剧，纪君祥作了大刀阔斧的改编，其最大的改编是把《史记》中找来的那个替换小孩，换成了程婴自己的儿子，这更增加了悲剧色彩。而更让人难过的是，戏剧中的公孙杵臼当时并没有被杀死，而是被抓了起来。刚开始屠岸贾并不相信程婴，他让程婴用"中等棍子"去打公孙杵臼。按照剧中的说法，如果用大棍子，怕把公孙打死，那就死无对证；如果用细棍子来打，又怕打得不疼，这样公孙不招。此时的程婴承受着巨大的心理压力，因为所有人都知道他是出卖主公孩子的小人，而今又要当着众人的面，让他来拷打保护主公孩子的公孙杵臼，如果他打得不狠，那么狡猾的屠岸贾就能看出破绽，如果他下手狠打，他的良心将会受到何等的拷问。

面对公孙杵臼的痛骂，程婴只能痛苦地忍受，而改编者纪君祥可能为了让程婴不至于精神崩溃，他安排公孙杵臼撞阶而亡，至此达到了该剧的高潮。

按照《史记》上的记载，十五年之后，赵氏孤儿长大了，同时又赶上了晋景公有病，于是韩厥借机讲到了赵氏仍有子孙在：

> 景公问："赵尚有后子孙乎？"韩厥具以实告。于是景公乃与韩厥谋立赵孤儿，召而匿之宫中。诸将入问疾，景公因韩厥之众以胁诸将而见赵孤。赵孤名曰武。诸将不得已，乃曰："昔下宫之难，屠岸贾为之，矫以君命，并命群臣。非然，孰敢作难！微君之疾，群臣固且请立赵后。今君有命，群臣之愿也。"于是召赵武、程婴遍拜诸将，遂反与程婴、赵武攻屠岸贾，灭其族。复与赵武田邑如故。

终于，赵氏孤儿和程婴都成了朝中的将军，他们二人又合力灭掉了屠岸贾的全族。

这样的结果虽然大快人心，但却缺少了戏剧性。于是纪君祥对此又作了改编，在戏剧中，公孙杵臼撞阶而死之后，屠岸贾终于相信赵氏孤儿已死，同时也相信了程婴，于是有了这样一段话：

> （屠岸贾云）程婴，你是我心腹之人，不如只在我家中做个门客，抬举你那孩儿成人长大。在你跟前习文，送在我跟前演武。我也年近五旬，尚无子嗣，就将你的孩儿与我做个义儿。我倘大年纪了，后来我的官位，也等你的孩儿讨个应袭，你意下如何？（程婴云）多谢元帅抬举。（屠岸贾诗云）则为朝纲中独显赵盾，不由我心中生忿；如今削除了这点萌芽，方才是永无后衅。

屠岸贾把程婴收为了心腹，让他在自己家中做门客，同时让程婴带上自己的孩子一同来到府上。屠并不知道这个小孩就赵氏孤儿，因为他已年近五旬，同时没有子嗣，于是他就收这个小孩为义子，希望他长大之后能够承袭自己的官位。这等于说屠岸贾把仇人之子养在了家中，显然在很大程度上增加了故事的戏剧性。

二十年后，这个小孩长大了，而程婴忍辱负重这么多年，觉得到此时应当把真相告诉这个小孩，于是他就以图画的形式，把原本的历史向赵氏孤儿做了详细的描述，而后就发生了赵氏孤儿将屠岸贾一家满门抄斩的故事。

此时大仇已报，程婴会是怎样结局呢？司马迁在《史记》中写道：

> 及赵武冠，为成人，程婴乃辞诸大夫，谓赵武曰："昔下宫之难，皆能死。我非不能死，我思立赵氏之后。今赵武既立，为成人，复故位，我将下报赵宣孟与公孙杵臼。"赵武啼泣顿首固请，曰："武愿苦筋骨以报子至死，而子忍去我死乎！"程婴曰："不可。彼以我为能成事，故先我死；今我不报，是以我事为不成。"遂自杀。赵武服齐衰三年，为之祭邑，春秋祠之，世世勿绝。

这时的赵氏孤儿已经成为了赵武。程婴跟赵武说，当年你家遭难之时我本来就想随之而去，但为了你我才活到了今天，而今你已经替家族报了仇，那我就应当去见你的父亲和公孙杵臼去了。赵武痛哭着坚决阻止，程婴跟他解释说，当年公孙杵臼认为我能够保护好你，故他先自杀了，如果我不死，当然就对不起他。程婴自杀而死后，赵武为他服丧三年。

然而纪君祥却不愿意义士程婴就这样死去，他在结尾部分仍然让程婴活着，并且接受了皇帝的赏赐，该剧以一曲《黄钟尾》唱出了一场大团圆：

谢君恩普国多沾降，把奸贼全家尽灭亡。赐孤儿改名望，袭父祖拜卿相；忠义士各褒奖，是军官还职掌，是穷民与收养；已死丧给封葬，现生存受爵赏。这恩临似天广，端为谁敢虚让。誓捐生在战场，着邻邦并归向。落的个史册上标名，留与后人讲。

《史记》因为记载得太过详细，引起了后世部分学者的猜测，怀疑司马迁所记并非史实。比如万斯大、沈钦韩都认为这是史实，而杨伯峻则认为万、沈的观点并不正确，其在《春秋左传注》中说："《赵世家》记载赵氏被灭与赵武复立，全采战国传说，与《左传》《国语》不相同，不足为信史。"同样，梁玉绳在《史记志疑》中也称："妄诞不可信，而所谓屠岸贾、程婴、杵臼，恐亦无此人也。"

从历史时代来看，司马迁距故事发生之时要比清人或以后的学者早两千年，如果其所言不可信，那么后世的考证更加模糊，事实究竟如何，我当然难下定论。但既然这是正史上的记载，同时又因为纪君祥改编成了《赵氏孤儿》，使得这个故事传遍天下，如此说来，这个故事是否是历史的真实已经并不重要，重要的是它明示后人有一种义的正气在，因此到了南宋时，高宗赵构就给程婴和公孙杵臼立庙，同时分封二人为忠节成信侯和通勇忠智侯，而韩厥也被封为忠定义成侯。到了宋绍兴二十年，高宗又将这三人分别改封为疆济公、英略公和启侑公，他们的故事也被一直传唱到了今日。

对于纪君祥的历史遗迹，我在几年的时间内一直未曾查到任何线索，但好在程婴当年的藏孤洞今日实有其地，他的墓也有清晰的地址，于是，我只能把这两处遗迹作为纪念纪君祥的间接相关地吧。

程婴藏孤洞位于山西省阳泉市盂县城北十八公里长池镇藏山村东。乘高铁从北京西站前往阳泉北站，十一点三十分准点到达，在车站出口的台阶处，站着一排拉客的出租司机，其中一人抢先登上台阶抓住了我的行囊，带着我来到他的车旁，是一辆黑色的桑塔纳2000。我说你不是出租车，他笑笑说确实如此，但自己的服务肯定比出租车还要好，边说边把我的行李放到了他的后备厢里面，顺手关上，还上了锁。如此做派，显然是强买强卖，但行李已经被锁在了里面，我不想为这件事再找气生，只好上了他的车。我跟他讲，自己要在阳泉地区跑几个地方，他把单子仔细看了一遍，说需要六百元。在寻访中我学了一招儿：无论对方报多少钱，一律说太贵，即使还不下价来，对方在途中也不好再加价，即便如数付款，司机的心情也会舒服很多。

藏孤洞在盂县北部的藏山。阳泉高铁站是我所知道的距市区最远的车站之一，实际的站点设在了盂县境内，距市区有五十公里的路程，而在北京，首都国际机场距市区才十几公里，司机说因为阳泉附近是煤矿采空区，地下空洞的面积太大，无法修铁路，所以只能放在了盂县。

司机知道我来此并非游玩，他说我的几个寻访点距离都很远，而我已买好了晚上七点多前往太原的高铁票，因此他建议：不要只把我送到入口处，最好能直接开进景区，这样可以节约时间。到达藏山景区售票处后，他先跑过去跟里面的售票员商议，可否开车入内，他的理由是：车上的客人进这个景区内仅是拍一个小洞，售票员干净利落地回绝了他。司机仍不死心，询问可否票价减半，售票员瞟了我一眼，说这个人看来不够七十岁，所以不可能。于是只好掏出八十元钱买票，顺便问售票员能不能再买张票，然后开车进内。售票员说里面有电瓶车，景区外的车辆一律不能入内。无奈，只好让司机在车内等候，我说自己会尽快地返回。

进入景区，果真有辆空荡荡的电瓶车，但要把这辆电瓶车坐满，还不知要等到什么时候。我马上跟电瓶车的司机说，可不可以多加

□ 金代建筑

点钱，只拉我一个人上山，司机看了我一眼后说，不用加钱，你付五元钱就可以了。司机这么人道，让我顿时消除了刚才在售票处所产生的不快。这个大长车拉着我一个人沿着路向山坡上开行，但是它走了不到三百米就停了下来，再也不肯走了。我跟司机商议能不能再加五块钱，接着往上开。电瓶车司机说，到吃饭时间了，所以不想上去，我只好步行上山。

向山上走了二十多分钟，见到一个百米高的巨大水坝，沿着坝体流下一些水流，显然是人造景观。从坝的左侧沿路登上坝顶，是一个巨大的平台，平台正中有一个石制的碑亭，中

□ 上面刻着"赵氏孤儿藏匿地"

□ 殿名有些长

间所立的碑是方柱形体，上面用篆字刻着"赵氏孤儿藏匿地"。碑亭的后面即是悬崖峭壁，在半山上看到了一些殿宇，其建筑方式有点像悬空寺。平台靠墙的一面立着藏山藏孤洞的简介，说两千六百年前，晋国程婴携忠良之后赵武藏在此处。

在平台的另一侧以圆弧的形式一字排开几十块古碑，从古碑旁的台阶继续上行，第二平台即是藏山寺的入口处，里面有一些古代的建筑，按照说明牌上的介绍，这些建筑均为金代以来所修建者，尤其后几进院落是金代建筑的原物。如此说来真是难得，因为金代之物流传至今者，极其稀见，尤其金代的刻本，三十

□ 古老的建筑方式

□ 来到了门前

年来，我仅得到了一种，然而这里却有成片的金代建筑。但建筑毕竟跟版刻不是一回事，其实我并不能确定，金代建筑也像金代刻本一样的珍罕。

既然如此，那我就要好好看看金代建筑是怎样的一个特色。在院落中，第一进正殿名称很长：藏山灵感大王河东神主正殿，神龛上端坐着一座金像。我正准备拍照，从像侧听到一句威严的声音：禁止拍照！定神细看，始终没有见到人影，但也只能放下相机走出殿外，这让我拍下金代建筑仔细观赏的愿望落空了。

从正殿的后墙上可以看到用条块山石垒出的墙体，平整而参差，并且从石缝中还长出了几棵树。再上一级平台，在巨大岩石凹处也建着两进殿堂，牌匾上写着"万岁朝廷香火院"，殿名也是有些奇特；这个殿名之下，另一块竖匾写着"藏山神石"，里面的神龛上并排端坐着两位祀主，然而在前头供桌上一字排开八个灵位牌，我注意看了一下，程婴排在了中间位置。正殿两旁各有一个小侧殿，左侧

□ 保孤祠

的名"保孤祠"。

　　保孤祠到正殿之间有个一米宽的小夹道，沿此进入即是藏孤洞，这个洞中之洞很小，我觉得里面的面积超不过两平方米，洞口的地上立着一块石牌，上面写着"藏孤处"，而此处前面的大石块，已经被历代的朝拜者摩擦得锃亮，可见人们对于程婴的义举有着怎样的崇敬之情。侧墙上还嵌着一块新做的介绍牌，这个介绍牌把小洞的伟大意义讲得十分透彻：从历史上讲没有藏孤洞就没有藏山，没有藏山就没有晋阳古都和三晋大地上繁荣锦绣的太原城。这种排比句倒是有点苏老泉《六国论》的气势。

　　在藏孤洞相对的一侧，则是捞儿洞，同样的介绍牌，说此洞又名求子洞，并且还写着一个民间流传的顺口溜：捞儿洞前一炷香，儿女满堂代代传；捞儿洞内摸石子，心诚定能得贵子。并说这个习俗始自春秋，说当地每到初一、十五，人们在洞前烧香磕头，然后从洞里取捞石子，如果捞到了就会生金童，如果捞出来的是瓦片就

□ 藏孤处

会生玉女。这个洞口很小,是长宽不足四十厘米的一个小凹洞,在洞的墙壁上有祈子者挂着一些红布条。一位导游带着十几位游客来到此洞,导游的介绍还没说完,几位游客就争先恐后地把手臂伸进洞内一通乱摸,结果什么都没摸到,导游笑着说这么多游客,里面的东西早摸光了。

参观完毕后,原路下山,却找不到来时的那辆电瓶车。遇到一位工作人员,他说中午都去吃饭了。无奈只好加快步伐向山下走去。上车后,司机说,因为拍了一部电影叫《赵氏孤儿》,再加上电视剧的影响,因此近些年来这里的游客多了起来。当年举行开机仪式时,因为当地的百姓太想见到电影明星,结果把临时搭起的仪式台都压塌了,在社会上造成了不好的影响,但恰恰因为这些影响,使得藏山更有名了。司机用肯定的口吻说:你也肯定是看了电影才来这儿的。

程婴墓位于山西省临汾市襄汾县西南十六公里的程公村。本次的寻访给运城的张总添了很多麻烦,他不但让自己的司机整天陪着

□ 无意间看到了程婴墓

□ 墓顶的荒草

我四处转悠，同时还安排了一位办公室的工作人员来打点路上的杂事。也正因为如此，山西南部的寻访变得异常顺利，而程婴墓也是在无意间找到的。

快到程公村时，我让司机问路，把车停在路边，司机下车去找人，我开门下车准备方便一下，没想到一抬眼就在路边看到了程婴墓的院落，这个停车的位置正巧就在程婴墓的入口处，这可以说是寻访以来最没费周折就找到的一个点。

程婴墓园占地约百十平米，新砌的围墙将墓园围成一个长方形，入口处圆门的门楣上写着"程婴墓"。墓园无人看管，走入园内，正前方即是用青砖砌起的正圆形墓丘，墓顶裸露着，上面长满了荒草，墓碑在墓丘的后面，墓丘的正前方种植着几棵小柏树，高不过一米。从种植的样式看，算是墓道，碑和碑券均为新制，看不清上面的字迹，以程婴的大名，这个墓园却如此简陋，让我多少感到有些意外。《赵氏孤儿》的上演，让今人知道了遥远的古代有这样的一位义士，同样是程婴，在藏婴洞那个景点如此火爆，而他的墓园反倒如此萧条，就因为藏婴洞是电影和电视的拍摄地，而此处却是程婴归隐之处，传媒的力量如此之大，这之间的巨大反差令我感喟不已。

张凤翼：少小推英勇，论雄才大略，韩彭伯仲

　　张凤翼是明代著名传奇《红拂记》的作者，该作品是他在这方面的处女作，创作于十九岁时的新婚蜜月阶段。谭正璧、谭寻所撰《论张凤翼及其〈红拂记〉》一文中称："相传《红拂记》就是他在新婚一月中写成的处女作。吴中风俗，新婚后新郎必在家陪伴新娘一个月，叫做'伴房'，相当于外国的所谓蜜月，不过蜜月是出外旅行，而伴房却是在家中新房里度过的。"在蜜月期忙着搞创作，可见张

□ 张凤翼撰《红拂记》，明虞山毛氏汲古阁刻《六十种曲》本

□ 张凤翼撰、陈继儒批评《陈眉公批评红拂记》二卷，民国八年刘氏暖红室刻汇刻传剧本

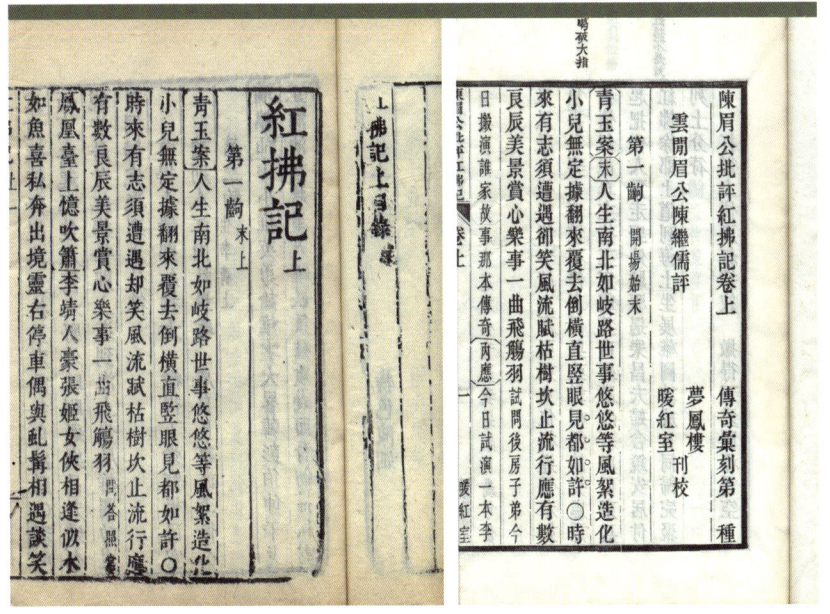

凤翼对于戏曲是何等的痴迷。然而他的处女作却成了他一生的代表作，如此说来，也是个奇迹。

谭正璧在此文中首先论述了明代中期到清代中期两百五十余年之间，南戏传奇的黄金时代，而后文中论述了南戏一统天下的情形："正德、嘉靖年间，曲师魏良辅改进昆腔，梁辰鱼用昆腔写《浣纱记》，使南戏在音乐唱腔方面也迈进了一大步。他们好似春天里的促使万朵花蕾齐放的东风，在继续繁荣南戏这个环节里，起了极重要的决定性作用。于是南戏与昆腔被看作两名一体，不独压倒了本来称霸剧坛的北剧，也使他种南曲唱腔（如弋阳、海盐、余姚等腔）黯淡无色。从此一般戏剧作家都竞相于传奇的创作，争妍斗丽，堆金积玉，造成了繁荣一时、灿烂无比的南戏黄金朝代。"张凤翼所创作的《红拂记》也正出现在这个伟大的时代里，那他在这个时代里属于怎样的水准呢？谭文中接着写道："《红拂记》便是这堆妍丽的金玉丛中产生较早，而又在当时一问世即很盛行的一种。"

显然，谭正璧、谭寻在文中的论述没有用极端的好词予以夸赞，明末的李卓吾却不吝溢美之词，来高度表扬《红拂记》，其在《焚书》卷四中称："此记关目好，曲好，白好，事好。乐昌破镜重合，红拂智眼无双，虬髯弃家入海，越公并遭双妓，皆可师可法，可敬可羡。孰谓传奇不可以兴，不可以观，不可以群，不可以怨乎？饮食宴乐之间，起义动慨多矣。今之乐犹古之乐，幸无差别视之其可！"这样的好、好、好，应该也算一种偏私，但至少说明《红拂记》在明代已经有了很大的影响。

从个人经历来看，张凤翼最初是以诗名世。《明史·文苑传》中称："其后，里人张凤翼、燕翼、献翼并负有才名。吴人语曰：'前有四皇，后有三张。'凤翼、燕翼终举人，而献翼为太学生，名日益高，年老矣，狂甚，为仇家所杀。"这里的"三张"指的是张凤翼跟他的燕翼、献翼两位兄弟。这三兄弟跟皇甫冲、皇甫泽、皇甫汸、皇甫濂齐名，被世人合称为"前有四皇，后有三张"。但可惜的是，兄弟三人曾同时参加科考，而惟有献翼没有考中举人。

明嘉靖四十三年，兄弟三人前往南京参加第四次乡试，本次的科考凤翼和燕翼同中举人，只有献翼落榜，其原因倒并不是因为献翼的水平差，按照沈德符《万历野获编》上的记载："主者以三人同列稍引嫌，为裁其一，则幼于也。归家愤愤，因而好怪诞以消不平。"这真是一种不公平，其实三兄弟都考中了举人，但主考官觉得兄弟三人在同一个场次中举，担心别人说他因受贿而作弊，于是刻意裁掉了一位，张献翼就成了牺牲品。这个结果当然让他愤愤不平，于是乎他的行为举止也就变得颇为怪诞。

从学问而言，张献翼不输于他的两位兄弟，按照乾隆版《苏州府志》的记载，张献翼也有多部著述存世，例如有《周易约说》《读易臆说》和《易杂说》等，看来献翼对易经多有研究，而他另外有文集十卷，名为《文起堂集》。当我看到此堂号时，颇生疑惑，因为苏州的张凤翼故居名称就是文起堂，难道这是他家中总体的堂号？这个疑惑至我写此文时，依然未能得解。

对于张凤翼的研究，以我所见，肖波所作的硕士论文《张凤翼及其戏曲研究》最为详尽，该论文中提到了张凤翼的多个堂号，唯独没有文起堂。在谈到张凤翼的父亲时，论文中有如下段落："父亲张冲排行第三，以侠义闻名于吴里，李攀龙言'隐君用侠闻矣'，娶叶氏、许氏为妻，凤翼、献翼、燕翼为许氏所生，张冲亦有一女嫁'长洲庠生韩世延'。又《张幼于生志》'幼于既以显重，性又好客，击鲜饮醇之欢亡虚日，以故环所居顾家桥里巷，车骑冠盖委积，前后不绝，守令倾耳而待'。及乾隆《苏州府志》卷二十，可知张家所居为苏州城东北临顿里顾家桥。"在此段的该页，有如下一个小

注:"目前位于苏州市区干将路128号,门口左侧悬'文起堂'及'张凤翼故居'字样牌匾,当有一处误,而该馆一直处于闭馆修缮中,无从参看。"

这段小注谈到张凤翼故居和文起堂时,称"当有一处误"。看来肖波先生也怀疑文起堂不是张凤翼的故居。然而我到那里实地探访时,此处故居却被苏州市文物考古所使用,这是专门的考古研究机构,如此说来,将文起堂确定为张凤翼的故居,似乎不应当有疑问。但这其中究竟是怎样的问题,那只能等待并依靠更多的研究成果来做出决断了。

张凤翼考取举人之后,科考方面的运气就用完了,而后接连的失败使他放弃了在这方面的努力,于是他回到苏州专心致志地编书写曲。张凤翼的祖父张准颇具经商才能,到了凤翼这一代,家境依然殷实,这才使得他能够去做自己喜爱的事情。而在这个阶段,他

张凤翼辑《文选纂注》十二卷,明万历庚辰年刻本

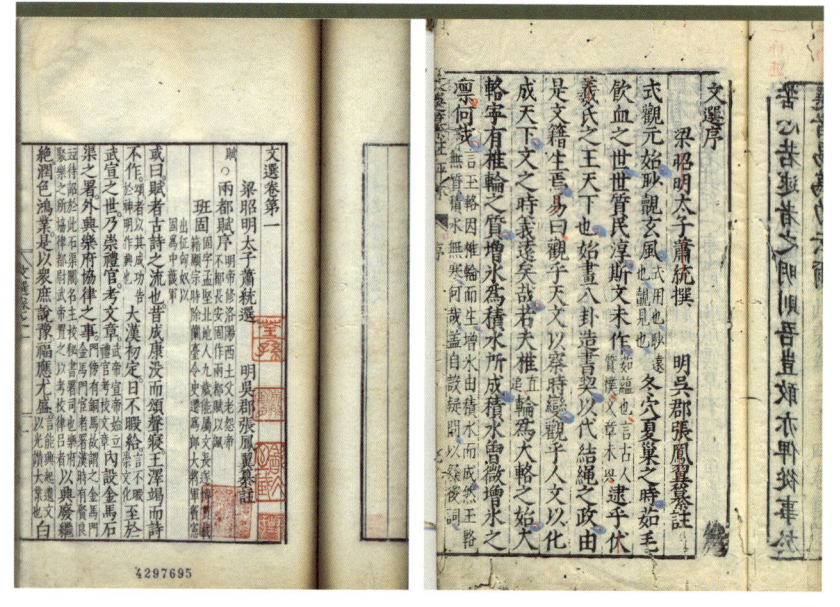

张凤翼辑《文选纂注评苑》二十六卷,明万历克勤斋余碧泉刻本

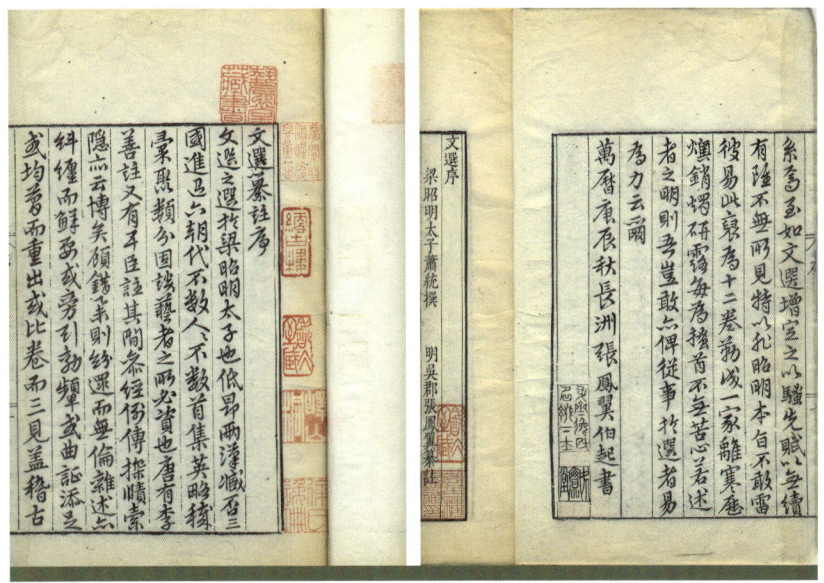

□ 张凤翼辑《文选纂注》十二卷，明万历庚辰年刻本，张凤翼序一

□ 张凤翼辑《文选纂注》十二卷，明万历庚辰年刻本，张凤翼序二

编的最重要的一部书就是《文选纂注》，此书编成之后，张凤翼写了篇序言，其在序中称："丁丑之役，则摈于礼闱者四矣。此而不止，人寿几何？于是慕潘岳闲居奉母之乐，修虞卿穷愁苦著书之业，闭门却扫，凝神纂辑。"看来，张凤翼为了编此书，杜门谢客，他认为人生短暂，就要做一件有意义的事情，虽然这只是编书而非创作，其实，编者的选择也是一种价值观，而张凤翼也同样肯定了自己的劳动，他在《与君典书》中说："《文选》之役，本欲尽洗故笺，一出胸臆。第恐岁不我与，或不能竟，故不得不有所因。然创自己见者亦恒二三，自谅与艺林不无少补。"

张凤翼认定他所编选的《文选纂注》肯定有益于学术界。该书出版之后，张请自己的朋友梅鼎祚帮助销售，梅在《答张伯起》一信中狠狠地夸赞了该书："《文选纂注》删繁会简，提要钩玄，兼以刳剔都工，豕鱼悉正，一加拭目，便知苦心。实足羽翼斯文，岂

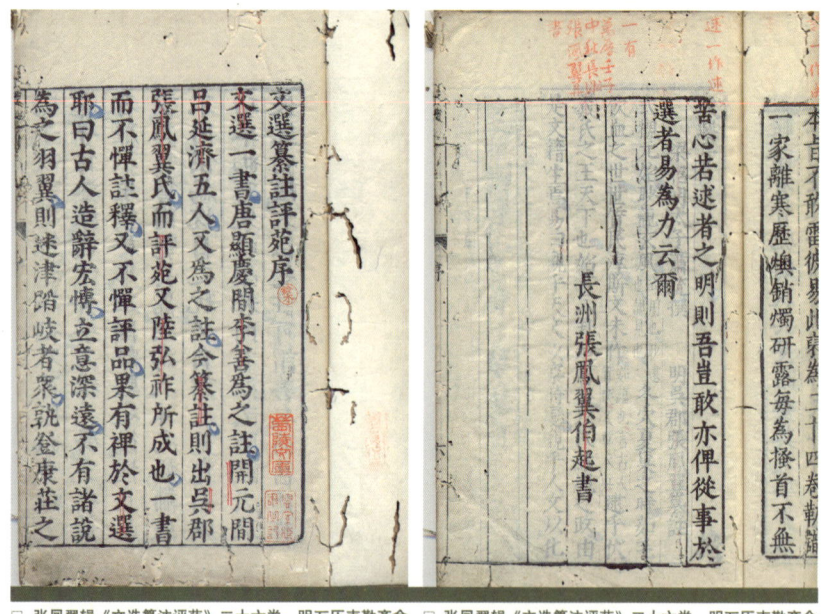

□ 张凤翼辑《文选纂注评苑》二十六卷，明万历克勤斋余碧泉刻本，张凤翼序一　　□ 张凤翼辑《文选纂注评苑》二十六卷，明万历克勤斋余碧泉刻本，张凤翼序二

徒橐钥后进。"而谭正璧、谭寻在其专论中也同样注意到了《文选纂注》的价值："其中很值得一提的，他的《文选纂注》中的宋玉《神女赋》，已据宋朝姚宽《西溪丛语》及沈括《梦溪笔谈》中所考证，把向来搞错的'王''玉'两字全都改正。从这点上，可见作者的治学精神和态度，很是严正不苟且，因而对于他人治学所得乐于'择善而从'。"

对于张凤翼的家庭状况，不少的文献都有所争议。沈瓒《近事丛残》中的一段话称："张孝廉伯起，文学品格，独迈时流，而以诗文词翰交结贵人为耻。乃榜其门曰：'本宅纸笔缺乏，凡有以扇求楷书满面者银一钱，行书八句者三分，特撰寿诗寿文，每轴各若干。'人争求之。自庚辰至今，三十年不改。"此话说张凤翼不愿意以文字结交权贵，并且在家门口贴了告示，说家中缺乏纸笔，凡求字者都要花钱来买，于是很多人掏钱去买他的墨宝，这一卖竟然达三十年之久，因此有人认为这是张凤翼缺钱的表现。其实从他的家世来看，张凤翼并不靠鬻文为生。

当年他跟很多名士均有交往，比如当时的名士王世贞。他的文集《张伯起集》就是请王世贞写的序言。王在序言中大肆夸赞张凤翼的作曲水准："伯起才不能尽，发而为乐府新声，天下之爱伯起新声甚于古文辞，伯起夷然不屑也。"而万历十一年，王世贞作《四十咏》，肖波认为王世贞此作"等于是'后七子'名单的扩大化"，而这《四十咏》之一则有张凤翼。王在诗中是这样夸赞张凤翼的：

> 伯起初艺成，白皙美少年。
> 一芬墨池藻，众工归我妍。
> 薄游燕昭台，兴尽剡溪船。
> 自谓千秋业，不假公车传。
> 晨著潜夫论，夕奏钟期弦。

即此可知，两人关系颇为默契，而王世贞父亲去世时，正是张凤翼撰写的悼文。同样，张凤翼的母亲也是由王世贞撰写寿文。虽有如此密切的关系，有些事情却也不可解。比如王世贞在湖北郧阳任上时，曾托人找张凤翼索要楷书作品，没想到张凤翼却婉拒了这个要求。肖波认为这是两人的学术观产生了分歧。

张凤翼也会为了钱财而写软文，他在七十七岁时，贵州总兵李应祥请他写一本《平播记》，其内容就是替李歌功颂德，为了得到这笔丰厚的酬金，张凤翼写了此文。其实人在社会上交往，总有这样那样的原因，而张凤翼为何撰写此文，除了看在多金的份上，会不会还有其他的原由呢？这一点也值得作进一步探讨。

然而，他对曲的酷爱，应该没有什么功利心。比如徐复祚在《花当阁丛谈》卷四中说:"伯起善度曲,自晨至夕,口呜呜不已。吴中旧曲师太仓魏良辅,伯起出而一变之。至今宗焉。尝与仲郎演《琵琶记》,父中郎,子赵氏。观者填门,夷然不屑意也。"

晚年的张凤翼整天在家里作曲,从早到晚,边写边唱,不知道邻居们听到了烦不烦?他不仅自己如此,同时还跟儿子一起演唱《琵琶记》,以至于来看戏的人堵塞了他们家的大门,凭这一点就能说明,他家的唱戏之音已经足够"扰邻"。

张凤翼如此酷爱写戏和唱曲,那当然跟戏曲家们有着密切交往。汤显祖是那个时段最有名的一位,张凤翼的诗集中有一首《汤义叔》,写的就是他跟汤显祖的交往:

忆昨蓟门踪,相看一转蓬。
共怜才似海,况复气如虹。
寒夜壶尊尽,春星剑佩雄。
天人知有对,应入未央宫。

对于这首诗,肖波的解读是:"首联言万历五年春试,汤、张初会于北京,颈联则指正月汤显祖北上曾访张伯起于吴门。"同样,汤显祖也曾在诗中写到过张凤翼。

因为这种交往,张凤翼自然会受到汤显祖在作曲方式上的影响。沈德符《野获编》中有这样一段记载:"沈工韵谱,每制曲必遵《中原音韵》《太和正音》诸书,欲与金、元名家争长;张则以意用韵,便俗唱而已。余每问之,答云:'子见高则诚《琵琶记》否?余用此例,奈何讶之!'"在这里,沈德符把沈璟和张凤翼排在一起比较,他说沈璟完全遵照韵书来作曲,其目的就是为了要与金元时代的作曲名家一较高下;而张凤翼则不同,他完全按照自己的意思来用韵。

所以沈德符认为，张凤翼的曲乃是俗曲，他还向张凤翼询问何以如此作曲，张却正色告诉他说：你看过高明的《琵琶记》吗，我的作曲方式就是按此而来者，这有什么值得惊讶的呢？

其实，沈德符对张凤翼作曲的记载不仅是这一条，他在文中还称："梁伯龙、张伯起辈，纵有才情，俱非本色矣。"虽然沈也承认张凤翼所作之曲很有才情，但他站在吴江派的立场上，认为张的曲不是正路。他在文中还说："近年则梁伯龙、张伯起，俱吴人，所作盛行于世，若以《中原音韵》律之，俱门外汉也。"看来，沈德符认定只有按韵书填出的曲，才是正路，余外均为野狐禅。

其实提出这种批评者，并非仅沈德符一人。凌濛初在《谭曲杂札》中也说："张伯起小有俊才，而无长料。其不用意修词处，不甚为词掩，颇有一二真语、工语，气亦疏通。毋奈为习俗流弊所沿，一嵌故实，便堆砌拼凑，亦是仿伯龙使然耳……乃心知拙于长料，自恐寂寥，未免涂饰，岂知正是病处。"凌认为张凤翼所作之曲有堆砌拼凑的毛病。对于这样的批评，肖波在其论文中予以了这样的回应："在戏文向传奇的转变过程中，传奇的文学性更加明显，而民间性则日益萎缩，由于文人的参与，我们看到的传奇常常有着精心严谨的布局、斟字酌句的语言、格律严谨的宫调等特点。其中斟字酌句的语言特色发展的一个高度就是文词派，而张凤翼则是文词派的典型代表作家。"

看来，言辞藻丽正是张凤翼作曲的特点。故而肖波在其文中举出了《红拂记》中第二出《杖策渡江》中的曲词：

【瑞鹤仙】少小推英勇，论雄才大略，韩彭伯仲。干戈正汹涌，奈将星未耀，妖气犹重。几回看剑，扫秋云半生如梦。且渡江西去，朱门寄迹，待时而动。

【鹧鸪天】投笔由来羡虎头，须教谈笑觅封侯。囊中黄石包玄妙，腰下青萍射斗牛。调羹鼎，济川舟，云龙风虎岂难投。功名未到英雄手，且与时人笑散袤。

【锦缠头】本待学鹤凌霄，鹏抟远空。叹息未遭逢，到如今教人泪洒西风。我自有屠龙剑，钓鳌钩，射雕宝弓。又何须弄毛锥角技冰虫。猛可里气冲冲，这鞭梢儿肯随人调弄。待功名铸鼎钟，方显得奇才大用，任区区肉眼笑英雄。

肖波认为这样"充满典故的绮丽之句"随处可见。但是，臧晋叔对绮丽的文词派颇为不喜，他在《元曲选序》中指责这一派的人在作曲中"用类书"。而清代的李调元则在《雨村夜话》中明确点出张凤翼在这方面的毛病："郑若庸《玉玦》，始用类书为之，而张伯起之徒，转相祖述为《红拂记》，则滥觞极矣。"李调元在其文中举出了《红拂记》中的例句："《红拂》句如'春眠乍晓，处处闻啼鸟，问开到海棠多少'，有'章柳路渺，天涯何处无芳草'皆嫌于用成句太熟。"肖波也认为这种举例确实是这么回事。他认为："的确，在张凤翼的传奇作品中有不少直接引用前人成句的例子，但是不能完全予以诟病之冠。张凤翼引用前人成句的做法，实际上也同他在传奇作品中'以意用韵'的做法相对照。"

虽然如此，也有人肯定张凤翼用词的特点，王世贞在《张伯起集序》中称："伯起材何所不际，骋其丽靡，可以蹈籍六季而鼓吹三都；骋其辨，可以走仪秦役犀首；骋其吊诡，可以与庄列邹慎具宾主。高者醉月露，下者亦不失雄帅烟花。"当然，两人是朋友，张凤翼请王世贞写序，这序言中自然会有溢美之词，但这样的评价也恰好说明了张凤翼作曲的特点所在。而对于张凤翼所创作的传奇，郑仲夔在《隽区》中给予了很高的夸赞："传奇当以张伯起为第一，若《红拂》《窃符》《灌园》《祝发》四本，巧妙悉敌。"

□ 张凤翼撰、陈继儒批评《陈眉公批评红拂记》二卷，民国八年刘氏暖红室刻汇刻传剧本，插图一　　□ 张凤翼撰、陈继儒批评《陈眉公批评红拂记》二卷，民国八年刘氏暖红室刻汇刻传剧本，插图二

张凤翼的代表作当然就是《红拂记》，徐复祚在《花当阁丛谈》中说："晚喜为乐府新声。天下之爱伯起新声甚于古文辞。乐府有阳春堂六传，而世所最行者则唐李药师《红拂记》也。"在这里，徐称张的《红拂记》社会上流传颇广。徐复祚是张凤翼的侄婿，他的这段赞语容易让人认为是一种偏私，那么对张凤翼的曲作不甚首肯的沈德符应该比较客观，他在《万历野获编》中说："伯起少年作《红拂记》，演习之者遍国中。"

张凤翼的《红拂记》实本自杜光庭的《虬髯客传》，而后又加上孟棨本事诗中乐昌公主的故事，这原本是两个不同的故事，张凤翼将二者合而为一，使之成为了一部名剧。《红拂记》的梗概是从李靖讲起。这位李靖有着惊世之才，前往杨素家去游说时，杨素的

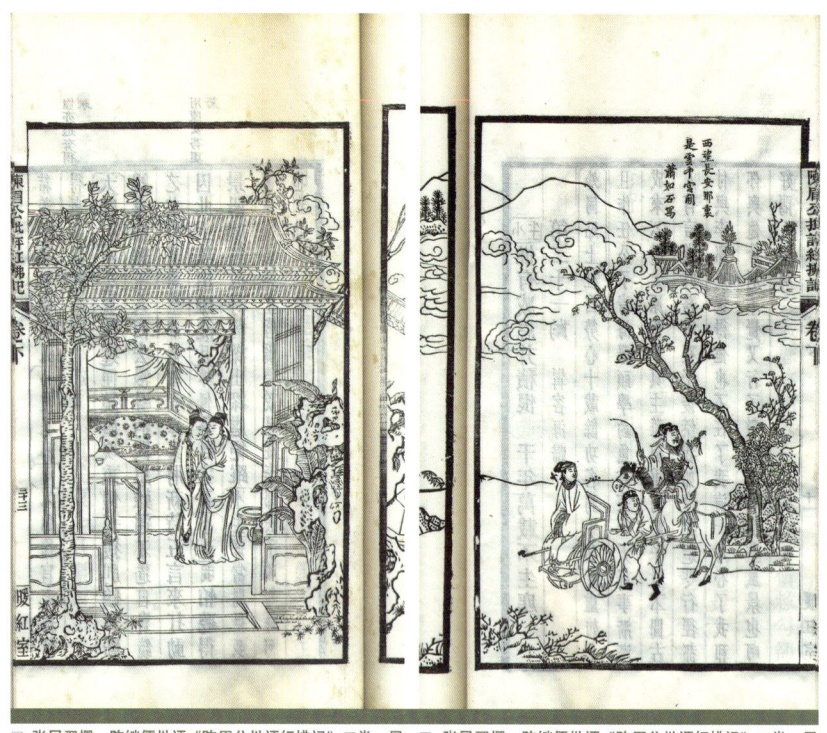

□ 张凤翼撰、陈继儒批评《陈眉公批评红拂记》二卷,民国八年刘氏暖红室刻汇刻传剧本,插图三　□ 张凤翼撰、陈继儒批评《陈眉公批评红拂记》二卷,民国八年刘氏暖红室刻汇刻传剧本,插图四

侍女红拂听到了李靖的慷慨言辞,同时又见他相貌堂堂,于是趁着夜晚跟李靖私奔,逃往太原。在旅舍中,他们偶遇了虬髯客张仲坚,此人也是想起大事者,他们约定共同到太原去见李世民。

几人见到李世民后,虬髯客感觉到李世民才是真正能够成大事者,于是就知难而退,把家中财富全部赠送给李靖,带着妻子前往海外去开辟新的天地。后来李靖屡建战功,成为了兵部尚书,虬髯客也成为了扶余国王,还帮着李靖擒获了高丽国王,又归顺了中国。

关于杨素,原本在《隋书》《周书》和《北史》中均有传,其富可敌国,为人却宅心仁厚,比如红拂跟着李靖私奔,他并不追究此事,反而惋惜李靖为此而离去。以下就是《红拂记》中杨素的一个场段:

【齐天乐】（外）扫清江汉功无上，双手拍开霄壤。斧钺威权，珥貂尊贵，番觉此身劳攮。自知重望，好坐抚人民，卧守封疆。警罢铜鱼，光分玉兔，且徜徉。

金鱼玉带应三台，将相还须盖世才。我本无心求富贵，谁知富贵逼人来。杨素，身为名将，职任元戎。讨无不平，战无不克。我常临战，令一二百人赴敌陷阵，不能陷而还者，悉斩之。又令二三百人复进，

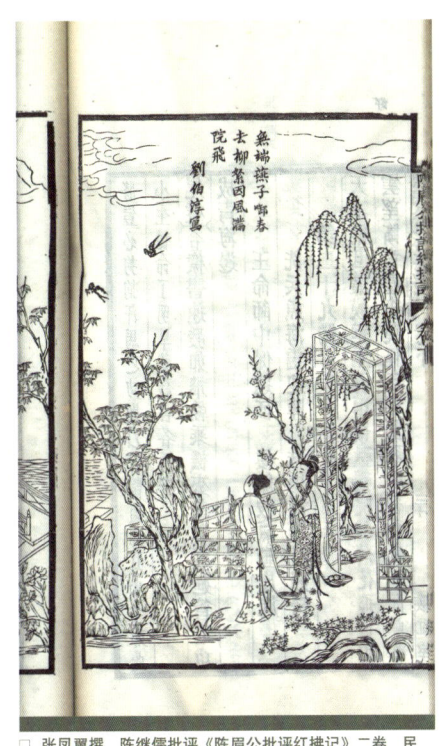

□ 张凤翼撰、陈继儒批评《陈眉公批评红拂记》二卷，民国八年刘氏暖红室刻汇刻传剧本，插图五

还如向法。士知进生退死，所向无前。及至论功，虽微必录。故士虽畏我，亦愿从我。人知我成功之易，不知我皆以赏罚中得士力也。今天子幸江都，加我司空之职，即命留守西京。日来兵政肃清，衙门无事，早上分付院子设宴花园中看月。院子那里？（末）院子叩头。

（外）筵席可曾完备否？（末）禀老爷：筵席完备多时了，请老爷赏月。（外）既如此，可唤女乐每出来承应。

（末）女乐每走动。

接下来的一段，则是描绘了红拂见到李靖时的心态：

【簇御林】看他言慷慨，貌伟然，信翩翩，美少年。私心愿

与谐姻眷,只是无媒怎得通缱绻。我有计在此了。且俄延,须教月下,成就这良缘。

此事本当与陈美人说知,恐有漏泄,不当稳便。且到其间,再作理会。

乍见风前连理枝,须教灯下有佳期。

一腔心事无人识,惟有清风明月知。

而到了第十出,其题目为《侠女私奔》,接下来是红拂女的一段道白:

(旦紫衣纱帽上)自怜聪慧早知音,瞥见英豪意已深。侠气自能通剑术,春情非是动琴心。奴家自从见那秀才之后,不觉神魂飞动。我想起来,尘埋在此,分明是燕山剑老,沧海珠沉,怎得个出头日子!若得丝萝附乔木,日后夫荣妻贵,也不枉了我这双识英雄的俊眼儿。如今夜阑人静,打扮做打差官员的妆束,私奔他去。早已被我赚出这门来也呵。

而后红拂又有了如下的唱段:

【北二犯江儿水】重门朱户,恰离了重门朱户。深闺空自锁,正琼楼罢舞,绮席停歌。改新妆,寻鸳侣。西日不挥戈,三星又起途,鸾驭偷过,鹊驾临河,握兵符怕谁行来问取?魏姬窃符,分明是魏姬窃符。鸡鸣潜度,讨的个鸡鸣潜度。听更筹,戍楼中漏下玉壶。

由以上这些,即可看到张凤翼曲作的特色。此剧在当时流传甚广,张凤翼的朋友袁宏道曾写一诗来赞颂《红拂传》：

> 两年稀面见，一字到官疏。
> 白石连云煮，青苔带雨锄。
> 尊前红拂传，花下古钗书。
> 兄弟多名理，何山故不如。

《红拂记》流行的原因除了唱词上的特色，更为重要者，是此剧总体规模较短。肖波在其论文中作出了统计："《红拂记》三十四出，《祝发记》二十八出，《窃符记》四十出，《灌园记》三十出，《虎符记》四十出，每出一般由四五支曲牌组成，篇幅较短，非常适合舞台演出。"从每剧的数量上看，《红拂记》似乎比其他短不了多少，但是其他的剧在演出时间上则比此长许多，比如臧懋循在《还魂记》中写下了如下批语："予观《琵琶记》四十四折，令善讴者一一奏之，须两昼夜始彻。"一出剧一演就是两个昼夜，当然让演员们很烦，故而臧懋循在《紫钗记》中又写下了如下批语："自吴中张伯起《红拂记》等作，止用三十折，优人皆喜为之，遂日趋日短，有至二十余折者矣。"

也正因如此，肖波认为《红拂记》开创了"剧本体制'缩

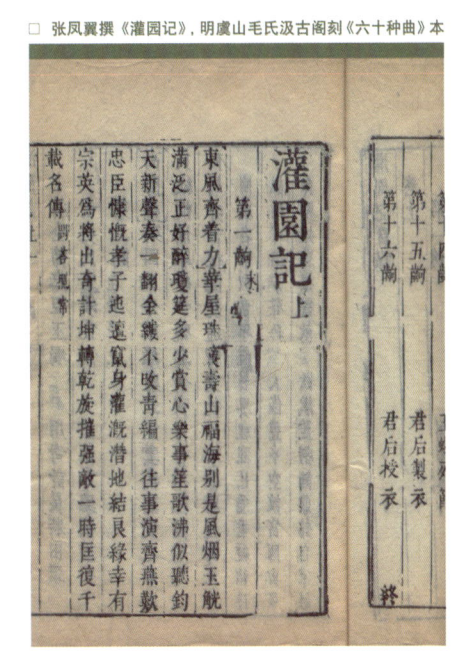

□ 张凤翼撰《灌园记》，明虞山毛氏汲古阁刻《六十种曲》本

□ 张凤翼故居大门

长为短'的先河"。

　　张凤翼故居位于江苏省苏州市干将东路712号。从市郊返回城区时，天色未晚，卜若愚建议趁着太阳还在，应该多访两个地点，于是拿出行程单，而后就转到了这里。干将路已然成为了苏州市老城区的主干道，这几日的寻访，我在这条路上不知经过了多少回，前天坐百合的车就在干将路上看到了文起堂的招牌，可惜这一带难以停车，只能错过。今日开车者乃是叶剑青先生，叶先生不止是车技好，对路途也十分熟悉，正是因为这个特点，使得原本排得很满的时间反而有了富余。干将路上不能停车，只好让叶兄去寻找能够停靠的地点，卜兄带着我和张琦来到了文起堂的门口。

　　从外观看，文起堂不起眼，仅是苏州寻常所见的老门老户，但墙上的文保牌说明了这里的不同。门的一侧嵌着木匾，上面介绍着张凤翼故居的情形。卜兄用手一推，两扇黑色的大铁门竟然只是虚掩，他跟张琦走入院内，在里面跟门卫进行交涉，即使站在院外，我也能听到门卫坚定的拒绝声。卜兄比我有耐心,向门卫讲解着我是不远千里来拍照的专业人员,显然他高估了我的声名,他的说辞并没有打动门卫。既然如此,我劝卜兄不要再废话。

□ 门楼基本完整

然而天无绝人之路,当我等三人刚要迈步离去时,从里面走出了一位既像学者又像领导的中年人,此人和蔼地问我等:哪位是从北京来者?还未待我回话,卜兄立即喊了声"张馆长",而后说张馆好长时间没有到我们店买书了。几句交谈,张先生把我们让进了室内,而后聊起我来此拍照的目的。在聊天过程中,张馆长无意间提到了自己的老师乃是著名学者宿白先生,闻听此言,让我兴奋起来,因为宿白先生在隋唐版刻方面有着极其著名的论断,而我自藏的唐代刻本《陀罗尼经》就曾从他的专著中找到了对应物。仅凭这一点,我就跟张馆长有了聊天的话题。

而今的文起堂仅余两进院落,张馆长介绍称,院落已然不完整,剩余的部分成为了苏州市考古研究所的办公区域,为了能够在此安心办公,所以这里谢绝游客参观,而他今天正在等候一位北京朋友的到来,所以当他听到外面卜若愚跟门卫交谈时说到了北京二字,就应了出来。

卜若愚介绍说,张馆长常到苏州古籍书店去买各种资料参考书,他们在那里得以相识。而那时张馆长在苏州博物馆任领导,后来调到了这里。我觉得这里叫考古研究所,似乎称张先生为所长更为合适,然卜若愚有这样的称呼,我也只能跟着他如此称之。张馆长带

□ 巨大的匾额

着我等参观了这里的细节，可能是已经过了下班时间，两进院落中，除了门卫，仅有张馆长一人，这让我的拍摄变得十分从容。

我在这里看到体量巨大的文起堂匾额。张馆长介绍说，这个匾额原本悬挂在第一进的正堂，因为那里作办公室用，所以将其迁到了第二进房屋内悬挂。这里虽然有的房间被改造成了办公室，但是房屋的架构依然是原本的古建，尤其第二进的改造颇具特色，因为在正中的位置完全可以看到房顶上的梁橼。然而两侧的厢房却已经是现代化的吊顶，可是从正厅望过去，两侧吊顶方的侧方，都做成了菱形的镂空。张馆长解释说，这是为了通风，因为南方吊顶不可以作全封闭，否则里面的潮气出不来，对古建有影响。竟然有如此周到的细节考虑，可见文物部门住在古建内，对古建的保护其实最为有利。

在院落中，我看到了一些台阶上的条石，张馆长介绍说，这些条石也是当年的旧物，包括梁柱以及柱础，如此说来，文起堂除了最后一进院落被拆改外，其余保护得还算完好。我随着张馆长的指点，拍着这里的细节，而第一进院落入口处的一个落地插屏引起了我的注意。从色泽看，这个插屏年代不久，我注意到它，是因为线描图案的落款，乃出自苏州大藏家吴大澂之手。张馆长告诉我，这是一件新物。回到院落，从另一侧看到了门楼上的砖雕，这里的砖雕基本遭到了破坏，但隐约看得出修补过的痕迹。

拍照完毕后，我跟卜兄郑重地感谢了张馆长给予的照顾。当天晚上，卜兄请客，约来了多位朋友，这些朋友中当然有马骥先生，马先生因为近日忙着单位的审计工作，无法抽身陪我同往，但热心地帮我安排了一切细节。他问到今天的寻访过程，我向他讲述到了在文起堂的奇遇，马兄闻言，诧异地跟我等说："这算什么奇遇？因为张照根先生本来就是在等候你们前去拍照。我在昨天就已经跟他打过了招呼。"马兄的这句话让我跟卜若愚面面相觑，因为从文起堂出来，我们在车上一顿说笑，感慨着今日运气之佳，原本被拒后正准备离开，竟然柳暗花明又进去了，然而却没承想，今天的这一切都被马骥先生算计在了手中，我觉得这真有点像孙悟空翻不出如来佛的手心。

还未等我感叹完毕，马兄抄起电话就打给了张照根所长，他告诉张所长，今天下午去拍照的那几位，就是他在电话中所说之人，没想到阴错阳差，出现了这样的一个故事。放下电话后，马骥说，他昨天其实已经跟我提到了张所长，因为张是这方面的专家，他能告诉我寻访的一些具体地址。原本昨天马骥也请了张所长来一起见面吃饭，但正赶上苏州新发现了一个大墓，据猜测有可能是周瑜之墓，这样的大事，当然所长不能缺席，所以当时的聚会他没能前来，也正因为如此，才发生了这样一个有趣的故事。想一想，如果我今天拍照拍不到文起堂，那一定要怨到周瑜头上了。

汤显祖：良辰美景奈何天，赏心乐事谁家院

汤显祖是明代戏曲史上极具名气的人物，被誉之为"曲仙"，《重刻清晖阁批点〈牡丹亭〉凡例》称："《牡丹亭》传奇，以诗人忠厚之旨，为词人丽则之言，句必尖新，义归浑雅。高东嘉为曲圣，汤玉茗为曲仙，洵乐府中醇乎醇者。"在这里，高明被称为"曲圣"，汤显祖被

□ 明汤显祖撰《还魂记》二卷，明刻本，曹大铁绘汤显祖像

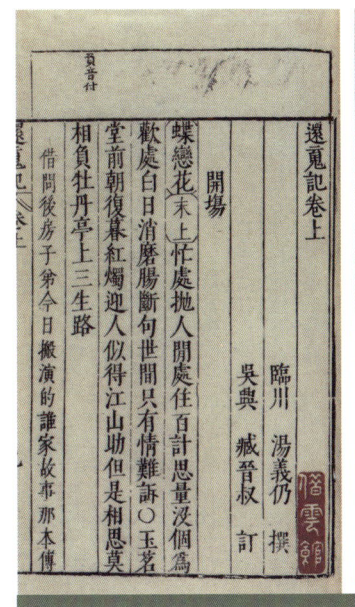

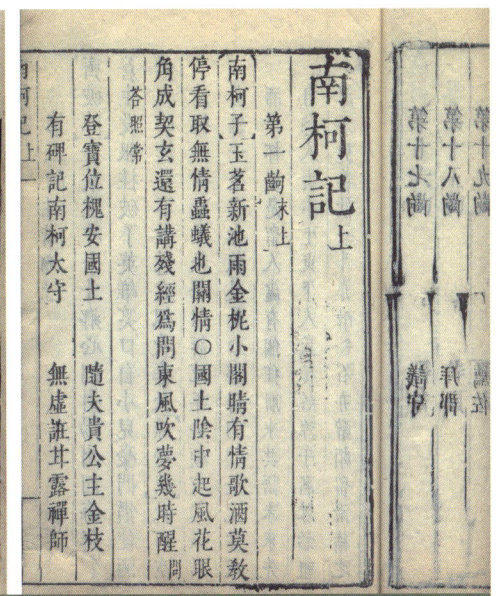

□ 汤显祖撰《还魂记》二卷，明刻本，卷首　　□ 汤显祖撰《南柯记》二卷，明虞山毛氏汲古阁刻六十种曲本

称为"曲仙"，这应当是本自"诗圣"、"诗仙"之誉，至少该书把汤显祖比喻成诗坛中的唐代大诗人李白。而陈炌又在《酉塘公传》中把汤显祖称为"望重士林，学者推为词坛上将"。

汤显祖总计有四部曲作流传后世，分别为《紫钗记》《牡丹亭》《南柯记》和《邯郸记》，因为这四部剧作其中情节都跟梦有关，故而这四部作品被称为"临川四梦"。

汤显祖的堂号为玉茗堂，故此四部作品又被誉为"玉茗堂四梦"，对于他这四部作品，后世有着不同评价，比如梁廷楠在《曲话》中说："玉茗'四梦'，《牡丹亭》最佳，《邯郸》次之，《南柯》又次之，《紫钗》则强弩之末耳。"看来梁廷楠认为这"四梦"中的《牡丹亭》为汤显祖最佳作品。而黄周星在《制曲枝语》中则言："《邯郸》第一，《南柯》次之，《牡丹》又次之，若《紫钗》，不过《昙华》《玉合》相伯仲，要非临川得意之笔也。"对于黄的这句评价，金宁芬在《明代戏曲史》

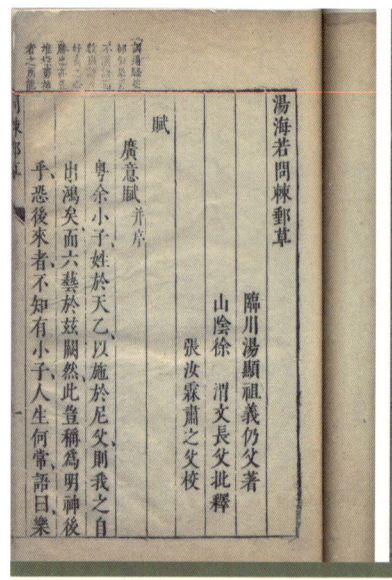

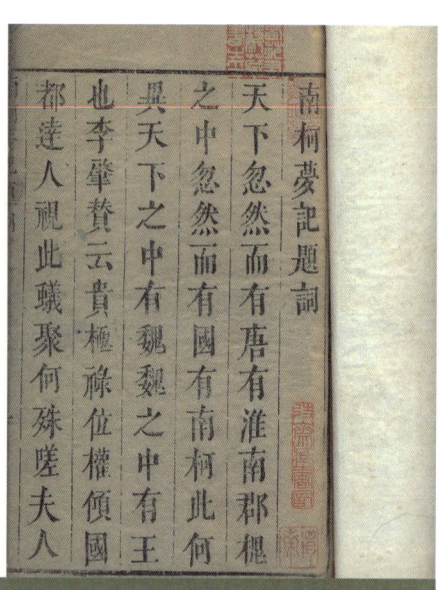

□ 汤显祖撰《汤海若问棘邮草》二卷，明刻本　　□《汤义仍先生南柯梦记》二卷，明末刊本，汤显祖题词一

中称："是以元曲的本色当行为主要标准来评价'四梦'，不免偏颇。"

且不管这种评价是否偏颇，有一点可以确认，那就是《牡丹亭》被公认为是汤显祖的代表作品。对于该剧，沈德符在《顾曲杂言》中说："家传户诵，几令《西厢》减价。"《西厢记》可谓中国戏剧史上的一流作品，《牡丹亭》的出现，能从《西厢记》中分得春色，可见该剧在社会上有着何等的影响力。

虽然说以上的评价只是关系者的偏爱，而日本学者青木正儿的评价则将该剧提升到了世界级高度，其在《中国近世戏曲史》中称："显祖之诞生，先于英国莎士比亚十四年，后莎氏之逝世一年而卒，同出其时，亦一奇也。"青木正儿把汤显祖跟世界上最著名的剧作家莎士比亚相并提，由此足可说明，在日本汉学家眼中，汤显祖的剧作水准也位列世界一流。

《牡丹亭》的全称是《牡丹亭还魂记》，对于此剧的题材来源，历史上有不同的说法，其中说法之一，是称该剧是写昙阳子事件。昙阳子本是王锡爵的女儿，曾许配他人，未曾结婚时，未婚夫就去世了，故而她出家，号昙阳子，不知道她哪里来那么大的法力，当时很多著名人物都拜其为师。而《牡丹亭》的故事情节与之有类似的一面，故被人附会为该剧影射

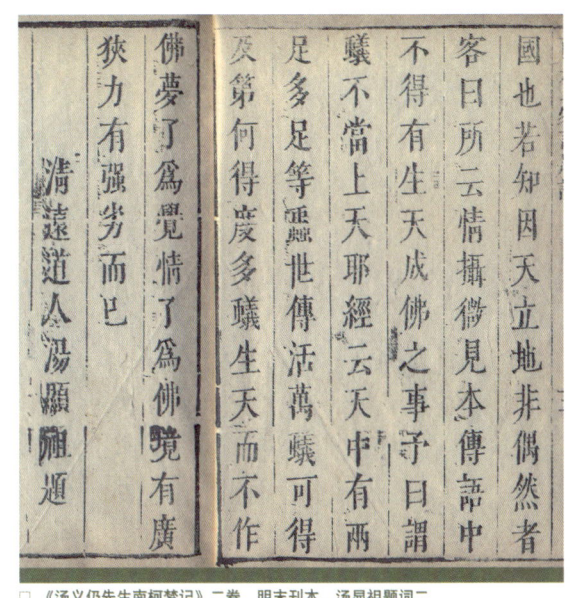

□《汤义仍先生南柯梦记》二卷，明末刊本，汤显祖题词二

的就是昙阳子。但也有人反对这样的类比，龚炜在《巢林笔谈》中专有一文《〈牡丹亭〉非昙阳子事》，其在文中称："昙阳子仙去，凤洲先生传其事，而世或以《牡丹亭》诬之，误矣。"

焦循在《剧说》中又讲出来几个不同的故事："明人南曲，多本元人杂剧，如《杀狗》《八义》之类，则直用其事；玉茗之《还魂记》，亦本《碧桃花》《倩女离魂》而为之者也。又《睽车志》载：'士人寓三衢佛寺，有女子与合。其后发棺复生，遁去。达书于父母，父以涉怪，忌见之。'柳生、杜女始末，全与此合，知玉茗'四梦'皆非空撰，而有所本也。"由此他得出的结论是汤显祖所创作出来的"四梦"都不是凭空编出来的。

接下来他又引用了《齐乐野语》上的一段记载："嘉、熙间有宰宜兴者，县斋前红梅一树，极美丽华粲。一夕酒散，见红裳女子，自此恍然若有所遇。有老卒颇知其事，白曰：'昔闻某知县之女有殊色，及笄未适而殂。其家远在湖湘，因藁葬于此，树梅以识之。'遂发之，其

棺正蟠络老梅根下，两榍微蚀，一窍如钱，若蛇鼠出入者。启而视之，颜貌如玉。妆饰衣衾，略不少损。真国色也。令见，为之心醉，异至密室，加以茵藉，而四体亦和柔，非寻常僵尸之此，于是每夕与之接。既而气息惙然，瘦荣不可治文书。其家忧之，乃乘间穴壁取焚之，令遂属疾而殂。"

为此，有人认为《牡丹亭》就是本自这红裳女子的故事。除此之外，还有其他的说法，比如俞樾认为《牡丹亭》是本自马绚娘复生事，而蒋瑞藻则在《小说考证》中认为这个故事本自木秀才。除此之外，还有其他的说法。且不管这些说法哪个更贴近事实，但那些故事的知名度都远远无法与《牡丹亭》相提并论，仅此一点，就可以看出汤显祖的伟大。更何况，其实作者本人在该剧的《题词》中已经说过这样一段话："传杜太守事者，仿佛晋武都守李仲文、广州守冯孝将儿女事。予稍为更而演之。至于杜守收考柳生，亦如汉睢阳王收考谈生也。"

《牡丹亭》有五十五出之多，其故事梗概如下：南安太守杜宝有个女儿叫杜丽娘，某天她私自到花园游玩，在这里做了个梦，梦见跟一位书生在此幽会，醒来之后因思念而得重病，在她弥留之际，要求将其自画像殉葬。后来有位叫柳梦梅的书生路过梅花观，拾到了这个画像，于是便与杜丽娘的幽魂私会，而后杜丽娘死而复生，准备跟柳梦梅成婚。有人给在外任职的杜宝报信，柳梦梅以盗墓的罪名被扣押拷打，然而考试揭榜，他却成了状元。杜宝回到朝中成为宰相，但他拒绝承认女儿女婿之事，后经皇帝调解，这个传奇故事才变成了大团圆的结局。

整体上看，剧情并不复杂，但该剧在写法上却出人意表，比如刘文峰在《中国戏曲史》中说："《牡丹亭》与前人的剧作相比，无论是思想性还是艺术性，都具有新的内涵。如与《西厢记》相比，两者都写的是男女之情，但可以看出两者不同的地方：莺莺对张生，是由'情'到'欲'；而杜丽娘对柳梦梅，却是由'欲'到'情'。"

汤显祖为什么要把这样的一个传奇故事改编成戏曲呢？这当然跟他

的戏曲观有很大的关系。金宁芬认为，汤显祖的戏曲观集中体现在他所写的《宜黄县戏神清源师庙记》一文中，汤在此记中称：

> 一勾栏之上，几色目之中，无不纡徐焕眩，顿挫徘徊。恍然如见千秋之人，发梦中之事。使天下之人无故而喜，无故而悲。或语或嘿，或鼓或疲，或端冕而听，或侧弁而咍，或窥观而笑，或市涌而排。乃至贵倨弛傲，贫啬争施。瞽者欲玩，聋者欲听，哑者欲叹，跛者欲起。无情者可使有情，无声者可使有声。寂可使喧，喧可使寂，饥可使饱，醉可使醒，行可以留，卧可以兴。鄙者欲艳，顽者欲灵。可以合君臣之节，可以浃父子之恩，可以增长幼之睦，可以动夫妇之欢，可以发宾友之仪，可以释怨毒之结，可以已愁愦之疾，可以浑庸鄙之好。然则斯道也，孝子以事其亲，敬长而娱死；仁人以此奉其尊，享帝而事鬼；老者以此终，少者以此长。外户可以不闭，嗜欲可以少营。人有此声，家有此道，疫疠不作，天下和平。岂非以人情之大宝，为名教之至乐也哉。

汤显祖在此记中把戏剧禅师清源与孔子、佛老并列，可见他把戏曲对社会的功用看得是何等之重要，而以上这段话也正说明他为什么下那么大工夫来创作"临川四梦"，尤其《牡丹亭》。其在用语方面也受到后世的广泛夸赞，比如王骥德在《曲律》卷四中称："布格既新，遣词复俊，其掇拾本色，参错丽语，境往神来，巧凑妙合，又视元人别一蹊径，技出天纵，匪由人造。"而近代曲学大师吴梅在《顾曲麈谈》中则把《牡丹亭》中的用语视之为古代戏曲作品中的典范："若如玉茗'四梦'，其文字之佳，真是赵璧隋珠，一语一字，皆耐人寻味。"如前所言，后世把《牡丹亭》拿来跟《西厢记》相比，作出这种比较者还有张琦，其在《衡曲麈谭》中说："临川学士旗鼓词坛，今玉茗堂诸曲，争脍人口，其最者，《杜

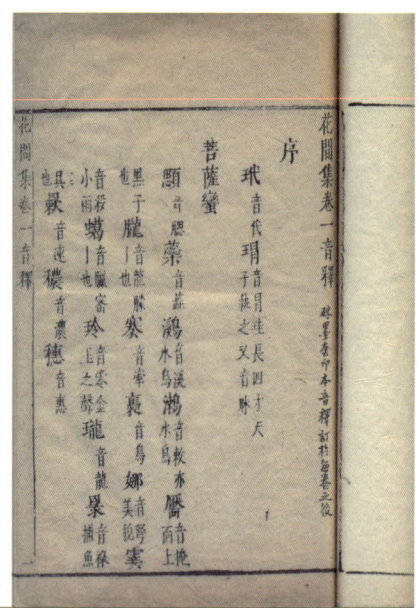

□ 汤显祖评《花间集》四卷，明聚锦堂刻本，书牌　　□ 汤显祖评《花间集》四卷，明聚锦堂刻本，卷首

丽娘》一剧，上薄《风》《骚》，下夺屈、宋，可与实甫《西厢》交胜。"

虽然《牡丹亭》受到了这么多的夸赞，但也有人指摘剧中之曲有不合韵的地方。梁廷楠在《曲话》卷四中说："曲有句谱短促，又为平仄所限，最难谐叶者。李笠翁谓：'遇此等处，当以成语了之。'是固一说。但强押亦难巧合。如《还魂记》之'烟波画船'，何尝不是绝妙好词，何尝不平仄谐叶。"梁廷楠认为《牡丹亭》有些曲句虽然不合韵，但依然还是好词。而《牡丹亭》用词之美，在此前就受到了关注，比如茅映在评点该剧时说"风味不减柳七郎"，把剧中词之美跟北宋的柳永相比较，即此可见该剧中词曲有着怎样高的成就。关于这一点，陈继儒也有着类似的评价，他在《〈批点牡丹亭〉题词》中说："独汤临川最称当行本色。以《花间》《兰畹》之余彩，创为《牡丹亭》，则翻空转换极矣！"

由此可知，汤显祖长于词，而拙于曲。对于这一点，后人多有指出，比如凌濛初在《谭曲杂札》中说："近世作家如汤义仍，颇能模仿元人，运以俏思，尽有酷肖处，而尾声尤佳，惜其使才自造，句脚、韵脚所限，便尔随心胡凑，尚乖大雅。……义仍自云：'骀荡淫夷，转在笔墨之外，佳处在此，病处亦在此。'彼未尝不自知。只以才足以逞而律实未谙，不耐检核，悍然为之。"凌濛初认为，汤显祖拙于曲，他本人也明白，只是因为他才气太高，所以不愿意在这些细节上下工夫。

但也有人替汤显祖抱不平，比如郑元勋在《媚幽阁文娱》中说："曲祖元人，谓其无移宫入商之紊耳。若协律矣，而更加香艳，岂不更佳？此《还魂记》之逊《西厢》而凌《拜月》也。优人苦其文义幽深，不易入口，至议为失律，冤矣！"郑认为《牡丹亭》确实是比《西厢记》略逊一筹，但并没有后世所说的那样，在声律上有较多的毛病，他认为只是汤显祖把曲词写得太过典雅，以至于让演员不容易歌咏，所以他们就埋怨《牡丹亭》不合韵律，这实在是一件冤枉事。

吴梅则从时代上替汤显祖辩护，他在《中国戏曲概论》中说："惟曲中舛律处颇多，缘临川当时，尚无南北词谱，所据以填词者，仅《太和正音谱》《雍熙乐府》《词林摘艳》诸书而已。"吴也认为《牡丹亭》有些曲子不合律，但他认为出现这种结果的缘由，是因为那时还没有南曲和北曲的词谱，而汤显祖能够参照的书又很有限。而吴震生则认为："夫'四梦'，才子之文，非优师作也。才子，则岂以曲调之小误论也？"（笠阁渔翁撰《刻才子〈牡丹亭〉序》）吴的这段话说得更明白，他说"临川四梦"是大才子的作品，而不是曲作家的作品，既然是才子之作，那为什么要从曲调上来论证这种小失误呢？

其实，早在汤显祖生前，就为曲调之事引起过一场风波，这就是著名的"汤沈之争"。王骥德在《曲律》中称："吴江尝谓：'宁协律而不工。读之不成句，而讴之始协，是为中之之巧。'曾为临川改易《还魂》字句之不协者。吕吏部玉绳（郁蓝生尊人）以致临川，临川不择，复书吏部曰：'彼恶知曲意哉！余意所至，不妨拗折天下人嗓子。'其志趣不同如此。"这句话中的吴江指的就是沈璟，沈璟也是当时著名的制曲大家，特别讲求曲律，他认为宁可词写得不好，也要合曲，为此他认为《牡丹亭》有些字句不谐律，于是他把《牡丹亭》的字句进行了改编，而后找人拿给汤显祖，汤看后很不高兴，竟然赌气说，即使天下人都唱着拗口，我也就这么写！

沈璟当时是把《牡丹亭》改为了《同梦记》，然而他所修之本已经失传，只是有两首曲子保留在了沈璟修订的《南词新谱》中，对于这两个曲子的比较，徐朔方先生在《汤显祖评传》中把汤的原作和沈的改编作为对比收入了书中，我将此抄录如下：

汤氏原作：

河东旧族，柳氏名门最。论星宿、连张带鬼。几叶到寒儒，受雨打风吹。谩说书中能富贵，颜如玉、和黄金那里？贫薄把人灰，且养就这浩然之气。

沈氏改本：

河东柳氏簪缨裔，名门最。论星宿、连张随鬼。几叶到寒儒，受雨打风吹。谩说书中能富贵，金屋与玉人那里？贫薄把人灰，且养就浩然之气。

沈璟的改编有着何等的高妙之处，我对此外行，难以品得出来，只能请专家们再作分析吧。《牡丹亭》词句之美却是后世共知。故而徐朔方在《汤显祖评传》中作出了这样的评价："《牡丹亭》里那些艳丽典雅的片段往往用来描写官场和官宦人家的生活。像脍炙人口的《惊梦》《寻梦》，尽管受到严格曲律的限制，它们所描写的春日园林使人如亲历其境一样，以至读者也不自觉地以杜丽娘的心绪在感受着周围的一切。文字的绚烂多彩和它所描写的客观世界是一致的,它具有魅人的力量。"

《牡丹亭》受到观众喜爱的原因除了奇特的剧情,更多者也是因为唱词之优美,比如此剧的第十出《惊梦》,其中有段《山桃红》:

> 则为你如花美眷,似水流年,是答儿闲寻遍。在幽闺自怜。小姐,和你那答儿讲话去。那边去?(旦作含笑不行)(生作牵衣介)(旦低问)那边去?(生)转过这芍药栏前,紧靠着湖山石边。(旦低问)秀才,去怎的?(生低答)和你把领扣松,衣带宽,袖梢儿揾着牙儿苫也,则待你忍耐温存一晌眠。(旦作羞)(生前抱)(旦推介)(合)是那处曾相见,相看俨然,早难道这好处相逢无一言?

这段唱词颇有名气,《红楼梦》第二十三回的题目就是《西厢记妙词通戏事,牡丹亭艳词警芳心》,该回中有林黛玉读到《牡丹亭》后的一大段感慨:"偶然两句吹到耳内,明明白白,一字不落,唱道是:'原来姹紫嫣红开遍,似这般都付与断井颓垣。'黛玉听了,倒也十分感慨缠绵,便止住步侧耳细听,又听唱道是:'良辰美景奈何天,赏心乐事谁家院。'听了这两句,不觉点头自叹,心下自思道:'原来戏上也有好文章。可惜世人只知看戏,未必能领略这其中的趣味。'想毕,又后悔不该胡思,耽误了听曲子。又侧耳时,只听唱道:'则为你如花美眷,似水流年……'林黛玉听了这两句,不觉心动神摇。"

由此可见,《牡丹亭》中的著名片段,对曹雪芹而言是何等的熟悉,以至于他能将其引用到《红楼梦》的剧情之中。而第二十三出《冥判》,则是杜丽娘的阴魂来到了地狱,她的美丽让地狱的判官都为之惊艳,《牡丹亭》在这里用了一曲《天下乐》:

猛见了荡地惊天女俊才,哈也么哈,来俺里来。(旦叫苦介)(净)血盆中叫苦观自在。(丑耳语介)判爷权收做个后房夫人。(净)唗,有天条,擅用囚犯者斩。则你那小鬼头胡乱筛,俺判官头何处买?(旦叫哎介)(净回身)是不曾见他粉油头忒弄色。叫那女鬼上来。

判官身边的小鬼出主意,让老爷把杜丽娘收作后房夫人,但阴间也有阴间的规矩,判官是动了心,但却担心自己会为此被斩头,只是不知道阴间的神被杀掉之后,还能去哪里?总之,汤显祖在这里用衬托之法,以此来烘托出杜丽娘之美丽。接下来这判官又唱了一首《那吒令》:

瞧了你润风风粉腮,到花台、酒台?溜些些短钗,过歌台、舞台?笑微微美怀,住秦台、楚台?因甚地病患来?是谁家嫡支派?这颜色不像似在泉台。

这段词写得朗朗上口,这些唱词也正是人们喜爱该剧的原因之一。按着相应的记载,汤显祖家有着很大的藏书量,尤其他收藏了许多的曲本,所以他的出律,并不是因为他不懂,更多的原因,是他的着眼点并不在这方面。姚士麟在《见只编》卷中就说过这样一段话:"汤海若先生妙于音律,酷嗜元人院本。自言箧中收藏,多世不常有,已至千种。有《太和正韵》所不载者。比问其各本佳处,一一能口诵之。"汤显祖收藏这么大量的院本,而他人问到之时,汤显祖竟能随口背诵,可见其对戏曲是何等的熟悉。这也难怪他能创作出《牡丹亭》这样伟大的作品。

汤显祖在江西当地至今仍然很有影响,我从金溪县打的前往抚州市,沿途看到许多的四梦酒广告,当地把汤显祖的著名剧作进行了如此的商业化,不知道汤的后人有没有找相关部门主张权利,但不管怎么说,能以他的名剧作为酒名,以此来广而告知,也足见抚州人民认为汤显祖是

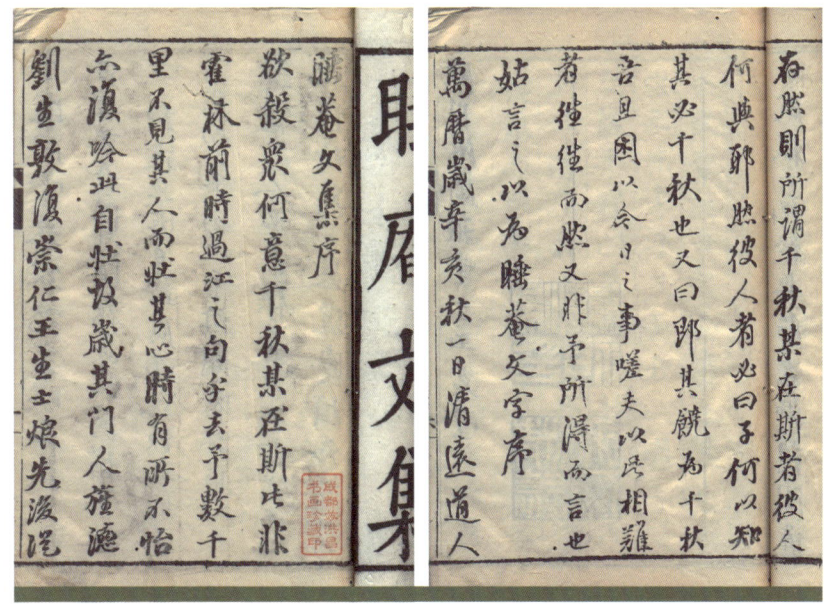

□ 《睡庵稿》二十五卷，明万历刻山笑堂藏板本，汤显祖序一　　□ 《睡庵稿》二十五卷，明万历刻山笑堂藏板本，汤显祖序二

值得骄傲的一位乡贤。

快到抚州市时，路过一个村庄，远远听到了巨大的鞭炮声，走到村口时，看到那里搭建起了形体巨大的彩楼，由横幅上写着的字可以得知，这场庆典是为了纂修第十四次宗谱，但可惜不是汤姓。

汤显祖的墓位于抚州市城北的人民公园内。人民公园已然是几十年前各地的通称，故而向老人打问，很容易就找到了这个公园。我请司机在门口等候，而后入园一路寻找。但公园内的各种标牌却显示这里叫西湖公园，我不清楚这两者之间的关系，于是向一位老人请教。他告诉我说，原本这是两个公园，而今已合为了一体，我再向他请教汤显祖墓所在，按他的指点，在公园的东北角寻访得到。

汤显祖墓是公园内的一个独立单元，因为此处用围墙包了起来，我沿着公园内的河边边走边打问，而后来到了他的墓前。从外观看，此墓作了新的整修，其制式有着元代人墓葬的味道，墓的正前方写着"汤显

□ 汤显祖之墓

□ 文保牌

祖之墓"，三面有着半圆形的墙围，封闭的墓顶上有一颗圆形宝珠，上面刻着祥云图案，而墓的后方则用碑石的形式介绍着汤显祖的生平。墓的后方，有一个新修小亭，里面坐着一些游客，在那里歇息谈天，一眼望去，气氛祥和。

拍照完毕之后，我注意到前方有着牌楼式的入口，走近一看，发觉这里才是正门，而我走进公园后，兜了一个大大的U字型，才找到了汤显祖墓。这个牌楼的上方写着"遗爱人间"四个篆字，两边的对联则为汤显祖著名的词句："良辰美景奈何天，赏心乐事谁家院"。而今细读他的这两句词，感觉到这位伟大的曲作家能够长眠于此，恰恰符合了他在词句中所咏叹出的意境。

汤显祖纪念馆位于江西省抚州市临州区文昌大道1325号。一年前访得了汤显祖墓，当时匆忙起跑，未来得及再去探访他的纪念馆。此程借南昌办事之机，再次乘长途车来到抚州。本次寻访本着先远后近的方针，我先打的到黎川县，去寻找李觏的故居，待寻访完毕后，从此返回抚州市。因为走的不是往返路径，司机也不清楚从黎川县的河塘村如何回驶，于是我拿出地图查询一番。

从地图上看，河塘村离熊村镇的G70高速入口较近，于是沿小路绕行到这个高速口，驶入此口竟然没有取上路卡之处，司机很是奇怪，认为这有可能是一段免费路，我觉得这种可能性太小，至少在当下，高速公路不收费的可能性应当为零。西方有句谚语说：世界上有两样东西是必然的和不可避免的，那就是死亡和纳税，那在中国至少要再加上第三条，就是高速公路收费。果真前行两公里就到了总收费站，原来这个地方是福建和江西的交界处，中国现有的高速公路，大多是每过一个省境就有一个收费站。

驶上高速，行驶一百二十多公里，回到抚州市，交费有交费的好处，路途中的时间果真能节省很多。进入抚州市时，天还没全黑下来，我想到汤显祖纪念馆去拍照，此时已过了下午五点的关门时间，但阳光尚好，我还是不愿意浪费这短暂的光阴，一天的寻访过程使得司机明白了我寸阴必竞的急切，他告诉我说：汤显祖纪念馆有一个后墙，从那里可以爬进去。我接受了他的建议，跟着他来到后墙，没想到后墙的位置竟垒起了围栏，可能要进行翻修，这种情况司机说他也没想到，我让他把车开到正门去碰碰运气，果真看到门口的公示牌上写着五点闭馆，但我注意到有一个小侧门是开着的，院内还有几个孩子在玩耍，我试探着从小门走入院内，竟无人阻拦，于是大胆地在院内拍照一番。

纪念馆占地面积很大，但没有一棵老树，说明都是新近刚建成者，前行不远就看到了汤显祖的立姿塑像，塑像的正前方有一座带亭子的拱桥，拱桥的护栏上说这个桥就是三生桥。穿过三生桥，对面有一个环形的建筑，建筑的门洞是一个不规则的入

□ 汤显祖站在这里

□ 隔着圆形的墙望过去

口,里面有汤显祖坐姿像,门楣上的匾额写明这个建筑叫"破茧山房",旁边一个说明牌,上面说汤显祖自号"茧翁",原意是"弃官返乡后想像茧蛹那样不问世事,宁死其中",但最终还是在这个地方完成了他那影响巨大的作品"临川四梦"。这座建筑是露天的,等于是建了一组环形的回廊,而汤显祖坐在回廊中露天的部分,我觉得这个建筑附会得不好:怎么可能建一组房子没有屋顶呢?

破茧山房的后方另有一个园中园,名"南柯梦境",园中园的墙上嵌着许多新刻的石碑,录的是汤显祖文章中的诗句以及剧情场面,在里面转了一圈,没有找到跟汤显祖有关的实物,再回到大门口,才注意到这个公园是江西省建设厅授予的"江西省文明公园",我真没有区分出来文明公园与不文明公园的区别,但却留意到了纪念馆的匾额是出自舒同的手笔。

关于汤显祖的遗迹,我还意外遇到了一处。那是某次我在扬州时,前往驼岭巷寻访金农故居,金农故居在驼岭巷的尽头,穿过驼岭巷时,无意间看到一棵长相奇特的槐树，细看槐树下方的说明牌，竟然有着这样一段文字：

□ 原来汤显祖的《南柯记》就是由此而得者

槐古道院遗物，传为"南柯一梦"中的"南柯"。

唐·李公佐《南柯太守传》记：淮南节度使门下小官淳于棼宅前有棵古槐，遮天蔽日，淳于棼常与朋友槐下酣饮。一日酒醉入梦，被大槐安国国王招为驸马，后又任南柯郡太守，威势越来越大，享尽荣华富贵，最终引起大槐安国国王的疑惧，被遣而归。醒后，竟是"南柯一梦"，淳于棼有感于此，遂杜绝酒色，出家为道士，捐屋为道院。现道院不存，而古槐依旧。

□ 在路边无意间看到了一棵奇形怪状的老槐树

明汤显祖据此传改编为剧本《南柯记》，成为著名的"临川四梦"之一。当代伟人毛泽东名句"蚂蚁缘槐夸大国"即典出于此。

读罢这段文字，让我有着小兴奋，至少我觉得自己跟汤显祖有缘，虽然他写的都是梦，但梦不也同样很美好吗？比如今天，政府在号召实现中华民族伟大复兴的中国梦，看来，只要有梦在，就有希望在。

赵南星：见做了紫阁名卿，哪里管青楼薄命

赵南星是东林党著名的首领，虽然他并没有到过东林书院，但他跟东林党人有着特别密切的关系，他曾做到了吏部尚书，是东林党中职务最高的一位，并且杨涟、左光斗等人都是他提拔起来的。

天启五年，左副都御史王绍徽仿照梁山泊英雄排座次，编出了《东林点将录》，将东林党人一百零八位列在了上面，而这王绍徽正是魏忠贤的同党。显然，王做这件事情是出于恶意，而赵南星被列在了这个名单上的第二位，放在了天罡星玉麒麟的位置上，而在赵的前面则是叶向高。即此可知，赵南星在东林党中有着怎样的威望。

明万历二十一年，赵南星当时任吏部考功郎。这个过程中，他得罪了内阁大佬，于是被指斥"专权结党"，因此被罢官。显然，赵的罪名跟他是东林党领袖有直接的关系。然而，这位赵南星却并没有一朝被蛇咬十年怕井绳，他回到家乡后，不但没有替自己的结党进行辩解，反而变本加厉地在家乡的庭院中建起了一个"思党亭"。亭子建成之后，赵写了篇《思党亭记》，开篇描绘了此亭环境是何等之美，而后接着说："已而念平生之狂愚，已丑以封事忤要人，赖史太常诸君子力救之，张考功力持之，免。癸巳，又以内计得罪执政者。向固以为有党，至是遂直以为结党逐之，而太常自以为党

引去。于仪制、高大行诸君，皆以疏救贬。此皆执政之所谓党也。安得聚首斯亭，作党人会耶。"

赵南星在此记中明说，他因为耿直得罪了当权者而被免职，免职的原因就是他结党营私，他同时说，为此免职者还有几位，于是他觉得应当建此亭，用以作为东林党人集会的场所。显然，这么多人汇集到他的家乡，可能性不高，于是赵南星就又想出了个办法来："于是名其亭曰思党亭。属梁众甫书之，而楬诸君子之姓名于座右。"既然东林党人无法在此聚会，那么他就将东林党人的名字一一写在此亭内，以此就算这些人聚会了。

赵南星的做法足够大胆，当年结党营私是很重的一个罪名，众人惟恐避之而不及，他却公开地宣称就要结党。赵南星为什么要如此地强调结党的价值呢？他在《思党亭记》中接着说："苟有益于国家，孰不可喜；苟无害于国家，孰不可容。何至鹰瞵虎视，搏撄之为快哉！"

赵的这几句话足够高大，他在这句话之前先分析了历史上对于结党的态度，而后得出了这几句结论，他认为对国家有益的事为什么不可以做呢？对于这种观念，赵南星在《闲居择言》中又做了进一步的解释："人之过也，各于其党。党即仁不仁之分类也。圣人之欲人为仁，故言吾人之品隲人群，必先知某为仁者之党，某为不仁者之党。及其有过，则各以其党观之。不仁者即他美莫赎，而况于有过乎？仁者有过，则必曰斯人不宜有过，可何以如此，意者其心本仁而偶入于过，吾从而观之，斯知其仁矣。惟先知其党，故一说即知也。"

赵南星的大胆放言确实超乎常人，他认为同样是党，但有好党也有坏党，所以他觉得好党应当去打击坏党，这就等于公开地宣称就要进行"党同伐异"。赵认为，评点人物首先就要看他属于什么党，如果一个人加入了坏党，那他做了好事也不行；如果他是好党成员，即使他有些小的过错，也同样可以被原谅。

在那个时代,像赵南星这样公开宣称结党好处者,确实很少见。在此之前,东林党的势力基本左右了朝政。当时的首辅叶向高、礼部尚书孙慎行、兵部尚书熊廷弼以及礼部尚书赵南星,这些人加在一起,占了六部中的一大半,后来阉党的反扑也就成为了情理之中的事情。

赵南星被贬回乡,多年后又被再次起用,然而他依然不改自己耿直的个性,因此后来被流放到了山西代县,最终死在贬所。虽然他个性如此强硬,然而却写出了很多诗情画意的作品,尤其他所写的散曲和笑话集,跟他所表现出的个性完全不相符。我们先聊聊他的笑话集——《笑赞》,我选录其中几则如下:

《屁颂文章》
　　一秀才数尽,去见阎王,阎王偶放一屁,秀才即献屁颂一篇曰:"高竦金臀,弘宣宝气,依稀乎丝竹之音,仿佛乎麝兰之味,臣立下风,不胜馨香之至。"阎王大喜,增寿十年,即时放回阳间。十年限满,再见阎王。这秀才志气舒展,望森罗殿摇摆而上,阎王问是何人,小鬼说道:"是那做屁文章的秀才。"

赵南星所讲的这个笑话很是经典,我在很多的幽默笑话集中都曾看到过。这个故事说,一个秀才去世之后来到阴间见到了阎王,正赶上阎王放了个屁,秀才觉得机会来了,于是当场作颂一首,将阎王的屁夸了个天花乱坠。因为这个马屁拍得实在舒服,阎王一高兴就给他加了十年的寿命,立即把他放回人间,凭空地多活了十年,等秀才再次寿终见到阎王时,依然志得意满,搞得阎王都四下里打听:这是个什么人物啊?那些小鬼们告诉他:就是写放屁颂的那个秀才。

赵南星在每篇笑话之后都会写几句评语,这种评语被称之为"赞",而本则的赞语则是:"此秀才闻屁献谄,苟延性命,亦无耻之甚矣，犹胜唐时郭霸以尝粪而求富贵，所谓遗臭万年者也。"赵南星说秀才太无耻了，然而这个无耻的秀才却凭空得了十年寿命，不知赵南星作何想，可惜他没有为此做一番评判。

《杨衡》

杨衡初隐庐山，有盗其文登第者，衡因诣阙，亦登第，见其人，怒曰："'——鹤声飞上天'在否？"答曰："此句知兄最惜，不敢偷。"衡曰："犹可恕也。"

有人抄袭杨衡的诗作竟然考上了进士，后来杨衡在参加科考时见到了这个人，于是很生气地跟他诵了一句自己的得意诗句"一一鹤声飞上天"，此抄袭者回答说：我知道您自我感觉这句最好，所以我没敢抄袭。杨衡闻言，马上不生气了，他跟此人说：就凭这一点，我就原谅你了。而赵南星对此写出的"赞"为："此贼还是识货，'一一鹤声飞上天'，原不消偷，只是不知他偷的如何？"

哈哈哈哈，赵的这几句话足够讽刺。杨夸赞那个抄袭者真是个识货之人，因为杨衡自认为的这句最佳者，其实太一般了，赵认为这句不值得偷。而后赵接着好奇：既然作者本人最为珍惜的一句都这么烂，那个抄袭者到底偷了杨衡的什么诗句呢？其实，赵南星这句话的潜台词是说：烂诗有人抄袭也就罢了，而更令人难以忍的是，写诗这么烂的两位，竟然都一一考取了进士。

赵南星所写的笑话中，也有一些属于黑色幽默，比如《佛印》：

东坡与佛印说："古人常以僧对鸟，如云：'鸟宿池边树，僧敲月下门。'又云：'时闻啄木鸟，疑是叩门僧。'"佛印曰："今日老僧却与相公对。"

这则幽默是写苏东坡跟他的好友佛印之间斗智斗勇的故事。东坡说古人在写诗时总是拿僧人跟鸟来作对子，而后他举出了两例。当然，他的这句话是暗含着意在言外的讥讽，因为谁都能听得出，他这里所说的"鸟"有着另外的含义，只是他没有想到佛印的回答更为机敏。佛印跟东坡说：你说得对，我今天就是跟您在这里相对。佛印用四两拨千斤的方式回击了东坡，那言外之意：你东坡将僧人比喻成鸟，而你此刻就是一只鸟。

赵南星还有这样一则小故事，《尽孝》：

> 一人事奉继母，欲要尽孝，问一学究曰："古人事继母的谁人最孝？"学究曰："闵子骞最孝，他冬月穿著芦花，把绵衣让继母之子。"此人遂穿芦花。又问："还有何人最孝？"学究曰："王祥继母冬月要吃鲜鱼。他卧冰取鱼。"此人说："这个孝道难行。"学究问何故，答言："王祥想是衣服还厚些。"

有人想对继母尽孝，于是就去找一位学究请教应当如何做，那位学究就让其效仿古人，在冬天里穿用芦花做的衣服，而把棉衣让给继母的儿子。这人马上就做到了。这人还想进一步提高难度，再一次向学究请教。那位学究又让他去效仿古人，去做卧冰求鲤。此人说他做不到，因为自己穿的是芦花衣服，不耐冻。对于这个故事，赵的"赞"为："卧冰定须冻死，教谁行孝！打开冰亦可取鱼，何必卧也？而晋书明载之，岂有差错？又说王祥继母要吃黄雀，就有数十黄雀飞入幕中，今之黄雀，只在茂林密叶，并不到人屋上。当由古今不同：晋时之冰不寒，黄雀皆痴。"

在这里，赵南星并没有讽刺这位尽孝者的辛苦不已，他反而将矛头指向了二十四孝中的这个故事原型，他觉得王祥有什么必要非要用身体来融化冰层,直接用工具凿开冰层取鱼,不是便利很多吗?为什么要用如此愚笨的办法来做这件事呢?可是正史中明明有对这段故事的记载。于是赵又接着说,当年王祥的继母想吃黄雀,于是就有几十只黄雀自动飞到了他们家,但赵觉得今天的黄雀都躲在树林里,从未见其飞入别人家中,于是赵南星质疑道:难道古今不同?晋代的冰并不那么凉,那时的黄雀都会很痴傻地自投罗网?

由这段话就可看出,赵南星通过讲故事来质疑历史上那些所谓的经典故事是何等虚假,又是何等经不起推敲。

赵南星所著的《芳茹园乐府》,记录了他所撰的一些套曲,这些曲子写得极为口语化,读起来可谓朗朗上口,比如他所作的一首《折桂令》:

霎时间行过了平川,直上山头,转过山湾。怪石岩边,孤松树下,任意盘桓。那一个野叟呵说道是好伙穷酸,那一个迂儒呵说道是好伙狂颠。乱道胡谈,出口成联。敲石火慢煮香茗,汲涧水旋饮旋添。

这种写法很有元代小令的味道。

而赵南星还喜欢将一些民间口语写入曲中,比如他写过六首《喜连声》,此曲小注称:"为柏乡赵妓作",看来这位妓女跟赵南星关系不错,他竟然为此女写了六首散曲,其中第二首为:

滑不畜,原来是一块臭稀泥。纵有金包袱也包不住,错认真实。又转眼无情做的出,吃了他蒙汗药。平身里扑腾地跌了一交,空合他犯了好。拈了香,剪了发,说了牙疼誓。

如此的口语化，则是赵南星散曲最主要的特色，他喜欢把一些生活用语直接写进曲中，比如他所作的四首《商调·山坡羊·无题》，其中第三首为：

可意人儿，你使性儿教我害怕。你不喜欢要我做嘎，低着头儿不言不语，手搂着裙梢儿满眼泪下。乖觉了一场，可吃了人假，小二人流言听他待怎么？欲说誓又只怕你疼我，恰想要跪下，不敢跪下。我这回儿到喜你这样性儿，呖咪噪，看着我着痛才怕我情杂。冤家，再打回儿，不笑我命有差。冤家，瞒你也不打紧，就不怕神灵鉴察。

这样的散曲读上去，能够让人形象地感受到当时的场景，如此的用语，真可谓接地气。类似风格的散曲，还有《银钮思》五首，其中前两首为：

到春来难捱受用也慌，百花开遍满林芳。具壶觞，知心一伙赛疏狂。莺舌巧似簧，何须黄四娘呀！大家齐把襟怀放，欢天喜地度韶光，也是俺前生烧了好香。我的天呀，唱齐声，齐声唱！

到夏来难捱受用也幽，藤床睡起冷飕飕。慢凝眸，荷花池馆看轻鸥。奔忙白汗流，提起我害愁呀！长安街上红尘臭，清闲自在要人修，念一声佛儿点一点头。我的天呀，觳咱心，咱心觳。

赵南星所作散曲的特色之一，则是他喜欢把一些象声词写入曲内，例如他所作的两首《仙吕·桂枝香·忆故人》：

少年情兴，风流才性。见做了紫阁名卿，哪里管青楼薄命。想当初会你，又好似一场春梦。心中恍惚又分明。再见知无分，相思送此生。

良缘邂逅，真心迤逗。砰啪的坎上乌纱，迤遹的丢开红袖。恨烟花贱质，又怎能勾将他消受？偷垂珠泪对人羞。一夜鸳鸯债，三生杜宇愁。

赵南星还作过一些套曲，其中流传颇广者有《仙吕·点绛唇·慰张巩昌罢官》，该套散曲的前半部分为：

【点绛唇】蚁战蜂围，争名夺利。些微事，送尽头皮，瞧破方知悔。

【混江龙】论居官受职，一心儿遵信戒石碑。真个是无私无曲，且休夸能干能为。十载忠勤瞻北阙，一家惊恐傍西夷。须知年分等第高低，满指望黄麻天降，怎提防白简霜飞。容易的所当者也，断送的归去来兮。这其间难免填胸气，把一个冰壶秋月倒做了浑水浊泥。

【油葫芦】你休怨乌台错品题，也休道老黄门不察端的。从来谗口乱真实，辜负了誓丹心半世清名美。也只因逢卷舌，一点官星退。他只道是猫儿都吃腥，是鸦儿一样黑。已做了五马诸侯位，哪里有不散的筵席？

【天下乐】看了你波浪风流难可及，趁未老年几，也合教早回，好林泉索用着咱们有福的。脱离了虎豹丛，潜藏在风月里。端的是锦前程天作美。

【哪吒令】任拖金曳紫，换不的舞衣。任钟鸣鼎食，免不的

□ 赵南星撰《芳茹园乐府》，明万历刻本，内页一

□ 赵南星撰《芳茹园乐府》，明万历刻本，内页二

皱眉。任文茵绣帏饶不的早起。庙堂中有是非，居林下无拘系。这正是失便宜落得便宜。

赵南星毕竟是朝中的高官，他对于宦官得志有着颇为愤恨的心态。关于他的性格，清陈田所编《明诗纪事》中有着这样的评语："忠强直，负意气，重然诺，有燕、赵节侠悲歌慷慨之风。"而他的这种刚直性格，当然也会表现在他所作的散曲之中，例如《北仙侣·鸡生草》：

没势时乔趋势，有权时很弄权。闻风绰影苏苏颤，驮金辇玉纷纷献，为奴作婢团团转。受用足十年占定凤凰池，少不得一朝露出麒麟鞭。

白眼睛朝天看，黑心肠往下垂。木般哥生恼通文墨，铁石猫死恨行仁义，葫芦提痛恶多才智。抓了些打家劫舍盗跖钱，干了些欺心害理高毡事。

这首散曲写得十分直白，孙慧慧在《论赵南星的散曲创作》一文中评价称："以通俗、尖新的语言讽刺了那些趋炎附势、媚上欺下、外强中干之徒，他们胸无点墨、善于逢迎钻刺，一旦跻身高位，则又趾高气扬、嫉贤妒能、贪污受贿、欺压民众。"

对于赵南星的这种个性，钱谦益在《列朝诗集》中说了这样一段话："梦白公忠强直，负意气，重然诺，有燕、赵节侠悲歌慷慨之风。乡里后进，依附门下，已而奔趋权利相背负。酒后耳热，戟手唾骂；更为长歌、小词、瘦语、吴歌打草竿之类以戏侮之。"看来，赵南星有意写这种散曲，以此来发泄自己对社会不平的愤懑之气。

赵南星所撰的《笑赞》《芳茹园乐府》，这两部书均流传稀见。

□ 赵南星撰《芳茹园乐府》，明万历刻本，内页三

□ 赵南星撰《芳茹园乐府》，明万历刻本，内页四

1934年卢冀野将这两部书合在一起刊刻,总名为《清都散客二种》,该书的小引中有这样一段话:"南星籍东林,与邹元标、顾宪成世称'三君'。所著有《笑赞》《芳茹园乐府》。尤侗云:'高邑赵侪鹤冢宰,一代正人也。予于梁宗伯处见其所填歌曲,乃杂取村谣俚谚,耍弄打诨,以泄其肮脏不平之气。所谓杂取村谣俚谚者,《乐府》如是,《笑赞》亦如是。此其所以不见重于士大夫而转流播于里巷欤。'……"

这段话中引用了尤侗的赞语。尤侗认为,赵南星写出如此有意思的《笑赞》和《芳茹园乐府》,乃是取材于民间流传的俚语,赵的这个做法是想借这些民间语言来表现自己被贬的不平之气。而尤侗所说的"梁宗伯",指的就是正定的大收藏家梁清标。正定跟赵南星所居住的高邑县相邻,有可能尤侗所看到的这个抄本,就是梁从赵家所抄来者。

但是,以赵南星如此高的身份和地位,他却写出了这么多的俗曲,本身这件事就会让人有所怀疑,比如吴梅在跋赵南星的散曲时说:"梦白正人,游戏声歌,本无妨碍。而集中多市井谑浪之言,如《银纽丝》《一口气》《山坡羊》《喜连声》《劈破玉》诸曲,再读一过,疑是伪托。"看来,吴梅觉得赵南星所写的散曲太过市井,有可能是伪托,但他也仅是怀疑而已。

就历史情况看,其实那个时代重要的高官文人写散曲,也并非个别事件,比如沈德符在《顾曲杂言·时尚小令》中说:"自宣正至成弘后,中原又盛行《锁南枝》《傍妆台》《山坡羊》之属……比年以来,又有《打草竿》《挂枝儿》二曲,其腔调约略相似,则不问南北,不问男女,不问老幼良贱,人人习之,亦人人喜听之,以至刊布成帙,举世传诵,沁入心腑,其谱不知从何而来,真可骇叹。"可见,那个时代写这种通俗的小令,只是一种社会风尚。而作为同时代的赵南星,当然会受这种风气的影响,以至于郑振铎在《中国俗文学史》中评价赵南星说,"勇敢地把俗曲作为自用的了"。

除了散曲,赵南星也写过一些诗词,他所写的诗词中,也能表现出自己敢说敢言的个性,比如他作过一首《堂成漫兴》,此诗为少见的六言诗,该诗的下阕为:

年来燕子稀少,不见红襟可怜。
瓦雀喧喧无数,斗争每堕人前。
却扫何须谢客,闲居每自垂帘。
门外不栽五柳,恐人知是陶潜。

此诗看似写景,实则道出了自己的耿直个性,他明言:虽然身在家乡,但他并不想做陶渊明式的真正隐居,即此也表现出来了他的入世观念。

赵南星所作的诗词中,有一些喜欢仿拟前人之作,比如曹操的名诗有一篇是《短歌行》,而赵南星也作了这样一首《短歌行》:

天回地周,时不我留。少壮易老,胡为多忧?
有客盈堂,有酒盈觞。铿钟考鼓,聊为淫荒。
中区迫隘,令我心恻。白云在天,安得羽翼?
功名有数,乐为及时。齿发一暮,虽悔莫追。
愁令霜陨,怒感山倾。不为饮酒,可以乐生。
维山有阿,维河有浔,嗟今之人,谁知我心?

从这首诗的内容看,虽然写得别出心裁,但也基本是曹操诗作中的人生观,而赵南星所作的一首《水龙吟·杨花》,其小注是,"用章质甫韵":

春闺忒愁人，已看尽落花红翻坠。杨花更惨，连空映日，撩人情思。飞过高城，寻来小院，从教门闭。偶苹风乍定，尚量暂住，低飞燕，还扶起。

何处疑花乱玉，几曾堪，髻簪衣缀。兰闺人倦，多愁牵梦，难成易碎。小玉声喧，晴天雪下，香阶无水。忆辽西何处，神魂荡漾，暗抛红泪。

关于这首词，赵南星应当是效仿苏东坡，因为东坡也作过《水龙吟·次韵章质甫杨花词》：

似花还似非花，也无人惜从教坠，抛家傍路，思量却是，无情有思，萦损柔肠，困酣娇眼，欲开还闭，梦随风万里，寻郎去处，又还被、莺呼起。

不恨此花飞尽，恨西园落红难缀，晓来雨过，遗踪何在，一池萍碎，春色三分，二分尘土，一分流水，细看来，不是杨花，点点是、离人泪。

东坡的这一首和词太有名了，很多人都认为超过了章质甫的原作，王国维在《人间词话》中就这样评价过："东坡杨花词，和韵而似原唱；章质夫词原唱而似和韵。"但也有人认为并非如此，比如魏庆之在《诗人玉屑》中就认为章质甫这首词中的"傍珠帘散漫，垂垂欲下，依前被风扶起"写得比东坡要好。但不管怎么说，东坡的这首和词太有名了，而赵南星却不管这些，竟然也和上了这么一首，足见他写诗作词也同样能够表现出那种不惧前人的勇气。

关于赵南星的诗学观念，他在《明十二家诗选序》中有如下的表述：

古有之,诗以道性情,天地万物,莫不有性情焉。端居一室,而通其性情于天地万物者,其惟诗乎。自昔诗人之才,与其所养,悬绝无等。乃其言天地而天地,言鬼神而鬼神,言山川而山川,言草木而草木,言清庙明堂而清庙明堂,言闺阁而闺阁,举相似也。变化无端,而归之于温柔敦厚,举相似也。故荐扬雄者以为似相如。雄之赋自以艰深胜耳,安得相如之绰约神妙,顾其所相似者自在也。

可见,赵认为作诗就要直抒胸臆,能够直接写出天下万物的真实面目。

赵南星故居位于河北省石家庄市高邑县城内南星路东头东关赵家巷。从石家庄北二环东行,沿308国道北行五公里,西转驶上033省道,西行十公里,在元氏县口上G4高速,然后南行二十余公里,在高邑县口下道,驶入高邑县城,在县城内又赶上是开大集的日子。

上次到赵县寻访时就无意间驶进了集内,穿行艰难,不仅是速度慢,更要命的是集市上的人完全视汽车为无物,任凭你怎样鸣笛,

□ 省级文保牌

□ 赵南星祠堂的大门及对联

丝毫都不会影响他们站在路上热烈地拉家常。但导航仪这个东西，它只会选择最近的路，而完全不管这条路是怎样的状况。如今这个导航仪又把我带到了县城集市的入口，我接受了上次的教训，不再听它指挥，凭直觉绕到县城西侧，然后向北转，再驶上南星路。

南星路是新拓宽的一条四车道的柏油路，我感觉是这个县内最宽的路，看到这种情形真担心我要寻找的故居又被拓路者变成了渣土。沿着这条路由西向东慢慢地开行，果真，在路边看到一处仿古建筑，停车跑到跟前，看到了旁边的文保牌，上面写着"赵南星祠堂"。这么顺利地就找到了，倒让我预先的思想准备有些无处着落。

文保牌的旁边就是祠堂的大门，门楣上写着"赵忠毅公祠堂"，左右挂着对联："铁铸当如意，砚题尚未明"，不知道是谁的诗句。我在赵南星学术研究会编印的《赵南星学术资料选编》一书中，看到过那个铁如意的模糊照片，并且该书中还收录有赵的九世孙赵瑜所写的《铁如意考》一文，此文称赵南星制作这柄铁如意，是准备在朝中击打那些奸臣的。不知最后是否派上了用场？既然书中有这样的黑白照片，说明这柄铁如意今日仍然传于世，不知在祠堂内

□ 祠堂外，各人自扫门前雪

□ 院后方的几个土坟头

□ 院的侧方排列着多块古碑

是否能见到这件宝物。

可惜祠堂的门关闭着，用力推了几下，没能推开，我才注意到门的下方上着锁。围着祠堂四处转，在祠堂的西边有个大铁门，同样也上着锁。爬上铁门向内张望，里面是有十几亩地大的空场，空场的正中有五六个两三米高的坟头，在坟头的东侧边也就是祠堂的西墙，一字排开，列着十几块古碑。这是个意外的发现，凭直觉我觉得这个院落应当是赵南星的家庭墓地所在，我很想进内看个究竟，然而大铁门的上方拉着铁蒺藜网，专门是对付我这等想翻越之人，无奈只好扒着铁门拍照，可惜没有带着长焦镜头，无法辨识石碑上的文字。

这种拍照方式让我觉得不过瘾，于是我把相机倒背在身后，手脚一同用力，登上了那个大铁门，然而向里张望一番，却没有落脚的地方，想了想，一旦跳进去，出来就成了问题，于是只好趴在大铁门上向内拍照。路边一位老者一直看着我的举动，等我从铁门上下来，上前向他询问赵南星在高邑县城内是否还有其他的住宅，老人告诉我仅此一处，我向他打问里面的情形，问那几座坟头有没有赵南星的墓，他没有直接回答我，只是说："被偷过几回了，早空了。"这句话连说了三四遍，看来他以为我也是个盗墓贼来此查看地形，并且暗示我来晚了，已经被捷足先登者早下过手。这时我才想明白了为什么如此一个空院落，铁门的上头还要拉铁丝网。

冯梦龙：我笑那李老聃五千言的道德，
我笑释迦佛五千卷的文字

从创作业绩看，冯梦龙更像一位编辑家，他所编纂的"三言"——《喻世明言》《警世通言》《醒世恒言》，在中国小说史上有着广泛的影响；而他收集整理的民间小调——《挂枝儿》《山歌》，也是近百年来受到相关学者广泛关注的著作。

"三言"、"两拍"成为了现当代小说界的名品，虽然这些作品出版于明末，但因为历史的原因，这些著作一度已近失传，直到上世纪二十年代，这些书才再次被发掘出来，自此之后成为业界研究的重点。比如，鲁迅在北大讲授中国小说史课程时，他已经提到了"三言"，但他当时只见过其中之一的《醒世恒言》，他在《中国小说史略》中称："'三言'云者，一曰《喻世明言》，二曰《警世通言》，今皆未见，仅知其序目。"

后来，大藏书家董康在日本内阁文库，看到了一批在中国已经失传的小说，其中就有"三言"。同样，冯梦龙编纂的《挂枝儿》，也是在那个时期所发现者。1929年，华通书局将《挂枝儿》影印出版，而冯梦龙所编纂的《山歌》，则在1935年由上海传经堂排印出版，此后才使得一些学者能够看到该作品的原文。

当时的这些学者们为什么重视这类作品呢？因为"新文化运动"之后，俗文学被提高到了很高的地位，这些作品都属于俗文学的范畴，故而它们的编纂者冯梦龙，也就成为了学者们的重点研究对象。比如1938年，郑振铎出版了《中国俗文学史》，该书的第一章，题目是"何为'俗文学'？"而郑振铎在该文中就举出了冯梦龙的例子："明代的许多文人们，竟有勇气在搜辑民歌，拟作民歌；像冯梦龙一人便辑着十卷的《山歌》，若干卷（大约也有十卷左右吧）的《挂枝儿》。许多的俗文学都在结集着：像宋以来的短篇话本，便结集而成'三言'。许多的讲史都被纷纷翻刻着修订着，且拟作者也极多。"

其实从个人经历看，冯梦龙是出生在理学氛围颇浓的家庭，他从小就学习经学，比如他在《春秋发凡》中自称："不佞童年受经，逢人问道。四方之秘笈，尽得疏观。廿载之苦心，亦多研悟，纂而成书，颇得同人许可。"

冯梦龙不但刻苦读经，同时还遍览各类经学著作，在这方面下了二十年的苦功，并且他在这方面也有著作传世。

既然他从小学习的路数如此的正统，那为什么会开始编纂小说和搜集民间小调呢？这也应当跟他的性格和个人经历有较大的关系。

因为他的科考之路走得很不顺当，一直到了五十七岁时，才仅得了一个贡生的资格。其才气如此之高，而运气又如此之差，这当然会让他心中充满了不平之气。比如他在《广笑府序》中，说过这样一大段嘲笑天下一切价值观的言论：

> 我笑那尧与舜，你让天子，我笑那汤与武，你夺天子，他道是没有个傍人儿觑，觑破了这意思儿也不过是十字街头小经纪。还有什么龙逢、比干、伊和吕，也有什么巢父、许由、夷与齐。只这般唧唧哝哝的，我也那里工夫笑着你。我笑那李老聃五千言的道德，我笑释迦佛五千卷的文字。干惹得那些道士们去打云锣，和尚们去打木鱼，弄儿穷活计，那曾有什么青牛的道理、

白象的滋味？怪的又惹出那达摩老臊胡来，把这些干屎橛的渣儿，嚼了又嚼，洗了又洗。又笑那孔子的老头儿，你絮叨叨说什么道学文章，也平白地把好些活人都弄死。

同时，冯梦龙的个人感情极其丰富，聂付生在《冯梦龙研究》一书中，把冯的观念称之为"情本论"。聂先生的理论依据当然是本自冯梦龙的个人偏好以及他的言语，比如冯在《情史序》中直言："天地若无情，不生一切物，一切物无情，不能环相生。生生而不灭，由情不灭故。四大皆幻设，惟情不虚假。"

冯认为，天地万物能够生生不息，就是因为一个"情"字，他认为若无情，则无天下的一切，并且天下万物也是以情为线索，而联系在一起者："万物如散钱，一情为线索。散钱就索穿，天涯成眷属。"

正是基于这样的观念，冯在《情史序》中直言不讳地说了这样一段话："余少负情痴，遇朋侪必倾赤相与，吉凶同患。闻人有奇穷奇枉，虽不相识，求为之地，或力所不及，则嗟叹累日，中夜辗转不寐。见一有情人，辄欲下拜；或无情者，志言相忤，必委屈以情导之，万万不从乃已。尝戏言：'我死后不能忘情世人，必当作佛度世，其佛号当云"多情欢喜如来"。'有人称赞名号，信心奉持，即有无数喜神前后拥护，虽遇仇敌冤家，悉变欢喜，无有嗔恶妒嫉种种恶念。"

冯梦龙是个直率的人，他说自己从小就痴于情，由情出发，他能跟自己的朋友同悲同喜，而尤其喜欢结交有情趣之友，他见到有情人，恨不得给对方下拜，并且他能豪迈地说出，即使自己死后，也不能忘掉人间之情必要化身为菩萨来度世，并且他还为自己起了个佛号，名叫"多情欢喜如来"。可见，这个"情"字在他心中有着何等的重量,这也就难怪冯梦龙在年轻时,有很多的时间都沉湎于情色的安乐窝中了。

按理说,情色场所对大多数男人而言仅是逢场作戏,可能冯梦龙在某些时候也会如此,而一旦遇到了真情之人,他同样也会以真情相回报,比如他曾经爱上了一位名叫侯慧卿的歌伎,二人海誓山盟,要白头到老,但可惜,冯梦龙财力有限,侯慧卿最终归了一位财主。

这个意外打击让冯梦龙颇难承受,而后他就写了三十首《怨离诗》,来发泄自己的愤懑。另外,他还写了《商调·黄莺儿·端二忆别》的散曲:

蒲休剪,黍莫煎,这些时,不下咽。书斋强自闲消遣,偶阅本离骚传,吊屈原。天不可问,我偏要问问天!

在这首散曲之前,还有一段小序:"五月端二日,即去年失慧

冯梦龙辑《挂枝儿》不分卷,钞本,佚名批校,内页一　　冯梦龙辑《挂枝儿》不分卷,钞本,佚名批校,内页二

卿之日也。日远日疏，即欲如去年之别，亦不可得，伤心哉！行吟小斋，忽成商调，安得大喉咙人，顺风唱入玉耳耶？噫！年年有端二，岁岁无慧卿，何必人言愁，我始欲愁也。"

看来，此曲作于他失去侯慧卿一年之后的同日。这么长的时段内，依然没能让冯梦龙平复心态，而他的好友董斯张则称："子犹自失慧卿，遂绝青楼之好。"看来，冯梦龙失去了侯慧卿后，情感大受打击，自此之后，再也不去妓院消遣。既然如此，他那丰富的情感又将寄托到哪里去呢？聂付生先生给出了这样的猜测："其后大量收集挂枝儿词和山歌，也许还是此情的变相寄托和表达吧！"

那么，《挂枝儿》和《山歌》是怎样的内容呢？顾颉刚先生在《山歌序》中总结得十分明了："这部书（《山歌》）几乎全部是私情歌，其中的三分之一还是直接、间接、或隐、或显地涉及性交的。"看来，这些民间小调大多跟情和性有关系。

比如，《私部一卷·调情》：

俏冤家，扯奴在窗儿外，一口儿咬住奴粉香腮，双手就解香罗带。哥哥等一等，只怕有人来。再一会无人来也，裤带儿随你解。

这样的小曲，倒也是真情流露。
再比如《想部二卷·打丫头》：

害相思害得我伶仃瘦，半夜里爬起来打丫头。丫头，为何我瘦你也瘦？我瘦是想情人，你瘦好没来由。莫不是我的情人也，你也和他有？

看来，这位女主人想自己情人的心态无处发泄，于是半夜起来找茬儿，打家中的丫鬟，以此作为发泄。她自称身体消瘦是因为想情人所致，而丫鬟也这么瘦，她就认定丫鬟跟自己的情人也有了关系。虽然这只是一位妇人的情绪发泄，但却能表现出别样的真挚在。

这样的小调让人读来，有着朗朗上口之感，比如再举一首《山歌》中的《五更头》：

> 姐听情歌郎正在床上哼喽喽，忽然鸣叫唤是五更头，世上官员只有钦天监第一无见识，你做闰年闰月，那了正弗闰子介个五更头。

这样的小曲既通俗又典雅，很有可能经过了冯梦龙的加工，因为冯也特别强调格律之美，因此聂付生认为："冯梦龙是吴江派中的一中坚分子，在严守格律上，他明显站在沈璟一边。"而文中则举出了冯梦龙在《新灌园叙》中的自道："若夫律必叶、韵必严，此填词家法，即世俗议论不及，余宁奉之惟谨。"

冯在这里明确地说，词曲要严格讲究韵律。

前面谈及这些词曲乃是冯梦龙收集来者，郑振铎在《中国俗文学史》中，也认为冯是编者，而非作者："在天启崇祯间，吴县冯梦龙特留意于民曲。尝辑《挂枝儿》及《山歌》，为《童痴一弄》《二弄》，其中绝妙好辞，几俯拾皆是。"在这里，郑振铎用了一个"辑"字，但在该书中，郑振铎谈及《挂枝儿》时又称："我们相信，其中一定有冯梦龙自作或改作的东西在内，'冯生挂枝儿'在当时是传遍天下的。"看来，郑振铎也认为冯梦龙编辑的这两部俗曲，中间也掺杂了自己的作品，除了原创之外，冯还有一些对他人作品的改作。

既然如此，冯梦龙当然会把自己严格遵奉格律的观念融进作品和改作之中。冯梦龙对当时社会上的戏曲不遵守格律的情况，表达

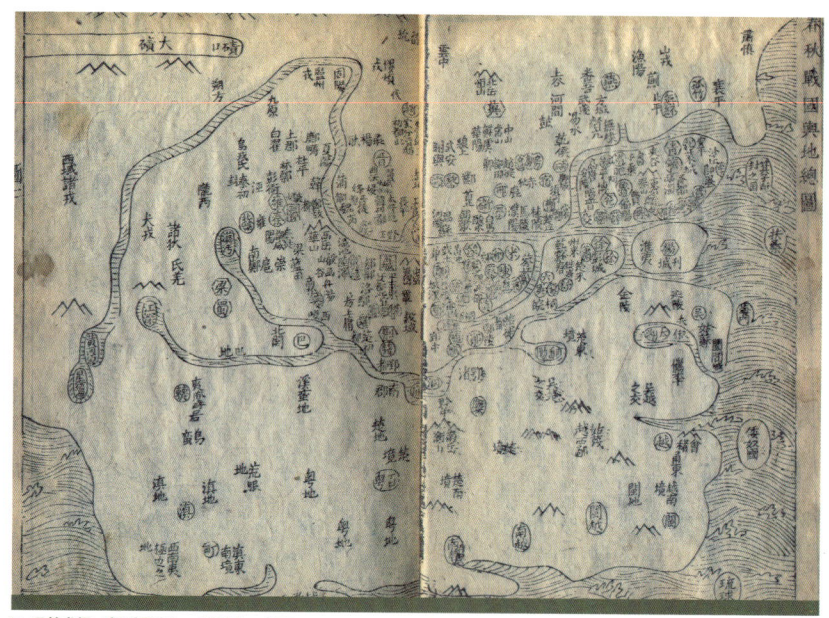

□ 冯梦龙撰《新列国志》，明刻本，内页一

了自己的批评意见，他在《双雄记序》中说："词家于今日，佥谓南音盛北音衰，盖时尚则然，余独以为不不。北音幸而衰，南音不幸而盛也。夫北词畅于金元，杂剧本勾栏之戏，后稍推广为传奇，而南戏代兴，天下便之。《荆》《刘》《蔡》《杀》而后，坊本彗出，日益滥觞。高者浓染牡丹之色，遗却精神，卑者学画葫芦之样，不寻根本。甚至村学究手摭一二桩故事，思漫笔以消闲；老优施腹烂数十种传奇，亦效颦而奏技。中州韵不问，但取口内连罗；九宫谱何知，只用本头活套。作者愈乱，歌者愈轻。调罔别乎宫商，惟凭口授；音不分乎清浊，只取耳盈。"

由以上观点可知，冯梦龙强调情感的直率表达，同时他还讲求词句的优美，这两者结合在一起，也正是他所编的《挂枝儿》和《山歌》流行的原因吧。比如，《山歌》中的一首《田》：

冯梦龙：我笑那李老聃五千言的道德，我笑释迦佛五千卷的文字　　185

□ 冯梦龙撰《新列国志》，明刻本，内页二

　　姐儿私房有个丘三角田，自小收拾在身边。忽朝一日无钱用，将田要典我郎钱。（白）郎道：姐儿呀，我有个钱，典你个田，要还我四址明白，啰里连牵。姐道：郎呀，我有个田，典你个钱，自然还你四址明白、啰里连牵。东址白膀弯，西址大腿边，南址三叉路口，北址肚家门前，又好插个光头糯，又好种个硬梗鲜。（歌）我个郎呀，你要日里扳秧夜里莳，凭你荒年没荒子奴个丘田。

　　这样的山歌读起来，应当就是今日所说的"素面荤底"，表面上读不出什么违碍词句，然细品内容，却是典型的色情，这种写法或者改编方式使得冯梦龙广为人知，同时也给他带来了麻烦，钮琇在《觚賸》中，记载了这样一个事件：

熊公廷弼,当督学南畿时……吾吴冯梦龙亦其门下士也。梦龙文多游戏,《挂枝儿》小曲与《叶子新斗谱》皆其所撰。浮薄子弟,靡然倾听,致有覆家破产者。其父兄群起攻讦之,事不可解。适熊公在告,梦龙泛舟西江,求解于熊。相见之顷,熊忽问曰:"海内盛传冯生《挂枝儿》,曾携一二册以惠老夫乎?"冯蹋跽不敢置对,唯唯引咎。因致千里求援之意,公曰:"此易事,毋足虑也。我且饭子,徐为子筹之。"……抵家后,公飞书当道,而被讦之事已释。盖公心爱梦龙,惜其露才炫名,故示菲薄,而行李之穷,则假诸途以厚济之。怨谤之集,则移书以潜消之。英豪举动,其不令人易测也如此。

看来,冯梦龙所编辑的《挂枝儿》等小曲,在社会上有着巨大的影响,以至于有些纨绔子弟倾家荡产也要去听这些曲。

这样的做法当然引起了很多人的不满,他们把这个结果都怪罪在冯梦龙头上,于是众人联合起来到有关部门控告冯梦龙。这件事搞得很大,冯没办法,只好向自己的老师熊廷弼求救。熊虽是地方大员,却也不赞同冯梦龙的这种做法,但他还是觉得冯梦龙是有才之人,于是便向有关部门打了招呼,很快替冯平了事儿。从这个侧面也可知,冯梦龙所改编的这些小曲在社会上有着怎样广泛的影响力。

其实,无论是《挂枝儿》还是《山歌》,里面虽然有些色情的曲调,但也并非全部,比如《挂枝儿》中的《泥人》,就颇受后世所喜爱:

泥人儿,好一似咱两个。捻一个你,塑一个我,看两下里如何。将他来揉和了重新做,重捻一个你,重塑一个我,我身上有你也,你身上有了我。

这首曲原本出自河南开封地区的《锁南枝》：

> 傻傻角，我的哥，和块黄泥儿捏咱两个。捏一个儿你，捏一个儿我，捏的来一似活托，捏的来同床上歇卧。将泥人儿摔碎，着水儿重和过。再捏一个你，再捏一个我。哥哥身上也有妹妹，妹妹身上也有哥哥。

但按照民间传说，这首小曲原本是出自赵孟𫖯的夫人管道升。赵孟𫖯与管道升的感情甚好，但时间久了，也让赵有了审美疲劳，赵想纳妾，于是就写了首小曲来试探夫人的态度：

> 我为学士，你做夫人。岂不闻，陶学士有桃叶桃根，苏学士有朝云暮云。我便多娶几个吴姬越女何过分，你年纪也过四旬，只管占住玉堂春。

管道升看到之后，就写了首《我侬词》作为回答：

> 你侬我侬，忒煞情多，情多处热似火。把一块泥，捏一个你，再塑一个我。我泥中有你，你泥中有我。将咱两个，一齐打破，用水调和。再塑一个你，再塑一个我。我泥中有你，你泥中有我。与你生同一个衾，死同一个椁。

赵孟𫖯看到夫人的这首词后，只好打消了自己心中蠢动的欲望。看来，这是该首小曲的原本出处。但管道升是真的写过该词，还是后世的杜撰，那也只能当个故事来听听罢了。

相比较而言，冯梦龙的作品在后世影响较大者，还是"三言"，这些书中的很多精彩故事在民间流传甚广。朱全福在其专著《"三言"、"两拍"研究》中，把书中的人物进行了分门别类的划分，比如在人物形象篇中，其分出了女性形象、商人形象、士人形象和官吏形象，而在女性形象中，该书又细分为少女、少妇、老妇、妓女四类，这样的归类颇为清晰明了。

而冯梦龙所编纂的"三言"，其实大多是本自宋代以来话本的改编，关于这种改编，后世还发生了一桩疑案。

著名藏书家缪荃孙在民国九年刊刻了一部《烟画东堂小品》，此书中收有《京本通俗小说》中的七篇作品。对于此书的底本来由，缪荃孙在该书的跋语中说了这样一段话："余避难沪上，索居无俚，闻亲串妆奁中有旧钞本书，类乎平话。假而得之，杂庋于《天雨花》《凤双飞》之中，搜得四册，破烂磨灭，的是影元人写本。首行《京本通俗小说》第某卷，通体皆减笔小写，阅之令人失笑。……尚有《定州三怪》一回，破碎太甚；《金主亮荒淫》两卷，过于猥亵，未敢传摹。"

缪荃孙称，他在上海时得到了四册破烂的影元抄本，细审之下，就是《京本通俗小说》，因为该书十分珍罕，因此他就将此刊刻了出来，而其中有两卷写得太过淫秽，于是他将那一部分主动放弃。

然而缪荃孙所说的《京本通俗小说》，其中有七篇跟冯梦龙的《警世通言》相同，另一篇跟《醒世恒言》相同，为此，缪荃孙的所言引起了相关学者的怀疑。1931年第7期的《小说月报》上发表了郑振铎的《明清二代的平话集》，郑在此文中质疑道："许多学者都以为《京本通俗小说》乃是今知的最早的一部话本集，发见且刊布这个重要的话本集的缪荃孙氏，以为它是'影元钞本'，刊布了《京本通俗小说》中未刊的一篇《金主亮荒淫》的叶德辉氏，且以它为'影宋本'或'宋本'，那都是想当然的话，不足为据的。叶氏之言，更是有意的哄骗读者。假如在宋元之时,而已有了像《京本通俗小说》那样伟大的话本集的刊布,那么,'话本'的拟作的运动决不当迟至明末而始发生的了。"看来,郑振铎怀疑缪荃孙的底本是一部伪书。

到了上世纪六十年代,台湾的马幼垣、马泰来兄弟发表了一篇名为《京本通俗小说各篇的年代及其真伪问题》的文章,其文中直接点明正是缪荃孙伪造了《京本通俗小说》:"《京本通俗小说》只是一部伪书,所收的话本全是从冯梦龙编著的《警世通言》和《醒世恒言》抽选出来,略略改动某些词句,企图使读者以为是前所未有的早期宋人话本集。"

也正是"三言"的魅力才使得缪荃孙做出了这样的行为。

其实如前所言,冯梦龙的"三言"也有不少是改编前人的著作。郑振铎认为,"三言"中属于宋元的作品有三十六种,而赵景深在《谈明代短篇小说》一文中则称:"(三言)大都兼宋、元、明三代,宋代较少,元、明较多,一部分是冯梦龙自己的作品。大约《喻世明言》和《警世通言》宋元的多,《醒世恒言》就是明朝的多。"看来,"三言"里也有冯梦龙的创作。而这些争论也正说明了,冯梦龙的"三言"在社会上有着怎样广泛的影响。

冯梦龙纪念馆位于江苏省苏州市相城区黄埭镇新巷村。此程的苏州寻访,冯梦龙纪念馆当然是必去之地,然而这个位置颇为偏远,卜若愚兄告诉我,此村已经到了苏州跟无锡的交界处,而我的其他几处寻访地点都与此不是同方向,卜兄认为前往此处并不好寻找,他特意安排好工作,第二天带我前往。

早晨在酒店门口看到了卜兄的车,而车内还有另外两位朋友。卜兄介绍说,开车的那一位壮汉名叫叶剑青,这位兄弟是他的莫逆之交,十几年来,两人一同乘车跑遍了中国的大江南北,而叶先生的驾驶技术超一流,也正因如此,他从不放心卜若愚的驾驶技术,因此每次寻访,叶兄都把方向盘牢牢地掌握在自己手里,而今他听闻卜兄带我到郊县去寻访,他感到不放心,于是特意提出由他来开车前往。卜兄有这样的朋友,真让我又高兴又嫉妒。虽然说,朋友是用来"利用"的,但能主动"被利用",这也足见关系铁到了怎样的程度。

卜兄又介绍我认识另一位,这位朋友是个小女孩,看上去约二十岁。卜兄说,此女名张琦,本是学文史者,现在苏扇博物馆工作,因其对当地的名人遗迹颇有了解,故而卜兄特意请她一同前往,以便让我能够得到进一步的了解。如此周到的安排,让我体味到了卜兄做事之缜密。

昨晚我已经把今日的寻访地点发给了卜若愚,他显然将此转发给了叶剑青。叶兄告诉我,今日的几处寻访地点分处在苏州的三个方向,根据他所规划出的路线,冯梦龙纪念馆为本日寻访的最后一站。但叶兄果真是艺高人胆大,他不但路途熟,并且开车又快又稳,如此的开车方式,颇为贴合我的心态,故而赶到新巷村时,比原本的计划提前了两个小时。

在该村的入口之

□ 原来这里改名为了"冯梦龙村"

□ 这才是冯梦龙村原本的村名

冯梦龙：我笑那李老聃五千言的道德，我笑释迦佛五千卷的文字　　191

□ 见到了杜十娘

处，看到大牌子上写着"冯梦龙村"，可能是为了宣传，本村已经改成了如此直接明了的名称，然而从国道驶入该村，却有着几公里的小路，在这些小路上，完全没能看到跟冯梦龙有关的指示标牌，以至于同来的参观朋友都说，如果不是陪我前来此地，他们无论如何也不会跑到这个村来，但好在村口还有着这样一个标牌。

标牌上有冯梦龙村简介，此简介明确地写着，冯梦龙村是历史名人冯梦龙的故里，而简介的另一侧则有着本村的整体规划图。下方的图例，则有"冯梦龙故居"和"冯梦龙纪念馆"两个不同的标示。细看此图，故居和纪念馆不在同一个位置，于我而言，探访故居当然最好，于是在上面看清路线，朝故居的方向行驶。

沿着村道开到了故居的旁边，在一片草地上见到了几尊铜雕像，最前面的一尊，是一位妇女捧着个盒子，不用说，这肯定是杜十娘。走近细看，果真旁边的标牌上写着"杜十娘怒沉百宝箱"。这尊雕像制作得还算精良，但毕竟杜十娘的故事已然深入我心。端详这尊雕像的面庞，跟书中描写差着好几条街：

> 生得浑身雅艳，遍体娇香。两弯眉画远山清，一对眼明秋水润。脸如莲萼，分明卓氏文君；唇似樱桃，何减白家樊素。可怜一片无瑕玉，误落风尘花柳中。

书中描绘的"遍体娇香"，虽然无法体验得出，但其余的描绘总还是希望能够从雕像的形象中表现出来。

我还是觉得杜十娘手捧的那个宝盒的体积有些小，按照书中的描绘，那个宝盒像个聚宝盆一样，里面有无尽的珍宝。当然，人不在大小，马不在高低，盒儿小不等于珍宝少。念及这一层，更替那薄情的李甲感到惋惜。如此数量的人间稀世之珍，就这样倒入了水中，而他却未曾念及自己没钱时，差点儿被老鸨杜妈妈赶出之时，杜十娘对他是何等的呵护。

当年，李甲花完了身上的钱，却依然住在妓院中，当然让杜妈妈难以忍受：

> 妈妈也几遍教女儿打发李甲出院，见女儿不统口，又几遍将言语触突李公子，要激怒他起身。公子性本温克，词气愈和。妈妈没奈何，日逐只将十娘叱骂道："我们行户人家，吃客穿客，前门送旧，后门迎新，门庭闹如火，钱帛堆成垛。自从那李甲在此，混账一年有余，莫说新客，连旧主顾都断了。分明接了个钟馗老，连小鬼也没得上门，弄得老娘一家人家，有气无烟，成什么模样！"

杜十娘听到了杜妈妈的这些抱怨，于是她开始替李甲进行辩解：

"那李公子不是空手上门的,也曾费过大钱来。"妈妈道:"彼一时,此一时,你只教他今日费些小钱儿,把与老娘办些柴米,养你两口也好。别人家养的女儿便是摇钱树,千生万活,偏我家晦气,养了个退财白虎!开了大门七件事,般般都在老身心上。到替你这小贱人白白养着穷汉,教我衣食从何处来?你对那穷汉说,有本事出几两银子与我,到得你跟了他去,我别讨个丫头过活却不好?"

最终的故事,大家都知道了,如此美艳的一位杜十娘,李甲却不能给她一个归宿,这也算是天命吧。但我总觉得此时将珍宝抛入水中的杜十娘,应该是一脸的悲愤,而这尊雕像却未能表现出她那一刻的心情。

这个小广场的正前方,用大理石刊刻出三本打开的书,不用说,那肯定是"三言"各一本,走近一看,果然。而广场正中的后方,则是冯梦龙的雕像,此雕像的手法颇具现代味道,只是不知冯梦龙形象的所本出自何处。在雕像的左右两侧,各有

□ 广场上摆放着"三言"

□ 卖油郎与花魁

□ 冯梦龙故居门前

□ 匾额是从左往右读

一个小亭,每个亭内立有一块竖形的刻石,不知这种建亭的方式有着怎样的寓意。

而雕像的右侧,也有两组雕像,一是水漫金山中的白娘子,而另一位则是"卖油郎独占花魁"中的男女主角。花魁本名莘瑶琴,冯梦龙在书中对她的形象有着如下的描写:

长成一十四岁,娇艳非常。临安城中这些富豪公子慕其容貌,都备着厚礼求见。也有爱清标的,不叫她美娘,叫她做花魁娘子。西湖上子弟编出一只《挂枝儿》,单道那花魁娘子的好处:"小娘中,谁似得王美儿的标致,又会写,又会画,又会做诗,吹弹歌舞都余事。常把西湖比西子,就是西子比她也还不如。那个有福的汤着她身儿,也情愿一个死!"

莘瑶琴美丽到让好色之徒愿意为她死的程度,这真的让人无法用词句描绘她的美丽。然而,这样的一位天下一等的美女,却归了挑担卖油的小贩,这样的反差是何等的令人感慨。

从外观看,冯梦龙故居乃是用旧料建造而成者,这份认真在今天的名人故居景点中颇为难得,唯一的小缺憾,是门楣上挂着的"冯梦龙故居"几个字乃是从左往右读。

在入口的侧边，有着售票亭，向内望去，未见工作人员，而右侧墙上挂着的参观须知，则又标明"冯梦龙故居向公众免费开放"。信步走入门内，看到前厅的装修却是用木条板来作墙壁，颇具今日装修的田园风格，这一点似乎也缺乏点古风。在前厅的墙壁两侧，以展板的形式介绍着冯梦龙的生平，其中一个展板把他称为"文学泰斗"，这样的称呼方式，颇有拔高之嫌。

拍照之时，无意间瞥到左厢房有人的影子，本来安静的院落，有这样一个人影倒是吓了我一跳。定神细看，乃是两尊塑像，其逼真程度可谓达到了惟妙惟肖。向内望去，这间房乃被布置成了灶间加餐厅，里面一位长者正让小朋友吃鸡腿，不知这是要表现怎样一个场景。卜兄说："看来这家人日子过得蛮好，你看那小孩儿，看着鸡腿直皱眉头。"而我却注意到，这里所垒起的炉灶看上去颇为特别，上面的彩绘很有民俗风味。

□ 未曾涂彩的半亭

□ 地上的石条均为旧物

再到右厢房探看一番，这里也同样挂着一些展板，主要是介绍冯梦龙和"三言"。而院中的另一侧，有一个木制的半亭，这个半亭未曾着彩，亭的正中摆放着一块尺寸颇大的古砖，看式样，应当是仿制的秦砖，不知有怎样的寓意。安静的小院铺满着石条，至少那些石条基本上是百年前的古物。在院子的另一侧，则有两个小朋友玩耍的雕像。

穿过院落则为正堂，正堂的右侧布置成了私塾的形式，里面依然有三个人形彩塑，是老师教学生的场景，而这三人面前的书桌上，均摆放着一本线装书。见到线装书，当然让我最感亲切，于是我轻手拿起翻看这些道具。学生面前的书本，除了打开的那一页，余外的都是白纸；而老师面前的那一本，反倒是每页均有字，顺手一翻，原来每一页都印着同样的字，看来这个道具制作得不专业。而书堂侧旁陈列的书架上也有一些线装书，我打开其中一部《喻世明言》，

冯梦龙：我笑那李老聃五千言的道德，我笑释迦佛五千卷的文字　　197

□ 正堂

里面也同样全是白纸。

走入正堂，正前方的墙上挂着冯梦龙的官服像，而两边的墙壁上，则是放大了的"三言"插图。正堂的另一侧，则被布置成了卧室的样子。

总体看上去，这处冯梦龙故居建造得颇为用心，唯一的遗憾，是我未能在这里找到相关的介绍文字，因为我想了解这处复建的故居是否是在当年的原址之上。近一个小时的参观过程中，没有遇到其他游客，也同样没有遇到管理人员，因此我的疑问无处去请教。即便如此，能够在冯梦龙的家乡找到他的故居，这对我的寻访而言，已然算是完美。

回到苏州之后，在卜若愚先生的热情安排下，我等一同来到了一个雅静的场所，在这里又见到了马骥兄，以及苏州博物院的李军先生，同时我还请来了苏州才子王稼句兄。王兄问及我今日的寻访情况，我向他逐一汇报今日所得，当他听到冯梦龙故居时，竟然张口就告诉我:"那是个假的!"

他的这句话让在坐者都吃了一惊,我马上向他请教细节。王兄告诉我等,苏州有一位老干部对冯梦龙特别痴迷,他搜集了跟冯梦龙有关的大量史料,唯一的遗憾就是无法确认冯梦龙故居原址在哪里。虽然此前也有不同的说法,比如说在苏州的某条小巷之内,但那些说法却得不到资料佐证,而这位老干部就多方联系,希望能建起一所冯梦龙故居,最终黄埭镇接下了这个项目,于是就在那里建起了这处故居。

稼句兄的这个说法让我大感沮丧,跑了这么远的路,竟然是这样一个结果,然转念细想,苏州当地这么多人研究冯梦龙,至今都无法确认他的故居以及他的墓葬,而这样一位著名的文学家,怎么也不应该了无痕迹地消失在这片大地上,能有这样一处故居去寻访,不也是对这位前贤很好的一种纪念吗?一念及此,所有的沮丧瞬间消散。

李渔：果是佳人不嫌妒，美味何尝离却醋

李渔是明末清初一位奇特的人物，关于他个人生平记载，相关史料较少，清李桓《耆献类征》中载有王廷诏给李渔所作小传："李渔，字笠翁，钱塘人，流寓金陵。著《一家言》，能为唐人小说。吴梅村所称精于谱曲，时称'李十郎'。有《风筝误》传奇十种，及《芥子园画谱》初、二、三集行世。"

看来他主要的成就是在戏曲方面，另一项受人瞩目的创作就是

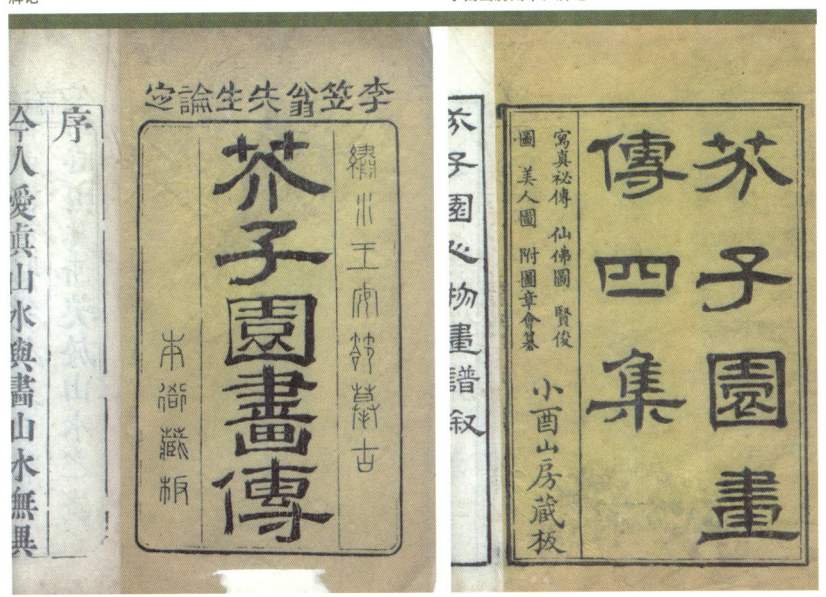

◻ 李渔撰《芥子园画传初集》五卷，清康熙十八年李渔刻本，牌记

◻ 李渔撰《芥子园画传四集》四卷，清嘉庆二十三年小酉山房刻本，牌记

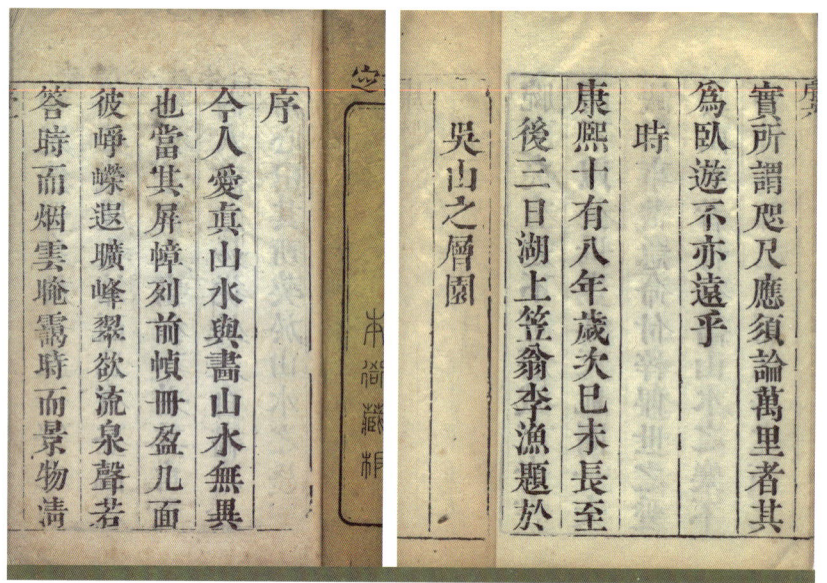

□ 李渔撰《芥子园画传初集》五卷,清康熙十八年李渔刻本,李渔序言一

□ 李渔撰《芥子园画传初集》五卷,清康熙十八年李渔刻本,李渔序言二

《芥子园画谱》,清光绪《兰溪县志》卷五中也称李渔:"最著者词曲,其意中亦无所谓高则诚、王实甫也。有《十种曲》盛行于世。当时李卓吾、陈仲醇名最噪,得笠翁为三矣。论者谓'近雅则仲醇庶几,谐俗则笠翁为甚'云。"

　　李渔没有考取什么功名,为了生活,他就开始搞戏曲创作,对于作曲这件事,李渔有着自己的看法,他在《闲情偶记》中有过这样一段论述:"填词一道,非特文人工此者足以成名,即前代帝王,亦有以本朝词曲擅长,遂能不泯其国事者。请历言之。高则诚、王实甫诸人,元之名士也,舍填词一无表见。使两人不撰《琵琶》《西厢》,则沿至今日,谁复知其姓字?是则诚、实甫之传,《琵琶》《西厢》传之也。汤若士,明之才人也,诗文尺牍,尽有可观,而其脍炙人口者,不在尺牍诗文,而在《还魂》一剧。使若士不草《还魂》,则当日之若士,已虽有而若无,况后代乎?是若士之传,《还魂》传之也。

此人以填词而得名者也。"

在这里，他举出了高明、王实甫等元代著名的剧作家，他说这二人受到后世的关注，主要原因就是他们创作了《西厢记》《琵琶记》这样的著名剧作。同时他又提到汤显祖，认为汤虽然是个文士，也有很多诗文受到人们喜爱，但说到底，汤的名声还是因为有《还魂记》，因此他觉得，戏曲创作并非小道："由是观之，填词非末技，乃与史传诗文同源而异派者也。"

显然，李渔的家乡兰溪不会有这么多的剧本需求，于是他就移居到了杭州，在这里专门以创作戏曲和造园为生。他的著名作品《闲情偶记》中专门有"居室部"，可见其在这方面也有着系统的研究。在杭州期间，他创作了《怜香伴》《风筝误》等传奇，同时还写了《无声戏》《十二楼》等小说，他在杭州的业务开展得十分顺利，有的剧本还没有写完，戏班子就开始排演，可见他的作品是何等的受欢迎。

但也正因为如此，李渔的烦恼来了，那个时代显然没有制定出版权法，故而他的作品被一些不法书商大量翻刻，这类翻刻之书为了降低成本，刊刻水平极差，且用纸也很糟糕，更为重要者，这些翻刻的畅销影响到了李渔正版的销售，当时李渔家有几十口人，全部指靠着他通过创作戏曲和造园赚的钱来生活。不法商人的做法损害了李渔家的利益，他的气愤可想而知，李渔甚至把他的愤懑写入了《闲情偶记》中："至于倚富恃强，翻刻湖上笠翁之书者，六合以内，不知凡几。我耕彼食，情何以堪！誓当决一死战，布告当事！"

看来，李渔为了保护自己的著作权，准备与那些不法出版商决一死战，然而当时江南的出版中心不是在杭州，而是在今日的南京，他的盗版书也大多数是从这里出炉者，为了便于维权，同时也为了让自己的作品更加畅销，于是李渔在清康熙元年把家搬到了当时的金陵。关于他搬家的动机，李渔在《与赵声伯文学》一信中写得很明白:"弟之移家秣陵也,只是拙刻作祟,翻板者多,故违安土重迁之戒,以作移民就食之图。"

李渔在金陵的家最初是在金陵闸附近,此后搬到了周处台,他在这里把自己的新居称之为芥子园,在《芥子园杂联序》中说:"此予金陵别业也,地止一丘,故名'芥子',状其微也。往来诸公,见其稍具丘壑,谓取'芥子纳须弥'之义。"

芥子园不仅仅是李渔一大家子的住处,也是他的创作地点,为了能够销售自己的作品,他在这里还开了个书铺,书铺的名字也叫芥子园,而历史上极具名气的《芥子园画谱》就出自这里。据说,李渔来到南京后,带着他女婿到处跟那些盗版书商交涉,果真收到了一定的效果,同时为了以正视听,李渔也开始在这里精益求精地刊版刻书。黄摩西在《小说小话》中说:"曾见芥子园四大奇书原刊本,纸墨精良,尚其余事。卷首每回作一图,人物如生,细入毫发,

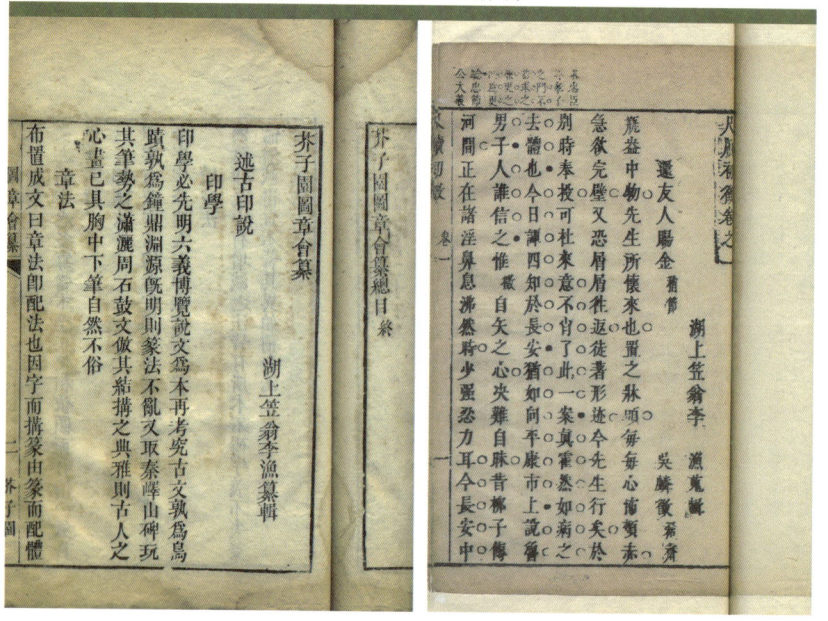

□ 李渔撰《芥子园图章会纂》,清嘉庆二十三年小酉山房刻本
□ 李渔辑《尺牍初征》十二卷,清顺治十七年序翼圣堂豹变斋合刻本

远出近时点石斋画报之上,而服饰器具尚见汉家制度。"

而对于芥子园的出版物,赵海霞在《李渔》一书中评价说:"李渔及芥子园编辑出版的书,纸墨精良,美观大方,而且注意插图,做到图文并茂,因而备受欢迎,驰名天下。"更为重要者,李渔在这里刊刻了《三国演义》《水浒传》《西游记》《金瓶梅》,而后他把这四部书并称为"四大奇书",他的这个说法一直沿用到了后世。

可能是为了上下游通吃,李渔除了创作剧本之外,还组成了一个戏班子,由这个班子排练他的作品,而后到各地去演出,可见芥子园的业务很广泛。

在戏剧理论方面,李渔也有着自己的贡献,比如他认为一出戏要写得好,必须要在结构方面下工夫,《闲情偶记》词曲部专门有一节,名称就是"结构第一",他在此节中称:"未有命题不佳,而能出其锦心,扬为绣口者也。尝读时髦所撰,惜其惨淡经营,用心良苦,而不得被管弦、付优孟者,非审音协律之难,而结构全部规模之未善也。"

李渔认为,一出戏的结构不好,其他的问题就很难谈。在传统的观念中"填词首重音律",而李渔却说"而予独先结构"。关于结构的重要性,其实并非李渔的发明,比如元代戏曲家乔吉就曾说:"作乐府亦有法,曰凤头、猪肚、豹尾六字是也。"(陶宗仪《南村辍耕录》)为什么要这样呢?陶宗仪在《辍耕录》中对乔吉的话作了如下的解释:"大概起要美丽,中要浩荡,结要响亮,尤贵在首尾贯穿,意思清新。"

而李渔的结构概念显然就是发挥了乔吉之所言。但相比较而言,李渔的创作要比以上的笼统概念详细很多,比如对曲中的用字,他就提出了这样的要求:"切忌一句之中连用二、三、四字,盖曲到上声字,不求低而自低,不低则此字唱不出口。如十数字高,而忽

有一字之低,亦觉抑扬有致;若重复数字皆低,则不特无音,且无曲矣。"(《闲情偶记·词典部·音律第三》)

除此之外,他还有很多的具体理论在,可见,他不仅仅是作曲,同时也研究戏曲的内在规律,故而麻文琦、谢雍君、宋波合著的《中国戏曲史》中评价说:"李渔从舞台实际出发,对以往文人剧作只重音律,漠视戏剧性、情节性的通病,旗帜鲜明地提出'结构第一'的观点,以'立主脑'、'脱窠臼'、'减头绪'、'戒讽刺'、'戒荒唐'、'审虚实'等基本创作原则为支柱,架构起宏大的戏曲创作理论体系。'结构第一'的中心内容是对戏曲叙事完整统一的重视和强调。"

既然有如此宏大的戏曲理论,那李渔创作的戏曲是否符合他的理论呢?至少《中国戏曲史》不这么认为:"李渔虽然在理论上建树极高,但他的创作却和自己的观点严重脱节,他把戏曲视为寓教化于娱乐的手段,以舞台为劝善惩恶的工具,创作目的在于'点缀太平'、'规正风俗'、'有裨风教'。"为何会产生这样的反差呢?

□ 李渔撰《蜃中楼》,清康熙刻《笠翁传奇十种》本,卷首　　□ 李渔撰《奈何天》,清康熙刻《笠翁传奇十种》本,插图

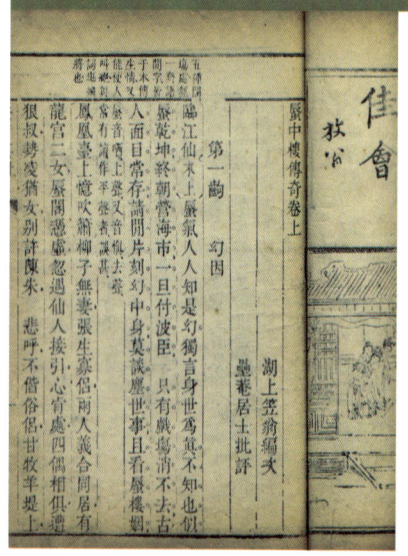

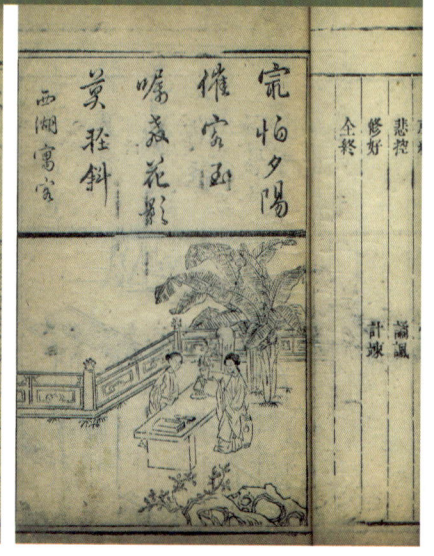

《中国戏曲史》对他所作《笠翁十种曲》给出的总评是这样的："尽管戏剧性很强，但都成就不高，技巧上有追求离奇巧合的斧凿痕迹，内容上反映着他力图把道学和风流相结合的创作倾向，印证着他'借三寸枯管，为圣天子粉饰太平；揭一片婆心，效老道人木铎里巷'的卑微品格和趋世媚俗的道德修养，这是作为一个戏曲大家的可悲之处。"

其实我觉得，李渔对创作戏剧的态度，主要还是站在市场来考量，所以他所创作的戏曲被俞为民先生在《李渔评传》中给予这样的评价："李渔编辑戏曲剧本的主要目的是'砚田糊口'，因此，他的戏曲创作带有明显的商业倾向。为了博得观众的欢迎，获得较好的经济收入，他在剧作内容上必须迎合观众的欣赏情趣。"同时，本评传中引用了李渔所作的《风筝误·释疑》：

> 传奇原为消愁设，费尽杖头歌一阕。
> 何事将钱买哭声？反令变喜成悲咽。

在这里李渔说得很明确，他创作戏剧就是为了让观众开心解闷。但是从他创作的具体戏剧来看，李渔也讲求人和人之间的真情，哪怕是有着三宫六院七十二嫔妃的皇帝，也被他写成了一位情种，比如《玉搔头》。本剧的主角是明正德皇帝，在剧中李渔让正德皇帝说出了这样一段话："从来富贵之人，只晓得好色宣淫，何曾知道男女相交，全在一个'情'字。"如此重情的话出自皇帝之口，倒让人多少有点难以置信，尤其这位皇帝因为微服私访，竟然爱上了一位妓女。

故事中的妓女叫刘倩倩，正德皇帝微服私访时与她在大同相识，而后动了真情，两人订了婚约，皇帝赠送给了刘一件玉搔头。皇帝回到宫中后依然惦记着倩倩，为此进行了第二次微服私访。这次正赶上漫天大雪，寒风凛冽，身边的随从劝他不要在这么寒冷的天气里出行，但皇帝竟然说："他既有这般情意，寡人就是为他冻死也甘心。"这等的重情重义，让人听了是何等的感动。而后皇帝又接着说："万一有了差池，我也拼一死将他殉，做了九泉下两痴魂。"感情深到这样的份上，真让人觉得这个皇帝是如此的可爱。

李渔的其他几部传奇也大多是谈男女之情，当然了，李渔是一个男人，他当然要以那个时代的男人观念上来解读天下的是非，比如他所作的《慎鸾交》和《怜香伴》，内容都是妻子主动替丈夫纳妾，我不知道这算不算是男人的梦想，但至少听来倒是很有诱惑力。而他写的《凤求凰》，则是写三个女人争一个男人的故事，这也很让人神往。

李渔所作的《奈何天》，如果从内容来说，倒是具有批判性。此剧的男主角名为阙里侯，李渔让此人长得丑陋无比，并且蠢笨无比，然而却是位大富豪。这位阙先生啥都缺，就是不缺钱，也正因为不缺钱，所以能够横通于天下，连娶了三位美女，比如他娶第一位邹氏时，邹氏嫌他长得太过丑陋，拒绝跟他同房，于是这位阙里侯就

□ 李渔撰《凤求凰》，清康熙刻《笠翁传奇十种》本，卷首

□ 李渔撰《凤求凰》，清康熙刻《笠翁传奇十种》本，插图

对邹氏说:"不是我夸嘴说,只怕没有银子,若有大块银子,莫说你这样的妇人,就是瑶池仙子,月里嫦娥,也买得她下来。我对你拍个手掌,你若不肯出来,我就去另娶,若不娶个绝世佳人,比你更强几倍的,我就不姓阙!"

看来,这位阙里侯认为只要有钱,没有办不到的事。事实证明他说得也没错,而后他又娶了两位美女,皇帝还给他封了官,甚至玉皇大帝都派来了变形使者,让他脱胎换骨变成了俊男,最后活脱脱成了一个高富帅。看来,正是应了那句俗语——钱可通神。

除了戏剧创作,李渔也喜欢填词,他的词集名称叫《耐歌词》,这个名称有点儿怪异,于是李渔在该词集的序言中作了如下解释:"因填词一道,童而习之,不求悦目,止期便口,以'耐歌'二字目之可乎?所耐惟歌,余皆不耐可知矣。昔郭功父自诵其诗,声震左右,既罢,问东坡曰:'有几分来地?'东坡曰:'七分来是读,三分来是诗。'予词之耐歌,犹功父之诗在便读。"

在这里李渔认为自己的词能够朗朗上口即可,不要求写得多么漂亮。为什么这样呢,他又引经据典,谈到了郭功父的一段掌故。某天郭功父向东坡高声朗诵自己的诗作,看来这位郭功父是个男高音,中气也足,读得声震左右,然后他问东坡自己的词能给几分评价,没想到东坡给了他十分,而后解释称这十分中间,七分是他读得好,三分是诗写得好。其实这本是一句讽刺调侃的话,而李渔对此用典说,自己的词就如郭功父,只是唱起来好听,因此,俞为民在《李渔评传》中说到李渔的词时,给了这样的评价:"从整体上看,李渔的词的成就不如他的诗,题材狭窄,境界不高,然其词作的艺术风格在清初词坛上自具特色。"

但俞为民也称,李渔词作的一大特色就是构思新颖,而后举出了《相思引·暑夜闻砧》:

何处砧声弄晚晴,询来知为寄长征。时方挥汗,先虑陟层冰。若使秋来方动杵,几时将得到边城。砧敲暑夜,才是断肠声。

这首词倒是写得朗朗上口,只是有较浓的元代曲子风格,而他作的《满庭芳·相思味》就更口语化:

一种相思,几般滋味,不经尝遍谁知?乍逢情淡,淡亦味滋滋。及至交深病起,甘心受、只觉如饴。淡加甜,如白受采,文质两相宜。

后来增一味,无中觅有,自乞邻醯。一酸随变苦,渐觉难支。万种猜疑毕集,姜同醋、永不相离。到如今、酸甜苦辣,才是和匀时。

除了语言上的特色,李渔所作之词也有着题材上的开拓,比如他作的一首《归朝欢·喜醋》,是专门谈女人的吃醋:

果是佳人不嫌妒,美味何尝离却醋。不曾薄幸任他嗔,嗔来才觉情坚固。秋波照常顾,司空见惯同朝暮。最堪怜,疑心暗起,微带些儿怒。

他怒只宜伴恐怖,却似招疑原有故。由他自妒一场空,冤情默雪无人诉。芳心才悔误。远山边,收云撤雾,才有诗堪赋。

按照传统的观念,女子的妒本是"七出"之一,这是很严重的事情,但李渔却觉得女人吃醋也未必全是坏事,他认为美食如果离开醋,就难以有美味,而生活也是如此,所以女人的嫉妒,也有如甜蜜生活的一种佐料。李渔不仅是填词,同时他也有着词学理论的探索,他曾作过一篇《窥词管见》，此文虽然不长，仅有二十二则，但却能看出他对一些问题的看法，比如第一则："作词之难，难于上不似诗，下不类曲，不淄不磷，立于二者之中。"

他认为作词最重要的地方就是不要像诗，也不要像曲，必须与两者有区别，可是他的词作却好像并没有做到这番理论。

李渔又认为文字要有所创新，词尤其如此："文字莫不贵新，而为词尤甚，不新可以不作。"（《窥词管见》第五则）

接下来他又将"新"作了三个门类的划分："意新、语新，而又字句皆新，是谓诸美皆备，由《武》而进于《韶》矣。"（《窥词管见》第六则）

那这三"新"又怎样解释呢？李渔又说了这样一段话："所谓意新者，非于寻常闻见之外，另有所闻所见，而后谓之新也。即在饮食居处之内，布帛菽粟之间，尽有事之极奇，情之极艳，询诸耳目，则为习见习闻，考诸诗词，实为罕听罕睹，以此为新，方是词内之新，非《齐谐》志怪、《南华》志诞之所谓新也。"（《窥词管见》第五则）

相较于他的词作，后世更看重李渔所创作的戏剧，对于李渔创作的戏剧，后世有着不同的评价，比如清杨恩寿在《词余丛话》中就说："位置、角色之工，开阖、排场之妙，科白、打诨之宛转入神，不独时贤罕与颉颃，即元、明人亦所不及，宜其享重名也。"

杨恩寿认为李渔的剧作各个方面都安排得很好，这也正是他过人之处吧。可是后世在评价作品的同时，总会将作者的人品联系在一起，清康熙间刘廷玑撰的《在园杂志》卷一中就有这么一段话："李笠翁一代词客也，著述甚伙，有《传奇十种》《闲情偶寄》《无声戏》《肉蒲团》各书，造意创词皆极尖新，沈宫詹绎堂先生评曰：聪明过于学问。洵知言也。但所至，携红牙一部，尽选秦女、吴娃，未免放诞风流。昔寓京师，颜其旅馆之额曰：'贱者居'，有好事者戏颜其对门曰：'良者居'。盖笠翁所题本自谦,而谑者则讥所携也。然所辑诗韵颇佳,其《一家言》所载诗词及《史断》等类,亦别具手眼。"

刘廷玑也认为李渔的创作水平绝对是那个时代的一个高峰,无论其剧作还是小说,都有着创新。刘又引用沈绎堂对李渔的评价,沈认为李渔人很聪明,但学问却一般,刘廷玑认为这句评价有道理,而后说李渔整天混在女人堆中,行为太过风流,李渔来到京城时,在其所住的馆舍门额上写着"贱者居",这至少说明李渔也知道别人对他的评价。而刘廷玑则把这个宅号解释为李渔的自谦。

对李渔的行为持贬斥态度的还有袁于令,其在《娜如山房说尤》卷下中称:"李渔性龌龊,善逢迎,游缙绅间,喜作词曲小说,极淫亵。常挟小妓三四人,子弟过游,使隔帘度曲,或使之捧觞行酒,并纵谈房中,诱赚重价,其行甚秽,真士林所不齿者也。予曾一遇,后遂避之。"袁于令把李渔说得很不堪,经过他的描述,李渔的人品没有一样可称道者。

不知道这位袁于令所说的是事实还是他的偏见,但李渔的女婿沈因伯却对老丈人夸赞有加:"妇翁一生,言人所不能言,言人所不敢言,当世既知之矣。至其言人所不肯言与不屑言,则尚未知之也。如'朋友虽亲终让嫡,我费杖头人亦费'、'最愁听处是无钱,若还我有君先有'等句,皆人所不肯言者。"到底是身边的人,沈因伯特别了解李渔的个性,他说老丈人才气很高,能够说出别人说不出的话,同时老丈人胆子也很大,敢说别人不敢说的话。

然到了现当代,不知为何,有不少的人都说鲁迅对李渔评价不高,这种论点的依据应当是出自鲁迅的《从帮忙到扯淡》一文,该文中有着这样一个段落:"就是权门的清客,他也得会下几盘棋,写一笔字,画画儿,识古董,懂得些猜拳行令,打趣插科,这才能不失其为清客。也就是说,清客,还要有清客的本领的,虽然是有骨气者所不屑为，却又非搭空架者所能企及。例如李渔的《一家言》，袁枚的《随园诗话》，就不是每个帮闲都做得出来的。必须有帮闲之志，又有帮闲之才，这才是真正的帮闲。如果有其志而无其才，乱点古书，重抄笑话，吹拍名士，拉扯趣闻，而居然不顾脸皮，大摆架子，反自以为得意，——自然也还有人以为有趣，——但按其实，却不过'扯淡'而已。帮闲的盛世是帮忙，到末代就只剩了这扯淡。"

细品这句话，其实文中并无对李渔有什么贬意，我倒觉得他是夸李渔的《一家言》有着颇不易达到的才气，而他的弟弟周作人在评价李渔时，也无丝毫的贬意，他在评《闲情偶记》时，说了这样一段话："李笠翁虽然是一个山人清客，其地位品格在那时也很低，落在陈眉公等之下了，但是他有他的特别的知识思想……非一般文人所能及。"无论怎样，在中国的历史上，有了李渔这么一个人物，给这个世间多了一些快乐，仅凭这一点，后人就不应当忘记他，也不应当站在后世的观点，跨越时空地对他提出这样那样的指责。

李渔的芥子园位于江苏省南京市老虎头1号附近。本程的寻访总计在南京住了三天，其中第一天是麻烦顾正坤先生，由他开车带我跑几个地方。顾兄特别热情，也特别耐心，但他的这种好脾气遇到了我这种急躁之人，就变得让我越发的不能忍耐。他每过一个红绿灯都会左顾右看，明明黄灯还没亮起，他已经稳稳地停在了路口，若是我，哪怕是黄灯，也是一脚油门冲过去。我当然不是拿自己的恶习当理说，冷静的时候，心里很明白顾兄的做法绝对正确，可是在寻访的过程中，我本能地会越跑越急，于是决定第二天不再麻烦他，独自打车寻访。

打车前往老虎头，寻找萧衍旧居和李渔的芥子园。司机没开出多远就告诉我到地方了，然而我下车一看，却完全没有痕迹，只好边走边问，没想到的是越走越远，步行的路径已经超过了刚才打车的距离。按资料记载,芥子园在老虎头1号,然而此号今天已变成了一片宿舍楼,已无丝毫遗迹可寻,猛然间在老虎头1号马路对面看到了"王伯沆周法高纪念馆",此馆约十年前我曾来访过,并且在馆内遇到了王伯沆之女暨周法高之遗孀,她向我讲述了有两个小时的往事,尤其印象深刻的这两个小时是我跟她一直站在客厅内面对面说话,当时脑子中不断闪动的念头,按今天的说法叫PK,难道我还PK不过一个老太太的站功,这场PK最终以我的告辞而结束。今重游此地,大门紧锁,可能是她老人家又回台湾了,记得当时她告诉我,她每年有一半时间在大陆,一半时间在台湾。距上次与老太太相见已经有了十年以上的时间,记得上次来时此馆处在城墙边的一个小胡同内,而今却变成了一片现代的楼房,马路也比当时宽了数倍,只是在这些楼房的映衬下,纪念馆越发显得破旧而矮小。

□ 终于看到了这块铭牌

□ 王伯沆周法高纪念馆

寻访芥子园遗址是这样的一个结果,让我还是有些失落,站在那思索一番,猛然想起来,萧衍旧居光宅寺就在周处读书台附近,而历史资料记载,芥子园也在这个附近,我想当年芥子园的生意很红火,除了家中的几十口人,他还有戏班子,同时办有书店以及刻书作坊等等，如此推论出来，周处读书台附近的一片房屋应该有不少都是在李渔故居的范围之内。一念及此，终于有探访目标，我决定继续去寻找周处读书台。

虽然有了目标，但寻找也没那么容易，一番打听，终于得知了读书台的具体方位，但按指路人给我指明的方向，前行的路径却无法通过。无奈又重新回到刚才问路的地点，无意间看到路边有一个烧饼铺，此时已过午，饥肠辘辘，烧饼飘过来的香气竟那样的诱人，于是走近细看，此烧饼有三种口味，甜、咸和无味，各买一个，而后我就站在烧饼铺的门口，张开大嘴吃了起来，果真这三个烧饼各有各的风味在，没有品尝过的东西就随口下断语，这应当不是个好习惯。

看来这个烧饼真的应该吃，这不仅仅是为了果腹，我在吃的过程中，终于打听到了前往周处读书台的正确路径：原来入口处在江宁路的一条小巷内，烧饼摊主告诉我，那个小巷没有名称，但是有一处明显的标志，那就是"门口有一卖香烛的小摊"，其实刚才已在此路口走过一个来回，只是未曾注意到有一个香烛摊，民以食为天，在这里做出了最佳的诠释。

我感谢烧饼摊主指明了正确方向，正准备离开时，他又突然喊住我，告诉我说那个摊位平常并不在这里，只有到初一、十五才会出摊，我感谢了他的美意，还是决定前往一看究竟。边走边仔细观察，果真在一个小巷口的墙上用笔写着"买香烛请打电话……"。此巷极窄，两边都是墙，远远望去像一条死胡同，刚才就是因为这个原因而未走入，再次找到还是感觉不像能穿过，幸而迎面一女士走近，问其读书台所在，其未言语，顺手往身后一指，看来这里确实是能走过去的。

胡同的尽头是向下的几个台阶，所以从远处看上去始终觉得是堵死墙，下台阶右转进入一片破烂的街区，按门牌号找之，走出不

□ 老虎头44号

□ 由此窄巷穿过，即可找到读书台　　□ 终于看到了"周处读书台"

远即看到一破烂棚屋的墙上喷着黑字"老虎头44号"，这片房屋显然是私搭乱建的违建房，因为房顶是铁皮瓦的，还有两棵法国梧桐树穿房顶而出。门口坐着一个老太太在低头忙着什么，我问她44号在哪里？她头也不抬地说"这就是"，一副处变不惊的神态，我只好再问周处读书台所在，她还是不抬头，随手往前面一指。

于是继续前行，仅向前走出了几米，就看到了一个小胡同，我本能的感觉周处读书台就在这个胡同之内，于是向内走去，果真看到了一个用水泥做的门，门楣上写着"周处读书台"。

进内观之，是有六七户人家的大杂院，里面有三四个人，每人端着一碗面，边吃边聊天，院内有公厕，估计是无人清理，满院臭气熏天，然几个人吃得很畅快，说说笑笑的，这等的定力，让我钦服。众人看一位陌生人走入了院中，也完全没有搭理的意思，继续着他们的会餐与说笑。我冒昧地向他们打问读书台所在，其中一人用筷子顺手往前一指,我顺着筷子的方向看过去,原来是个杂乱的土堆。

这个土堆约有三四米高,上面也是盖着零乱的几间简易房,我自言自语地念叨着怎么会这么破烂,其中一个吃面者接话说:"对,就是这么破烂。"听他的口气,他很是为这个读书台的破烂而自豪。我估计这是一片等待拆迁的街区,应当是越破烂越有拆的机会。但是李渔的故居究竟处在周处读书台的哪个方位,我却完全无法确认,于是冒昧地向这几位吃饭之人请教,众人闻我所言,均摇摇头。

▢ 这个土堆就是读书台

从读书台出来,那个老太仍然在低头忙着什么,我走近好奇地看她一眼,赫然看到她在用手机发短信,这位老太太看上去有可能超过了八十岁,如此的与时俱进,真让我刮目。她背后小屋的破门上还贴着对联,其中一联已脱落,剩余的一联写着"太平盛世四季春",印证了幸福无标准这句至理名言。我还是再次中断了她的专注,向她证实这是否老虎头44号,她依然没有看我,用坚定的口吻说:"这就是。"

洪昇：万里何愁南共北，两心那论生和死

洪昇是清初著名的戏曲家，日本学者前野直彬在《中国文学史》中谈到清代的戏曲时，首先有这样一段概述："明代尚残存的杂剧和南戏两个系统，在北曲衰亡的同时，向着南戏统一了。到了清代，杂剧已成为历史的东西了。清建都北京，但在文化方面仍以江南为中心，北京上演的戏剧之中，主流也是与南戏结合的昆曲。"

按照前野先生的说法，到了清初，杂剧已经消失，戏曲界的主流成为了昆曲，而昆曲的来源同是杂糅了其他成分的南戏，这样的南戏有两部最著名的作品："在这种情况下出现的清代代表性的两部戏曲是洪昇的《长生殿》和孔尚任的《桃花扇》。两者都是南戏，作于清代前期的康熙年间。事实上，在这两部作品之后，清代再没能产生堪称出色的戏曲作品。所以这两部作品虽为清代所作，亦可视为明代流传下来的南戏系统的终结点吧！"在这里，前野直彬把《长生殿》和《桃花扇》视为清初南戏的代表作品。其实早在他之前，相关的论述就已经将两剧并称，而这两部戏曲的作者——洪昇和孔尚任也被并称为"南洪北孔"，清杨恩寿在《词余丛话》卷二中称："康熙时，《桃花扇》《长生殿》先后脱稿，时有'南洪北孔'之称。其词气味深厚，浑含包孕处蕴藉风流，绝无纤亵轻佻之病。"

虽然洪、孔并称，但二人相比较而言，似乎后世学者更认为洪在孔之上，吴梅在《顾曲麈谈》中说："南洪北孔，名震一时，而

律以词范，则稗畦能集大成，非东塘所及也。"为什么会有这样的评价呢？专家认为，从各方面成就而言，《长生殿》高于《桃花扇》，王季烈在《螾庐曲谈》卷二中说："余谓古今传奇，词采、结构、排场并胜，而又宫调合律、宾白工整，众美悉具，一无可议者，莫过于《长生殿》。"

对于洪昇的这部《长生殿》，评价最高者当属王丽梅，她在《曲中巨擘——洪昇传》中，给予了这样的赞誉："洪昇的戏曲作品现仅存《长生殿》传奇和《四婵娟》杂剧两部，其中《长生殿》是洪昇的代表性作品。《长生殿》是中国戏曲史上的集大成之作，其精深的曲学成就前无古人，后无来者，洪昇亦因《长生殿》而流芳千古。"

从洪昇的经历来看，他从事剧作有一定的偶然性。洪昇出生在一个世代官宦之家，洪家的祖籍原本在徽州婺源，到唐代时，迁到了饶州，从洪士良开始，其家又迁到了鄱阳㴩港村。经过洪士良的经营，其家渐渐发达起来，至其孙洪彦升和洪彦遏时，洪家由经商

□ 洪皓像

变为了书香门第。因为在北宋元丰八年，洪彦升考中了进士，而洪彦暹也在朝中为官，更为重要者，是洪彦暹的儿子洪皓成为了洪家最著名的人物。

洪皓的出名跟其特殊经历有很大的关系，他本是宋政和五年的进士，因为阻止宋高宗迁都建康而受到赏识，后来派他出使金国，而那个时代使金是十分危险的一件事。当时前往金国的使者，大多被金国扣留了下来，而洪皓也同样是这个结果。他在被扣留期间坚贞不屈，被扣留了十五年，直到绍兴十二年才因故返回，于是皇帝就把位于钱塘葛岭一带的后花园赐给了洪皓。从此洪家就迁到了杭州。

洪家到了元代衰落下来，然而到了明中早期，其家又再度兴盛，这跟洪钟有很大关系。洪钟是明成化进士，曾做过刑部和工部尚书，成为了朝中的显赫人物，他去世时，墓碑都是由王阳明所撰写。洪钟在世时，最大的爱好就是藏书，其实这个爱好从洪皓就已经开始。

洪皓在年轻时就大量买书，即使在他被金国扣留期间，仍然不

□ 洪楩像

断藏书之好，而洪皓的三个儿子也同样痴迷于藏书，这个爱好到洪钟身后仍然没有断绝。洪钟的孙子洪楩，更把洪家藏书之事发扬光大，他在洪家祖宅西溪建起了一座藏书楼，并且以先祖的书斋三瑞堂为藏书楼的名称，而洪楩正是洪昇的高祖。

洪昇出生时，没能赶上好时代，虽然对他出生的确切年份学界有不同的争论，郑振铎认为洪昇出生于清顺治十六年，刘辉认为是顺治十四年，而大多数学者则认为洪昇出生于顺治二年，显然这一年不是个好年份，洪家饱受战乱之苦，迅速地衰落下来。即便如此，洪家仍有大量的藏书，这些藏书对洪昇在开阔眼界方面有很大的帮助，使得他长大之后有多种爱好，比如作诗、填词、写曲等等。

顺治十六年，洪昇的父亲把毛先舒请到家中来做洪昇的家庭教师，这位毛先舒是当地著名的文人，他跟萧山毛奇龄、遂安毛际可并称为"浙中三毛"。毛先舒的才能曾受到陈子龙的赏识，然而他的学问更多者是在理学，因为他曾跟随刘宗周学习，估计他在教学时也曾给洪昇灌输心学观念。可惜洪昇志不在此，他喜欢填词，毛先舒对他多有规劝，但他还是跟当地的一些诗人交往密切。

在这个过程中，有一个人对洪昇影响很大，此人也是毛先舒的弟子，名叫吴仪一。这位吴仪一特别喜欢戏曲，他的这些观念影响到了洪昇。吴仪一号吴山，故后世多称其为吴吴山，他的经历颇为奇特。当年吴吴山与一位叫陈同的女子定婚，可是二人还没结婚，陈同就去世了。

这位陈同生前特别喜欢读《牡丹亭》，她边读边在书内写下自己的评语。陈同痴迷于此，经常一看就是通宵，她的母亲担心她为此生病，于是偷偷地把她的藏书烧掉了。但《牡丹亭》的上卷却幸运地留了下来，因为陈同把它压在了枕头底下。

陈同去世后，吴吴山看到了仅存上卷的《牡丹亭》，里面有大量的陈同批校，于是他把此书珍藏了起来。再后来，吴吴山娶了一位名叫谈则的女子,此女看到这册《牡丹亭》后十分喜爱,但她遗憾于仅存了上卷,于是她一笔一笔地把下卷补写出了一本,并且在上面也写上自己的评语。

可惜的是,结婚后的第三年,这位谈则也病逝了,吴吴山又娶了一位名叫钱宜的女子。钱宜看到了前两任评点的《牡丹亭》,也同样十分喜爱,于是她也在该书中写上自己的评点之语。等写完之后,她把这三人评点的《牡丹亭》筹资刊刻了出来,这就是后世很有名气的《吴吴山三妇合评牡丹亭还魂记》。

由这件事可知,吴吴山是何等的酷爱戏剧,他的这个爱好当然影响到了洪昇,后来洪昇写《长生殿》,也时常跟吴吴山商议细节,同时《牡丹亭》也是洪昇特别喜爱者。比如洪昇的女儿洪之则,在给《三妇评〈牡丹亭〉杂记》所写的跋语中称:"予又闻论《牡丹亭》时,大人云:肯綮在死生之际。记中《惊梦》《寻梦》《诊祟》《写真》《悼殇》五折,自生而之死;《魂游》《幽媾》《欢挠》《冥誓》《回生》五折,自死而之生。其中搜抉灵根,掀翻情窟,能使赫蹄为大块,

□ 洪园寻访

踯躐为造化，不律为真宰，撰精魂而通变之。语未毕，四叔大叫叹绝。"

这段话中所说的"大人"，当然指的是洪之则的父亲洪昇，而文中提到的"四叔"，指的就是吴吴山。因此，洪昇创作《长生殿》，他把"情"字作为该剧的着眼点，显然是受了汤显祖《牡丹亭》的影响。

洪昇虽然有着广泛的爱好，但毕竟在那个社会，科举才是正统的出身。康熙七年，已经

□ 正在看书的洪昇

二十四岁的洪昇，来到了北京，前往国子监当学生。这个学习过程对洪昇而言并不顺利，他几次返回家乡，游览数番之后，仍然返回了北京。康熙十二年底，洪昇第二次返回北京国子监时，受到了国子监司业李天馥的赏识，此后他成为了李家的座上宾。

这段经历对洪昇特别重要，因为他通过李天馥认识了王士禛，自此，他拜王为师，成为了渔洋山人的弟子。他又通过王渔洋结识了徐乾学、高士奇等许多一流的大文人，不知是否因为这些交往让他耽误了学业，总之，他始终未能考得功名。康熙十七年，朝廷开考博学鸿词科，已经返回家乡的洪昇，觉得这是个好机会，他带着一家八口再次来到了北京，可惜仍然榜上无名，于是他住在京城，继续撰写着那著名的《长生殿》。

《长生殿》的创作过程长达十几年，洪昇三易其稿，而前两稿的名称也不叫《长生殿》，这个转换过程，洪昇将其写在该书的《例言》

□ "洪园余韵"铭牌

中:"忆与严十定隅坐皋园,谈及开元、天宝间事,偶感李白之遇,作《沉香亭》传奇。寻客燕台,亡友毛玉斯谓排场近熟,因去李白,入李泌辅肃宗中兴,更名《舞霓裳》,优伶皆久习之。后又念情之所钟,在帝王家罕有,马嵬之变,已违凤誓,而唐人有玉妃归蓬莱仙院、明皇游月宫之说,因合用之,专写钗合情缘,以《长生殿》题名,诸同人颇赏之。乐人请是本演习,遂传于时。盖经十余年,三易稿而始成,予可谓乐此不疲矣。"

由这段话可知,洪昇创作此剧的动机是感慨于唐开元天宝年间李白的遭遇,于是他就以这个故事写出了一部名为《沉香亭》的传奇。洪昇来到北京之后,在其朋友毛玉斯的劝说下,对剧本做了大的调整,去掉了主角李白,而把李泌辅佐唐肃宗中兴的故事加了进去,同时将剧名改为《舞霓裳》。再后来,他又感觉到皇帝中把感情集于一人之身者很少,于是他又把该剧的主旋律改成了唐明皇和杨玉环的故事，同时将剧名改为《长生殿》。

由此可见，此剧的最初设想跟最终的完成，在内容和主旨上都有很大的差异，而这其中有哪些部分变化较大呢？近代戏曲大师吴梅，对《长生殿》进行了仔细地校勘，而后他得出了这样的结论："书凡三易稿，始名《沉香亭》，继《舞霓裳》，最后乃定今名。《沉香亭》原文与屠赤水《彩毫》相类，删汰已尽，独《惊变》折'泣颜回'隐括《清平调》尚是旧稿。《舞霓裳》存留亦少，惟《舞盘》折及《重圆》折'羽衣三叠'，犹为昉思原词。伶人有一稿二稿三稿之说,盖谓此也。"

经过这样一番改写，《长生殿》有了全新的面貌，原本关于唐明皇和杨贵妃的故事，大多是斥责杨贵妃迷惑唐明皇，而唐明皇沉湎于女色，最终发生了"安史之乱"这样的大灾难。唐明皇在前往四川避难的路上，由于军队的逼迫，最终把杨贵妃勒死在马嵬坡。

历史故事大多讲到此处而结束，然而洪昇却在下半部分详写杨贵妃死后唐明皇的思念之情。来到成都后，唐明皇命一位水平很高的木匠，用香檀木雕成了杨贵妃像，而后将此像摆在宫中，唐明皇看到此像后，伤心欲绝，他后悔当时同意士兵们勒死杨玉环。这样的相思之情，让他希望自己能够早点离世，以便在黄泉下与杨玉环相见。《长生殿》中将这段细节演绎得十分细腻，而唐明皇的真诚忏悔得到了玉帝的恩准，于是他们二人共同进入了月宫。

洪昇在《长生殿》的开篇就写了篇《满江红》：

今古情场，问谁个真心到底？但果有精诚不散，终成连理。万里何愁南共北，两心那论生和死。笑人间儿女怅缘悭，无情耳。

感金石，回天地。昭白日，垂青史。看臣忠子孝，总由情至。先圣不曾删《郑》《卫》，吾侪取义翻宫徵。借太真外传谱新词，情而已。

这首词开篇就点明了本剧的主旨是强调一个"情"字,他努力地淡化红颜误国的色彩,极力地突出唐明皇和杨贵妃之间的真正情缘。显然,这样的别样写法广受观者喜爱,朱彝尊在给《长生殿》所写的序言中称:"钱塘洪子昉思,不得志于时,寄情词曲。所作《长生殿》传奇,三易稿而后付梨园演习,匪直曲律之精而已。其用意一洗太真之秽,俾观览者只信其神山仙子焉。方之元人,盖不啻胜三十筹也。"

朱彝尊认为,《长生殿》是替杨贵妃洗刷了污名。而吴作梅则有更高意境的解读,他认为洪昇写《长生殿》,更多者是发泄自己怀才不遇的一生:"昔陈子昂才名未高,于宣阳里中击碎胡琴,文章遂达宫禁。先生诗文妙天下,负才不遇,布衣终老。此剧之作,其亦碎琴之微意欤?世之人争演之,徒以法曲相赏,且将因填词而掩其诗文之名。孰知先生有龃龉于时宜者,姑托此以佯狂玩世,而自晦于玉箫檀板之间耶?"(《长生殿跋》)

《长生殿》公演之后,首先在北京引起了轰动,并且此剧又传入了宫中,玄烨看后,认为此剧演得很好,于是赏给了演员二十两白银。皇帝的赏赐当然引起了皇亲国戚与达官贵人的效仿,于是凡是有聚会都必演此剧,而其赏赐的数额也均以二十两白银为限。此事记载于清王应奎的《柳南随笔》卷六中:"康熙丁卯、戊辰间,京师梨园子弟以内聚班为第一。时钱塘洪太学昉思昇著《长生殿》传奇初成,授内聚班演之。圣祖览之称善,赐优人白金二十两,且向诸王称之。于是诸亲王及内阁大臣,凡有宴会,必演此剧。而缠头之赏,其数悉如御赐。先后所获殆不赀。"

而后不久,《长生殿》又在全国流传开来,吴吴山在给《长生殿》所写的序言中称:"蓄家乐者攒笔竞写,转相教习。优伶能是,升价什佰。他友游西川,数见此演,北边、南越可知已。"

此剧大获成功,袁行霈主编的《中国文学史》上对此评价说:"康熙剧坛上最成功、最有影响的作品是洪昇的《长生殿》和孔尚任的《桃花扇》。"

《长生殿》为什么有这么大的轰动呢？除了剧情吸引人之外，还有一个重要原因，就是该剧在曲调上十分合律。洪昇写完《长生殿》后，他特意请到了苏州有名的戏曲家徐麟帮他校正《长生殿》中的曲律，洪昇在《长生殿》的《例言》中称："予自惟文采不逮临川，而恪守韵调，罔敢稍有逾越。盖姑苏徐灵昭氏为今之周郎，尝论撰《九宫新谱》，予与之审音协律，无一字不慎。"

在这里，洪昇谦称自己所写的《长生殿》在文采上比不上汤显祖，但他却自负地称，《长生殿》的曲律肯定超过了《牡丹亭》。到了清末，梁廷楠也把《长生殿》认定为"千百年来曲中巨擘"，他在《藤花亭曲话》中评价到："如《定情》《絮阁》《窥浴》《密誓》数折，俱能细针密线，触绪生情，然以细意熨帖为之，犹可勉强学步；读至《弹词》第六、七、八、九转，铁拨铜琶，悲凉慷慨，字字倾珠落玉而出，虽铁石人不能不为之断肠，为之下泪！笔墨之妙，其感人一至于此，真观止矣。"

洪昇的《长生殿》为何如此讲求韵律的优美？孙康宜在其主编的《剑桥中国文学史》下卷中称："洪昇学诗师从王士禛，也许受到后者唯美精神与距离技巧的影响。他对情欲与艺术创造的肯定，对前朝风流的依恋，带着凄美的朦胧。"看来，《长生殿》曲律的优美正是因为洪昇受到了王渔洋性灵派诗风的影响。

然而前面提到洪昇对《牡丹亭》特别喜爱，于是乎，孙康宜主编的该书就将这两者做出了如下的比较："洪昇曾在《例言》中引梁清标的评语——梁说《长生殿》'乃一部闹热《牡丹亭》'。与《牡丹亭》相比，《长生殿》确实更让情欲'神话化'与'世俗化'，似乎有意超越前者。在《长生殿》里，情欲紧扣艺术创造（尤其是音乐），并因之上达天界，所谓'神话化'指此。与此同时，宫廷里的争荣竞宠、勾心斗角，又有似当时一般的一夫多妻家庭。表演的场景（第十六出《舞盘》）让我们联想到青楼文化，偷窥的宫女白描杨贵妃的裸体和她与唐玄宗的欢会（第二十一出《窥浴》），隐然有艳情小说的回响——这又使爱情显得'世俗化'。"

《长生殿》把爱情世俗化，这应当是它大受欢迎的主要原因之一吧。但是按照老子的观点——"祸兮福之所倚，福兮祸之所伏"，《长生殿》的迅速蹿红也必然埋下了很大的隐患。看来，洪昇是被胜利冲昏了头脑。

因为《长生殿》的大获成功，使得演出此剧的内聚班得到了很大实惠，这些人感激洪昇给他们带来的好运，于是演员班子提出，在洪昇过生日时，他们来一场义演，以此来招待洪昇的朋友们，此事记载于《柳南随笔》卷六："赖君新制，吾辈获赏赐多矣。请开宴为君寿，而即演是剧以侑觞。凡君所交游，当延之俱来。"

这个建议让洪昇很高兴，可惜的是，在康熙二十八年七月初十，康熙帝皇后佟氏去世了，当时全国哀悼，在北京禁止各种娱乐活动。这十几年来，洪昇一直住在北京，他当然知道这个消息，也明了相关的规定，但不知为什么，他却同意了内聚班的这个提议。就在全国哀悼期间，他举行这等大场面的戏剧演出，并且还请了一大帮在京的各级官员。

洪昇为什么这样有恃无恐呢？王丽梅在《洪昇传》中猜测说："康熙二十八年（1689）七月初十康熙帝皇后佟氏驾崩，至八月十五尚在服中，京师禁乐。然而洪昇却执意在这一天演戏，心中实际上是有盘算的。一方面，内聚班提供了这样一个机会，另一方面洪昇认为北党首领明珠和余国柱前一年已经被罢职了，南党正当权，更何况自己与南党也比较熟悉，所以有恃无恐，全然不顾禁戏之令。"

看来，洪昇错判了形势。

有位叫黄六鸿的人向皇帝举报了这件事，梁绍壬在《两般秋雨盦随笔》中称："黄六鸿者，康熙中由知县行取给事中入京，以土物并诗稿遍送名士，至宫赞赵秋谷执信，答以柬云：'土物拜登，大稿璧谢。'黄遂衔之刺骨。乃未几而有国丧演剧一事，黄遂据实弹劾。仁庙取《长生殿院本》阅之，以为有心讽刺，大怒，遂罢赵职；而洪昇编管山西。"

这段话是说，这位黄六鸿当年去巴结赵执信，没想到受到了赵的侮辱，为此怀恨在心，他听说赵也去参加了洪昇的生日演出，于是借机向皇帝弹劾赵执信。皇帝听后大为恼怒，把凡是观看此剧的官员一律撤职，同时被撤职者有五十多人，这就不单是赵执信一位了。

其实倒霉的这群人中，还有三位更倒霉者。一位姓陈的官员，

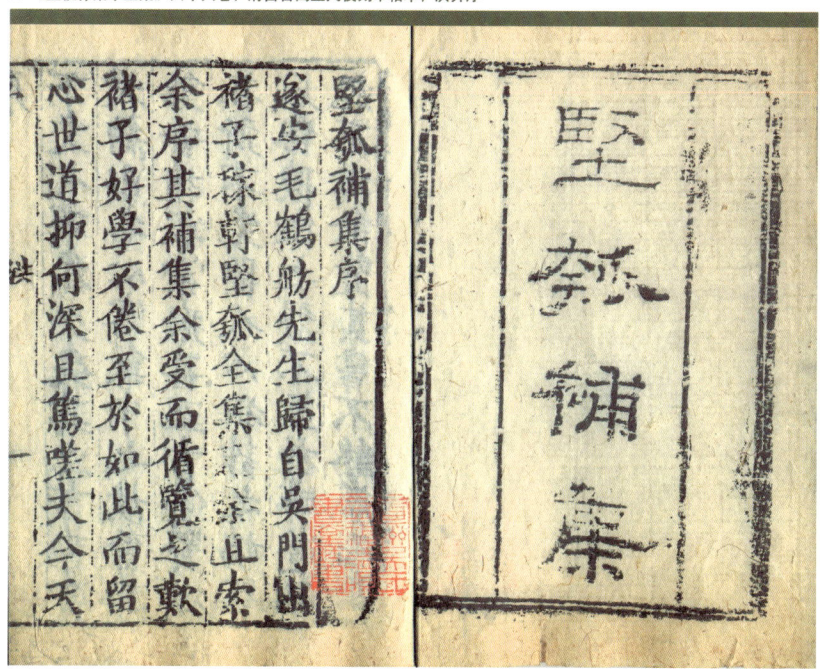

□ 《坚瓠补集十五集》六十六卷，清留香阁主人校刻巾箱本，洪昇序一

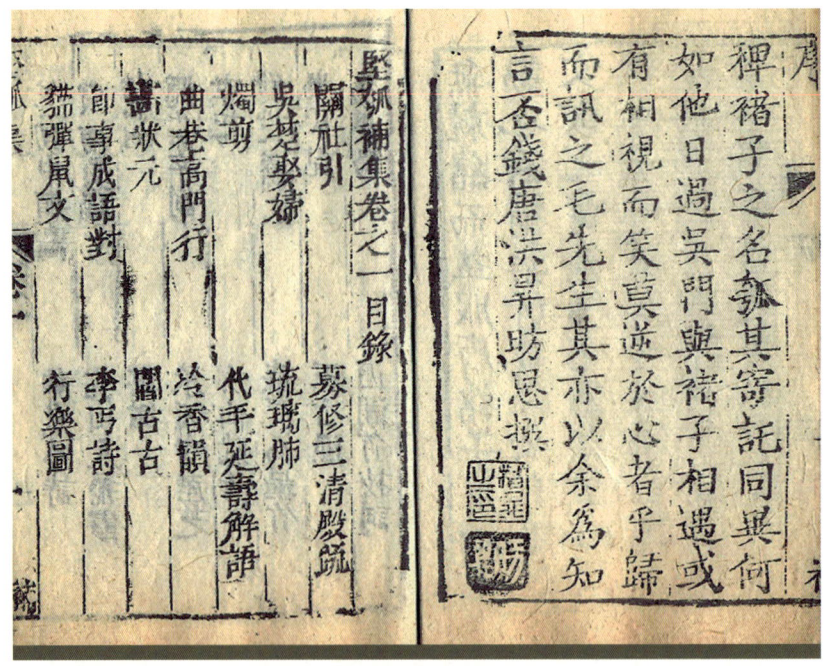

□ 《坚瓠补集十五集》六十六卷，清留香阁主人校刻巾箱本，洪昇序二

他本已在出京的路上，后来听说了这个演出，就返回观看，然而他在门口仅跟洪昇行了个礼，结果被人看到了。虽然他没有看《长生殿》，但也同样被免了职。另外两位则是查慎行和陈奕培，这二人虽然看了剧，但是黄六鸿的举报信中却漏了他二人的名字，故而没有在被弹劾之列，然而在审讯洪昇的过程中，洪昇并不知道黄六鸿究竟弹劾了哪些人，他就如实把观剧者的名字列了出来，于是查慎行和陈奕培也一并被革了国子监生籍。这件事情传到外面，使不明真相的人都在骂洪昇是个出卖朋友的小人，这让洪昇无从辩解。

前面提到玄烨也喜欢《长生殿》的演出，那他为什么大动干戈地要处分这么多人呢？王丽梅认为，这是玄烨借机清理朝中的党争。康熙二十七年，北党领袖明珠和余国柱被南党弹劾，二人被革职，但北党势力仍然很大，他们借机报复。因为洪昇跟南党成员交往密切，故而受到了这样的连累。

无论怎样，《长生殿》成为了一出名剧，历代的评价大多是夸赞之语，袁行霈主编的《中国文学史》对该剧有着这样的结论："《长生殿》结构细密，场面安排上轻重、冷热、庄谐参错，都是出于匠心经营，从而将传奇剧的创作推向了艺术的新高度。"

虽然如此，对于《长生殿》的评价也有着别样的声音，比如日本学者青木正儿在《中国近世戏剧史》中说："叶堂评之为'性灵远逊临川'者，确当不易之论也。其不及汤显祖也无论矣！即于才气一端，亦当逊孔尚任之《桃花扇》一席。"

青木引用前人的话，认为《长生殿》比不上汤显祖的《牡丹亭》，即使从才气来说，他也认为洪昇比不上孔尚任。为什么会有这样的认定呢？青木接着说："所乏者生动之趣致与泼辣之才气耳。"他认为，《长生殿》缺乏一种泼辣的气息。

但同样是日本学者的前野直彬，他却跟青木正儿的看法不同，前野在《中国文学史》中将《长生殿》和《桃花扇》作了这样的比较："《长生殿》是按照昆曲曲调填写歌词的。洪昇出身江南，精通音律。据说他作词时作了周密的考虑，使得歌词合调，演员易唱。对比之下，孔尚任则是孔子的后裔，出身山东，远离昆曲的诞生地江南，且似乎不太擅长音乐。据说他写《桃花扇》时，凡作一词，即让演员唱，修改难唱部分然后完成定稿。尽管作了那么大的努力，作为演唱用的歌词，尚有勉强之处仍在所难免。可以认为，《桃花扇》上演次数较少，这是一个很大的原因。"看来，任何一个作品越是有名就越会受到更多人的关注，而这种关注也就自然有着不同的声音。究竟《长生殿》能不能比得上《桃花扇》，那就让专家们继续争论下去吧。

洪昇纪念馆位于浙江省杭州市西湖区天目山路518号，西溪国家湿地公园西区。在酒店门口打出租，停在路边的一辆，司机正低头玩弄着手机,我敲玻璃,他摇下玻璃还没等我张口,就先说:"我不跑远道。"我转身走向后面的一辆车,开车门进去跟他商量我的路径,而第一辆车的司机又追了过来,不断地问我去哪里,我告诉他去哪儿都不会坐你的车。第二辆出租司机说,前一辆车是专门跑机场线的,不愿意拉散客,他见你坐在车内跟我商量,又后悔了,所以追了过来;这个司机又说自己是下午四点半交班,四点之前必须往回返。

这是我来杭州最头疼的事,每次打车都不能跑完目的地,司机解释说,他们也怕这件事儿,但晚交班一个小时就要给晚班司机四十块钱,而包车一小时仅六十元,扣除成本,基本挣不到钱,我说即如此,那加钱就可以了,比如八十元,他说这样当然好。

天气很阴沉,不停地下着细雨,车前的视线很不好,湿地公园在杭州的西北部,从地图上看,公园的占地面积很大。开到近前,连走了两个大门,问保安都说不知道这个纪念馆,只好开着车围着湿地公园转,走到西门,看到有"洪园"的指示牌,我感觉这可能

□ 洪氏宗祠正门

就是我所找的洪昇纪念馆。驶入西门的路，名叫"荆源路"，路上看不到行驶的车辆，停在西门口，让司机在此处等候，偌大的停车场只孤零零地停着我这一辆车。售票处有多个窗口，向里望去，仅一个工作人员在烤电暖气，他告诉我门票八十元，这么荒僻的公园，竟然是这个价格，超乎我的想象。

□ 宗祠正堂

□ 洪氏家族文化展

买票入内，偌大的公园，遇不到一位游客，沿着路旁慢慢找，在路边看到了"洪氏宗祠"的介绍牌，沿介绍牌前行二十米即看到了这个祠堂，祠堂的建筑格局有点像清代的衙门口，门的两侧各立着五个高高的旗杆，旗杆上面挂着黄旗，每个旗上都写着大大的"洪"字。进内转一圈，里面悬挂着洪氏列祖之像，正中的一个写着"杭州始祖 洪皓像"，上个月我刚刚去找过洪皓墓，在这里竟然又找到他的画像，这可是个意外所得。祠堂后面的一进房间，正在搞"杭州洪氏家族文化展"，展示着从宋到清八百年间，杭州洪氏在各方面的成就，里面用彩塑加布景和实物的方式，展现着洪氏家族各个重要阶段的三维场景。

出洪氏祠堂，继续寻找洪昇纪念馆，然而湿地公园内岔路极多，虽然每个岔路上都有指示牌，却单单找不到洪昇的字样，只好任意选一条路向深处走。远远的看到了一个人影，立即跑上前向她请教，从着装看，她应当是这里面的服务人员，看上去约二十岁上下的年轻女子，说话很有耐性，仔细地告诉我如何能转到这个纪念馆，可是我很担心连走两个岔口再找不到时又无人可打问，于是便试探地问她，可否替我带路，我愿意付劳务费，她笑了笑说，那你跟我走吧。沿路上她向我讲解着每一个院落的意义和故事。路过蕉园诗社时，她特地让我进去拍照一番。

这个诗社，是清代中期一个女诗人诗社，其中的主要人物有顾之琼、林以宁、钱凤纶、钱凤婉、柴静仪、徐灿和黄惠等，而黄惠正是洪昇之妻。这个院落正堂也是用彩塑立体地展现当时一群女诗人吟诗作赋的场景，我仔细看了这些彩塑，反而觉得婢女的神采要高于那群女主角，院落当中还有一个写意的雕塑，从外形看像一架古筝的变形。

在路上无意中路过洪梗藏书楼三瑞堂，这本是我要寻找之处，于是我想先到这里参观一番。转念思之，我若在这里参观完后再去找洪昇纪念馆，就不知如何前行了，于是记下这个地点，等我返回时再来这里参观。

由藏书楼前行一百余米，见到了一片阔大的水面，水面至少有几十亩地大小，正中用仿古的石条砌成江南常见的无护栏石桥，石桥的尽头就是一片仿古建筑，服务员告诉我沿着这个桥过去就到了洪昇纪念馆，我谢过服务员，笑着问她，带我走了这么远的路，应该付多少钱，她也笑了，对我说不收钱："看你挺不容易的，能省就省点钱吧。"我没在意过自己的形象，看来至少今天这个样子是挺可怜的，引起了这个女孩的同情。遇到这样的好心人，还是让我心中升起了暖意。

穿过石桥，走进纪念馆，然而门口却没有洪昇纪念馆这几个字，整个院落是合围式建筑，正堂是二层楼，两廊则为平房，正堂的门楣上，所悬之匾，名曰"啸月"。进内视之，正前方的位置，仍然是雕塑，形象是洪昇侧脸手持一本书，似乎正在吟唱，他上方的横梁上写着"曲家第一"，表明着他的身份；而另一侧墙上的图案，是一轮黄色黑边儿的月亮，至少有一人高，我对这个喻意不能明白。上到二楼，里面布置的场景像一个家庭舞台，两廊则是穿着戏装的雕塑，没有介绍文

□ 无栏杆的桥

□ 洪昇纪念馆内景

字，旁立一台电子显示屏，上面挂着一块牌子，写着"维修养护中"，而且戏装人物的背后，悬挂着一张投影用的幕布。

　　沿着纪念馆向外走，路过洪府，洪府是整个古建中的重点推介之处，所有的标牌都指示着洪府的前行路径，唯独没有这个洪昇纪念馆，按说洪昇在中国历史上对戏曲的贡献，也堪称是大师级的人物，看来当今的管理者不这么认为。在洪府的门口遇到了几位游客，这在公园内很是少见的情形，旁边停着两辆车，等着接这些人到下一个景点，看得出这是领导在参观。进入洪府的牌楼，后面也同样是大片的水面和中间的石桥，跨过石桥，走到洪府近前，里面的陈设却是仿古婚礼的喜庆场面，我对此没有太大兴趣，掉头出了门。

　　参观完洪府，我还惦记着洪梗的藏书楼——三瑞堂，于是沿着前

洪府

三瑞堂藏书楼远景

来的路往回走。走在这自然与人文相结合的区域内，听到的只有偶尔的鸟鸣声和自己的脚步声，实际上是一件很惬意的事，然而我到这来是有自己的目的，这样就失去了欣赏自然的雅兴。然后自然的美景还是让我下意识地欣赏一番，结果因为这样的欣赏，让我忘记了来时的路径，于是在那片旷野中东张西望，看来今天的运气真好，此刻又遇到了一位服务员，请她带领我前往寻找三瑞堂。这位服务员很爽快地带我前往。如此想来，这个景区虽然门票有些贵，但人性化的服务还真是很到位。

　　三瑞堂是两层建筑，门口的台阶上还铺着红地毯，红地毯的前面有着几百平米的草坪，我找不到前行的路，只好踏入草坪中，台阶的旁边立着"草坪禁止践踏"的警示牌，可是我看了一圈却找不到走到路前的正路。楼门大敞着，进里面观之，却是现代化的装修风格，大厅里摆着一些展柜，展柜内也是空无一物。地上放着几把雨伞，说明楼上有人，我想沿着楼梯向上看个究竟，刚迈上几步无意间看到了旁边的一块小牌子，上面写着："办公重地，游人勿入"，只好知趣地退了下来，重新回到楼门前，绕着回廊转了一圈，没能找到楼名的牌匾，只见门前两个立柱上挂着的一副对联，说明这里

□ 萝荫书屋

的确是个藏书之地，"图书邺架烟云染，琴鹤支轩韵舞幽"。

我问服务员，这的确是洪氏三瑞堂？她告诉我说，整个湿地公园内的仿古建筑，虽然都是新建的，但都是在当年洪氏故居的原址上所建，我又向她请教，为什么藏书楼里没有书，她笑着说："那些古书到哪去找啊，我一本真的古书都没见过。"

在藏书楼的侧面，还有一排仿古平房，牌匾上写着"萝荫书屋"字样，介绍牌上写着：

> 取意"一溪香雪长携屐，满院萝荫正读书"诗句，是洪园的组成部分，体现了洪氏家族读书传家的家族文化传统。

原来这里是洪氏的读书之所，如此说来，相邻的藏书楼则是专门的藏书之处，由此可见，当年藏书规模之大。

书屋上着锁，我向内张望一番，看不到里面的情形。

孔尚任：暗思想，那些莺颠燕狂，关甚兴亡

孔尚任是《桃花扇》作者，该部剧作被后世誉为清代戏曲史上的名品，袁行霈主编《中国文学史》上称："康熙剧坛上最成功、最有影响力的作品是洪昇的《长生殿》和孔尚任的《桃花扇》。"可见该剧与著名的《长生殿》并称，然而这两部著名剧作的作者也都为此有着相同的遭遇，《中国文学史》上接着说："两剧的作者都是以其剧作肇祸，一个革了监生资格，一个罢了官。"

关于《长生殿》作者洪昇的遭遇，在上述文章中已经提及，这件事清晰明了，没有什么可质疑之处，然而孔尚任的情形其实并非如此，虽然说后世有不少的研究者都如同《中国文学史》上的认定，孔尚任就是因为《桃花扇》的成功才被罢了官，但对这种认定却有着不同的声音。

这件事要从孔尚任的个人经历谈起。对于科举仕途，孔尚任走得并不顺利，出于无奈，他在自己三十三岁时花钱买了一个国子监监生的功名，他对这个功名并不满意，故而一度隐居到了石门山，当然，他的隐居并不是看破红尘，更主要的原因是他想在此苦修，等待机会，果真此后不久，他就得到了一个其一生中最重要的机遇，而这个机遇跟康熙皇帝玄烨的文化政策有很大的关系。

康熙二十三年，玄烨结束了南巡，在返回北京途中路过山东，他准备前去曲阜祭奠孔子。清朝建立之后，尤其到了康熙朝，皇帝

特别重视对于传统文化的正统传承，而祭孔是其重要表现之一。早在顺治元年，孔子的第六十五代孙孔允植就奉旨袭封衍圣公；到了康熙六年，孔子的第六十七代孙孔毓圻袭封衍圣公。按照清廷的规定，衍圣公为正一品，并由嫡长子承袭，入朝觐见皇帝时，他的排位在阁臣之上，可见其地位是何等的显赫，同时也可看出，清朝的帝王对儒家传统是何等的看重。

此次玄烨在祭孔之前提出，在孔氏弟子中选出两人，在祭奠完毕后为他讲经，而孔毓圻就推举了孔尚任以及他的族兄孔尚鉝，两人的讲经颇受玄烨的赞赏。讲经完毕之后，这兄弟二人被破格任命为国子监博士。从秀才直升为国子监博士，这当然是非同寻常的际遇，当然，皇帝提拔这兄弟二人也有着尊儒崇圣的意思在，但孔门子孙数量庞大，而孔尚任又非嫡系，陡然间得到了这样一个结果，当然令他感恩戴德。

不仅如此，到了第二年，孔尚任就在国子监当上了学官，而后玄烨又命他随同工部侍郎治理下河，其实这也是玄烨给孔尚任找一个继续升官的漂亮机会，但因为人事斗争，这场治河公务以不了了之而告终。然而，孔尚任在扬州的这三年却结识了一大批著名的文人，而这些人大多数都是从明末过渡到清代的遗老，他们在一起时当然会聊到不少前朝的故事。

这些遗老中，最著名者是冒襄，他是明末"四公子"之一，对南明掌故十分熟悉，看来孔尚任跟他的关系处得不错。不知出于什么原因，冒襄在七十七岁时曾经不顾路途遥远，赶了一百多里地从如皋前往兴化去见孔尚任。冒襄在兴化住了一个月，这期间他给孔尚任讲了许多历史兴亡之事，尤为重要者，冒襄曾经揭发过南明的阮大铖，他是《留都防乱揭帖》的署名人，故而冒襄对侯方域、李香君的故事了解得特别仔细，显然，当他见到孔尚任时，会给孔讲述这段历史的真实，而这故事激发了孔尚任将其编为一出剧作的想法。

还有一个人也对孔尚任创作《桃花扇》起到了触动性的作用。下河衙门解散后,孔尚任在扬州等待着朝廷的下一步任命,而在这个闲暇的时段里,他前去南京游玩,同时到栖霞山访问了张怡,这位张怡经历过北京的甲申之变和南京弘光的败局。

李自成攻破北京,崇祯皇帝在煤山自缢,张怡不顾生命安危,去给崇祯皇帝守灵戴孝,此事有人举报给了李自成,而李却认为张的忠心值得表彰,让人将其释放。张怡回到南京,就到南明弘光朝中任职,南明覆灭后,张怡就隐居到了栖霞山的白云庵中,他多年不与外人接触,然而此次却接受了孔尚任的来访,同时向孔尚任详细地讲述了自己的奇特经历,后来孔尚任创作《桃花扇》时,就把张怡写入了剧中,此人就是《桃花扇》中的张瑶星道士。

此外,孔尚任还接触过多位南明遗老,通过那些人的讲述,使

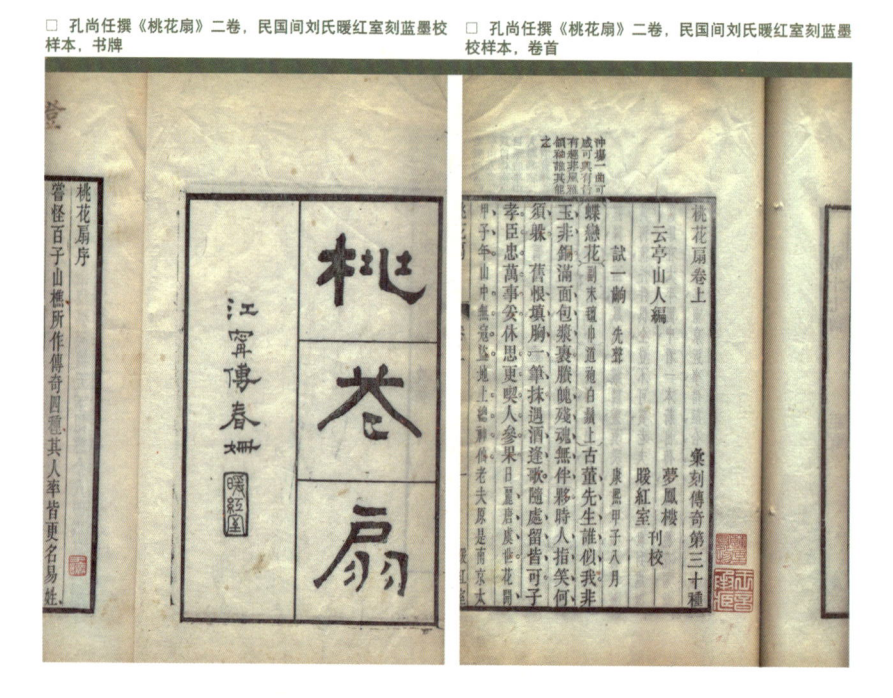

□ 孔尚任撰《桃花扇》二卷,民国间刘氏暖红室刻蓝墨校样本,书牌

□ 孔尚任撰《桃花扇》二卷,民国间刘氏暖红室刻蓝墨校样本,卷首

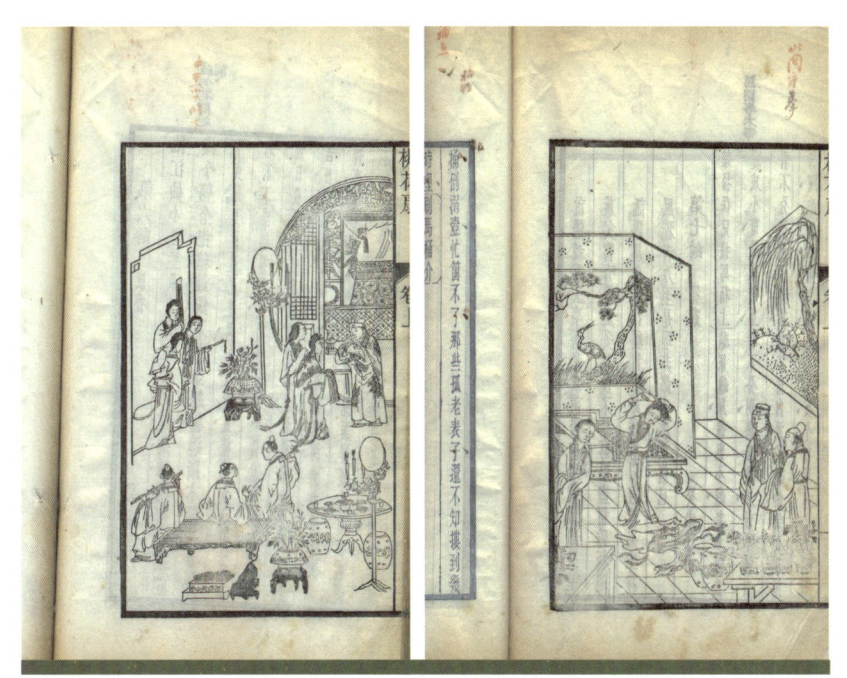

□ 孔尚任撰《桃花扇》二卷，民国间刘氏暖红室刻蓝墨校样本，插图一　　□ 孔尚任撰《桃花扇》二卷，民国间刘氏暖红室刻蓝墨校样本，插图二

得他有了创作一出以南明历史为背景的剧作的想法，而他所写基本上本于他所了解的真实历史，因此，袁行霈主编的《中国文学史》将《桃花扇》称之为"是一部最接近历史真实的历史剧"。

而孔尚任在创作之时也是本着一种写史的精神，他在该剧的《凡例》中称："传奇虽小道……其旨趣实本于三百篇，而义则春秋，用笔行文，又左、国、太史公也。"看来，孔尚任自己就是想像《左传》《国史》那样，以此来传递真实的历史。他在《桃花扇》小引中更加明确地点明了该剧的写作主旨："场上歌舞，局外指点，知三百年之基业，隳于何人？败于何事？消于何年？歇于何地？不独令观者感慨涕零，亦可惩创人心，为末世之一救。"

《桃花扇》公演之后，迅速风行天下，刘中柱在《桃花扇题词》中说："一部传奇，描写五十年前遗事，君臣将相，儿女友朋，无不人人活现,遂成天地间最有关系文章。往昔之汤临川,今近之李笠翁,皆非敌手。"看来刘认为《桃花扇》写得十分成功,且孔尚任的成就超过了汤显祖和李渔。而金埴在《巾箱说》中称:"纵使元人多院本,勾栏争唱孔洪词。"金埴说,戏曲界演出《桃花扇》和《长生殿》的热情甚至超过了著名的元曲。

如此巨大的成功引起了康熙皇帝的注意,《桃花扇本末》中称:"《桃花扇》本成,王公荐绅莫不传抄,时有纸贵之誉。己卯秋夕,内侍索《桃花扇》本甚急,予之缮本莫知流传何所,乃于张平州中丞家觅得一本,午夜进之直邸,遂入内府。"

这段话没有点出内府是何人索阅,但后世大多将其解读为是玄烨本人,而《中国文学史》上也称"索阅者当是康熙皇帝",但是,玄烨看到该剧本后的评价却未曾见有历史记载,这也正是孔尚任因此剧而被罢官的猜测出处。

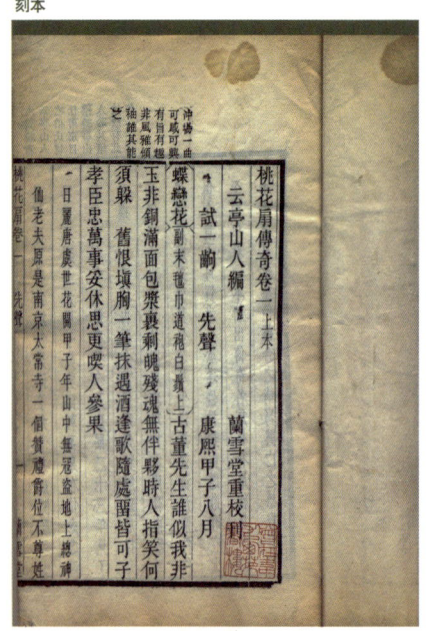

□ 孔尚任撰《桃花扇传奇》四卷首一卷,清光绪间兰雪堂刻本

康熙二十八年,孔尚任离开扬州返回北京,他继续担任国子监博士,直到康熙三十四年九月下旬,他被任命为户部主事,同时知宝泉局监铸,这个职位本就是个肥缺,其级别是正六品,而他原任的国子监博士是正八品。由此可知,若以正副论,他连升了四级,而正是在这个阶段,他创作出了《桃花扇》。

康熙三十九年三月,孔尚任被任命为广东清吏司员外郎，这个职位是从五品。即此可知，孔尚任在个人的为官经历中，又被提拔了半格。可是他刚升官后的十几天，就遭到了贬斥，而被贬的理由则为："耽于诗酒，荒废政务，宝泉局监铸不善。"（袁世硕《孔尚任年谱》）

孔尚任被贬的理由，是说他每天沉湎于诗酒，不认真履行公务，并说他的这种工作失职是在宝泉局期间的所为。既然如此，那为什么还要给他升职呢？显然，以上的猜测还有着硬伤。而袁世硕则在《孔尚任年谱》中提出了四个疑问："其一，孔尚任为康熙亲自提拔，不经康熙同意，户部不应轻易罢其官；其二，孔尚任晋升户部员外郎仅十余天，不应如此迅疾；其三，孔尚任罢官正当衍圣公孔毓圻进呈《幸鲁盛典》之际，孔尚任恰是康熙幸鲁盛典的受益者，罢官时刻颇为敏感，并非偶然巧合；其四，孔尚任罢官之后欲拜见其户部的直接上司兼好友田雯，被拒之门外，田雯有刻意回避之嫌。"

虽然有以上的这些疑问，但结果就是如此。对于这样的结果，袁世硕得出了如下的结论："《桃花扇》虽无悖逆之词，褒忠诛奸也合乎圣道，但演明末遗事，题材本身容易动人兴亡之感。至少表明孔尚任耽于词曲，没有勤于王事，有负皇帝示以特别眷顾、朝廷破格任用之初衷。孔尚任又毕竟是康熙自己作为尊儒崇圣的姿态而特拔的'圣裔'，也不好公然加罪，所以康熙便含糊其辞地示意户部堂官将孔尚任解职。"

而对于袁世硕的这个结论，徐爱梅在《孔尚任和〈桃花扇〉新论》中表示了认同，徐也觉得贬斥孔尚任的理由仅是个借口而已。而后徐在该专著中又做了三点补充说明，她在这些说明中引用了《桃花扇本末》中的一段描述："长安之演《桃花扇》者，岁无虚日，独寄园一席，最为繁盛。……然笙歌靡丽之中，或有掩袂独坐者，则故臣遗老也；灯炧酒阑，唏嘘而散。"

看来，在观看该剧时，这些明朝遗老们的内心勾起了怀念故国之情，而对于这些情绪所产生的影响，徐爱梅则在该专著中说："此时，不少汉族知识分子、故臣遗老已经开始与清廷合作，清廷统治刚刚趋向稳固，《桃花扇》的问世和演出很容易勾起他们的故国之思、黍离之悲，这些在康熙看来很容易造成人心浮动，因此也是颇为忌讳的。"

由以上的论述可知，孔尚任的被贬跟他所作的《桃花扇》有着较为直接的关系。然如前所述，孔尚任特别感激康熙皇帝对他的提拔，在创作《桃花扇》之前，他曾写过一篇《出山异数记》，该文整篇都是在讲述他对康熙皇帝的感恩。当年孔尚任多次参加科考但未曾取得功名，以至于他花钱都愿意买个名分，以此即可说明他没有遗老情绪，对待清廷有着强烈的出仕愿望，而正是玄烨将他平地拔起，在没有功名的情况下，让他入朝任职，所以孔尚任对清廷的感激之情可想而知。

如此推论起来，若把他所作的《桃花扇》解读为是对前朝的怀念，显然难以说得通，更何况，《桃花扇》中有一位被称为"老赞礼"的人物，这位老赞礼在《桃花扇》的一开场就对本朝做出了大段的歌颂，我摘录这段赞歌的前半段如下：

> 日丽唐虞世，花开甲子年；山中无寇盗，地上总神仙。老夫原是南京太常寺一个赞礼，爵位不尊，姓名可隐。最喜无祸无灾，活了九十七岁，阅历多少兴亡，又到上元甲子。尧舜临轩，禹皋在位；处处四民安乐，年年五谷丰登。今乃康熙二十三年，见了祥瑞一十二种。（内问介）请问那几种祥瑞？（屈指介）河出图，洛出书，景星明，庆云现，甘露降，膏雨零，凤凰集，麒麟游，蓂荚发，芝草生，海无波，黄河清。件件俱全，岂不可贺！

这段话把清初比喻成了古代所盛赞的"唐虞盛世",同时又提到了康熙二十三年,老赞礼说这一年天下出了十二种祥瑞,而徐爱梅注意到这康熙二十三年正是玄烨提拔孔尚任的那一年,徐爱梅认为,老赞礼的身上既有孔尚任的影子,又有孔尚任的夫子自道,这是因为《桃花扇》中把老赞礼的生日写为九月十八日,而这一天正是孔尚任的生日,可见老赞礼确实是孔尚任的化身,而老赞礼在剧中对清朝的夸赞,也正是表达了孔尚任的真实心声。由此可知,《桃花扇》完全没有反清复明的观念。

既然如此,那玄烨为何在看到该剧本后,会马上让相关部门免去孔尚任的职务呢?这要从康熙对汉文化的态度来做一下分析。

首先说清朝取代了明朝,成为了中国的统治者,但他对前朝并没有一概地贬斥,玄烨对明太祖朱元璋给予了很高的评价,他六次南巡,有五次都去祭奠明孝陵,比如康熙二十三年玄烨第一次南巡时,他带领文武百官去祭奠朱元璋,玄烨在陵前下马。他是皇帝,孝陵的正门与中道当然为他敞开,然而玄烨却从侧门进入,并且他给朱元璋行三跪九叩的大礼,他的这种最高礼格的尊崇,是极其罕见的举措。

虽然有人把玄烨的这个举措视之为笼络江南汉人的民心,因为当时为官的数万群众看到玄烨的举措后大为感动。然而玄烨却对明末的万历、泰昌、天启三朝帝王颇为贬斥,他认为明朝的灭亡就是由这三位帝王所造成的。可奇特的是,玄烨却对崇祯帝有着特别的同情,《清实录·圣祖实录》中载:"有明天下,皆坏于万历、泰昌、天启三朝。愍帝即位,未尝不励精图治,而所值事势,无可如何。明之亡,非愍帝之咎也。朕年少时,曾见明故耆旧甚多,知明末事最切。野史所载,俱不足信,愍帝不应与亡国之君同论……万历、泰昌、天启实不应入崇祀之内。"

玄烨认为，崇祯帝即位后发奋图强，可惜前三朝遗留下来的弊端让他无法挽回败局，所以明朝的灭亡并不是崇祯帝的责任，故而玄烨说不应当把崇祯帝看做是亡国之君。可是，玄烨却对南明的弘光帝不予承认，因为这关涉到了满人入驻中原的合法性问题。

由以上可知，孔尚任创作《桃花扇》完全没有反清复明的概念，并且他对清廷大唱赞歌，可是他却没能弄明白康熙皇帝的真实心理，他只看到了玄烨以最高的礼节去祭奠明朝的开创者朱元璋，却没有理解玄烨对待明朝的帝王有着不同的褒与贬，也许《桃花扇》所写到的南明之事中的有些情节引起了玄烨的不满吧。

但是，对于孔尚任因为《桃花扇》而被贬之说，也有人持不同的意见，比如刘雁霜在《试谈孔尚任罢官问题》一文中就明确地说："我们可以肯定地说，孔尚任的罢官和他的《桃花扇》无关。"那么，

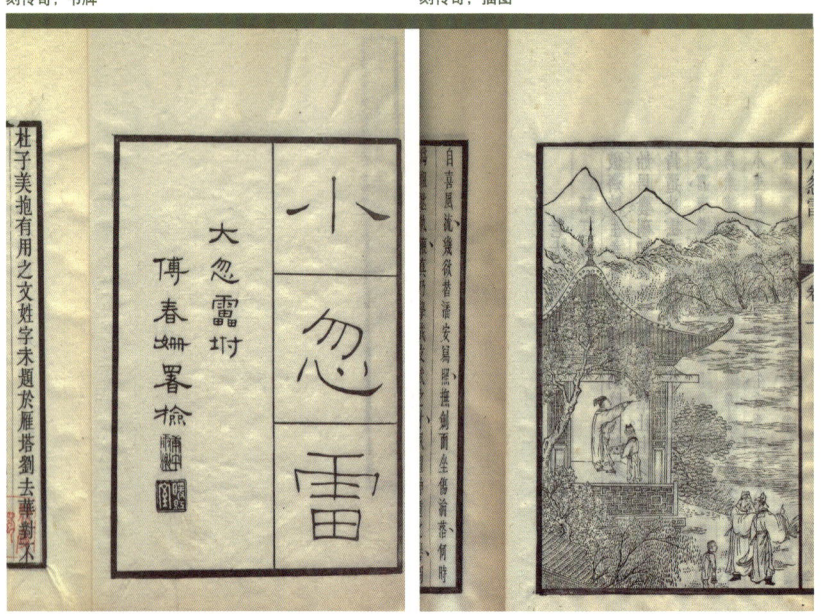

□ 孔尚任撰《小忽雷》二卷，民国间贵池刘氏暖红室刻汇刻传奇，书牌　□ 孔尚任撰《小忽雷》二卷，民国间贵池刘氏暖红室刻汇刻传奇，插图

刘雁霜认为原因是什么呢？其在该文中称："根据对间接资料的分析，孔尚任的罢官和他在监铸任上的表现有关，即牵连在贪污一类的案件之内，这有着较大的可能性。"持这种见解者，还有赵科印在《孔尚任罢官原因再探》一文中的观点："孔尚任的罢官……是监铸任上的受牵连而引起的。"章培恒等主编的《中国文学史》也称："孔氏罢官原因不详。或以为与《桃花扇》的写成有关，此说不可靠。按作者于《桃花扇本末》中记宫中索剧本一事，是带炫耀的；又记他解官之后京中大僚犹群居观赏此剧，更说明他并非由《桃花扇》得祸。"

余外还有一种说法则认为，孔尚任被贬跟他创作《通天榜》传奇有关，刘世杰在《孔尚任罢官疑案探考》一文中就持这种观点，其依据则是出自《铜川县志》中所收蒋攸铦《修撰李公传》中的一句话："……而郎中孔尚任以作《通天榜》传奇，宣播都下，斥逐。"但徐爱梅则称："仅就目前资料，笔者还得不出孔尚任罢官是与《通天榜》传奇有关的结论。因为《通天榜》传奇之有无、作者情况、具体内容等，几乎都是一无所知。而且，《铜川县志》的这段记载，有的版本不是孔尚任，而是'孔尚仕'，持此说者有可能是张冠李戴。再说，《通天榜》的创作在目前已知的孔尚任的诗文集中竟无一处提及，也没有他的朋友的记载，这都是非常值得怀疑的地方。"

对于《桃花扇》的价值，袁行霈主编的《中国文学史》中给出了如下的评价："《桃花扇》在清代传奇中是一部思想和艺术达到完美结合的杰出作品。"由此可知，该剧在艺术上也有着巨大的成就。

在创作手法上，《桃花扇》颇为奇特，因为孔尚任是按照《易经》中的象数来设置本剧的整体框架。同时对于本剧的主旨，孔尚任在《桃花扇小识》中说："桃花扇何奇乎？其不奇而奇者，扇面之桃花也；桃花者，美人之血痕也；血痕者，守贞待字，碎首淋漓不肯辱于权奸者也；权奸者，魏阉之余孽也；余孽者，进声色，罗货利，结党

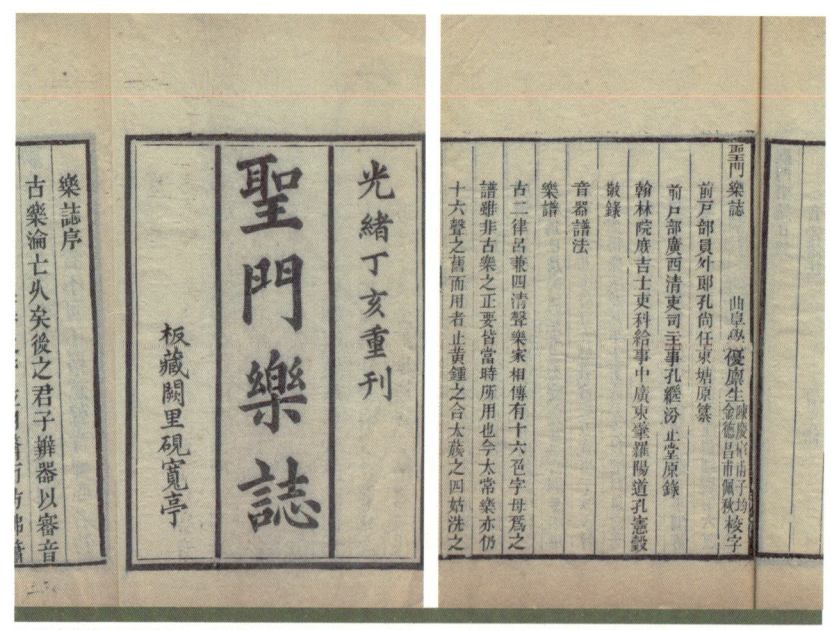

□ 孔尚任撰《圣门乐志》，清光绪十三年阙里砚宽亭刻本，牌记

□ 孔尚任撰《圣门乐志》，清光绪十三年阙里砚宽亭刻本，卷首

复仇，隳三百年之帝基者也。帝基不存，权奸安在？惟美人之血痕，扇面之桃花，啧啧在口，历历在目，此则事之不奇而奇，不必传而可传者也。人面耶？桃花耶？虽历千百春，艳红相映，问种桃之道士，且不知归何处也。"

看来，《桃花扇》的主旨是揭示奸臣亡国。弘光帝在登基之初也是立志图强，没成想，他所重用的一帮奸臣却整日里忙于勾心斗角、争权夺利，为此而丧失了许多的大好机会，最终使得天下变色。

除了思想性上的价值，从艺术角度而言，《桃花扇》也颇为成功，尤其剧中的很多情节是以曲为烘托表达，两者的相辅相成使得观剧者能够全身心地融汇进剧情的起伏跌宕。对于曲的重要性，孔尚任在《桃花扇凡例》中明确点出："制曲必有旨趣，一首成一首之文章，一句成一句之文章。列之案头，歌之场上，可感可兴，令人击节叹赏，所谓歌而善也。若勉强敷衍，全无意味，则唱者听者皆苦事矣。"

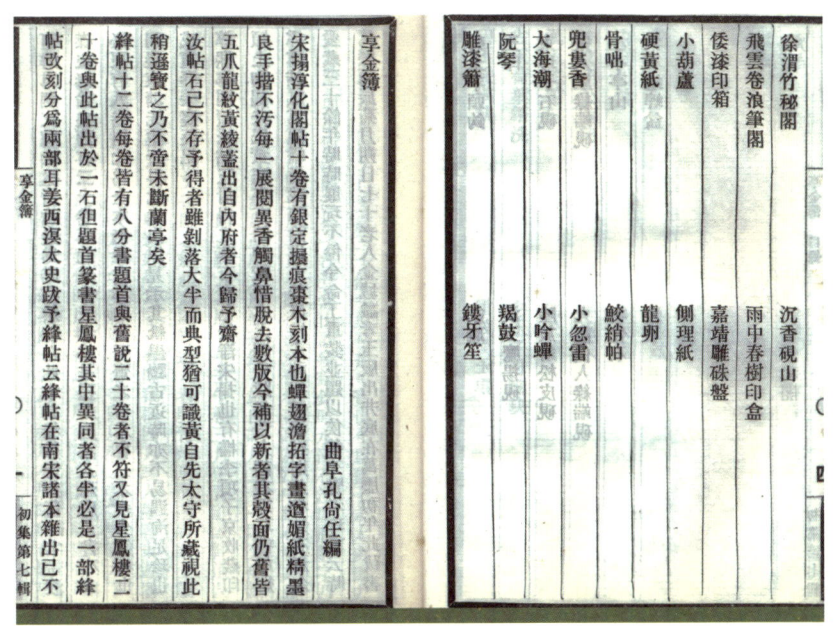

孔尚任：暗思想，那些莺颠燕狂，关甚兴亡　　247

□ 孔尚任编《享金簿》，民国十七年上海神州国光社排印《美术丛书初集》本

由这段话可知，孔尚任在创作之时就刻意在作曲方面下工夫，比如该剧的男主角侯方域一出场就唱了首《恋芳春》：

> 孙楚楼边，莫愁湖上，又添几树垂杨。偏是江山胜处，酒卖斜阳，勾引游人醉赏，学金粉南朝模样。暗思想，那些莺颠燕狂，关甚兴亡！

这首曲直接点明了本剧的主旨，故该支引子广泛地受到了后世研究者的夸赞，而《桃花扇》中的重头戏当然是《题画》。在这个过程中，孔尚任安排了多支曲子来表达侯方域一波三折的复杂心境。那时的侯方域还不知道李香君已被选入了宫中，他匆匆地赶到了媚香楼院外，在门口他就想象着跟李香君重逢时的美妙瞬间。在这个场景，孔尚任写了首《刷子序犯》：

只见黄莺乱啭,人踪悄悄,芳草芊芊。粉坏楼墙,苔痕绿上花砖。应有娇羞人面,映着他桃树红妍;重来浑似阮刘仙,借东风引入洞中天。

此曲表达了侯方域的急切期待心情。可是当男主角进入院中却见不到李香君,于是此处又有一首《朱奴儿犯》:

呀,惊飞了满室雀喧,踏破了一墀苍藓。这泥落空堂帘半卷,受用煞双栖紫燕。闲庭院,没个人传,蹑踪儿回廊一遍,直步到小楼前。

侯方域没有看到李香君,他以为对方仍然在睡觉,于是便站在门外等候,同时唱了首《普天乐》:

手拽起翠生生罗襟软,袖拨开绿杨线。一层层栏坏梯偏,一桩桩尘封网罥,艳浓浓楼外春不浅,帐里人儿腼腆。(看几介)从几时收拾起银拨冰弦;摆列着描春容脂香粉盏,待做个女山人画叉乞钱。

而后侯方域发现屋内的琵琶不见了,同时又看到了一只挂画用的画叉。这个时段,侯方域的心情复杂了起来,他猜测李香君是不是做了山人,而此刻的心情则有一首《雁过声》来表达:

萧然,美人去远,重门锁,云山万千,知情只有闲莺雁。尽着狂,尽着颠,问着他一双双不会传言。熬煎,才待转,嫩花枝靠着疏篱颤。

正在此时,侯方域听到了楼下的门帘声,他本以为这是李香君回来了,此时的心情是何等的激动。而没想到的是,他见到的却是一位名为兰田瑛的画士,而后他从兰田瑛那里了解到了李香君被选入宫的情况。这个结果让侯方域无论如何也未曾想到,他的震惊可想而知。而为了能够刻画此时侯方域的心态,孔尚任在此用了多个曲调,徐爱梅的专著中选录了三支,我将其抄录如下:

【倾杯序】寻遍,立东风渐午天,那一去人难见。(瞧介)看纸破窗棂,纱裂帘幔。裹残罗帕,戴过花钿,旧笙箫无一件。红鸳衾尽卷,翠菱花放扁,锁寒烟,好花枝不照丽人眠。

【玉芙蓉】春风上巳天,桃瓣轻如剪,正飞绵作雪,落红成霰。不免取开画扇,对着桃花赏玩一番。(取扇看介)溅血点作桃花扇,比着枝头分外鲜。这都是为着小生来。携上妆楼展,对遗迹宛然,为桃花结下了死生冤。

【山桃红】那香君呵!手捧着红丝砚,花烛下索诗篇。(指介)一行行写下鸳鸯券。不到一月,小生避祸远去,香君闭门守志,不肯见客,惹恼了几个权贵。放一群吠神仙朱门犬。那时硬抢香君下楼,香君着急,把花容呵,似鹃血乱洒啼红怨。

正是这些优美之曲跟剧情的完美结合,才使得《桃花扇》成为了后世大受欢迎的剧作。

孔尚任去世后,葬在了曲阜的孔林之内,我前去孔林寻访他的墓葬,在那里朝拜了孔子,却未曾找到孔尚任,这个遗憾只能今后再予以弥补了,好在他在泰州时居住的故居得以修复了起来,这里就成了我的寻访之处。

孔尚任故居位于江苏省泰州市东南园10号。此趟的寻访是以扬州为起始点，而后包下一辆出租车一路南行。昨天晚上住在了泰州市内，今日一早七点多起来收拾行李去吃早餐，竟然有小粽子，可能是快到端午节了吧。在吃粽子时，让我一瞬间有了漂泊之感。

八点刚到，出租车司机就来电话说他到了酒店门口。今天的第一站是到泰州中学内找胡瑗祠。到校门口后，却被告知此祠在老校区，而老校区与此新校区则在两个方向。查看一番地图，孔尚任的故居似乎距此新校区不远，所以决定先到故居一探。

孔尚任故居在今桃园景区内，景区在泰州市东南园10号，然而这个故居并不能单独参观，要想入内则须购买凤城河风景区通票，票价四十元。此景区的路径太过商业化：停车场及售票处的大门是出口，而前往入口，则必须经过长长的商业街，尤为可气的是，里面的孔尚任故居就离出口处不远，因此，我买票后前往此故居要走一个完整的回环。故居在眼前而不能入，显然让人不舒服，于是我跟出口的门卫讲明情况，说自己入内不游览仅是拍这个故居，可否从出口进入，而这个门卫坚决不干。无奈，那也只好兜一个大大的U字型。穿过貌似琳琅满目但实则全国旅游点万人一面的小商品街，绕到孔尚任故居。

□ 孔尚任所写的《陈庵记》

此故居从外形看是典型的北京四合院，进门一扇石影壁，刻着孔尚任所写的《陈庵记》，讲述着这个院落的来由故事，正殿是开敞式，供着观世音菩萨

孔尚任：暗思想，那些莺颠燕狂，关甚兴亡　251

孔尚任旧居的大门

像，右侧厢房有孔尚任的塑像，他坐在桌子前执笔在写《桃花扇》，左手扶案，右手执笔，可惜握笔的姿势像是拿着钢笔，塑像穿衣戴帽，的确栩栩如生，旁边的博古架上还摆着几摞线装书，我很好奇是什么书，可惜不让进入，忽闻后院有古筝声，虽然比忽闻水上琵琶声差强人意，但毕竟也让人顿发念古之忧思。

　　循声来到后院，原来是几个妇女在练习合奏古筝，但我总觉得古筝的这种急管繁弦不若古琴的大音稀声更让自己受用，也许这是一种偏好，但我还是站在旁边听了一会儿她们认真的合奏。正听得入神，旁边的一位工作人员问我有

说明牌上称孔尚任在此创作出了《桃花扇》

故居里面成为了佛寺

何事，我以攻为守，反问他为什么孔尚任故居供着菩萨，果真他忘了对我的追问，告诉我说这个故居原来是一位陈姓财主的旧居，因为信佛，后来捐出来，把旧居变成了尼姑庵，孔尚任就是在这尼姑庵里写出《桃花扇》的。这个说法倒很有意思，虽然说《桃花扇》创作的具体时间并不明确，但既然这部传奇如此的完美，那也说明孔尚任创作该剧有着长时间的修改过程，说不定他正是在这间房内起笔开写的，这倒是一个重要的纪念地。

继续参观这个纪念馆，后院的墙壁上挂满了南山寺的展板，而南山寺与此处旧居有着怎样的关系？这成为了我第二个疑惑，于是我又找到那位工作人员，向他提出了这个疑问。工作人员说，南山寺不在此处，他们只是临时占此地办公，现在正在恢复南山寺的建设。

吴梅：半林夕照，红上峰腰，孤冢无人扫

吴梅是现代研曲、藏曲第一大家，对他的研究以王卫民先生最成系列，王先生先后编出了《吴梅全集》以及《吴梅年谱》，另外还写过《吴梅和他的世界》《吴梅评传》等专著。王先生在《吴梅评传》前言中从八个方面总结出吴梅在曲方面的成就，首先说的是吴梅的制曲，他一生总计创作了十四个剧本；第二是曲律研究，王卫民赞叹吴梅说："他继承王骥德、李渔等前人的研究成果，结合自己的艺术实践，全面而系统地论述了制、谱、唱、演的艺术规律，为曲之成学奠定了基础"；第三则是曲史研究，在这方面，王卫民认为吴梅能够跟王国维齐名；第四则是藏曲，因为吴梅收集了大量跟曲有关的典籍，堪称"当时首屈一指的藏曲大家"。我觉得王卫民对吴梅在这方面的成就还是有所保留，以我的了解，直到今天，也没人能够超越吴梅在藏曲方面的成就。

王卫民先生的总结中，吴梅的第五个成就是校曲，因为他先后校订了曲本一百五十余种，这个数量远远超过了臧晋叔的《元曲选》和毛晋的《六十种曲》。吴梅的第六个成就则是在谱曲方面，他使得原本只是可读的剧本终于可以在舞台上演奏。其第七个成就则是在唱曲方面，他培养了许多昆剧演员。其第八个方面，则是更受人尊重的教学，正是吴梅首先把戏曲搬进了大学讲堂，在二十余年的教学期间，他又培养了一大批研曲专家。而王卫民先生正是从这八

个方面,对吴梅的生平以及他所取得的成就做出了详细的论述。

正是经过吴梅的不懈努力,已经衰落的戏曲终于得以在社会上受到新的关注,为此吴梅被人们尊称为曲学大师、曲学祭酒。

吴梅乃名人之后,他的曾祖父吴钟骏是道光十二年的状元,曾做过湖南乡试主考官,并且两次督学浙江,官至礼部侍郎,其门生中最有名者,应该算是何绍基和黄体芳。而吴钟骏当时在社会上的最大名声,却是在八股文方面,据说他在这方面的著作有十五种之多,而后大多失传,到后世仅留下了一些零星的篇章。因为吴钟骏的原因,吴家成为了苏州的大户,可惜到了吴梅的时代,家境已经衰落,而衰落的原因则跟太平军在苏州期间的大肆焚烧有很大的关系。吴家衰落的另外一个原因,则是吴梅的父亲二十二岁时就去世了,那时吴梅仅三岁,后来过继给了远房叔祖吴长祥。

然而吴梅对曲的爱好,却不知从哪里得来。按资料记载,他的

□ 吴梅校正《桃花扇》,民国贵池刘氏暖红室刻,一九九七年江苏广陵古籍刻印社刷印本,书牌　　□ 吴梅校正《桃花扇》,民国贵池刘氏暖红室刻,一九九七年江苏广陵古籍刻印社刷印本,卷首

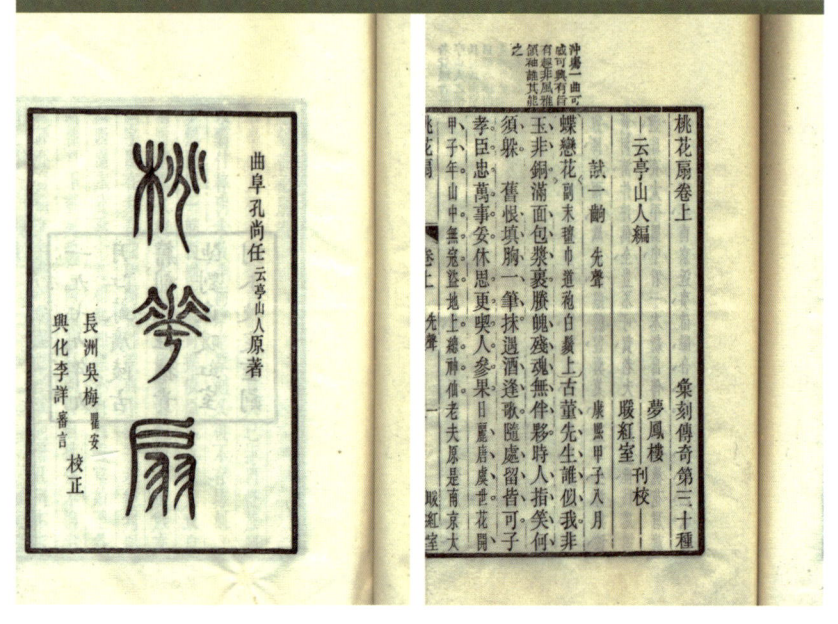

父亲吴国榛也喜欢戏曲,但国榛去世时,吴梅仅三岁,如此论起来,这个爱好应该跟父亲的教导没有太大的关系。那也只能用基因遗传来做解释了。吴梅在其专著《顾曲麈谈》中说过这样一段话:

> 余十八九岁时,始喜读曲,苦无良师以为教导,心辄怏怏。继思欲明曲理,须先唱曲,《隋书》所谓"弹曲多则能造曲"是也。乃从里老之善此技者,详细问业,往往瞠目不能答一语,或仅就曲中工尺旁谱,教以轻重疾徐之法,及进求其所以然,则曰:"非余之所知也,且唱曲者可不必问此。"余愤甚,遂取古今杂剧传奇,博览而详核之,积四五年,出与里老相问答,咸骇而却走,虽笛师鼓员,亦谓余狂不可近。余乃独行其是,置流俗毁誉于不顾,以迄今日,虽有一知半解,亦扣槃扪烛之谈也。用贡诸世,以饷同嗜者。

看来他爱好读曲的习惯始于十八九岁,但并没有人教给他如何读曲;找不到指导老师,这让吴梅很不开心。于是他就自我琢磨,认为要想了解曲理,需要先从唱曲开始,就转而向喜欢唱曲之人请教。可是他的问题却没有人能够回答得上来,那些人只知道如何唱,但并不懂得其中的道理。他们跟吴梅说,会唱就行了,何必要了解其中的原理。这样的回答让吴梅很不满意,于是他就开始搜集古代的剧本,自学了四五年,终于弄明白了其中的道理。当他再跟那些唱曲之人接触的时候,他的言谈让那些人都吓得躲到了很远,面对此况,吴梅只能靠独自修行来满足自己的爱好。

吴梅不仅喜欢读曲,他还喜欢制曲,光绪二十九年,他创作了自己的第一个剧本——《血花飞》,其内容是谈戊戌六君子被害之事。嗣祖父读到之后,担心他因此招来麻烦,于是偷偷地把这个剧本烧掉了,看来很少有人能够逃避得了社会风气的影响。虽然他的剧本处女作被嗣祖父烧掉了,但这并没有影响到他对时事的偏好。1907年,徐锡麟在安徽发动武装起义而失败,秋瑾受到株连而遇害,当时很多人都纪念这件事,而吴梅也编了一出名为《轩亭秋》的杂剧来纪念秋瑾。王卫民在《吴梅评传》中录有《轩亭秋》中的两个唱段,他夸赞:"两支唱词尤为悲壮激昂、慷慨有力。"

【仙吕赏花时】是俺个不受征调的雌木兰,往常时犹古自骏马长鞭要做一番。今日啊拂袖下神山,则俺热心儿肯被这天风吹散。则怕别人家颠倒要恶心烦。

【幺篇】多谢您车马江干送我还,更一曲阳关别调翻。俺呵早飞梦入家山,猛可里把程途急趱。呀!便抵得个易水萧萧白日寒。

辛亥革命后,吴梅所创之曲当然也会受到新思潮的影响,比如他在1914年创作的杂剧《双泪碑》,就是根据当时著名的同名小说改编而成者,此剧的主旨就是谈婚姻自由这样的新思潮。而他编的另一出《镜因记》则是专谈风尘女的故事。相比较而言,吴梅更看重他所编的《霜厓三剧》——《湘真阁》《无价宝》和《惆怅爨》。由以上可知,他在戏曲的创作方面下了很大的工夫,也同样有着丰富的实践经验。

从一开始,吴梅就没有把自己对曲的爱好停留在写曲和演唱方面,他对曲律也同样有着深入的研究,这方面的重要作品主要是《顾曲麈谈》和《曲学通论》。为什么要研究曲律呢?吴梅在《曲学通论》的自序中说了这样一段话:

自逊清咸同以来,歌者不知律,文人不知音,作家不知谱,正始日远,牙旷难期,亟欲荟萃众说,别写一书。

既然是这样的局面,那么吴梅决定靠一己之力,来将这样的衰落局面做一个全面的探讨。

昆曲曾经风行天下,然而到了吴梅时代,这个剧种已然衰落得很厉害,社会上流行者乃是秦腔和皮黄腔。为什么会出现这样的结果呢?这也正是吴梅所努力探讨的问题。对于这方面的分析,他将其写入了《顾曲麈谈》第一章《原曲》中:

> 尝疑古今曲家,自金元以迄今日,其间享大名者,不下数百人,所作诸曲,其脍炙人口者,亦不下数十种,而独于填词之道,则缺焉不论,遂使千古才人欲求一成法而不可得。于是宗《西厢》者,以妍媚自喜,宗《琵琶》者,以朴素自高,而于分宫配调、位置角目、安顿排场诸法,悉委诸伶工,而其道益以不彰。虽有《中原音韵》及《九宫曲谱》二书,亦止供案头之用,不足为场上之资。暗室无灯,何怪乎此道之日衰也。

吴梅认为昆曲衰落的原因,是从金元以来的作曲家和作品虽然有很多,但究竟如何填词,却缺少文献记载,这使得后世不了解当年这些大作家是如何据曲填词,而后世模仿《西厢记》和《琵琶记》的人,都认为自

□ 吴梅致刘世珩手札

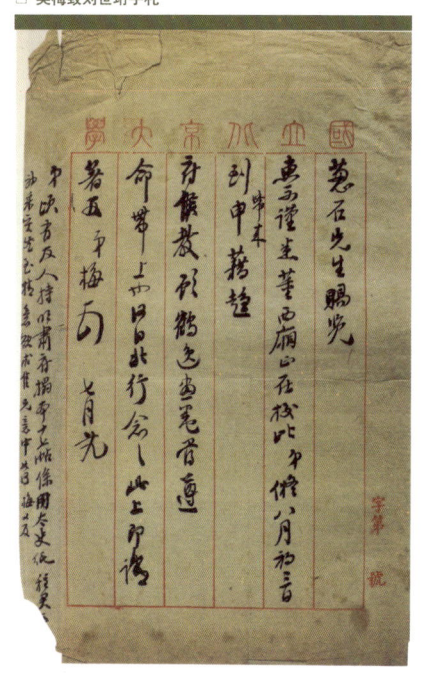

□ 吴梅给曹元忠词集题签　　　　□ 吴梅给邓邦述词集题签

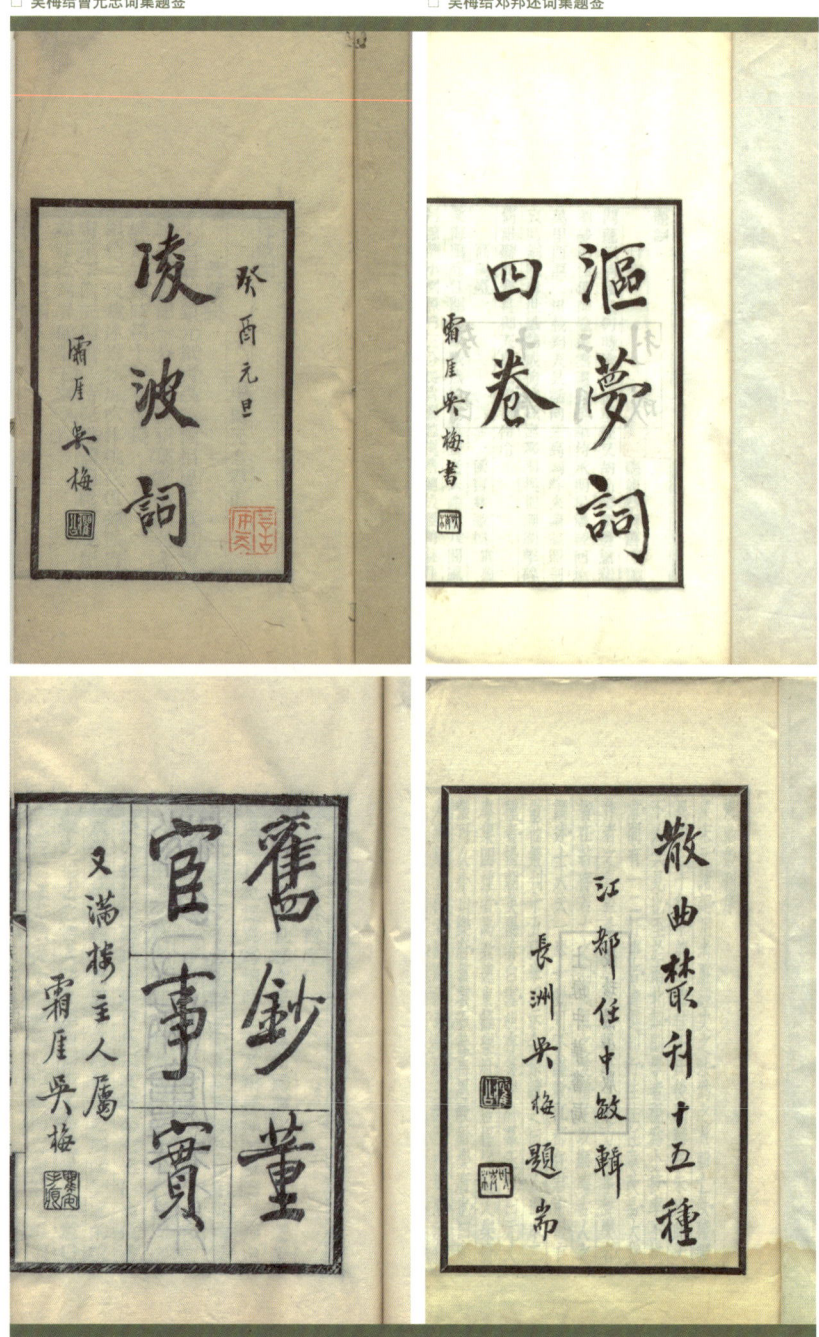

□ 吴梅给又满楼主人题签　　　　□《散曲丛刊十五种》，吴梅题写书名

己得到了真谛，但其实他们并不知道真正的奥妙，实际演出中的种种问题，都交给了演员们自行处理。虽然也传下来了一些《中原音韵》及《九宫曲谱》等音韵学方面的著作，但这些书只能在案头使用，对于实际演出，并起不了什么作用。也正因为这个原因，使得昆曲演出渐渐衰落了下来。

吴梅在《原曲》中又说，就算只是准确地填出曲词，也不是一件容易的事：

> 填词一道，世人皆以为难，顾亦有极乐之处。今请先言其难。诗古文辞，专在气韵风骨，世之治此者，求其工稳，与汉、魏、唐、宋作家争衡，固非易事。若论入手之始，仅在平仄妥协而已。况高论汉魏者，有时平仄亦可不拘，是其难在胎息，不在格律之间也。曲则不然，平仄四声而外，须注意于清浊高下，字之宜阴者，不可填作阳声，字之宜阳者，又不可填作阴声。况曲牌之名，多至数百，各隶属于各宫调之下，而宫调之性，又有悲欢喜怒之不同，则曲牌之声，亦分苦乐哀悦之致。作者须就剧中之离合忧乐而定诸一宫，然后再取一宫中曲牌联为一套，是入手之始，分宫配角，已煞费苦心矣。及套数既定，则须论字格。所谓字格者，一曲中必有一定字数，必有一定阴阳清浊，某句须用上声韵，某句须用去声韵，某字须阴，某字须阳，一毫不可通借。

吴梅认为，填曲词要比写诗难很多，因为写诗只要平仄不出问题，就基本符合规范，更何况汉魏时代的古诗连平仄都不很讲究。然而填曲词则不同，不单要讲究平仄四声，同时还要分出来清浊高下，而每一个还要分出阴阳，再加上曲牌达几百种之多，每个曲牌又隶属于不同的宫调，而宫调又分悲欢喜怒，这一层层的论起来，每一个字都有严格的规定,而这之间不允许随意的假借,这正是填曲的难点所在,而这同样是曲词衰落的重要原因之一。

那怎样才能符合这些严格的规定呢?吴梅认为,这首先要从音和韵上来讲求。他认为音,指的就是喉舌唇齿间的清浊,韵则指的是十九部的阴阳,具体怎样来分配五音呢?吴梅有着这样的论述:

> 天下之字,不出五音。五音为宫商角徵羽,分属人口为喉腭舌齿唇。凡喉音皆属宫,腭音皆属商,舌音皆属角,齿音皆属徵,唇音皆属羽……宫音最浊,羽音最清……唯韵之阴阳,在平声入声至易辨别,所难者上去二声耳。上声之阴类乎去声,而去声之阴又类乎上声。

如此严格的探讨,难怪把那些唱工们吓得再不理会他,但吴梅并没有停止他的脚步,他继续把曲词应当遵守的严格规矩做着进一步的阐述。吴梅的探讨不止是分析出来如何把握准确的唱腔,同时也开始校正古代著名的剧作,比如明高濂的《玉簪记》乃是一部名品,但很少人能够发现其中在唱词上的弊端,例如《琴挑》一折中有《朝元歌》四支,其中第一支唱词为:

> 长清短清,那管人离恨。云心水心,有甚闲愁闷。一度春来,一番花褪,怎生上我眉痕。云掩柴门,钟儿磬儿在枕上听,柏子座中焚。梅花帐绝尘。你是个慈悲方寸。长长短短,有谁评论,怕谁评论。

对于这段唱词,吴梅进行了逐字的分析,他认为:"清"字属庚亭韵;"恨"字属真文韵;"心"字属侵寻韵;"闷"、"褪"、"门"诸字属真文韵;"听"字属庚亭韵;"焚"、"尘"、"寸"、"论"

诸字又属真文韵。分析完毕之后,吴梅得出了这样的结论:"一首词中,犯韵若此,令人究不知所押何韵。忽而闭口,忽而抵颚,忽而鼻音,歌者辄宛转叶之,而此曲遂无一人能唱得到家矣。"难怪吴梅称这支曲子"所用诸韵,竟是荒谬绝伦"。

对于曲史的研究,近代以王国维最为出名,他的《宋元戏曲史》成为了这方面的集大成者,然而该书也有一个缺憾,那就是王国维对明清以后的戏曲基本看不上,故没有谈及。但吴梅却认为明代戏曲也有其高妙之处,不能够予以忽视,于是他写了一部《中国戏曲概论》,该书成为了中国第一部戏曲通史。该书在谈到明代戏曲时,有着如下的论断:

> 有明承金元之余波,而寻常文字尤易触忌讳,故有心之士,寓志于曲。则诚《琵琶》,曾见赏于太祖,亦足为风气之先导。虽南北异宜,时有凿枘,而久则同化,遂能以欧、晏、秦、柳之俊雅,与关、马、乔、郑之雄奇相调剂,扩而充之,乃成一代特殊之乐章,即为一代特殊之文学。

吴梅认为,明代离金元最近,而金元时代乃是中国曲艺的最高峰,这个高峰所带来的余绪必然会影响到明代,再加上明代文人写其他文章容易引起文字狱,因此很多文人都把自己的抱负融入在戏曲的创作之中,同时朱元璋特别喜欢高明的《琵琶记》,上有所好,下必从之,这也是明代戏曲风行天下的原因。虽然戏曲分南北,但随着时代的发展,这种严格的分法渐渐得以融合,这也是明代戏曲有着较高质量的原因。

既然是戏曲通论,当然要谈到清代。吴梅认为相比较而言,清代戏曲要比明代差很远,为什么会产生这样的结果呢?吴梅在其专

著中做出了如下的论述:

> 开国之初,沿明季余习,雅尚词章,其时人士,皆用力于诗文,而曲非所习,一也。乾嘉以还,经术昌明,名物训诂,研钻深造,曲家末艺,等诸自郐,一也。又自康雍后,家伶日少,台阁巨公,不喜声乐,歌场卖艺,仅习旧词,间及新著,辄谢不敏,文人操翰,宁复为此?一也。又光宣之季,黄冈俗讴,风靡天下,内廷法曲,弃若土苴,民间声歌,亦尚乱弹,上下成风,如饮狂药,才士按词,几成绝响,风会所趋,安论正始?此又其一也。

吴梅认为,在清初还有着明代戏曲的余绪,但是文人主要的精力更多是用在诗词创作方面,对于曲的创作并不十分用力,而到了乾嘉时代,众多的学者都开始钻研经学,他们把曲视之为小道,更

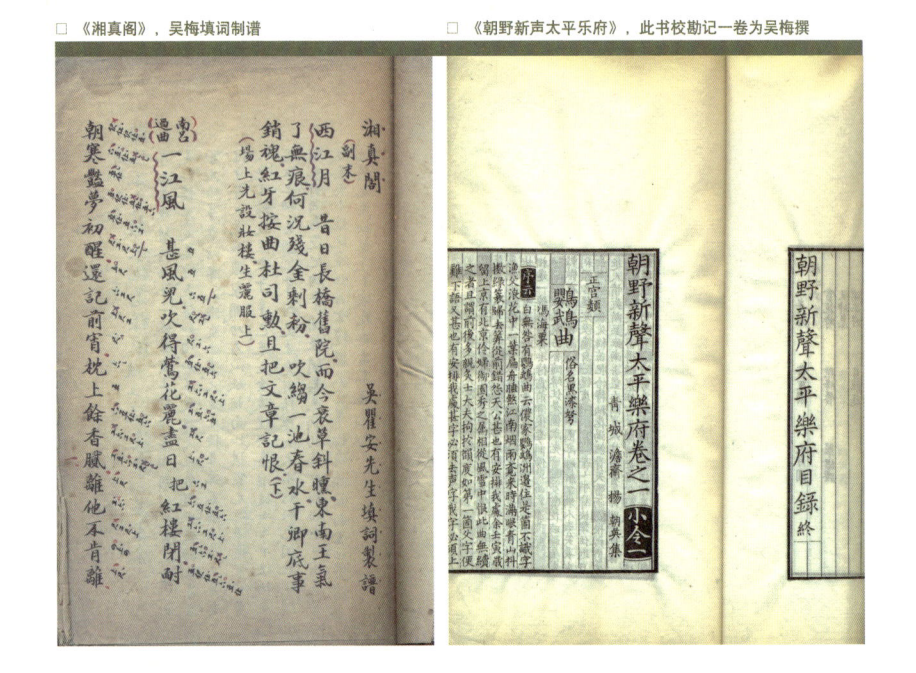

□《湘真阁》,吴梅填词制谱　　□《朝野新声太平乐府》,此书校勘记一卷为吴梅撰

何况从康熙、雍正之后，达官贵人家中也少有养戏班子者，即使偶尔有这种习气，也主要是演唱旧剧，很少有新的创作。到了清末，民间俗文学风行天下，也就更没有人来认真地创作曲词了。由这些论断可以看出，在这样的时代，出现了吴梅这样的专家，对中国的曲艺传承有着何等重要的意义。

在清代，散曲也同样衰落，到了吴梅的时代，就更少人有着这方面的创作，而吴梅却继承了这样的文体，他从1912年开始就从事散曲的创作，比如他曾经填过一首《下山虎》：

□ 吴梅校《曲品》二卷，民国七年北京大学出版部排印本

　　半林夕照，红上峰腰，孤冢无人扫。柳丝几条，记麦饭香醪，清明曾到，怎三尺荒茔也守不牢？此情哪处告！墓中人，恨尔曹，满地红心草。杂花乱飘，你敢也侠气英风在这遭。

《下山虎》一曲因为格律要求严格，故少有填此曲者，但吴梅却认为作曲切不可畏其难，且愈难愈容易好（《顾曲麈谈》），于是，他就模仿《幽闺记》中的《下山虎》，填出该曲。而王卫民则在《吴梅评传》中把《幽闺记》中的原曲也列在一起，进行对比。

　　大家体面，委实多般，有眼何曾见。懒能向前，他那里弄盏传杯，恁般腼腆，这里新人忒煞虔。待推怎地展？主婚人，不见怜，配合夫妻事，事非偶然。好恶姻缘总在天。

两相比较后，王卫民给出了这样的评价："稍加对比就可以看出作者完全遵守《幽闺记》格式，可以说毫厘不差，且'青出于蓝而胜于蓝'。"

吴梅对散曲的爱好，可谓终其一生，他在逝世前的一个月，还为卢前的《楚凤烈》传奇题了一支《羽调四季花》，王卫民说该曲因为问世太晚，所以《曲录》中没有收入，故而其在《吴梅评传》中列出此曲。抄录如下：

法曲继长平，把贤藩事，娇儿怨，又谱秋声。凄清。前朝梦影空泪零，如今武昌多血腥。旧山川，新甲兵。乱离夫妇，谁知姓名。安能对此都写生？苦雨春莺，正是不堪重听。倒惹得茶醒酒醒，花醒月醒人醒！

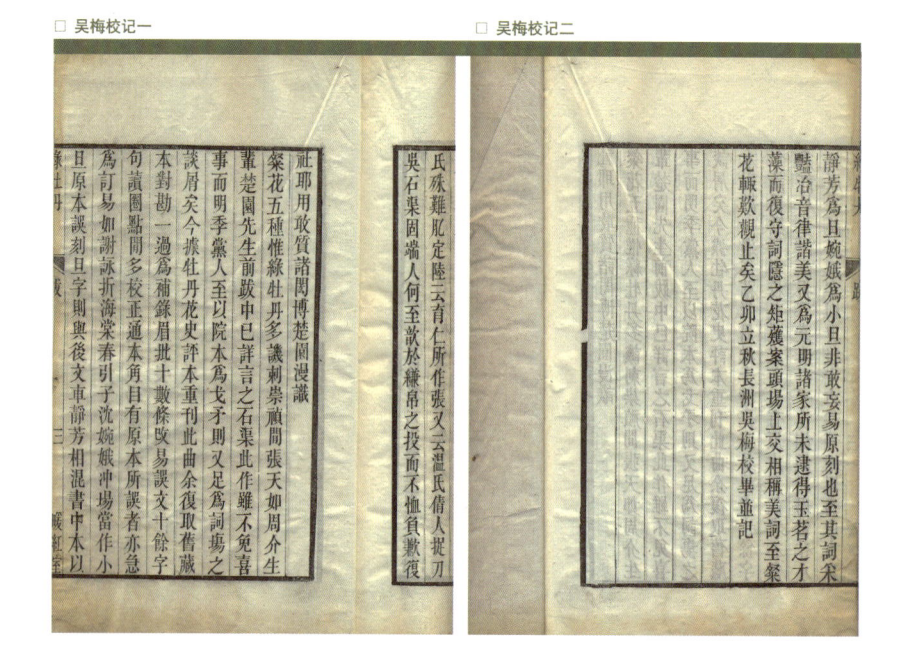

□ 吴梅校记一　　　　　　　　□ 吴梅校记二

该曲本自《鹦鹉洲》中的《四季花》，《吴梅评传》中同样将此曲抄录出来进行了比较，该曲的原文为：

> 终日抱鸾生，这眉头恨，心头病，欲诉谁听。含情。琼楼高处先月明，珠帘上钩风自清。月才高，风旋轻。玉人何处？箫停凤鸣。黄庭搨得已二更。立尽露华凝，怎捱得这回孤零。奈风冷月冷，花冷篆冷人冷。

□ 吴梅藏书印迹

由以上的对比可知，吴梅创作散曲是严格地按照曲律，这正是他认真研曲、作曲的最好明证。

吴梅的一生主要是从事教育工作，他从二十二岁到五十四岁，一直辗转于多个学校，从事教学活动，直到晚年因为病重才辞去了教职工作。其去世后，郑振铎写了篇《记吴瞿安先生》，郑在文中高度赞扬了吴梅在曲学方面的贡献："吴瞿安先生是一位终身尽瘁于教育事业的人。他从来没有离开过他的岗位。……没有多少人像他那样的专心一致于教育事业的。他教了二十五年书，把一生的精力全都用在教书上面。他所教的东西乃是前人所不曾注意到的。他专心一致地教词、教曲，而于曲尤为前无古人后鲜来者。他的门生弟子满天下。现在各大学教词曲的人，有许多都受过他的熏陶的。"

吴梅的故居今日基本完好地保存在苏州老城区内。因为他在藏曲方面的巨大成就，所以吴梅也被后世目之为藏书家，我曾在藏书家专题中写过他的故居，而今要谈他的曲学成就，还想要寻找到他的墓。为了能够查得吴梅墓的具体位置，我翻阅了不少相关史料，却少有文献能够具体点出位置。这次苏州之行，又见到了马骥先生，在当晚的聚会中，他带来了几位同事，我在席间又提到找不到吴梅墓具体地点的事情，没想到的是，马兄的同事温治华先生马上接口说，他曾看到过吴梅墓。

温先生的这句话让我大感吃惊，于是问他进一步的细节。他说自己偶尔到穹窿山时看到过这座墓，但那已经是前些年的事情，更何况那一带没有什么明显的标志，很难用语言形容出。为了能够满足我的愿望，温先生主动提出他明日带我前往此处去寻找。

第二天一早，温先生开车来到酒店楼下，同时前来者还有他的同事缪鑫磊先生，温先生介绍说，缪先生也喜好文史，他听说我前去访古，故决定一同前往。原本此次出行我已经请百合女史进行了安排，而今温治华说，我们可以一同乘他的车前去探访。

穹窿山距苏州市有几十公里的路程，来到这里才能看到江南真正的大山，在这一带首先找到了万鸟园，然而到售票处去打听，对方却称这里面没有名人墓，而其具体方位要沿此路继续行驶。按其所言，众人上车，一路开到了一处石牌坊的前面，走近一看，竟然是李根源的墓园。这处墓园的面积足够大，原本这也是我的寻访目标，于是百合陪我进入墓园拍照，而温、缪两位先生继续去探寻吴梅墓。

二十分钟后，两位先生又回到了李根源墓旁，告诉我说找到了吴梅墓的位置，而这个方位就处在万鸟园和李根源墓之间。于是我们上车又原道回返，车开得很慢，然后在没有

□ 文保牌

□ 吴梅墓

任何标志的一条小路旁停了下来,下车后我们沿着无名小路向山上行走,不足一百米,就在路边看到了吴梅墓。

来到此处,我的第一个感慨就是如何能够找到他,因为在大路边看不到任何痕迹,甚至这条小岔路因为树木的遮挡也很难辨识出来,百合也感慨他们是如何能够找到的这条小路。温治华说,他们在这里慢慢探寻,而后看到了两条路,于是他跟缪鑫磊各走一条路,后来还是温兄运气好,他找到了吴梅,而后打电话给缪先生,两人确认后,才回来接我。这个结果让我大为感慨:温兄此前又是如何注意到在这不经意的小路中,有一座吴梅墓呢?

吴梅墓的大致方位处在江苏省苏州市吴中区兵圣路穹窿山阳坡的一条小道上,这条小路虽然做了简单的硬化,可能是因为少有人走到这里,故路面上长满了青苔,脚踏在上面时不时有打滑的感觉,好在每过一段路会有石阶,所以上山之路还不算艰难。前行不远,就看到路的两边有多座墓葬,每个墓葬占地面积约二十平米大小,并且都有石栏杆做着简单的隔离,能够看得出,这一带有着颇为用心的规划。

吴梅墓就处在这条小路的中段右侧,在他的墓园中,立着一块面积不小的石碑，上面刻着"吴梅先生之墓"。这块墓地以石条垒成了一块平地，正前方有三四个台阶，我沿此登上，注意到入口处的望柱之旁放着一个空酒瓶，吴梅是否爱酒，这一点我不了解，不知是何人拿到这里的祭品。墓碑前的石供桌上，也有着未曾燃尽的香烛，墓碑的后面则是吴梅的墓丘，这个墓丘用不规则的石块砌成了墓围，顶端裸露，上面有一些杂草和落叶，而吴梅墓的侧方，还有他父母的墓碑。我绕到了墓碑的后面，看到碑石上刻着吴梅的生平介绍文字，上面主要介绍的就是他对昆曲的贡献，看来这位曲学大家虽然长眠于此，但今人并没有忘记他在这方面所做出的巨大贡献。

□ 供桌上的香烛，边上是吴梅父母的墓碑

□ 墓碑后刻着吴梅生平介绍

小說

施耐庵：恰如猛虎卧荒丘，潜伏爪牙忍受

《水浒传》是中国小说史上的名品，被誉为中国古代四大小说之一，这部小说来源于北宋徽宗宣和年间的一段史实。《宋史·徽宗本纪》中称："淮南盗宋江等犯淮阳军，遣将讨捕；又犯东京、河北，入楚海州界，命知州张叔夜招降之。"这里提到了宋江造反，而后皇帝派张叔夜前往招降之事，关于招降的细节，《宋史·张叔夜传》称："宋江起河朔，转略十郡，官兵莫敢撄其锋。声言将至。叔夜使间者觇所向：贼径趋海濒，劫巨舟十余，载掳获。于是叔夜募死士得千人，设伏近城，而出轻兵距海诱之战；先匿壮卒海旁，伺兵合，举火焚其舟。贼闻之，皆无斗志。伏兵乘之，擒其副贼，江乃降。"

这里讲到了宋江队伍之勇猛，转战于十个郡县，竟然官兵不敢阻挡，而张叔夜也同样不敢与之展开硬碰硬的战争，于是使出计策，首先烧毁了宋江水军的十几艘大船，而后以伏兵擒获了宋江的副手，这让宋江感到大势已去，于是投降了官军。

对于宋江手下究竟有多少军马，《宋史》中未曾记载，然而对于他的主要成员，《宋史·侯蒙传》中则称："宋江寇京东，蒙上书言：'江以三十六人横行齐、魏，官军数万莫敢抗者，其才必过人。今青溪盗起，不若赦江，使讨方腊以自赎。"这里讲到了宋江一伙总计三十六人，而官兵数万人，都不敢阻挡，由此说明，这三十六人仅是首领，绝不是造反者的全部人马，而这个数恰好符合了《水浒传》

中梁山泊一百单八将中的天罡星之数。然而这三十六人姓甚名谁，《宋史》中却未曾提及，直到龚开所写《三十六人画赞》才第一次写出了宋江等三十六人的姓名和绰号。

其实从南宋开始，民间就已经开始流传跟《水浒传》有关的独立故事，比如有《青面兽》《花和尚》《武行者》等等，但这些故事都是独立成篇，并没有串成一个完整的大故事，直到了宋末元初，《大宋宣和遗事》一书才把这些独立的故事串联成一个近似完整的大故事。再后来，这三十六位英雄又增加了七十二位，逐步凑成了梁山泊好汉一百零八位。所以说，《水浒传》一书是以历史史实为依据，同时又掺杂进了许多不同的故事，最终串联而成的一部完整小说。

但是，究竟是谁把历史上的这些单篇故事经过一系列的修润和排列组合，最终呈现出一部宏大的《水浒传》的？这在早期文献中却未曾有记载。直到明嘉靖十九年高儒在《百川书志》中称："《忠义水浒传》一百卷，钱塘施耐庵的本，罗贯中编次。"此为第一次提出该书的最初编纂者是施耐庵，而后又经过了罗贯中的编辑和修润。对于这种说法，可由明郎英在《七修类稿》中所言得知："三国、宋江二书，乃杭人罗贯中所编。予意旧必有本，故曰编。宋江又曰钱塘施耐庵的本。"

郎英此书作于明嘉靖四十五年，他说《三国志》和《水浒传》都是罗贯中所编，而郎英认为罗所编必有所本，也就是在他之前已经有人编出了《水浒传》一书，而到罗贯中这里，他只是作了修订。郎英在这里没有说出《水浒传》一书之名，他以"宋江"代称之，同时他称别人说《水浒传》的源头是出自施耐庵。在这里，郎英没有用"原本"这个词，对于他的用词，聂石樵在《中国古代戏曲小说史略》中称："所谓'的本'，应即'真本'的意思。"而聂石樵的这部专著中，又引用了清朱骏声在《如话诗钞》中抄录的施耐庵两首诗，此诗的题目为《成水浒传题后》：

太平天子当中坐，清慎官员四海分。
但见肥羊宁父老，不闻嘶马动将军。
叨承礼乐为家世，欲以讴歌寄快文。
不学东南无讳日，却吟西北有浮云。

大抵人生土一丘，百年若个得齐头。
扶犁安稳尊于辇，负曝奇温胜似裘。
子建高才空号虎，庄生放达以为牛。
夜寒薄醉摇柔翰，语不惊人也便休。

□ 施耐庵撰、金圣叹评点《第五才子书施耐庵水浒传》，民国二十三年上海中华书局据明贯华堂刻本石印巾箱本

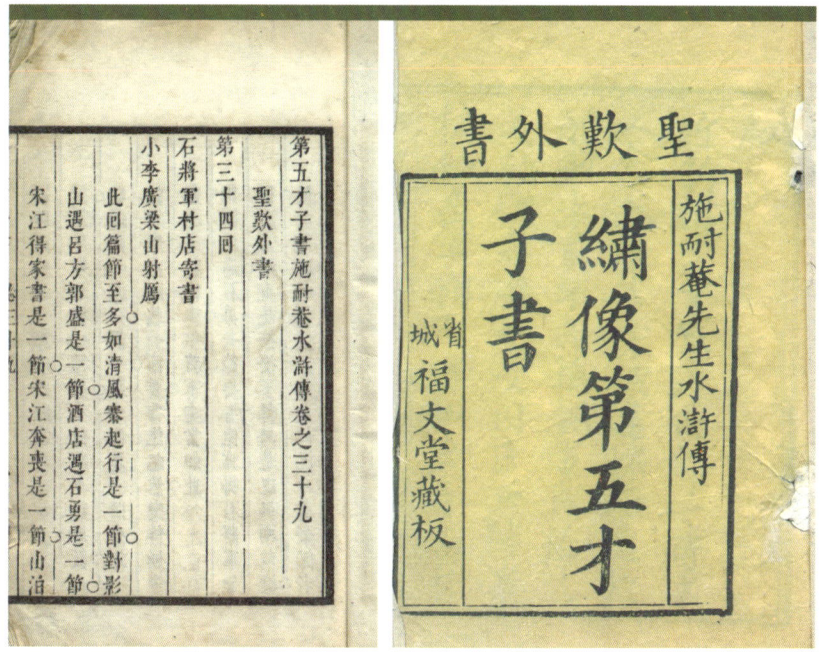

□ 施耐庵撰、金圣叹评点《第五才子书水浒传》，清福文堂刻巾箱本，牌记

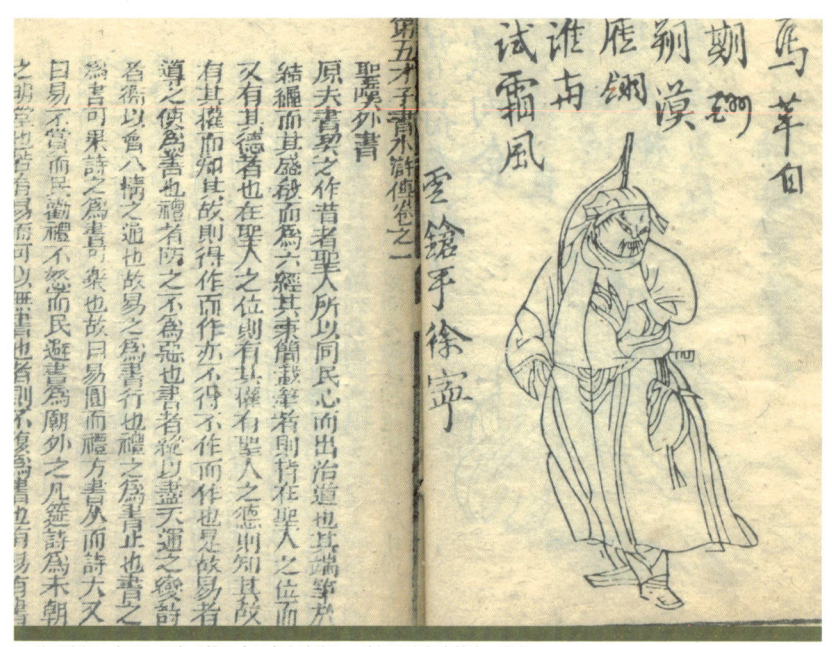

□ 施耐庵撰、金圣叹评点《第五才子书水浒传》，清福文堂刻巾箱本，卷首

对于这两首诗，聂石樵称："这两首通俗的七律，其格调与《水浒传》中诗歌的格调是一致的。第一首表叙他对太平盛世的歌颂，第二首抒发他安贫乐道和完成《水浒传》之后的心情。这是今天我们仅见的关于施耐庵的一点材料。"由此可知，《水浒传》的最终成书人确实是施耐庵。

关于《水浒传》的作者，总算达到了共识，然而关于作者的生平，却同样难知其详，比如游国恩主编的《中国文学史》中称："关于施耐庵没有什么可靠的历史记载。"而中国科学院文学研究所编的《中国文学史》也同样说："施耐庵大约是和罗贯中同时的人，他的生平事迹不得而知。"

这么重要的一部书，而作者的信息竟然如此之少，这样的反差当然不能令后世满意，故而到了近代，产生了三次颇为隆重的研究热潮。关于第一次，莫其康在其主编的《施耐庵研究》一书的"主编絮语"中称:"自《水浒传》问世至上世纪初,施耐庵与《水浒传》,一直停留在只言片语的明人笔记里和埋没于施氏家乘及后裔传说中。自光绪三十二年(1906)《新世界小说社报》发表《中国小说大家施耐庵传》,始引起读者注意。几乎与此同时,法部主事魏克三回故里兴化公干,在白驹偶然发现施氏宗祠,继而在施家桥村查访到施耐庵墓葬,在施氏后裔家发现多种抄本的族谱。"这里点出了关于施耐庵生平的最初发现。

1952年,《文艺报》上发表了刘冬、黄清江两人所写的《施耐庵与水浒传》一文,此文公布了一些调查所得的材料,这些材料在文中被称为《几种新材料》,其第一项是列出了施耐庵在大丰县白驹镇施家舍村施姓所用的神主,上面列明了施耐庵之名,而第二点则是在兴化县找到了施耐庵的墓碑,第三点则是列出了明代淮安人王道生所写的《施耐庵墓志》,该墓志中有这样一段描述:

> 公讳子安,字耐庵。生于元贞丙申岁,为至顺辛未进士。曾官钱塘二载,以不合当道权贵,弃官归里,闭门著述,追溯旧闻,郁郁不得志,赍恨以终。公之事略,余虽不得详,尚可缕述;公之面目,余不得亲见,仅想望其颜色。盖公殁于明洪武庚戌岁,享年七十有五。届时余尚垂髫,及长,得识其门人罗贯中于闽,同寓逆旅,夜间炳烛畅谈先生轶事,有可歌可泣者,不禁相与慨然。先生之著作,有《志余》《三国演义》《隋唐志传》《三遂平妖传》《江湖豪客传》(即《水浒》)。每成一稿,必与门人校对,以正亥鱼,其得力于罗贯中者为尤多。呜呼!英雄生乱世,则虽有清河之识,亦不得不赍志以终,此其所以为千古幽人逸士聚一堂而痛哭流涕者也。先生家淮安,与余墙一间,惜余生太晚,未亲教益,每引为恨事。去岁其后述元(文昱之字)

迁其祖墓而葬于兴化之大营焉，距白驹镇可十八里，因之，余得与流连四日。问其家世，讳不肯道，问其志，则又唏嘘叹惋；问其祖，与罗贯中所述略同。

这段描述写得十分明确，其称施耐庵名子安，而耐庵是他的字，并且他还考中过元代的进士，后来因为得罪权贵而弃官归里，而后在家中以著述为事，之后写了多部著作，其中就有《水浒传》。而这些新材料中，所公布出的第四点，则是《兴化县续志》中"文苑"所载的《施耐庵小传》：

> 施耐庵原名耳，白驹人，祖籍姑苏，少精敏擅文章。元至顺辛未进士，与张士诚部将卞元亨相友善。士诚擅甲兵，将窥窃元室，以卞元亨为先锋。元亨以耐庵之才荐士诚，屡聘不至。迨据吴称王，乃造其门，家人不与见。士诚入内，至耐庵室，见耐庵正命笔为文，所著为《江湖豪客传》，即《水浒传》也。士诚笑曰："先生不欲显达当时，而弄笔以自遣，不虚靡岁月乎？"耐庵闻而搁笔，顿首对曰："不佞他无所长，惟持柔翰为知己。大王豪气横溢，海内望风瞻拜。今枉驾辱临，不佞诚死罪矣。然志士立功，英贤报主，不佞何敢固辞？奈母老不能远离，一旦舍去，则母失所依。大王仁义遍施，怜悯愚孝，衔结有日。"言已，伏地不起。士诚不悦，拂袖而去。耐庵恐祸至，乃举家迁淮安。明洪武初，征书数下，坚辞不赴。未几，以天年终。

这段小传也写得十分明确，与墓志不同者，则是称施耐庵本名施耳，同时张士诚曾召其入幕，遭到拒绝。

以上的墓志和小传将施耐庵的生平描写得太过详细，使得相关

□ 施耐庵雕像

的研究专家都对此提出了质疑。刘世德先生写了一篇名为《施耐庵文物史料辨析》的长文,仔细论证了八十年代之前所发现的所有有关施耐庵的新材料,刘先生的这篇文章发表在《中国社会科学》1982年第六期上。而后这篇文章收录在了江苏省社会科学院文学研究所编的《施耐庵研究》一书中。莫其康主编的《施耐庵研究》一书,则仅节选了此长文的其中一个段落。故我对刘先生这篇论文的引文则全部取自江苏省社科院文学所的那本《施耐庵研究》。

刘先生在这篇长文中一一辨析了相应的各种说法,其中一节的分题就是《新材料的破绽和疑点》,比如关于施耐庵的名字,刘先生在此节中称:"王道生《施耐庵墓志》说是:'公讳子安'。《兴化县续志》的文苑传说是:'原名耳'。《施氏族谱》则说他名是'彦端'。仅仅名讳一项,就出现了三种不同的说法。"而对于《兴化县续志》中所载之文,刘先生则认定其仅存四十年代印本,从时代上说,距施耐庵的时代相去甚远,同时他又考证出《兴化县续志》

是由李详主纂,因为经费问题,当时并未刊行,直到1942年,由邑人魏隽最终完成者,而参加过编纂的助手则为刘麟祥。

关于刘麟祥,刘先生在文中引用了《施耐庵资料》一书中所载《施耐庵墓志(王道生作)及施耐庵传收入兴化县续志的经过》一文的说法:"他(指李详)主持修撰《兴化县续志》时,委托邑人刘仲书往刘庄、白驹采访古迹人物,发现有关施耐庵的史料、传说。李详先生在兴化修志局听刘汇报后,便说:'施耐庵以著《水浒传》获罪,也以著《水浒传》得名,其生平事迹不独前志所不能载;即其子孙亦讳不肯言,今民国成立,无所顾忌,可以补遗。'遂将施耐庵生平载入《兴化县续志》。"而后刘世德先生在该文的最后部分做出了十五点结论,其中第三为:"民国《兴化县续志》中的关于施耐庵的材料(包括施耐庵小传、王道生《施耐庵墓志》等),支伟成、任致远《吴王张士诚载纪》一书所引录的袁吉人《耐庵小史》,时间晚近,来源不详,内容可疑,如果作为考索施耐庵生平事迹的本证,是无法令人首肯的。"

看来,关于施耐庵的这些新发现没有多少能够站得住脚者,同时还有其他学者也对这些材料从不同的角度提出了质疑。比如有人认为《水浒传》里的语言,基本上是北方话,而施耐庵是南方人,他不应当熟悉这样的语句,因此认为施耐庵不可能是兴化人。但同样,也有人根据语言提出了反证,比如张丙钊,在《从〈水浒传〉的语言看作

□ 宋江。施耐庵撰、金圣叹评点《第五才子书水浒传》,清福文堂刻巾箱本

者的籍贯问题》一文中称:"过去有人认为,《水浒传》的语言是'地道'的北方话。现代有一些研究者注意到书中有南方话——主要是杭州方言俗语的存在,从而论证其作者为钱塘(今杭州)人。笔者认为,《水浒传》这部古典文学名著非但不是'地道'的北方话写成,而且其中的南方话也不局限于杭州一地的方言俗语。苏南一带方言,尤其是江淮方言词语的大量存在,是一个不容忽视的事实。"

而后张丙钊在文中举出了上百个实例,将此与兴化一带土语进行比较,由此来认定:"《水浒传》里不仅有大量吴方言词语,还有许多下江官话词语,主要又是南京、扬州、泰州、兴化等地的方言俗语。"

余外,还有不同角度的各种讨论,究竟孰是孰非,只能让专家们继续争论下去吧。好在这些争论并不影响《水浒传》的伟大。那我们就接着聊一聊这部伟大的小说吧。

□ 扈三娘、雷横。施耐庵撰、金圣叹评点《第五才子书水浒传》,清福文堂刻巾箱本

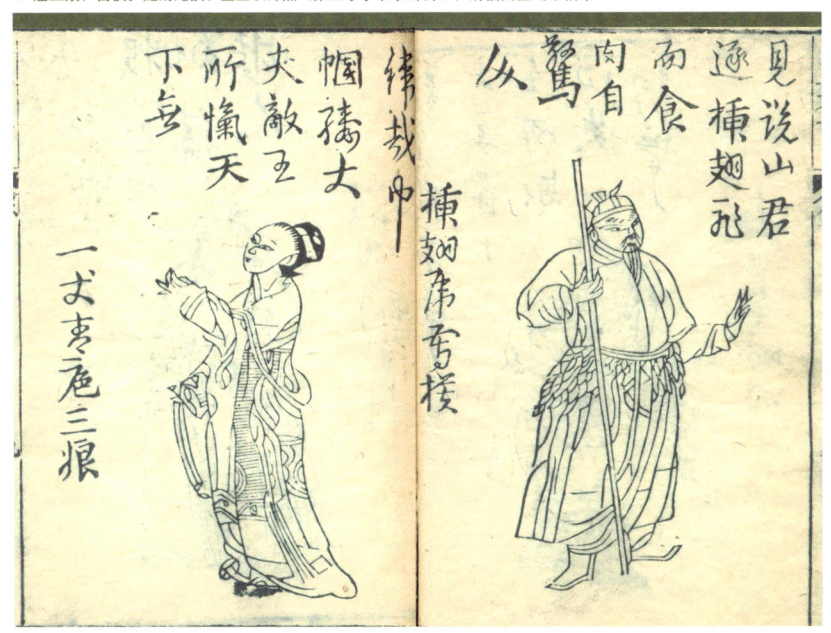

如前所言，《水浒传》是根据许多的故事串联而成者，因此，这部书的版本也颇为复杂。当代专家将《水浒传》的各种版本分为繁本和简本两大系统。比如繁本中又分一百回本、一百二十回本等等，另外还有金圣叹的七十回本。而繁本与简本之间也并非回数上的差异，有的简本在回数上甚至超过了繁本。版本上的考证于此不再展开絮聊，而该小说所叙述的主旨也同样是见仁见智，故而这篇小文仅谈一谈《水浒传》中的诗词。

对于《水浒传》中的诗词，阳建雄在《水浒传研究》一书中做出了详细的统计，他首先引用了前人的统计数字："比如李万钧先生认为'超过576首'，魏学宏先生认为是610首（其中诗为556首，词为54首），还有人认为是598首（其中诗517首，词81首），如此等等，不一而足。"而后阳先生得出的结论是《水浒传》共有诗词611首，其中诗为524首，词为87首。由此可知，一部《水浒传》，可以视之为施耐庵诗文集。对于《水浒传》诗词的来源，阳建雄也将其分成了三个部分：一是小说原作者创作，这一部分是《水浒传》中的主体；第二则是引用他人的作品；第三则为改编他人的作品。为什么施耐庵要在这部小说中用到这么多的诗词呢？钟继刚在《也谈〈水浒传〉中诗词韵语的艺术功能》一文中说："虽说《水浒传》是一部比较现实的侠义文学，但它却有着更多的对人物心理描写的文字，只是这一部分文字被诗词做了。"

由这段话可知，施耐庵在《水浒传》中所作的这些诗词，并非只是锦上添花的点缀，而更多者，他是通过诗词来描写人物的心理，所以说，这些诗词在行文中有着点睛的作用，故而钟继刚在其文中又说："不关注诗词的人就很难看到《水浒传》中人物的深层与微妙情态。"

比如《水浒传》第一回，开头就说仁宗皇帝坐在紫宸殿上受百官朝贺，想来当时的情形颇为壮观，然而《水浒传》中只用这样一段诗词来描绘当时的情景：

> 祥云迷凤阁，瑞气罩龙楼。含烟御柳拂旌旗，带露宫花迎剑戟。天香影里，玉簪朱履聚丹墀；仙乐声中，绣袄锦衣扶御驾。珍珠帘卷，黄金殿上现金舆；凤羽扇开，白玉阶前停宝辇。隐隐净鞭三下响，层层文武两班齐。

《水浒传》第十一回，林冲被逼上梁山，他在朱贵的接应下乘船前往梁山，此时有一段诗词，成为了书中最早描绘梁山泊的文字：

> 山排巨浪，水接遥天。乱芦攒万队万枪，怪树列千层剑戟。濠边鹿角，俱将骸骨攒成；寨内碗瓢，尽使骷髅做就。剥下人皮蒙战鼓，截来头发做缰绳。阻当官军，有无限断头港陌；遮拦盗贼，是许多绝径林峦。鹅卵石迭迭如山，苦竹枪森森似雨。断金亭上愁云起，聚义厅前杀气生。

第二十三回，宋江见到了武松，当时是夜晚，宋江借着灯光来打量武松，施耐庵的说法，宋江一看："果然是一条好汉"，接下来就是一段诗词的描绘：

> 身躯凛凛，相貌堂堂。一双眼光射寒星，两弯眉浑如刷漆。胸脯横阔，有万夫难敌之威风；语话轩昂，吐千丈凌云之志气。心雄胆大，似撼天狮子下云端；骨健筋强，如摇地貔貅临座上。如同天上降魔主，真是人间太岁神。

这段话把武松描绘得十分传神，武松英武的身姿立在了读者的面前，这也就给他后面的打虎和潘金莲的色诱做了很好的铺垫。在景阳冈上，施耐庵把武松打虎的细节写得十分具体，但当代学者有人质疑说，武松打虎的姿势不对，并以此来推论施耐庵没有打过虎，比如夏曾佑在《小说原理》中就说过这样一段话："武松打虎，以一手按虎之头于地，一手握拳击杀之。夫虎为食肉类动物，腰长而软，若人力按其头，彼之四爪均可上攫，与牛不同也。若不信，可以一猫为虎之代表，以武松打虎之方法打之，则其事之能不能自见矣。"显然夏曾佑也没打过虎，于是他就以猫来比作虎。然而打猫跟打虎能是一回事吗？而更为重要者，《水浒传》是一部小说，武松打虎则是一个故事，施耐庵怎么知道武松到底是怎么打虎的呢？更何况，武松打虎时是一人在场，别人怎么知道他是如何把老虎打死的呢？我觉得把小说中的情节一一落实，似乎也有着太过认真之嫌。

因此，且不管武松打虎的姿势对不对，这个故事已然深入人心，当然，这跟施耐庵的描写有着很大的关系，尤其他所写的一首古风，将武松打虎的细节描绘得十分传神：

> 景阳冈头风正狂，万里阴云霾日光。
> 触目晚霞挂林薮，侵人冷雾弥穹苍。
> 忽闻一声霹雳响，山腰飞出兽中王。
> 昂头踊跃逞牙爪，麋鹿之属皆奔忙。
> 清河壮士酒未醒，冈头独坐忙相迎。
> 上下寻人虎饥渴，一掀一扑何狰狞！
> 虎来扑人似山倒，人往迎虎如岩倾。
> 臂腕落时坠飞炮，爪牙爬处成泥坑。
> 拳头脚尖如雨点，淋漓两手猩红染。
> 腥风血雨满松林，散乱毛须坠山奄。

近看千钧势有余,远观八面威风敛。

身横野草锦斑销,紧闭双眼光不闪。

其实细想,潘金莲也很不幸,天生丽质,却嫁给了那样一位武大郎,对于潘金莲的美,施耐庵同样是用一段诗词来描绘:

眉似初春柳叶,常含着雨恨云愁;脸如三月桃花,暗藏着风情月意。纤腰袅娜,拘束得燕懒莺慵;檀口轻盈,勾引得蜂狂蝶乱。玉貌妖娆花解语,芳容窈窕玉生香。

这段话传神地勾勒出了潘金莲的妩媚与风骚,对她来说,当然是"天生丽质难自弃",可惜的是,一直未曾得到红杏出墙的机会,而这一切被那奸猾的王婆看在了眼中,虽然这王婆仅开个茶馆,但她绝非善茬,施耐庵用诗词这样描绘王婆其人:

开言欺商贾,出口胜隋何。只凭说六国唇枪,全仗活三齐舌剑。只鸾孤凤,霎时间交仗成双;寡妇鳏男,一席话搬唆捉对。……略施妙计,使阿罗汉抱住比丘尼;稍用机关,教李天王搂定鬼子母。甜言说诱,男如封涉也生心;软语调和,女似麻姑能动念。教唆得织女害相思,调弄得嫦娥寻配偶。

看来王婆的三寸不烂之舌不在诸葛亮之下。她的如簧巧舌可惜没用在正地方,因其精力全都用在了搬弄是非上。施耐庵写的这段诗词果真把她的特色展露了出来。既然王婆是这样的一个人,当她看到西门庆与潘金莲之间的眉来眼去,当然不会放掉这个千载难逢的好机会,经过她的一番安排,西门庆与潘金莲终于好事成双,两人第一次云雨时，施耐庵用了如下一段诗词作出细腻的描绘：

> 交颈鸳鸯戏水，并头鸾凤穿花。喜孜孜连理枝生，美甘甘同心带结。将朱唇紧贴，把粉面斜偎。罗袜高挑，肩膊上露一弯新月；金钗倒溜，枕头边堆一朵乌云。誓海盟山，搏弄得千般旖旎；羞云怯雨，揉搓得万种妖娆。恰恰莺声，不离耳畔；津津甜唾，笑吐舌尖。杨柳腰脉脉春浓，樱桃口呀呀气喘。星眼朦胧，细细汗流香玉颗；酥胸荡漾，涓涓露滴牡丹心。直饶匹配眷姻偕，真实偷期滋味美。

当然，《水浒传》的主角是宋江，施耐庵在这个小说中，对宋江着墨最多，而相应的诗词咏叹也同样不少，比如在第十八回，施耐庵用了一首《临江仙》来描述宋江的慷慨仗义：

> 起自花村刀笔吏，英灵上应天星。疏财仗义更多能。事亲行孝敬，待士有声名。　济弱扶倾心慷慨，高名水月双清。及时甘雨四方称，山东呼保义，豪杰宋公明。

而对于宋江的心理描写，也是《水浒传》颇为成功者，刚开始宋江并不想做草寇，故几次拒绝了梁山泊的邀请，他宁可去坐牢，也不愿意为寇，而后他在浔阳楼上写了一首《西江月》：

> 自幼曾攻经史，长成亦有权谋。恰如猛虎卧荒丘，潜伏爪牙忍受。不幸刺文双颊，那堪配在江州！他年若得报冤仇，血染当阳江口。

写罢这首词，宋江还不过瘾，于是又写了一首诗：

心在山东身在吴，飘蓬江海漫嗟吁。

他时若遂凌云志，敢笑黄巢不丈夫！

此诗就是那著名的反诗，这首诗招来的麻烦成为他上梁山的最主要原因。由此可知，施耐庵在《水浒传》中的诗词，都有其特殊的用意，这也是该小说能够长盛不衰、成为名著的重要原因之一。

对于施耐庵的墓，虽然其真伪性专家们尚有争论，但毕竟那里是他的纪念地，莫其康在《施耐庵研究》中的主编絮语中说："1942年初，兴化抗日民主政府县长孙蔚民向接任的蔡公杰县长提出，兴化白驹施家桥是施耐庵故里，施公安葬在施家桥，每年族人都有隆重祭礼。在进一步考证史实的基础上，1943年春，由蔡公杰县长主办，兴化抗日民主政府重修施耐庵墓，立碑建坊，苏中二分区专员陈同生亲笔题字。"既然如此，这里就成为了我的寻访目标。

施耐庵墓位于江苏省兴化市施家桥东。从泰州包上一辆出租车，

□ 省级文保牌

□ 纪念馆

在本地寻访完毕后，上靖盐高速，北行十七公里下道，出口为安丰，此地距盐城还有二十余公里，然而在盐城和泰州地区均有同名同姓的安丰镇，在同省同区内相距不足百里有完全相同的两个地名，我还是第一次遇到，这个发现是得自于前一天晚上的细致规划，我担心自己跑错了地方，于是将寻访地点又重新查证，这使得今天的寻访多了一些底气。

出高速口东行到达新垛镇，在镇中即看到跨街的大牌子，上书"施耐庵故里新垛人民欢迎您"，街心还有施耐庵的半身塑像。在镇外的一片田地里找到了施耐庵的墓园，整个墓园像个建筑工地，问里面的施工人员，说正在进行陵园的扩建工程，从旁

□ 施耐庵墓位于小岛之上，入口处立青砖牌坊

施耐庵：恰如猛虎卧荒丘，潜伏爪牙忍受　　287

□ 施耐庵墓

边立的规划图可看出，要将此陵园建成为一个风景花园。

在施工工地内穿行而过，终于看到了施耐庵墓，走近后方看明白：其实施耐庵墓位于小河的对岸，但因为旧桥已被拆除，新桥还未连通，这又需要绕一个大大的弯路。我本想通过跳跃桥墩的方式跨过河去，但站在岸边鼓了几回勇气，还是觉得没有把握，于是放弃了这种打算，让司机退回到大道上。

在大道边，重新打听施耐庵墓前行的路径，果真得知另外还有一条小路可以前往施墓。于是让司机在原地等候，我按照路人所指步行前往，没费什么力气就穿到了小河对岸。

施耐庵墓在小岛的中央，墓前的石碑上刻着"大文学家施耐庵之墓"，这么现代的名称，无论怎么将墓碑做旧，也是个新东西。我倒并不介意墓碑的新旧，而最关心者，它究竟是不是施耐庵的真墓，可惜，没有人能给我正面的回答。我看到墓旁摆着三个花篮，而后试着辨析花篮上的落款，看看是什么人来给这大文学家扫墓，可惜未能如愿。

罗贯中：古今多少事，都付笑谈中

《三国演义》是中国历史上第一部长篇小说，袁行霈主编的《中国文学史》给出的定义更加准确："《三国志演义》是我国第一部长篇章回小说，也是历史演义小说的开山之作。"而刘知渐则在《重新评价〈三国演义〉》一文中起首即称："《三国演义》是中国历史上最早的一部长篇小说。"相类似的评价还有许多，即此可知该部小说在中国文学史上有着何等重要的地位。也正因为如此，该部

罗贯中撰《第一才子书》，清光霁堂藏板本，牌记

罗贯中撰《第一才子书》，清光霁堂藏板本，内页

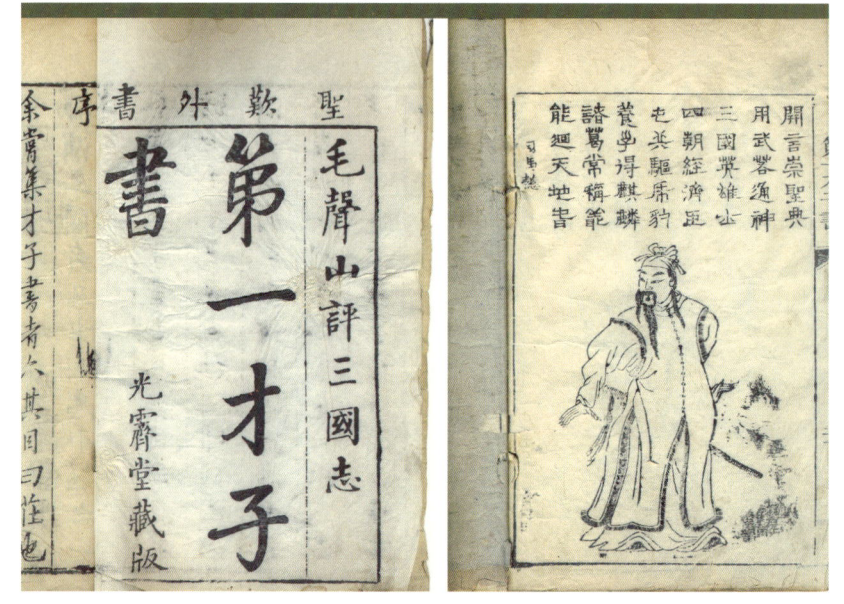

小说的作者罗贯中成为了后世重点研究的对象之一。

跟其他戏曲小说的作者相类似，罗贯中的情况在相关的历史记载中也颇为模糊，为此在后世引起了争论。对于罗贯中生平记载最早的资料，乃是元末明初时人贾仲明在其《录鬼簿续编》中所载："罗贯中，太原人，号湖海散人。与人寡合。乐府、隐语，极为清新。与余为忘年交，遭时多故，天各一方，至正甲辰复会。别来又六十余年，竟不知其所终。"此段文字之后，另记载了罗贯中还写过三部杂剧：《赵太祖龙虎风云会》《忠正孝子连环谏》和《三平章死哭蜚虎子》。由以上这段话可知，罗贯中祖籍太原，并且跟贾仲明关系甚好，但因为元末战乱，使得他们之间终以失散，而罗贯中的结局，贾仲明也不知道。

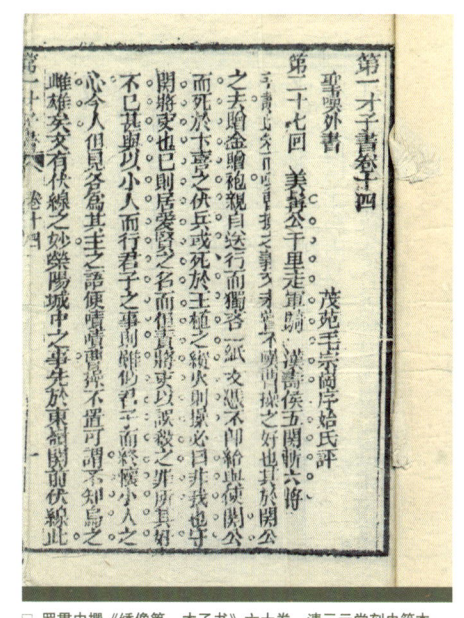

罗贯中撰《绣像第一才子书》六十卷，清三元堂刻巾箱本

然而，《三国演义》流传后世的版本中，却在作者籍贯一项有着另外的说法，比如明万历壬辰余氏双峰堂所刻《新刊按鉴全相批评三国志传》，其题名为"东原贯中罗道本编次"，而后的几种明刻本也都题为东原。关于作者的姓名，清三余堂所翻明刻本则署为"元东原罗贵志演义"，对于这两种提法，王利器先生在《罗贯中与〈三国志通俗演义〉》一文中称："这些明刻本认定罗贯中是元东原人。其作'道本'的'道'字是衍文；作'贵志'的，是'贯中'形近之误，盖'贯中'误为'贯忠'，从而讹为'贵志'也。"

王利器认为双峰堂本所写的"罗道本编次"是在刊刻之中多了一个"道"字，而后一种提法，则是因为"贯中"误刻成了"贯忠"，而再次翻刻时，又讹为了"贵志"。然而张国光先生不同意这种说法，他在《〈三国志通俗演义〉成书于明中期辨》一文中认为："王利器先生说'道'字是'衍文'，'贵志'是'贯中'之讹，这不过是站在今天校读者的立场提出的一种解释，与实际情况难免不大相径庭。因为这是一部大书的作者署名，如果说是形近之讹，或出现衍文，这在书中文字还可以说得过去，即使书贾们再不负责任，也没有把扉页的作者署名都弄错了，而且错得这样厉害之理。因此我们对于元人罗贯中著《三国志通俗演义》之谈，不能不持怀疑态度。此亦可见王利器先生所提倡元理学家赵宝峰之门人罗本即是《三国志通俗演义》的作者之说，亦难信据也。"

张国光的这段话除了反驳王利器的两种判断之外，他还认为王利器认定《三国演义》的作者是罗本也是无根据的猜测，因为罗本是赵宝峰的门人，这就将《三国演义》的成书时代大大提前了，宝峰先生就是赵偕，是宋末元初时的人物，而罗本若是他的弟子，则该书的成书年代也就可以确定为宋末元初。而明万历辛卯万卷楼所刻《三国志通俗演义》，其题款恰为"后学罗本贯中编次"，如果这一点成立的话，那么，作为元末明初时人的贾仲明所载，就有了问题。也正因为这个矛盾，使得张国光不承认王利器的推论，所以他认定该书完成于明中叶，其论点之一是因为今日所传《三国志通俗演义》最早刊本为明嘉靖元年，且该版本中有署名为修髯子的序言，该序中称："简帙浩繁，善本甚艰，请寿诸梓，公之四方，可乎？"根据这句话，张国光得出的结论是："可证此书在这之前并无刻本。"

其实，张国光先生的这个结论具有或他性，因为按照古书的一般情形，即使有了刻本，也同样可能有抄本传世，更何况，古代交

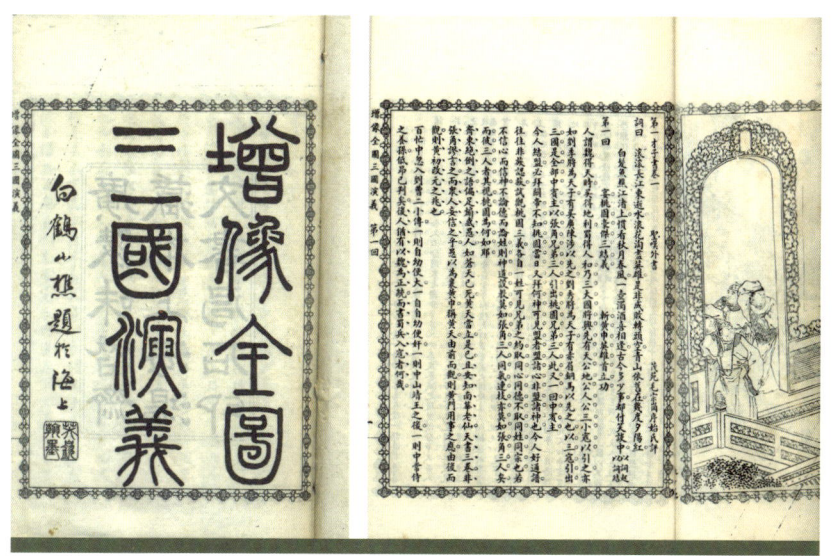

□ 罗贯中撰《增像全图三国演义》六十卷，清光绪十四年，据上海鸿文书局石印本，书牌

□ 罗贯中撰《增像全图三国演义》六十卷，清光绪十四年，据上海鸿文书局石印本，卷首

通不便，信息不畅，某地已有刻本，他地不容易得到，仍然可能根据某个抄本进行刊刻。因此说，在明嘉靖之前是否还有《三国演义》的刻本，基于今天的未知，只能是作为未发现来对待，而不能将其断然地判定为此前无刻本。

关于三国的故事，早在唐代就已广泛流行。比如苏轼在《东坡志林》卷六中就说到："王彭尝云：'涂巷中小儿薄劣，为其家所厌苦，辄与钱令聚坐，听说古话。至说三国事，闻刘玄德败，尖蹙眉有出涕者，闻曹操败即喜唱快，以是知君子小人之泽，百世不斩。'"由此可知，即使是小孩子，也已经对刘备和曹操的故事极为熟悉。然而，当时流传于民间有关三国的故事，都是一些分散的故事，因为有了罗贯中的改编，才使得这些零散的故事串成了一部有机整体，由此展现了一段错综复杂而场面恢宏的历史故事。

对于罗的这种改编，清徐时栋在《烟屿楼笔记》中说："史事演义，惟罗贯中之《三国志》最佳。其人博极典籍，非特借《陈志》《裴注》

敷衍成文而已；往往正史及注，并无此语，而杂史小说乃遇见之，知其书中无来历者稀矣。至其序次前后，变化生色，亦复高出稗官，盛传至今，非幸也。"徐时栋认为由正史改编的历史小说，最成功者当为《三国志演义》，因为罗在改编之时，不仅借助了历史记载，同时还参考了许多杂史笔记。而罗贯中的改编为什么如此成功，则以鲁迅在《中国小说史略》中的评价最为到位："说《三国志》者，在宋已甚盛，盖当时多英雄，武勇智术，瑰伟动人，而事状无楚汉之简，又无春秋列国之繁，故尤宜于讲说。……金元杂剧亦常用三国时事，如《赤壁鏖兵》《诸葛亮秋风五丈原》《隔江斗智》《连环计》《复夺受禅台》等，而今日搬演为戏文者尤多，则为世之所乐道可知也。其在小说，乃因有罗贯中本而名益显。"

鲁迅认为罗贯中的《三国演义》简繁得当，这样的文字最容易让人有阅读的享受。看来，真实的历史读来远没那么多的趣味，而文学加工后的历史则让人喜闻乐见，可是这样的改编，也会让人把改编后的故事当成真实的历史，比如清代学者章学诚就有这样的担忧，《章氏遗书外编·丙辰札记》中说："凡演义之书，如《列国志》《东西汉》《说唐》及《南北宋》，多纪实事；《西游》《金瓶》之类，全凭虚构，皆无伤也。唯《三国演义》，则七分实事，三分虚构，以致观者，往往为所惑乱，如桃园等事，学士大夫直作故事用矣。故演义之属……但须实则概从其实，虚则明著寓言，不可虚实错杂如《三国》之淆人耳。"

章学诚认为，各种演义之书，有史实，有虚构，只有三国演义是七分真三分假，但也正因为如此，使得后世把《三国演义》当成历史书来读，他认为这正是该书误人之处。后来的鲁迅也同意章学诚的这种三七开："中间所叙的事情，有七分是实的，三分是虚的；惟实多虚少，所以人们或不免并信虚为真。"（《中国小说的历史的变迁》）其实这两位先生的担忧也并非多余，根据相应的历史记载，确实有人将《三国演义》当作真实的历史来看待。

清朝曾把《三国演义》当作学习的教材来使用，清陈康祺在《燕下乡脞录》中说："罗贯中《三国演义》，多取材于陈寿、习凿齿之书，不尽子虚乌有也。太宗崇德四年，命大学士达海译《孟子》《通鉴》《六韬》及是书，未竣，顺治七年《演义》告成，大学士范文肃公文程等蒙赏鞍马银币有差。国初，满洲武将不识汉文者，类多得力于此。嘉庆间，忠毅公额勒登保初以侍卫从海超勇公帐下，每战辄陷阵，超勇曰：'尔将材可造，须略识古兵法'。以翻清《三国演义》授之，卒为经略。三省教匪平，论功第一。盖超勇亦追溯旧闻也。"

也有人认为罗贯中的虚构使得真实的历史难以分辨，比如李详在《药裹慵谈》中就考证出不少《三国演义》中的张冠李戴："《三国演义》一书，风行海内，世人几疑为正史有之，非稍知读书者不能辨其真伪。即论关公一节，赤兔马为吕布良马，当时有云：'人中吕布，马中赤兔。'见《三国志·吕布传注》，此马无归关公明文。秉烛达旦，明潘辰《鉴断》指为关公之大节，《蜀志·关传》亦无之。胡元瑞《笔谈》诋潘氏为俚儒是也。周仓亦并无此人，元人《关庙碑》有'骑赤兔兮从周仓'，可知相沿已久。苏东坡言：'小儿听稗史，闻曹操败则喜，蜀先主败则戚。'似此书已有平话流传宋代，特非今之演义耳。"

其实，也正是因为如此，才使得《三国演义》增加了故事性，风行天下，以至于很多大学问家都会将其中的故事当作史实用在文中。清王应奎在《柳南续笔》卷一中写道："'既生瑜，何生亮'一语，出《三国演义》，实正史所无也。而王阮亭《古诗选凡列》、尤悔庵《沧浪亭诗序》并袭用之。以二公之博雅，且犹不免此误；今之临文者，可不慎欤！"原来《三国演义》中如此著名的一句话，竟然在正史中并不存在,而王渔洋和尤侗这样的著名文人,也居然将这句话当作史实用在了文中。

《三国演义》一书起首就写了一阕词:

滚滚长江东逝水,浪花淘尽英雄。是非成败转头空,青山依旧在,几度夕阳红。　白发渔樵江渚上,惯看秋月春风。一壶浊酒喜相逢,古今多少事,都付笑谈中。

电视剧《三国演义》播出时,这阕词被谱成了曲,成为了每集必播的主题歌,自此之后,该曲风行天下,然而却少有人知,此词非罗贯中所作,因为他是抄自明杨慎的《临江仙》。但真实的词作者是谁,对于观众来说,并不关心,于是这首词就成为了《三国演义》中最令人熟悉的一段。而《三国演义》里面那些著名的故事,比如桃园三结义、过五关斩六将、捉放曹等等,都在史实中难以找到依据,但这同样也不妨碍人们对这些故事的酷爱。

隆中对是《三国演义》中最著名的片段之一,因为三顾茅庐已然成为了中国历史故事中的经典,可是这段经典的真实历史在陈寿的《三国志》中却仅有五个字:"凡三往,乃见。"罗贯中在《三国演义》中用了很长的篇幅,设计了许多的情节来演绎这五个字。这段演绎首先用烘云托月法写出刘备在最狼狈的阶段遇到了隐士司马徽,司马徽告诉刘备,天下名士乃是"伏龙凤雏",但并不解释这两人的真实姓名,之后才有了徐庶向刘备推荐诸葛亮。而刘备要想见到诸葛亮却又大费周章,在他一次次的前往中,误会了许多人是诸葛亮,直到第三次才赶上孔明先生在屋中睡觉。刘备为了不惊动诸葛亮的白日梦,竟然在院外站了一个时辰,直到诸葛亮醒来,刘备在外面听到诸葛亮吟了一首诗:

大梦谁先觉？平生我自知。

草堂春睡足，窗外日迟迟。

刘备知道孔明已醒，于是让人入内通报。两人相见后，相互间一番客套，而后才有了诸葛亮给刘备所作的天下形势总体分析。《三国演义》中记录了诸葛亮所说的很长一段话，我录前几句如下：

> 自董卓造逆以来，天下豪杰并起。曹操势不及袁绍，而竟能克绍者，非惟天时，抑亦人谋也。今操已拥百万之众，挟天子以令诸侯，此诚不可与争锋。孙权据有江东，已历三世，国险而民附，此可用为援而不可图也。荆州北据汉、沔，利尽南海，东连吴会，西通巴、蜀，此用武之地，非其主不能守；是殆天所以资将军，将军岂有意乎？

然而，罗贯中替诸葛亮编的这几句话却是有根有据。因为陈寿《三国志》中录有两人相见时的对话，为了对比，我将其摘录如下：

> 自董卓以来，豪杰并起，跨州连郡者不可胜数。曹操比于袁绍，则名微而众寡，然操遂能克绍，以弱为强者，非惟天时，抑亦人谋也。今操已拥百万之众，挟天子而令诸侯，此诚不可与争锋。孙权据有江东，已历三世，国险而民附，贤能为之用，此可以为援而不可图也。荆州北据汉、沔，利尽南海，东连吴会，西通巴、蜀，此用武之国，而其主不能守，此殆天所以资将军，将军岂有意乎？

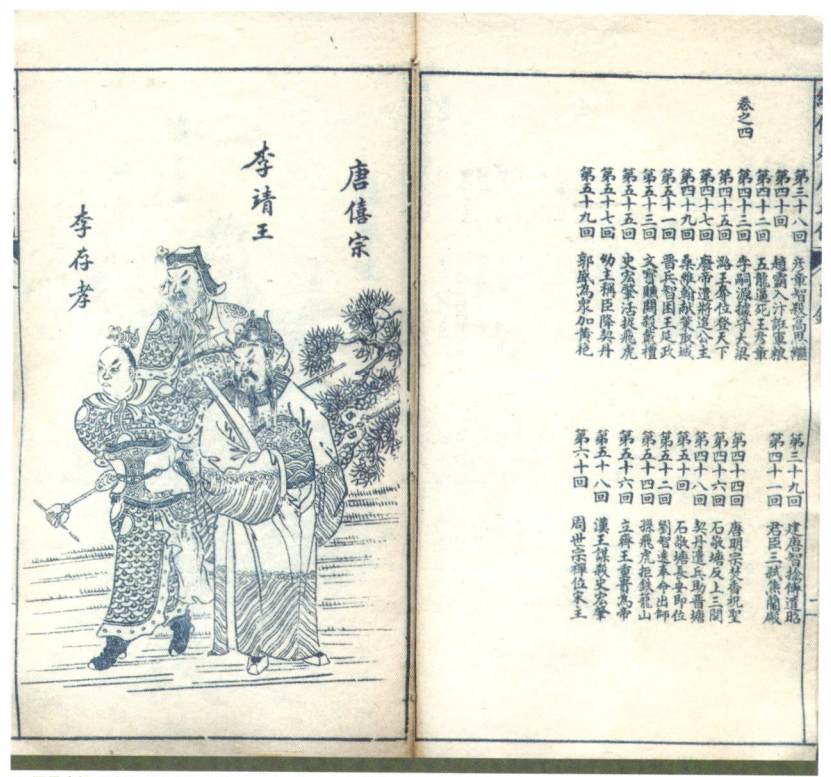

□ 罗贯中撰《残唐五代史演义传》四卷,清末上海锦章书局石印巾箱本,内页一

可见,在有些方面,罗贯中也会把重要事件按照历史的真实加以略微的改编,使得行文更加口语化。

青梅煮酒论英雄,也是人们极其熟悉的片段。在《三国演义》中,曹操趁关羽和张飞出外,把刘备召唤过去,这种情形本来就把刘备吓得直哆嗦,而曹操让他说出天下谁是英雄,以刘备的智慧,他当然不能明言,于是他就提到了袁术、袁绍、刘表、孙策等多人。刘备每提一人,均被曹操否定,《三国演义》中接着写道:

玄德曰:"舍此之外,备实不知。" 操曰:"夫英雄者,胸怀大志,腹有良谋,有包藏宇宙之机,吞吐天地之志也。"

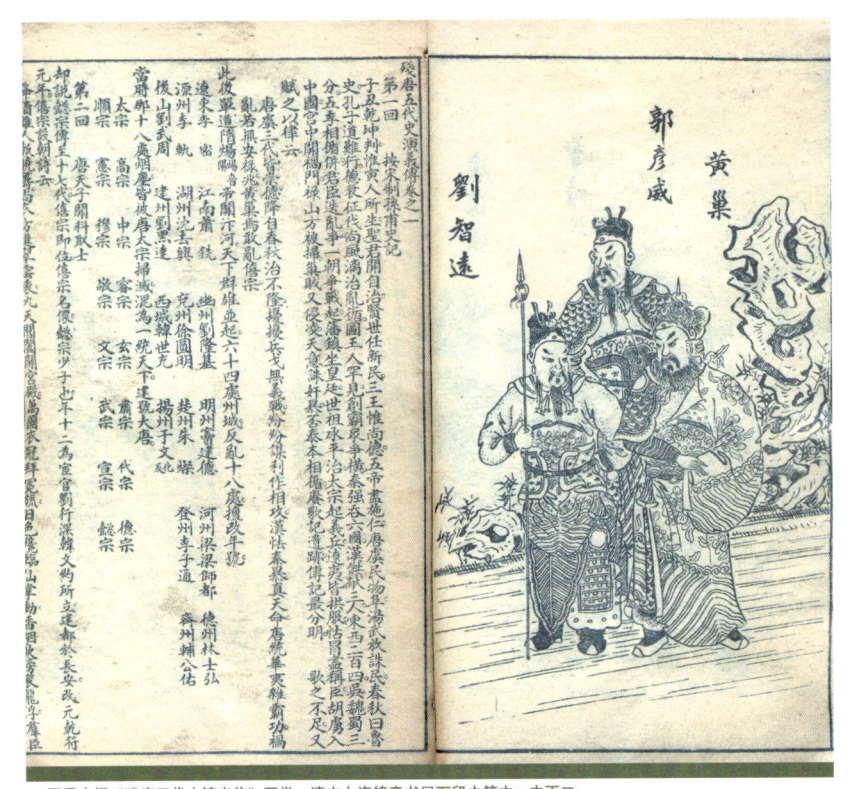

□ 罗贯中撰《残唐五代史演义传》四卷，清末上海锦章书局石印巾箱本，内页二

玄德曰："谁能当之？"操以手指玄德，后自指，曰："今天下英雄，惟使君与操耳！"玄德闻言，吃了一惊，手指所执匙箸，不觉落于地下，时正值天雨将至，雷声大作。玄德乃从容俯拾箸曰："一震之威，乃至于此。"操笑曰："丈夫亦畏雷乎？"玄德曰："圣人云迅雷风烈必变，安得不畏？"

曹操竟然说，天下英雄就是你跟我。古人云，两雄不并立，刘备闻听此言，把筷子吓得掉落在地上，而恰好此时，天上响了个惊雷，他才以此掩盖了自己当时的恐慌。

诸葛亮与周瑜的斗智，也同样是千百年来脍炙人口的故事，这

段历史当然是虚构出来的,然而这段虚构太过精彩,比如诸葛亮为了激起周瑜联合抗曹的决心,故意说了这样一大段话:

孔明曰:"亮居隆中时,即闻操于漳河新造一台,名曰铜雀,极其壮丽;广选天下美女以实其中。操本好色之徒,久闻江东乔公有二女,长曰大乔,次曰小乔,有沉鱼落雁之容,闭月羞花之貌。操曾发誓曰:吾一愿扫平四海,以成帝业;一愿得江东二乔,置之铜雀台,以乐晚年,虽死无恨矣。今虽引百万之众,虎视江南,其实为此二女也。将军何不去寻乔公,以千金买此二女,差人送与曹操,操得二女,称心满意,必班师矣。此范蠡献西施之计,何不速为之?"瑜曰:"操欲得二乔,有何证验?"孔明曰:"曹操幼子曹植,字子建,下笔成文。操尝命作一赋,名曰《铜雀台赋》。赋中之意,单道他家合为天子,誓取二乔。"瑜曰:"此赋公能记否?"孔明曰:"吾爱其文华美,尝窃记之。"瑜曰:"试请一诵。"

诸葛亮假装自己不知道大乔、小乔分别是谁的夫人,只说曹操在漳河边建起了雄伟的铜雀台,而曹操建成此台之后,意欲扫平天下,同时把大乔小乔抢来放在铜雀台里,以便让自己与这两位天下绝色美女共同安度晚年。诸葛亮接着跟周瑜讲,既然曹操仅有这么点心思,不如让周瑜找来此两女,献给曹操,战争也就自然平息。周瑜也不是省油的灯,他听到诸葛亮的这段话后,冷静地反问,你的这个说法何以为证?于是诸葛亮就说,曹操的儿子曹植写了篇《铜雀台赋》,赋中就有此意,于是周瑜让诸葛亮来背诵,孔明当场背出全文,我录该赋的前面几句如下:

从明后以嬉游兮,登层台以娱情。见太府之广开兮,观圣德之所营。建高门之嵯峨兮，浮双阙乎太清。立中天之华观兮，连飞阁乎西城。临漳水之长流兮，望园果之滋荣。立双台于左右兮，有玉龙与金凤。揽二乔于东南兮，乐朝夕之与共。

上面所录的最后两句，果然提到了二乔，但实际上，这是诸葛亮偷换概念，因为原文中的"二乔"本是指两座名桥，跟江东的大小乔一点关系也没有，但周瑜没有读到此赋，闻听此言当然勃然大怒，《三国演义》中是这样描写周瑜当时的表现：

周瑜听罢，勃然大怒，离座指北而骂曰："老贼欺吾太甚！"孔明急起止之曰："昔单于屡侵疆界，汉天子许以公主和亲，今何惜民间二女乎？"瑜曰："公有所不知：大乔是孙伯符将军主妇，小乔乃瑜之妻也。"孔明详作惶恐之状，曰："亮实不知。失口乱言，死罪！死罪！"瑜曰："吾与老贼誓不两立！"

周瑜在暴怒之下，大骂曹操为老贼，而诸葛亮继续装糊涂，他认为应该献出此两女，就如同效仿汉天子跟匈奴的和亲，到这时周瑜才说，您不了解，大乔是我主公孙策的夫人，而小乔正是我的老婆。

这段描写足够精彩，虽然不是史实，但却能完整地勾勒出诸葛亮的智慧，以及周瑜的心胸狭窄，而这一切也正是《三国演义》的成功之处。

出于历史的原因，三国中的蜀国被视为历史的正统，而与之相对的魏国和吴国，则成了这段历史中的配角，尤其魏国的曹操，被描绘成了一位奸诈狡猾之人，比如，罗贯中在第一回就这样描写曹操：

操幼时，好游猎，喜歌舞；有权谋，多机变。操有叔父，见

> 操游荡无度，尝怒之，言于曹嵩。嵩责操。操忽心生一计，见叔父来，诈倒于地，作中风之状。叔父惊告嵩，嵩急视之，操故无恙。嵩曰："叔言汝中风，今已愈乎？"操曰："儿自来无此病；因失爱于叔父，故见罔耳。"嵩信其言。后叔父但言操过，嵩并不听。因此，操得恣意放荡。

看来曹操从小就是个游手好闲之人，为了阻止叔父对他的规劝，竟然使出这样的小计策，最终使得曹操的父亲不再相信自己弟弟的话。除此之外，《三国演义》还被视为以义气贯穿的一部小说，这种讲述从第一回的桃园三结义讲起，一直贯彻始终，而后创造了关羽这样的义的化身，

总之，这一切都成为了《三国演义》能够广泛流传于后世的重要原因，该书面世之后，在明隆庆年间就已经传到了朝鲜，到了清康熙年间，已经出现了十几个不同文字的译本，比如俄译本中附有科洛克洛夫的论文，他称赞该书说："在表现中国人民艺术天才的许多长篇小说中占有显著的地位。"为此袁行霈主编的《中国文学史》夸赞该书称："它不但在中国文学史，而且在世界文学史上都应该有崇高的地位。"

罗贯中祠堂位于山西省晋中市祁县西六支乡罗氏河湾村南谷恋街24号。此程的寻访是以太原为中心，其中一日往晋中方向行驶。从文水县前往河湾村的路很是难行，道路上大坑连连，只能尾随着大货车一步一坑地向前行，离河湾村仅有三公里路程时，导航仪却显示前行的路不见了，没办法只好四处打问，从一片田地内总算绕进了村中。

在村中遇到村民就问路，但一路问下来仍然不得要领，于是来到大队部，在大队部的门口看到有一排晒太阳的老人，我向一位老

□ 罗氏祠堂的匾额

人请教罗贯中祠堂在哪里？他却说让他上车，我不明白是怎么回事，于是问司机，司机说老人知道祠堂的钥匙放在谁家，他准备带我们前去取之。没想到如此顺利地遇到了知情者，这么顺利，倒让我有些不适应。

但显然，这有点高兴得太早，跟着老人行驶到某家门前，老人进屋后不久又走了出来，他说此家人称父亲在大队部旁的一户人家中打麻将去了。无奈，又重新返回到大队部，然而在大队部中也未找到拿钥匙之人，因为此人听说有人找他，于是他骑车又回家了。好事多磨，只好重新上车，再次来到此家门前，而此人家又告知老人拿上钥匙到祠堂去了。如此的折腾，让我那仅有的一点耐心迅速消散，忍不住焦躁起来，于是我决定不再开车，不让司机在这窄小的村路上绕来绕去，请他停在方便的地方，我独自步行去寻找祠堂。

我当然不知道祠堂在哪里，只能一路打听。好在这个村子的面积并不是十分大，总算打听到了地点，在祠堂门口看到了晋中市的

□ 罗贯中后人

□ 简陋的文保牌

文保牌。古老的木门楼上，悬挂着彩旗，上书"财运□通"，因为第三个字的那个彩旗被风卷了起来，我猜想这个字应当是"亨"，但罗氏祠堂上挂财运亨通，似乎有些不搭界，然而最大的问题是大门上着锁，我只能站在院落里拍照。看来赌气解决不了问题，我正琢磨着如何能够翻墙进入院落，可惜这堵砖墙足够高大，没有让我施展身手的地方。正踌躇间，那位带路的老人领着开门者将门打开。

我问老人村中是否还有罗氏后人，他说自己就是，说了几遍自己的名字，因为口音很重，我听不懂，老人见此，从我手中拿过了纸笔，而后写下了"罗维爱"三个繁体字。字写得很

□ 祠堂正门

漂亮，有着硬笔书法的味道，这让我惭愧，原因倒不单纯是因为我自己的字写得丑陋，更重要的是我对老人的看法，刚开始见到他时，他坐在大队部门口的墙根儿晒太阳，十几位老头老太坐一排，手插在袖笼中，呆泄的目光直视着前方的街景，我本以为他是认不了多少字的老农，然而他能随手写出如此漂亮的繁体字，岂止是我想象中的认得几个字。我接着又犯了另一个低级的错误，向老人询问贵姓，老人一笑："罗贯中的第十九代孙，只能姓罗了。"

□ 罗本牌位

祠堂是窄窄一长溜，占地面积约两亩地大小，走进院落，正前方仅是小庙状的祠堂，空空的院子中仅有一棵

枯死后的古树，这种树我没有见过，开门的老人介绍说，此树叫木瓜树，是南方的木种，几十年前枯死了。我在东南亚的各个地区曾经见过木瓜树，但跟这棵树的外形完全不同，我怀疑老人说的木瓜是不是因为口音的问题，于是我写出"木瓜"二字请老人确认，他点点头说就是这种树。

祠堂的门楣上挂着"罗氏祠堂"的匾额，从外形看，祠堂有些破烂，开门者告诉我，这个祠堂已经有六百年的历史，从未进行过翻新，祠堂内没有供奉着罗贯中的雕像，仅在正前方的台子上排列着十几个神位，我在上面寻找一番，没有看到罗贯中的名字，老人指着最前方第二个牌位说，这就是罗贯中，神位上写着"先祖罗翁讳本之位"。老人说罗本就是罗贯中的本名。看来，这种说法印证了明代小说中的著录方式。然而这位罗本是不是就是《三国演义》的作者罗贯中呢？我却忘记向罗维爱老人做进一步的确认。

祠堂的三面墙上彩绘着许多图案，这些图案都是不规则形的，看上去有点像明代的屏风，老人指着房梁给我看，每根梁上都有着字迹，可惜太高看不清文字的内容，老人告诉我这些年来，有很多学者都来寻找罗贯中的遗迹，但可惜本村除了这个祠堂就再没有其他的古物。

后来，为了寻找王维、温庭筠的遗迹，我来到了祁县中心广场，无意中看到了罗贯中的雕像，这倒成为了一个意外收获，看来当地人没有忘记这位先贤。

吴承恩：相逢处，非仙即道，静坐讲《黄庭》

　　《西游记》被誉为中国古代四大小说之一，这个故事的本源是唐玄奘西天取经的真实历史。唐贞观三年，玄奘前往天竺，经历了上百个小国，十七年后返回中土，带回了六百五十七部各种经文。归国后，他在翻译佛经的过程中写出了自己的这段奇特经历。当时他是奉皇帝之命写此奇遇的，是以玄奘口述、弟子辨机记录整理而成者，该书被命名为《大唐西域记》。而相应的故事另外还有慧立、彦棕撰写的《大唐大慈恩寺三藏法师传》。

　　由于玄奘取经的这个经历太过神奇，故其他书中也会记载他在取经过程中的一些奇遇。比如唐代末年出现的《独异志》和《大唐新语》等等，也都有这类的故事。然而这些故事都是一些取经的片段，到了北宋年间，出版了一部《大唐三藏取经诗话》，该书第一次具有了《西游记》的雏形，但里面没有猪八戒，沙和尚也被称为"深沙神"，不过该诗话中首次有了猴行者。

　　其实关于神猴的故事，最早出现在印度教经典《罗摩衍那》中，该书中的神猴名为哈奴曼，故有些学者认为，因为哈奴曼的故事传入了中国，后来的孙悟空就是以哈奴曼为原型所创作者。比如胡适就持这种观点："我总疑心这个神通广大的猴子不是国货，乃是一件从印度进口的。也许连无支祁的神话也是受了印度影响而仿造的。"陈寅恪和季羡林也持这种观点，当然也有的学者反对这样的联系，比如吴晓铃在《〈西游记〉和〈罗摩延书〉》一文对孙悟空受哈奴曼影响一说，就表示反对。

鲁迅在《中国小说的历史的变迁》中曾经提出一个新的说法，他认为孙悟空的形象可能是本自淮涡水神无支祁的形象，《太平广记》中把无支祁描绘成"形若猿猴"，而胡适则根据鲁迅的这种假设做了进一步的推演，他在《〈西游记〉考证》一文中说："前不多时，周豫才先生指出《纳书楹曲谱》补遗卷一中选的《西游记》四出，中有两出提到'巫枝祇'和'无支祁'。《定心》一出说孙行者'是骊山老母亲兄弟，无支祁是他姊妹'。又《女国》一出说：'似摩腾伽把阿难摄在瑶山上，若鬼子母将如来围定在灵山上，巫枝祁把张僧拿在龟山上。不是我魔王苦苦害真僧，如今佳人个个要寻和尚。'周先生指出，作《西游记》的人或亦受这个巫枝祁故事的影响。"

针对鲁迅的这个假设，胡适提出了三点意见，他首先认为这个无支祁"明是一个女妖怪"，同时他又称"或者猴行者的故事确曾从无支祁的神话里得着一点暗示，也未可知"。如此一说，则等于推翻了鲁迅的假设，又回到了来自印度本源说的原点。胡适为什么做出这样的结论呢？对此他作了如下的解释："因为《太平广记》和《太平寰宇记》都根据《古岳渎经》，而《古岳渎经》本身便不是一部可信的古书。宋、元的僧伽神话，更不消说了。"

既然如此，那孙悟空的国籍确实有了问题，但胡适说的究竟在不在理呢？只能让相关的大专家学者们继续争论下去吧。不管怎样，而今孙猴子的老巢——花果山和水帘洞都被今人指认出来，那么这个指认是不是附会呢？恐怕没有人对这件事再认真了吧。

玄奘与其三位徒弟共同出现在取经路上，这样的四人组合最初出现在元代，而猪八戒的首次亮相则是在元末明初杨景贤所作的杂剧《西游记》中，在此剧内，原本的"深沙神"也被改称为"沙和尚"。

因为古代藏书家对小说一向轻视，所以《西游记》早期的版本都未曾流传下来。而今见到的该书最早版本则为金陵世德堂本，此本的刊刻年代被定为明万历二十年，余外还有另外六种明刻本存世，到了清代，另有七种不同的版本，对于这些版本之间的关系，学者有着长期的争论，其争论的焦点是要确认这些重要的版本，其本自哪一个祖本。而鲁迅、胡适、郑振铎等人对此各有各的说法，著名目录版本学家黄永年也有相关的研究文章，时至今日，这种研究也未曾达成统一的意见。

总体上说，《西游记》分为全本和删本两个系统，而在书名上也有变化。比如该书的其中一个名称就叫《西游证道书》，而此书也有繁本和删本两个体系。胡淳艳在《〈西游记〉传播研究》一书中，将《西游证道书》与《李卓吾先生批评西游记》进行了内容上的比较，比如《西游记》第四十四回中，描绘的是唐僧师徒路过车迟国，在半夜这三位徒弟到三清观去偷吃供品，而猪八戒把三清祖师的圣像扔进了茅厕，这段描写具体如下：

> 呆子有些夯力量，跳下来，把三个圣像拿在肩膊上，扛将出来。到那厢，用脚登开门看时，原来是个大东厕，笑道："这个弼马温著然会弄嘴弄舌！把个毛坑也与他起个道号，叫做什么'五谷轮回之所'！"那呆子扛在肩上且不丢了去，口里啯啯哝哝的祷道："三清，三清，我说你听：远方到此，惯灭妖精，欲享供养，无处安宁。借你坐位，略略少停。你等坐久，也且暂下毛坑。你平日家受用无穷，做个清净道士；今日里不免享些秽物，也做个受臭气的天尊！"
>
> 祝罢，砰的望里一捽，溅了半衣襟臭水，走上殿来。

这段描写极其传神，然而证道书本中却将这一大段删为了如下一句："这呆子果然跳下来，把三个圣像扛在肩上，到池边尽抛在水里。"而后该专著中又引用了第七十二回中，孙悟空到盘丝洞的一段话，之后，胡淳艳得出了这样的结论："两相对比，证道书中将李评本中意趣盎然的文本删改成了平淡的叙述语句。漫长而枯寂的取经之旅，有了这些闲文、趣笔的存在才充满了意趣。然而，像上述章节这样充满戏谑色彩、游戏精神的文本，在证道书中往往都不复存在，李评本谐谑、游戏性的一面被有意识地弱化。"

即便如此，郑振铎还认为有的版本比证道书本还要差，他在《〈西游记〉的演化》一文中称："《真诠》其实最靠不住，乱改、乱删的地方极多。远不如《证道书》及《新说》的可靠。吴氏原本所有的许多作为烘托形容之用的歌曲，几有十之三四被删去。这是最可慨惜的！吴氏的许多韵语，出之于孙行者、唐三藏或者诸妖魔的口

□ 吴承恩撰《西游原旨》二十四卷，清嘉庆二十四年刻本　　□ 吴承恩撰《西游真诠》，清康熙刻本，卷首

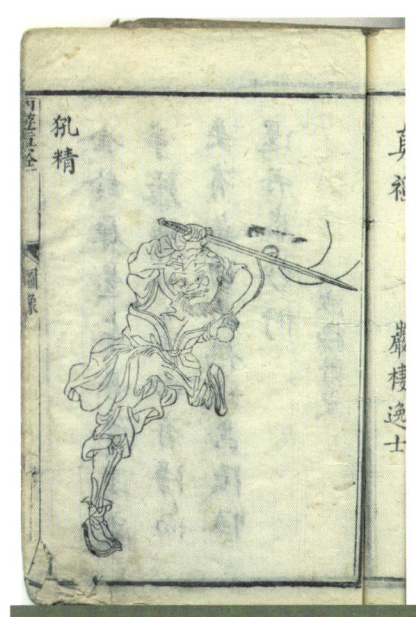

⬜ 犰精。吴承恩撰《西游真诠》，清康熙刻本 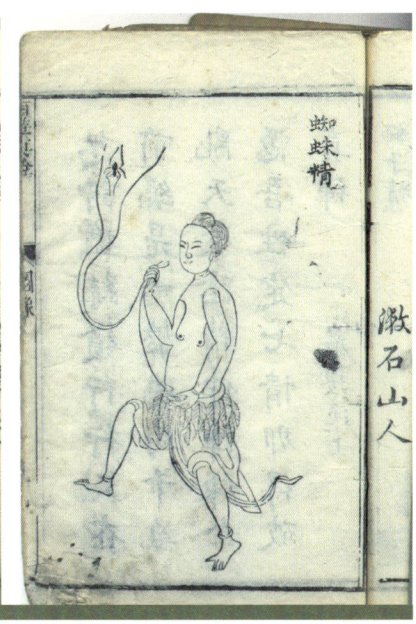　　　　⬜ 蜘蛛精。吴承恩撰《西游真诠》，清康熙刻本

中者，乃是那么的风趣，不知悟一子为何硬了心肠，乱加斫除。"

由以上可知，《西游记》的版本颇为混乱，至今也没能理出完整的头绪，而同样，关于该书的最终编写者，也未能达到业界的共识。比如袁行霈主编的《中国文学史》称："《西游记》的最后写定者是谁，迄今无定论。现存明刊百回本《西游记》均无作者署名，仅世德堂本卷首陈元之序称：'或曰出今天潢何侯王之国，或曰出八公之徒，或曰出王自制。'据此作者或与宗藩王府有关。"

到了清初，当时刊刻的《西游证道书》首次提出，该书的作者是元代全真教道士丘处机，而后这个说法一直沿用了下来。但也有人认为，这是一种误会，因为丘处机的弟子曾经写过一部《长春真人西游记》，由于两者名称相近，才产生了这样的误会。另外也有人提出，《西游记》的作者是全真教道尹真人的弟子等等，不同的说法。一直到了清乾隆年间，才由吴玉搢将其确认为吴承恩。

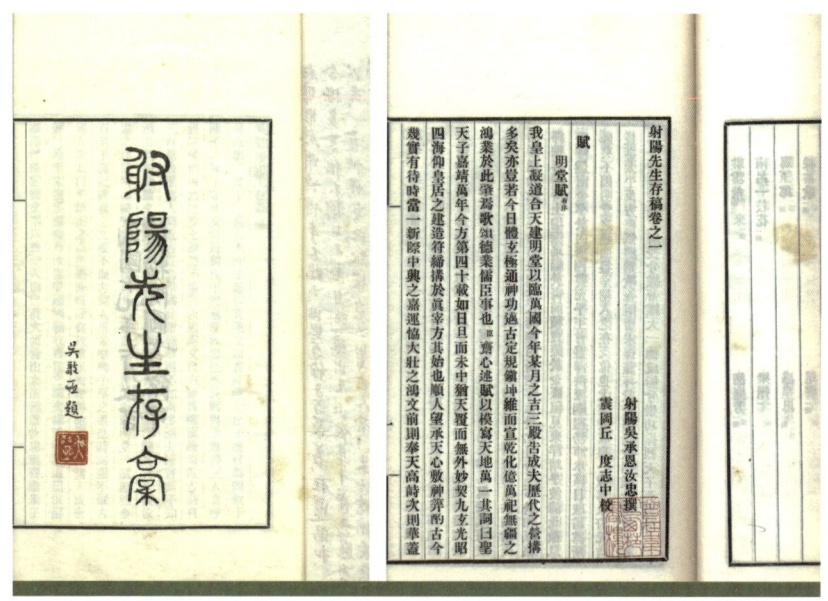

□ 吴承恩撰《射阳先生存稿》四卷，民国十九年故宫博物院铅排本，书牌

□ 吴承恩撰《射阳先生存稿》四卷，民国十九年故宫博物院铅排本，卷首

吴玉搢的这个说法出自《山阳志遗》，他在该书中首先讲述了吴承恩的生平："嘉靖中，吴贡生承恩字汝忠，号射阳山人，吾淮才士也。英敏博洽，凡一时金石、碑版、叚祝、赠送之词，多出其手。缙绅台阁诸公，皆倩为捉刀人；顾数奇不偶，仅以岁贡官长兴县丞。贫老乏嗣，遗稿多散佚失传；邱司徒正纲收拾残缺，得其友人马清溪、马竹泉所手录，又益之以乡邻人所藏，分为四卷，刻之，名曰《射阳存稿》（又有《续篇》一卷），五岳山人陈文烛为之序。"

该段生平本自明天启年间所修的《淮安府志》："吴承恩，性敏而多慧，博极群书，为诗文下笔立成，清雅流丽，有秦少游之风。复善谐剧，所著杂记几种，名震一时。数奇，竟以明经授县贰，未久，耻折腰，遂拂袖而归，放浪诗酒，卒。有文集存于家，丘少司徒汇而刻之。"

以上这段话出自《淮安府志》的《人物志》，而在该书的《艺文志》

中，又著录了吴承恩的著作："《射阳集》四册□卷，《春秋列传序》《西游记》。"而吴玉搢正是根据这一点，得出了如下的结论："天启旧志列先生为近代文苑之首，云：'性敏而多慧，博极群书，为诗文下笔立成，复善谐谑，所著杂记几种，名震一时。'初不知杂记为何等书，及阅《淮贤文目》，载《西游记》为先生著。考《西游记》旧称为证道书，谓其合于金丹大旨。元虞道园有序，称此书系其国初丘长春真人所撰。而《郡志》谓出先生手，天启时去先生未远，其言必有所本。意长春初有此记，至先生乃为之通俗演义，如《三国志》本陈寿，而演义则称罗贯中也。书中多吾乡方言，其出淮人手无疑。或云有《后西游记》，为射阳先生撰。"

对于《西游记》的作者是丘处机这种说法，钱大昕予以了否认，他在《跋长春真人西游记》中称："《长春真人西游记》二卷，其弟子李志常所述，于西域道里风俗，颇足资考证。而世鲜传本，予始于《道藏》钞得之。村俗小说有《唐三藏西游演义》，乃明人所作。萧山毛大可据《辍耕录》以为出丘处机之手，真郢书燕说矣。"钱大昕在这里明确点出，关于唐三藏的民间小说是明代人所作，而毛奇龄根据陶宗仪《辍耕录》的说法，称该书是出自丘处机之手，而丘为元代人，显然不可能写到明代的事物。

对于钱大昕的这个结论，丁晏表示赞同，他在《石亭纪事续编》中说："钱氏谓'明人作'甚是。记中如祭赛国之锦衣卫，朱紫国之司礼监，灭法国之东城兵司马，唐太宗之大学士、翰林院、中书科，皆明代官制。丘真人乃元初人，安得有此官？其为明人作无疑也。"丁晏按照钱大昕的思路，考证了《西游记》中所提到的一些事物，认为里面所提到的官职都是明代所设置者，所以这本书不可能出自元初的丘处机之手。接下来丁晏又根据方志的著录，得出了如下结论："及考吾郡康熙初旧志艺文书目，吴承恩下有《西游记》一种。承恩字汝忠，吾乡人，明嘉靖中岁贡生，官长兴县丞。旧志《文苑传》称：'承恩性慧而多敏，博极群书，复善谐剧，所著杂记几种，名震一时。《西游记》即其一也。'今记中多吾乡方言，足征其为淮人作。《西游》虽虞初之流，然脍炙人口，其推衍五行，颇契道家之旨，故特表而出之，以观吾乡之小说家，尚有明金丹奥旨者，岂第秋夫之针鬼，瞽仙之精算哉？且使别于真人之记，各自为书。钱氏之说得此证而益明矣。"

但是以上的这些结论，并没有得到后世学者的广泛认可，比如当代学者章培恒就在《百回本〈西游记〉是否吴承恩所作》一文中称："从现有的各种《西游记》版本来看，《西游记》的明刊本和清刊本或署朱鼎臣编辑，或只署华阳洞天主人校而不署作者姓名，或署丘处机撰，却没有一种是署吴承恩作的。署名为吴承恩作，实始于二十世纪二十年代以后所出现的铅印本《西游记》。其所以这样署，乃是依据鲁迅先生和胡适的考证。但他们的考证并不是极其周密的。"即此可知，鲁迅和胡适都认定《西游记》的作者是吴承恩，但章培恒认为他们所作出的考证和结论"不是极其周密的"。为什么呢？

章培恒接着说："他们用以证明百回本《西游记》为吴承恩著的最有力的证据，是天启《淮安府志》卷十九《艺文志》之《淮贤文目》，在那里有着如下的著录：'吴承恩：《射阳集》四册□卷、《春秋列传序》《西游记》。'需要注意的是：天启《淮安府志》既没有说明吴承恩的《西游记》是多少卷或多少回，又没有说明这是一种什么性质的著作，那又怎能断定吴承恩的《西游记》就是作为小说的百回本《西游记》而不是与之同名的另一种著作呢？要知道在我国的历史上，两种著作同名并不是极其罕见的现象，甚至在同一个时期里出现两种同名的著作的事也曾发生过。"

看来章先生认为《淮安府志》上虽然说吴承恩有《西游记》这部作品，但他却认为《府志》上没有说这部《西游记》是多少卷或多少回，而历史上同名著作多得是，但即便如此，怎么能证明《淮安府志》上所言的《西游记》跟我们今天所见非一书，章先生没有举出有力的证据来。他在文中也提到吴玉搢在《山阳志遗》所作出的语言风格上的发现，吴称"书中多吾乡方言，其出淮人手无疑"。章培恒认为吴玉搢所说的"书中多吾乡方言"这一点，虽未能作为天启《志》著录的《西游记》为百回本小说的确证，但这个问题仍应引起我们的重视。如此说来，章先生也没有完全否定吴玉搢的这个发现。

既然《西游记》仅是根据历史故事所编的一部小说，那为什么会受到后世如此的重视呢？梁启超的一番话似乎给这种疑问做了回答，他在《中华小说界》二卷第一期中写了篇《告小说家》，其中一个段落是："小说家者流，自昔未尝为重于国也。《汉志》论之曰：'小道可观，致远恐泥。'扬子云有言：'雕虫小技，壮夫不为。'凡文皆小技矣，矧于文之支与流裔如小说者？然自元明以降，小说势力入人之深，渐为识者所共认。盖全国大多数人之思想业识，强半出自小说，言英雄则《三国》《水浒》《说唐》《征西》，言哲理则《封神》《西游》，言情绪则《红楼》《西厢》，至于无量数之长章短帙，樊然杂陈，而各皆分占势力之一部分。此种势力，蟠结于人人之脑识中，而因发为言论行事，虽具有过人之智慧、过人之才力者，欲其思想尽脱离小说之束缚，殆为绝对不可能之事。"

看来，小说虽然一向被视为小道，但从元代之后，这类著作已经深入人心，梁启超认为，大多数国人的思想意识很多都是从小说上得来者，而这些著名的小说中，就有《西游记》。他把该书归为是讲哲理者，而袁行霈主编的《中国文学史》则更明确地点出："《西游记》通过孙悟空的形象来宣扬'三教合一'化了的心学是一清二楚的。心学的基本思想是'求放心'、'致良知'，即是使受外物迷惑而放纵不羁的心，回归到良知的自觉境界。小说特别用了'心猿'

这一典型的比喻躁动心灵的宗教用语来作为孙悟空的别称。"

尽管该书称《西游记》宣传的是三教合一化了的心学，而心学则属于儒家体系中的一个分支，但该书所体现的并不是儒家思想。其实更严格地说，该书的总体概念宣传的是道家思想。

把《西游记》跟心学挂起钩，这样的说法应当本自《李卓吾先生批评西游记》，但根据前人的研究，该书的评点者其实不是李贽，而是叶昼。不管谁是实际评点人，这个评本影响巨大，比如该书的第一回总评中称："读《西游记》者，不知作者宗旨，定作戏论。余为一来拈出，庶几不埋没了作者之意。"由此语可知，评点者首先认为作者在故事之下包含着真正的微言大义，因引，这位评点者想把字面后的意思提炼出来，以便让读者真正明了该书隐含的思想。

比如《西游记》第一回中，有位樵夫告诉孙悟空："此山叫做灵台方寸山，山中有座斜月三星洞。"而指点者在此处作了两句批语："灵台，方寸，心也"；"斜月象一勾，三星像三点，也是心。言学仙不必在远，只在此心。"这是用拆字的方式来点明主旨，认为孙悟空的学道就是去求放心。而第一回的总评则做了如下的概括："篇中云'《释厄传》'，见此书读之，可释厄也。若读了《西游》，厄仍不释，却不辜负了《西游记》么？何以言释厄？只是能解脱便是。又曰：'高登王位，将石字隐了。'盖猴言心之动也，石言心之刚也。"

由此可知，这位评点者当属王阳明心学体系中的人物，他本着陆王心学的整体观念，来把天下的一切都解读为由心所造者。而后的评论者也大多沿着这个体系，对《西游记》作出各式各样的解读。比如黄太鸿就在评点《西游记》的第一回时，称："仙佛之道，总不离乎一心。此心果能归一，亦万法皆空。所谓成佛作祖，皆在乎此。此全部《西游记》之大旨。"而这段话则是把心学观念与道教进行了关联。再后来，《西游记》又被误传为丘处机的作品，这使得《西游记》更加跟道教有了密切的关联。到了《证道书》时,则开始以道教内丹学的思想来评点该书,比如该书第二回的总评中,明确地说:"此一回内指点道要,至明至显,至详至备。人能熟读细玩,以当全部《西游》可,即以当《道藏》全书亦可。"

以如此严肃的心态来解读《西游记》,显然不是人民对该书喜闻乐见的原因,比如胡适在《西游记考证》中说:"《西游记》所以能成世界的一部绝大神话小说,正因为《西游记》里种种神话都带着一点诙谐意味,能使人开口一笑,这一笑就把那神话'人化'过了。我们可以说,《西游记》的神话是有'人的意味'的神话。"看来书内有意思的故事才是人们津津乐道者。而鲁迅也有同样的认定,他在《中国小说的历史的变迁》第五讲中说:"如果我们一定要问他的大旨,则我觉得明人谢肇淛说的'《西游记》……以猿为心之神,以猪为意之驰,其始之放纵,上天入地,莫能禁制,而归于紧箍一咒,能使心猿驯伏,至死靡他,盖亦求放心之喻。'这几句话,已经很足以说尽了。"

其实,细看吴承恩所写诗文,就能读到他在文风上的轻松笔调,蔡铁鹰所编《西游记资料汇编》中收录了不少吴承恩的诗词曲赋,比如他所作的一首《浪淘沙》:

> 驾个小湖船,放入湖天。月轮今夜十分圆。看得嫦娥才仔细,恁的婵娟。烂醉扣船舷,信口成篇。满身风露桂花烟。不纵诗狂并酒兴,不是神仙。

这样的词读来可谓朗朗上口,而在《西游记》中吴承恩也用进去了大量的诗词,比如该书的第一回写到孙悟空占山为王,在花果山上饱食终日,他觉得很无聊,于是到处去访仙,而后在灵台方寸山上，他听到一位樵夫唱出了一首《满庭芳》：

> 观棋柯烂，伐木丁丁，云边谷口徐行。卖薪沽酒，狂笑自陶情。苍径秋高对月，枕松根，一觉天明。认旧林，登崖过岭，持斧断枯藤。
>
> 收来成一担，行歌市上，易米三升。更无些子争竞，时价平平，不会机谋巧算，没荣辱，恬淡延生。相逢处，非仙即道，静坐讲《黄庭》。

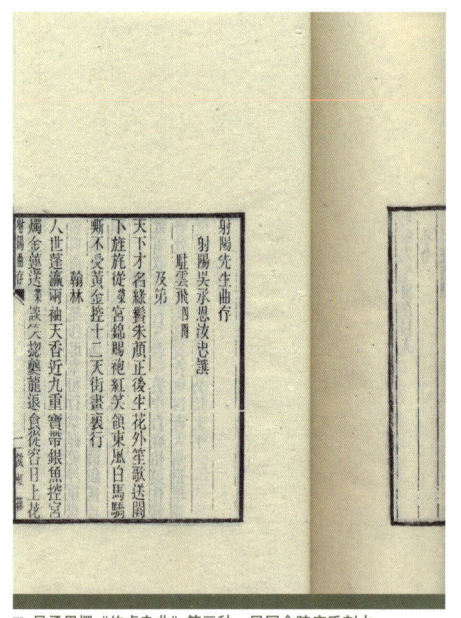

□ 吴承恩撰《伯虎杂曲》等三种，民国金陵庐氏刻本

这首词作得十分通达，把很多故事与哲理融汇其间，同时以道教的清静无为作为结语。

吴承恩在《西游记》中的词作有些也是化用前人的作品，比如在第四十一回中，他用了首《西江月》：

善恶一时忘念，荣枯都不关心。晦明隐现任浮沉，随分饥餐渴饮。神静湛然常寂，昏冥便有魔侵。五行蹭蹬破禅林，风动必然寒凛。

而这首词他却是根据宋代道教南宗始祖张伯端的同词牌作品改编而来：

善恶一时妄念，荣枯都不关心。晦明隐显任浮沉，随分饥餐渴饮。

神静湛然常寂，不妨坐卧歌吟。一池秋水碧仍深，风动鱼惊尽任。

《西游记》的故事太深入人心了，近几十年来，该故事多次被搬上荧屏，书中的每一个精彩片段均为人所熟知，我在此就不再啰嗦了。

吴承恩的故居位于江苏省淮安市淮安区河下古镇的打铜巷巷尾，乘大巴来到淮安，而后在当地包下了一辆出租车，在此市寻访的第一个地点就是吴承恩故居。此故居在淮安区市中心大街上，刚到这一带就看到了标牌和三开间的石牌坊，石牌坊上的雕工还算精美，主图是二龙戏珠，然毕竟是新物。

穿过此牌坊继续前行，进入了一条小巷，这条小巷的尽头就是吴承恩故居。门牌上的这几个字出自舒同之手，名家书法当然漂亮，然字迹似乎少了些古意。故居门前有停车场，门票四十元，门票的

□ 纪念馆和故居合二为一

□ 正堂

正面印着淮阴卷烟厂的广告,这似乎与吴承恩不搭界,但我不确认吴承恩是不是一位瘾君子,所以我不了解他是不是介意将香烟广告印在自己的故居门票上。

在门口遇到一群从山东来此参观的小学生,打着的旗帜上写着"爱国主义教育营",吴承恩如何能与爱国主义教育搭界,这还真是让人费思量的事儿。吴承恩写玄奘到西天取经的故事,算不算爱国,之前我还真未思量过。但玄奘爱国倒是真的。当年他出国取经,被朝廷所拒绝,于是他偷越国境,受到了有关部门的通缉,十几年后,玄奘名满天下,回到国门口时,他依然担心会被皇帝抓起来,故而他徘徊在边境之外,先派弟子回去打探消息,之后得到了皇帝的承诺,他才敢荣归祖国,就这个角度而言,玄奘倒是位真正的爱国人士。只是不知道这些前来受爱国主义教育的学生们,是否能从这个角度来理解吴承恩撰写《西游记》的精神实旨。

但是,《西游记》却被后世解读成了一部跟心学有关的道书,

□ 堂号为"射阳簃"

要把这个弯转过来,不知道这里的讲解员是否能够做到这一点。但我想想,自己是来探访吴承恩的故居,而非到这里来客串讲解员,于是我就忍住了自己想在这里好为人师一把的冲动。

故居占地面积较大,二进院落,都是新建的,但仿古做得还算到位。正堂的门口挂着标牌,写明这是客厅,这种称呼太过现代。客厅正中的摆列方式倒是合乎古理,方桌的两边是圈椅,后面是条几,条几的两侧是花架,条几背后的墙上悬挂着山水画与对联,对联是楷书,内容为"青山绿水千载秀,锦绣华堂百世荣"。台几上陈列着两个青花胆瓶,然却是釉上彩,两个胆瓶中间摆着吴承恩的半身胸像,这是正堂摆设中唯一不合古理的陈列方式。胸像的前面还放着一个仿古香炉,虽是宣德炉的形状,但制作得太过粗糙,对联的上面接房梁处悬挂着堂号"射阳簃",为赵朴初所题。

客厅的侧面列明吴氏宗谱,下面摆着四个木制牌位,牌位的前面是香烛和供碟,三个供碟中仅中间的一个摆着五块酥皮,左右两

□ 吴承恩棺木上的刻字

个却是空的。正堂的东侧厢房，门口也挂着牌子，写明是吴承恩诞生地。正堂的后面是后花园，花园的中间是叠石假山，然形状有点儿像花果山，旁边还有一座塑像，是一只小猴向一个老道跪拜，底下写着四个篆字"拜师菩萨"，这个场景应该是演绎孙悟空在《西游记》中的一个情节。侧院陈列着一些《西游记》的不同版本，然而未见一部古书，唯一的古物是有三十厘米见方的木板，木板的正中刻着"荆府纪善"，我不知此四字作何讲，然而底下的说明条写着"吴氏茔地出土的吴承恩棺材半截前挡板"，看来他的墓也被挖掘过。

　　参观完吴承恩故居，接下来前去寻找吴承恩墓，其墓位于江苏省淮安城东南的马甸乡二堡村。出城向东南方向行驶，虽然地址明确，但如何能够找到此地，却也并非易事。司机对这一带并不熟悉，故而虽然大致方向不错，但却走了许多的弯路，而后几经周折，最终在大运河东堤东面的南干渠东侧找到吴墓。

□ 菜地之中的墓园和牌坊

　　墓处在一村庄外面的荒地上，前面有三开间水泥牌坊，石匾上刻着"吴承恩之墓"，地上斜放着文物保护石牌，旁边有一不成比例的小亭子，里面堆着一些干稻草，余无一物。水泥牌坊的后面有几棵不足手腕粗的柏树，柏树后面有一个不大的小土堆，土堆的正前方立着一块龟形墓碑，上书"荆府纪善吴公承恩之墓"，墓碑的两侧栽种着几棵万年青，长得参差不齐，看得出许久无人来此修缮。

　　墓后不足十米即是村庄的边沿，我在墓旁四周拍照，三四个村民一直监督着我的一举一动，但几人一句话也不说。我不确定他们为什么一直盯着我看，但我觉得自己如果畏畏缩缩地掉头而走，必然会被这些人视为有问题，于是我决定主动出击，拍照完毕，径直地走向他们。这几个人可能没有想到我会有这个动作，反而退后了几步，他们的举措令我有些意外，转念思之，可能是担心受什么刁难指责。我的脸色一定不好看，这些人以为我来者不善地冲他们径直走过去会带去什么危险，意识到这点，我马上让自己的脸色松弛下来，

□ 吴承恩墓文保牌

尽量用客气的语气问他们这个村庄叫什么名字，几人连说了几遍我才听清，此村叫帅庄，以往查过的所有资料从无人提及吴墓在帅庄旁，我不知道这能不能算我的一个小小发现。

蒲松龄：天孙老矣，颠倒了、天下几多杰士

《聊斋志异》可谓是中国最具知名度的神怪小说，然关于其作者蒲松龄却有着不少的历史疑惑，比如他的民族判定，直到今天也未得出最终的结论。

蒲氏家族有族谱递传下来，清康熙二十三年在修订《蒲氏世谱》时，蒲松龄写了篇序言，其在序中称："按明初移民之说，不载于史，而乡中则迁自枣、冀者，盖十室而八九焉。独吾族为般阳土著，祖墓在邑西招村之北，内有谕葬二：一讳鲁浑，二讳居仁，并为元总管，盖元代受职不引桑梓嫌也。"也正因为这段话，引起了后世不同的猜测，当然正统的说法还是认为蒲松龄为汉族人，这种说法的依据，正是缘于蒲松龄在《世谱》中所言的"独吾族为般阳土著"，而般阳即今山东淄川，当今的蒲松龄纪念馆持这种观点。

1981年7月26日，《光明日报》发表了蒲松龄纪念馆所写的《蒲松龄不是少数民族》一文，该文中有如下一句话："蒲姓祖先是般阳（淄川）土著，连蒲鲁浑和蒲居仁也是当地人，因此，才说'元代受职不引桑梓嫌也'。"但是，这个结论还是有人觉得有疑点。其可疑之处，也是因为《蒲氏世谱》序言中提到的"蒲鲁浑"，因为这个名字怎么读来都不像是汉人，于是有人认为蒲鲁浑是阿拉伯移民常用的姓名，故而断定蒲松龄是回族人，其理由称"蒲"字本是阿拉伯语中的"尊者"和"父亲"的意思，而"鲁浑"则是灵魂的意思。

对于蒲松龄的民族，第三种说法则认为其是女真族人，该说的依据也是因为译音，蒲鲁浑在女真语中是"布囊"的意思，并且这个名字也是女真族所常用者。但也有人对此表示异议，根据女真族姓名的习惯用法，蒲鲁浑只是名，而正常的称呼方式在这个名之前还有姓氏，而蒲松龄在族谱中仅称其远祖是蒲鲁浑，并且没有写出"蒲"字，故而袁世硕、徐仲伟合撰的《蒲松龄评传》一书则认为："蒲松龄修族谱时追溯远祖至蒲鲁浑，他明显是将'蒲'作为姓氏来看待的。"故而以"蒲鲁浑"作为译音来推导出蒲松龄为女真族人，似乎这个证据也不可靠。

余外还有第四种说法，有人认为蒲松龄是蒙古族人。这种说法有两点依据，一是蒲松龄的远祖蒲鲁浑、蒲居仁都当过元朝的总管，二是在蒙古人的名字中也有称蒲鲁浑者。同样，袁、徐二先生合撰的《蒲松龄评传》也对这样的判断表示了疑问："但按元朝制度，路一级的首席行政长官——达鲁花赤由蒙古人担任，而蒲松龄的远祖所担任过的总管是副职，一般由色目人、汉人（当时包括女真族人）担任。从这一点看，蒲鲁浑是蒙古人的可能性很小。"

之所以有以上的这些疑问，其实有一个重要的原因，那就是因为蒲松龄没能考取功名，所以他的事迹流传甚少。其实原本蒲松龄是块学习的好材料，只是可惜他考运不佳，换句话说，他可能在其早年就用尽了自己在这方面的运气。

蒲松龄很年轻就考取了头名秀才，当时的山东学政是著名的文人施闰章，这位施大人对蒲松龄的文章特别欣赏，但自此之后，蒲松龄在学业上的成就就此止步，之后他连续考了多年的山东乡试，却回回落榜，最终也没能中举，所以他也特别感恩施闰章。蒲松龄甚至把自己的这段经历写入了他的代表作《聊斋志异》，该书中有一篇《胭脂》，内容写的就是施闰章做山东学政时，发现了东昌府秀才宿介平的冤情，最终为之平反。在此篇的结尾部分，蒲松龄写了这样一段感慨之语："愚山先生，吾师也。方见知时，余犹童子。窃见其奖进士子，拳拳如恐不尽。小有冤抑，必委屈呵护之，曾不肯作威学校，以媚权要。真宣圣之护法，不止一代宗匠，衡文无屈士已也。而爱才如命，尤非后世学使虚应故事者所及。"

一辈子考运不佳，这当然让蒲松龄大感不平，他曾写过一首《大江东去·寄王如水》发胸中的不平之气：

> 天孙老矣，颠倒了、天下几多杰士。蕊宫榜放，直教那、抱玉卞和哭死。病鲤暴腮，飞鸿铩羽，同吊寒江水。见时相对，将从何处说起。
>
> 每每顾影自悲，可怜肮脏骨，销磨如此。糊眼冬烘鬼梦时，憎命文章难恃。数卷残书，半窗寒烛，冷落荒斋里。未能免俗，亦云聊复尔尔。

这首词第一句所说的"天孙"，就是传说中善于织锦的那位织女。按照古代风俗，每年的七月七日，就会有少女们向织女"乞巧"，唐代柳宗元曾写过一篇《乞巧文》，其实是借题发挥，他并不是向织女学习如何织布，他只是想得到做官与处世的窍门。而在这里，蒲松龄则是借用柳宗元的这个意思，来暗指当时考官的有眼无珠，所以他说，天孙老了，看不出谁才是真正的豪杰之士，这使得他无法取得功名，只能独自在狭小的书斋内黯然神伤。

在当时，参加科考取得功名，几乎是读书人唯一的出路，因此发完了牢骚，蒲松龄只能继续苦读，接着去参加下一场科考。可惜的是，他的希望依然破灭，这让他不断地循环：苦读——考试——落榜——发牢骚。比如他在康熙十四年再次落榜后，转年的春节，他请好友李尧臣喝酒，而后作了一首《水调歌头·饮李希梅斋中》：

>　　为问往来雁，何事太匆忙。满斟一盏春酒，起舞劝飞光。莫要匆匆飞去，博得英雄杰士，鬓发已凌霜。梦亦有天管，不许谒槐王。
>　　昨日袖，今日舞，已郎当。便能长醉，谁到三万六千场。漫说文章价定，请看功名富贵，有甚大低昂？只合行将去，闭眼任苍苍。

蒲松龄在这里大发牢骚，他感到人的一生是如此短暂，用不着整天为谋取功名而苛责自己，不如由之而去，高高兴兴地欢度此生。

显然这是科场考试以后的悲愤发泄，但只靠填词来发泄，似乎不能让他得到彻底舒解，于是他又把心底的愤懑写成小故事，比如《聊斋志异》中有一篇《叶生》。故事中的叶生是一位很有才气的书生，无论其文章还是辞赋，都是他那个时代的佼佼者，但才气跟考运有时候并不能划等号，这位叶生就未能考取功名，以致抑郁而亡。显然这样的故事几乎是作者本人的自传，但叶生的结果恐怕绝非蒲松龄所祈盼者，于是乎他就把这个故事，话锋一转地继续写了下去。

故事中的叶生死后变成人形，又来到了人间，然后跟了丁公去了丁府，他在丁府上教丁公的儿子读书，因为叶生才气过人，果真教得丁公子考取了功名，这个结果让丁公特别感慨，觉得叶生有如此的才气，却落得这样的结果，于是替叶生出钱捐了个监生。后来叶生又去应顺天乡试，考中了头名举人，这个结果让叶生高兴得忘记了自己只是个鬼魂，高高兴兴地返回了故乡。蒲松龄在《叶生》中描写了叶生回到故乡后的情形：

>　　归见门户萧条，意甚悲恻。逡巡至庭中，妻携簸具以出，见生，掷具骇走。生凄然曰："我今贵矣。三四年不觏，何遂顿

不相识？"妻遥谓曰："君死已久，何复言贵？所以久淹君柩者，以家贫子幼耳。今阿大亦已成立，将卜窀穸。勿作怪异吓生人。"生闻之，怃然惆怅，逡巡入室，见灵柩俨然，扑地而灭。

叶生回到家门口，看到门庭破败，这让他感到哀伤，而后，他转到了庭院中，迎面碰到妻子拿着簸箕出门，看到叶生后，吓得扔掉了手中的用具，掉头而跑。叶生说，我今天终于发达了，三四年不见面，你为什么不认识我了？其妻远远地跟他说，你已经死了，哪里来的大富大贵？因为家穷，孩子又小，所以一直拿不出钱来埋葬你的棺材，现今大儿子已经长大成人了，我们很快会给你立坟，请你不要再作怪来吓唬家人。叶生听到后，心中大感惆怅，而后走入内室，果真看到自己的棺材摆在那里，于是他倒在地上，瞬间就消失了。

蒲松龄写完这个故事后，在文后写了一段感慨的话：

> 嗟乎！遇合难期，遭逢不偶。行踪落落，对影长愁；傲骨嶙嶙，搔首自爱。叹面目之酸涩，来鬼物之揶揄。频居康了之中，则须发之条条可丑；一落孙山之外，则文章之处处皆疵。古今痛哭之人，卞和惟尔；颠倒逸群之物，伯乐伊谁？抱刺于怀，三年灭字；侧身以望，四海无家。人生世上，只须合眼放步，以听造物之低昂而已。

蒲松龄感慨人生的际遇太难说了，而作为一个学子，如果没能考取功名，就几乎变得一无是处，历史上到底有没有真正的伯乐呢？为什么那么多有才之人受到如此不公正的待遇，看来人生在世，只能是按部就班，任由上天的安排吧。对于蒲松龄的这段感慨，清代冯镇峦作出了这样的评价："余谓此篇即聊斋自作小传，故言之痛心。"

蒲松龄为什么喜欢写这样的神怪小说呢？现今的各种资料中未有确切记载，但作者本人却在《〈庄列选略〉小引》中说过这样一段话：

> 千古之奇文，至《庄》《列》止矣。……余素嗜其书，（《庄列选略》）书成，轩轩自喜曰："以庄、列之奇才，今并驱而就七十子之列，宁非快事哉！"

蒲松龄认为，《庄子》和《列子》是千古以来奇闻中的至品，而袁、徐二先生则认为："由此可以看出，蒲松龄对奇谲浪漫的艺术传统的偏爱和热衷。"（《蒲松龄评传》）但这段引文还不能足够地说明蒲松龄为何喜欢聊鬼神的故事。康熙十八年，蒲松龄在给《聊斋志异》所写的序言中说：

> 松落落秋萤之火，魑魅争光；逐逐野马之尘，魍魉见笑。才非干宝，雅爱搜神；情类黄州，喜人谈鬼。闻则命笔，遂以成编。久之，四方同人，又以邮筒相寄，因而物以好聚，所积益伙。

蒲松龄谦称自己没有干宝那样的才能，也就是他说自己写不出像《搜神记》那样著名的作品，但依然喜欢听别人给自己讲述鬼神的故事，还喜欢把这些故事记录下来，时间长了之后，更多的人知道蒲松龄有着这样奇特的偏好，于是有人把自己听闻到的神鬼故事以写信的方式寄给蒲松龄，这才使他凑成了这样一部奇特的书。

这段话还是未能说明蒲松龄为什么有这样异于常人的嗜好。既然没有记载，那只能将其猜测为性格使然了。但他搜集故事的办法，却并非像他序言所讲的那么简单，相比较而言，邹弢在《三借庐笔谈》中的记录就要形象得多：

蒲松龄：天孙老矣，颠倒了、天下几多杰士　　329

相传先生居乡里，落拓无偶，性尤怪僻。为村中童子师，食贫自给，不求于人。作此书时，每临晨，携一大磁罂，中贮苦茗，具淡巴菰一包，置行人大道旁，下陈芦衬，坐于上，烟茗置身畔。见行道者过，必强执于语，搜奇说异，随人所知，渴则饮以茗，或奉以烟，必令畅谈乃已。偶闻一事，归而粉饰之。如是二十余寒暑，此书方告蒇，故笔法超绝。

蒲松龄没能考取功名，显然心情不爽，他住在乡间，又没有什么朋友，为了生活，他在村中做小学教师，剩余的时间，他就给自己的这部作品搜集素材，而其搜集方式也颇为奇特：每天早晨他泡上一大壶茶，同时还带上一包烟，而后在村中的大道旁找个地方坐

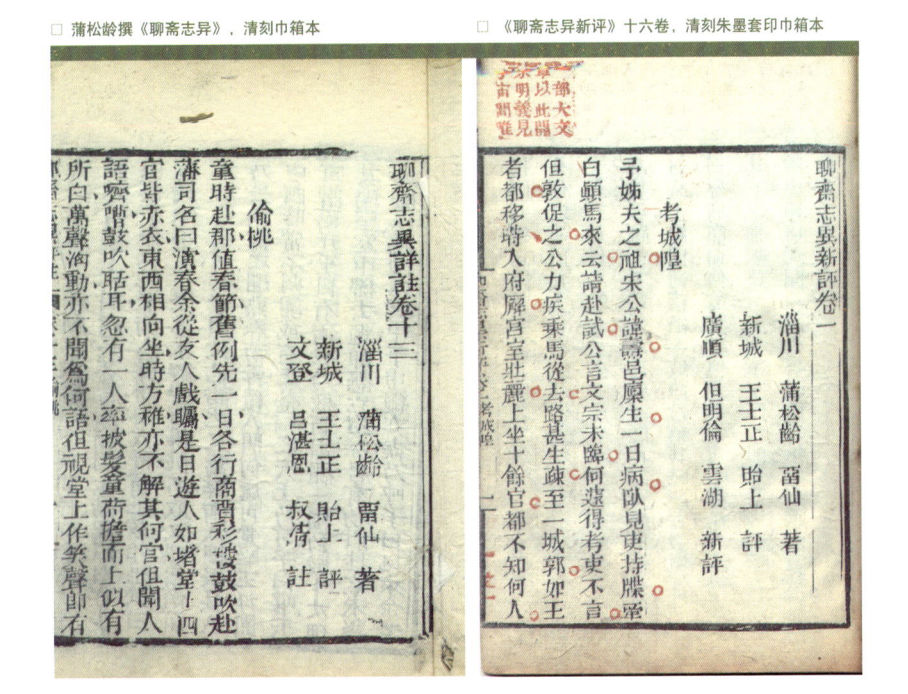

□ 蒲松龄撰《聊斋志异》，清刻巾箱本　　　□《聊斋志异新评》十六卷，清刻朱墨套印巾箱本

下来，只要有人从此经过，他就要拉着对方，请对方给他讲鬼神的故事，边讲边让人喝茶抽烟。他听到有意思的故事，回家后就将其记录下来，用了二十年时间终于写成了《聊斋志异》。

我依然好奇蒲松龄为什么要搭上成本、搭上时间来搜集这些对他而言并没有多大意义的鬼神故事，看来有些事情只能靠使命来作解释了。也许上天不愿意将这些趣事淹没在尘埃中，于是让高才的蒲松龄蹭蹬于科场，使得他有志难伸，只好把自己的才能用在记录这些有意思的故事上。

但人生的遗憾就是智慧依托于肉体。蒲松龄虽然才高，但毕竟还需要生活，于是乎他就成为了本县大户人家毕际有的西席。毕际有的父亲毕自严在明末做到了户部尚书，而毕际有的八叔毕自肃也做到了佥都御史，六叔毕自寅曾官南京户部主事，故其家不仅在当地，即使在山东一省也算是颇为显赫，毕际有在入清之后曾官南通州知州，后因故罢归，回到家乡做起了闲人。

这位毕际有算是文化人，虽然其文名比起外甥王渔洋就差得远。毕际有在南通做官时，也结交了许多的文士，他返回家乡后，就请蒲松龄到其家坐馆，蒲在毕家既是家庭教师，又是毕的师爷，他帮着毕整理文稿，以及撰写一些应酬文字。康熙十八年，毕际有在南通时的朋友陈维崧考取了博学鸿词科，而毕际有给陈写去的祝贺信，就是由蒲松龄代笔的。

蒲松龄跟东家毕际有关系处得很不错，他在毕家坐馆十五年后，毕际有去世，此后蒲松龄依然住在毕家，又达十五年之久，即此可证，蒲松龄不但与毕际有关系处得好，并且跟毕家后人关系也颇为融洽，否则的话，在他人家一住就是三十年，可不是件容易的事。其实更为有意思的是，毕际有还参与了《聊斋志异》的部分创作。该书中的两个故事是由毕际有所写，为了尊重东家的著作权，蒲松龄特意在这两篇文章后面注明,该文就是毕际有所写者。

因此说,蒲松龄能够成就《聊斋志异》,除了他天生的才能,还有一个重要原因,就是遇到了像毕际有这样宽容的东家。毕家颇具资财,毕际有回到家乡后,在旧居内还建起了一处园林,名为石隐园,而蒲松龄常在此园内避暑读书,并在此写过一些词作,比如他作过一首《贺新凉》:

名园台榭红窗显。远心亭、鸢惊鱼奋,墨文粉遍。幽似武陵溪畔路,止少村庄鸡犬。高士卧,尘嚣可免。齿上飞花明月夜,姑妄言、不必凭何典。

这首词描绘的就是石隐园的美景,此词的最后三句"齿上飞花明月夜,姑妄言、不必凭何典",看来他又在这里请朋友们给自己讲鬼故事。

在毕家坐馆期间,蒲松龄还有着不少的朋友来往,其中有一位名为袁藩者,其既是毕际有的旧交,同时也跟蒲松龄处得很好,两人之间有着诗词上的唱和。某次袁藩又来到毕家,住在了石隐园,此次前来,是为了校刊毕自严的旧作《石隐园集》,这个阶段他跟蒲松龄多有交往,当时蒲松龄给他写了四首《念奴娇》,其中第三首为:

我狂生耳,自摸索今世,已拼寒窘。老大止求癯骨健,犹似苍苍未允。烂熳花朝,团圞月夕,俱向床头尽。揽衾长叹,韶光空掷虚牝。

堪怜沈郎多病,频移带孔,未觉腰围紧。憔悴那禁秋气烈,但怨露骄风忍。禾稼不询,妻孥总置,真似无肠蚓。伶仃病鹤,搏秋漫羡鹰隼。

这首词可谓是蒲松龄的夫子自道，他讲到了自己性格上的桀骜不驯，也讲到了运气的不佳，虽然住在这美丽的花园里，却感慨时光之虚度。其实，他在毕家坐馆三十年，也并非每日里教学和应酬，他也在备课苦读，因为每遇到科考之时，他都前去应考，可见毕际有是位大度之人。可惜的是蒲松龄一直没能考取功名，尤其在康熙二十六年，他应试的时候因为粗心，竟然将考卷跳过了一页，造成这样的空白，被称之为"越幅"，而这种情形又被视为"违式"，由此他被取消了参加其他几场考试的资格。这个结果让他大感沮丧，当时毕际有三弟的儿子毕盛钰看到蒲松龄如此难受，于是就劝慰一番，而毕盛钰的劝慰更加增添了蒲松龄心中的懊恼，于是他写了首《大圣乐·闱中越幅被黜，蒙毕八兄关情慰藉，感而有作》：

得意疾书，回头大错，此况何如！觉千瓢冷汗沾衣，一缕魂飞出舍，痛痒全无。痴坐经时总是梦，念当局从来不讳输。所堪恨者、莺花渐去，灯火仍辜。

嗒然重首归去。何以见、江东父老乎？问前身何孽，人已彻骨，天尚含糊。闷里倾樽，愁中对月，击碎王家玉唾壶。无聊处，感关情良友，为我欷歔。

蒲松龄的这首词作得很有故事性，看来这场答卷他本来胸有成竹，于是写得飞快，也正因为如此，却意外地犯了越幅的错误，这一盆冷水浇得他从头凉到了脚，以至于发出了无颜见江东父老的呐喊，他开始感慨是否自己前生作了什么孽，以至于今生受如此的磨难，面对此况他也只能独自喝闷酒，显然，这个结果让他难以释怀。

人有郁闷，总要有释怀的办法，既然酒不能解忧，那蒲松龄只能以写故事的方式来抒发自己的郁闷，于是《聊斋》中就有了一篇《于去恶》。

这个故事是说北平有个叫陶圣俞的名士，他跟鬼文士于去恶有交往，于去恶告诉他，在阴间招考帘官，也跟人世间一样的黑暗，但这位于去恶运气还不错，因为张飞前往阴间寻查，无意中发现了于去恶的卷子，于是将此人推荐给了鬼官，而蒲松龄就借于去恶之口，开始大骂科考的黑暗：

> 于曰："我非人，实鬼耳。今冥中以科目授官，七月十四日奉诏考帘官，十五日士子入闱，月尽榜放矣。"陶问："考帘官为何？"曰："此上帝慎重之意，无论乌吏鳖官，皆考之。能文者以内帘用，不通者不得与焉。盖阴之有诸神，犹阳之有守令也。得志诸公，目不睹坟、典，不过少年持敲门砖，猎取功名，门既开，则弃去；再司簿书十数年，即文学士，胸中尚有字耶！阳世所以陋劣幸进，而英雄失志者，惟少此一考耳。"

接下来于去恶又讲到了阴间考官是何等的瞎眼，又是何等的爱财，即此可知，于去恶所言只不过是蒲松龄借他人之口，来浇自己胸中块垒。

其实《聊斋志异》中除了这些鬼神故事，蒲松龄还描写过一些自然景物，我觉得颇有意思的一段是他写的《雷曹》：

> 少时，乐倦甚，伏榻假寐。既醒，觉身摇摇然，不似榻上。开目，则在云气中，周身如絮。惊而起，晕如舟上。踏之，软无地。仰视星斗，在眉目间。遂疑是梦。细视星嵌天上，如老莲实之在蓬也，大者如瓮，次如瓿，小如盎盂。以手撼之，大者坚不可动，小星动摇，似可摘而下者。遂摘其一，藏袖中。拨云下视，则银海苍茫，见城郭如豆。

这段话表明了蒲松龄对自然，尤其是对外太空的认识。他说某人做梦飞上了天，在天上看到了很多的星星，而一颗颗的星星是嵌在天空上，嵌的方式就像莲蓬上的莲子，大个的星星像水缸，中等的像瓦盆，小个的如碗大小，用手去摇晃，这些大星星摇不动，小星星倒是能够晃动，于是此人就摘下了一颗小星星藏在了自己袖子里头。仅凭这一点，就可以看出，蒲松龄对自己不知道的事物有着奇特的想象力。

对于《聊斋志异》的这些故事，有夸赞者，也有以之为非者。因为毕际有的关系，蒲松龄跟王士禛有着较为密切的交往，两人的交往陆续有二十年之久。有一个时段王士禛在撰写《池北偶谈》，他听说蒲松龄在写《聊斋志异》，于是将手稿借来翻看，王看后对此颇感兴趣，他在文中夸赞道："八家古文辞，日趋平易，于是沧溟、弇州辈起而变之以古奥，而操觚家论文正宗，谓不若震川之雅且驯也。聊斋文不斤斤宗法震川，而古折奥峭，又非拟王、李而得之，卓乎大家，其可传后无疑也。"

王渔洋认为《聊斋》的文风没有尊崇当时流传于社会的归有光笔法，而有着特殊的味道在。后来，他还给《聊斋》题了一首诗："姑妄言之妄听之，豆棚瓜架雨如丝。料应厌作人间语，爱听秋坟鬼唱时。"

那个时候，王渔洋已经文名满天下，他对《聊斋》的夸赞当然让蒲松龄很感激，蒲把自己的激动心情写成了《偶感》：

> 潦倒年年愧不才，春风披拂冻云开。
> 穷途已尽行焉往？青眼忽逢涕欲来。
> 一字褒疑华衮赐，千秋业付后人猜。
> 此后所恨无知己，纵不成名未足哀！

这首诗的最后两句道出了他的激动心情，他说自己即使没能成名，而有王士禛这样的知己，已经感到很满足。

相比较而言，纪晓岚对《聊斋》的评价似乎不高，盛时彦在《姑妄听之》中转述了其师的一段话：

> 先生尝曰："《聊斋志异》盛行一时，然才子之笔，非著书者之笔也。虞初以下，干宝以上，古书多佚矣，其可见完帙者，刘敬叔《异苑》、陶潜《续搜神记》，小说类也。《飞燕外传》《会真记》，传记类也。《太平广记》，事以类聚，故可并收。而今一书而兼二体，所未解也。小说既述见闻，即属叙事，不比戏场关目，随意装点。伶玄之传，得诸樊嬺，故猥琐具详；元稹之记，出于自述，故约略梗概。杨升庵伪撰《秘辛》，尚知此意，升庵多见古书故也。今燕昵之词、媟狎之态，细微曲折，摹绘如生。使出自言，似无此理；使出作者代言，则何从而闻见之？又所未解也。"

纪昀说，《聊斋》盛行天下，但这种写法是才子之笔，而非著述之笔，而后纪晓岚举出了古人所写文章的分类，他认为《异苑》《续搜神记》等都属于小说，而《飞燕外传》《会真记》等都属于传记，可是《聊斋志异》这部书却不能归为这两类，因为在写法上，这两类各有一部分，其实这句话的言外之意就是说，《聊斋》一书体例不一，这就是纪晓岚所批评《聊斋》"一书而兼二体"。

这种批评方式其实指的是文体的分类，如果蒲松龄把《聊斋》一分为二，估计纪昀就无话可说了。其实分类是否正确，倒并不重要，更为难得者，正是由于蒲松龄的这种费心，才使得中国文学史上流传下来这么多有意思的故事。

《聊斋》之外，蒲松龄也有其他的作品，比如他还创作了一些俚曲，其数目达十四种之多，这类俚曲的风格跟《聊斋》完全不同，因为《聊斋》基本是用文言写成，而俚曲则用的是当地的一种方言俗语，《蒲松龄评传》中举出了《慈悲曲》中的第三段，我引用这一节中的几段话如下：

【罗江怨】做后娘，没仁心，好不好剥皮抽了筋，打了还要骂一阵，这样苦楚好不难禁！五更支使到日昏，饱饭何曾经一顿？吃毕了才把碗敦，叫他来刮那饭盆，你把天理全伤尽！你来叫他也不是相亲，想必要给他个断根，你那黑心还不可问！

李氏说："你这些屁，是听的谁放的？必然是小讷子那小忘八羔纂作的！叫他来，合我质证质证。"赵大姑说："卖布的净了店——你没嘎裂拉一裂拉。该小讷子那腿事么？南庄北院的说的少哩么？就是狍虎咬着老羊——就吃下他下半截，他也是不做声的。"

【叠断桥】天生的贤，天生的贤，苦甜只在他心间，就是背地里他也不曾怨。一字不言，一字不言，止不住行人道路传，吊了土地老，还没传个遍。

赵大姑说："你掩着耳朵偷铃铛，你那心扒出来，那狗也不吃。你当是没人知道来么？"扒出心肝，扒出心肝，饿狼馋狗嫌腥膻。掩耳去偷铃，只当是听不见。莫要欺天，莫要欺天，一床被子盖不严。就是人不知，还怕神灵见。

这种通俗语言，不仅是读来朗朗上口，又是何等的接地气，读来令人不禁莞尔。由此可见，蒲松龄在语言风格上有着多样性，他可以任意进行转换，可惜这样的一位高才，直到他七十一岁才考得了一个贡生，此后不久，他就去世了。

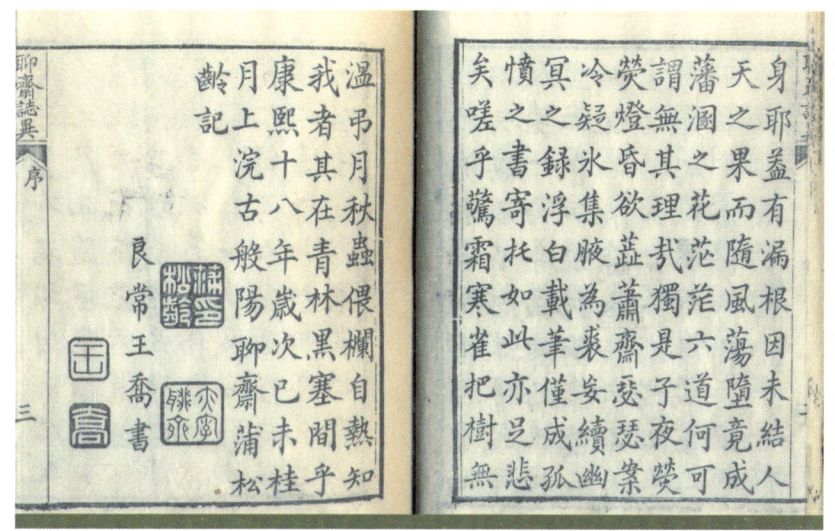

蒲松龄撰《聊斋志异摘抄》十八卷，清刻本，序言

蒲松龄所作的《聊斋志异》，因为其生前没钱刊刻，几十年之后，直到乾隆三十一年，才由赵起杲、鲍廷博将该书进行编辑后，刊刻了出来，这就是后世所说的青柯亭本，而后《聊斋志异》风行天下，该书的版本也变得多了起来，甚至流传到了域外，如今总计有二十多个版本存世，可见这部书有着怎样的影响力。故而袁行霈主编的《中国文学史》对该书有着如此高的评价："在以志怪传奇为特征的文言小说中，最富有创造性、文学成就最高的是清初蒲松龄写的《聊斋志异》。"

蒲松龄故居及墓位于山东省淄博市淄川区洪山镇蒲家庄。从淄博打出租前往蒲家庄，司机听到这个地点后，马上跟我说："你是去看蒲松龄故居吧？"看来喜欢《聊斋》的人真不少，司机熟悉倒也省得我紧盯路牌认路了。从淄博到蒲家庄倒是没多远的路，时间不久就开到了目的地。因为今天起得早，所以赶到此地时，没有遇到什么行人，这份清静是我喜欢的。虽然我也不信什么鬼神，但从小喜欢《聊斋》中的故事，尤其他笔下的那些女鬼，个个都美丽通

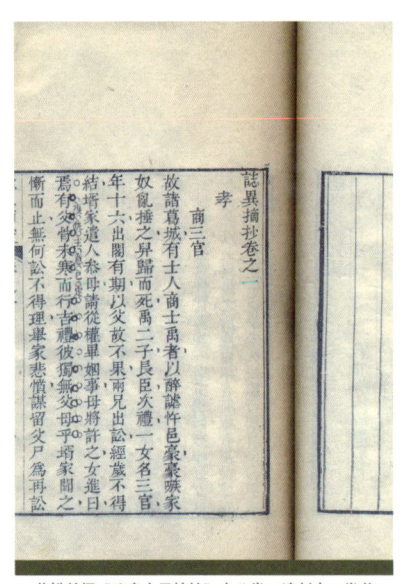

蒲松龄撰《聊斋志异摘抄》十八卷，清刻本，卷首

人性，并且只对男人好，又不给男人添麻烦，真盼望着我在他的故乡也能有这样的艳遇。

蒲家庄面积不大，在村中心的位置修出了一条仿古街，而其旧居就在此街中，这个旧居现在被称为蒲松龄纪念馆，为省重点文物保护单位，门票六十元。外观看上去颇不起眼，一副农家小院的样子，门口的院墙上爬满了绿色植物，门厅里面黑洞洞的，隐约陈设着一尊白色的头像，感觉是小黑屋里放着一尊遗像。但我还是想搞清楚此像的细节，于是向内走去，猛然间我听到了一声晴天霹雳："买票才能看！"瞬间不知从哪里跳出来一位大妈，她怒目圆睁地瞪着我，我定神细看，这根本不是我所幻想出的美丽女鬼，这个结果让我产生了心理落差，于是我决定不再影响自己的心情，转身继续向前走。

故居所在的小巷并没有巷名，约有二十余户人家，各家的门牌上只写着"洪山镇蒲家庄X号"。接着走下去，赫然看见一间书画专卖店的门口挂着"蒲松龄十二代孙光华艺术创作室"，见此让我有点兴奋，一直以来，我都以访到被访者之后人而感到高兴，忍不住在门口多看了几眼，但室内空空，也许主人正好离开一下，于是继续往前走。没想到后面还有多家写着例如"蒲松龄十三世孙伟业"的书画社，原来他有这么多的后人存世，我哪里辨得出真假，更何况我也不懂得这些艺术创作室究竟在搞什么名堂，难道他们也会像祖上那样，泡好了茶，摆好了烟，请游客给他们讲述有意思的鬼故

蒲松龄：天孙老矣，颠倒了、天下几多杰士　　339

□ 故居门厅。此处也是蒲松龄纪念馆

事吗？好像这样的做法不时尚。

虽然如此，但我对这条小巷还是有着喜爱之情。小巷中青石砖铺地，环境极清幽，两边店铺又多与书画相关，还有一个旧书摊，令人感觉很好，不像其他旅游地方，景区前的小摊小店全是廉价纪念品。这样的美好心情冲淡了我没能遇到美丽女鬼的遗憾，同时那位严厉大妈在我的心中形象也慢慢消散。

小巷不长，穿到尽头就看到了一座城门状的出口，从颜色和建造方式看，是近些年建造的假古董，穿出城门，眼前是一片广场，这里的正式名称是"中国淄博聊斋城"，此前我从网上得知，蒲松龄的墓就在这座聊斋城内，故到此一看，当然是我此

□ 省级文保牌

墓园介绍牌

行的重点，而八十元的门票也不能挡住我去朝拜蒲松龄的步伐。

买完票从大牌坊式的正门进去后，发现里面相当大，而一入门的右手边是蒲松龄艺术馆，馆内其实没有什么，有意思的是门口两侧，别处通常蹲着两只石狮子，这里却是两只狐狸，而且一公一母，母狐狸按着一只小狐狸，动作姿势与常见的狮子无异，然而在造型上，其身体部分实在不像是狮子，总体感觉像是在招财猫的身上直接安上了狐狸的头，我觉得有趣，又觉得有道理。蒲松龄那么喜爱狐狸，这样的安排，应该是为了贴合蒲松龄的心境吧。

在园中看到了蒲松龄的雕像，他坐在石阶上捻须若有所思，然此雕像的面庞跟我在画像上看到的差异较大，不知道这尊雕像本自何处。在园中还看到了天王殿，门前的小广场上设计着人为的祈福游戏。

蒲墓在景区的最后面，走了将近十分钟才走到，也许是秋风起之故，落叶满地，四顾无人，其墓颇见荒凉。远远看见碑亭，碑亭

□ 蒲松龄墓。未看到墓丘

前有墓碑，为新制，正中间写着"蒲松龄柳泉先生之墓"，上款是生卒年，下款是"原有一七二五年淄川张元撰文墓表，一九六六年秋毁于林彪四人帮夺权。沈雁冰敬书，一九七九年三月"。

墓碑两侧有新鲜花篮，显示昨日或前天有人来过。墓碑后面的碑亭中，立有"柳泉蒲先生墓表"高碑一块，上面斑斑驳驳，布满各种痕迹，然细看年款，却是1988年重刻。碑亭后面有墓冢一座，没有常见的墓丘，仅仅是一个土堆，较普通的墓冢大三四倍左右。继续往墓园里面走，原来这里是蒲氏家族墓，有新立"蒲姓始祖之墓"以及"元代般阳路总管蒲鲁浑之墓"。

□ 旁边有多块诗碑

吴敬梓：不三不四，就想天鹅屁吃

从吴敬梓的家庭状况来看，他的家族也算有钱人，虽然到他这一代，家庭的景况已经衰落了下来，但依然也算当地的大户人家，可是不知什么原因，吴敬梓对置产没啥兴趣，以至于后来卖掉了一部分祖产，迁居到南京居住。

从吴敬梓的祖辈来看，他们家也出过不少有功名的人，比如在他曾祖一辈，兄弟五人中，竟然有四人中了进士，这在古代可是了不起的一个小概率事件。吴敬梓的曾祖父吴国对，不但考中了进士，并且是位探花；而吴敬梓的祖父一辈有位吴晟，在康熙三十年，考得了殿试第二名，也就是俗称的"榜眼"。这等的考试优良基因却没有递传下来，到了吴敬梓的父辈，却再未有人取得功名，他的父亲吴霖起，仅是拔贡出身，因此只做过小小的赣榆县教谕。

因为祖产丰厚，所以吴敬梓的童年过得十分安逸，然而在其十三岁时，母亲去世了，于是他就跟随父亲到赣榆县的工作地居住。到了康熙六十一年，吴霖起被罢官，吴敬梓跟着父亲回到了家乡全椒县。回到家乡的第二年，父亲就去世了。可能是欺负吴霖起家人单势孤，吴父去世后，族人开始争夺祖上留下来的财产。此事越搞越大，可能是出于这个原因，在吴敬梓三十三岁时，他就变卖了全椒县的祖产，而后移居到南京。

吴敬梓的文笔也颇为漂亮，但可惜他的科考之路很不顺利，他在年轻时只考中了秀才,有了这样一个学历后,无论他怎样努力,都止步不前了。

关于他为什么要迁居到南京而不是他地,未见有明确的资料记载。从其到南京后最初两年的诗文来看,在那里他也无人投靠。在这个阶段,他写过一些诗词,从中可窥到他在那个时段的心态,比如一首《琐窗寒》:

> 薜荔墙边,藤萝石上,自然潇洒,长松百尺,绝似虬龙高挂。叹三年,柴扉未开,蛛丝网遍茅檐罅。只晚驱黄犊,霜枫红映,夕阳西下。
>
> 寒夜从容话,枉眷恋秦淮,水亭月榭。撇却家山,紫翠丹青如画。想泼醅春酒正浓,绿杨村店鸡豚社。几多时,北叟南邻,定盼余归也。

吴敬梓在这首词中所描绘的景色,按照陈美林在《吴敬梓评传》中的分析:"词中描写的景色、生活,当是他在全椒社区梅花山下程家市的西墅故居。由此也可推知,尽管吴敬梓对南京的寄寓生活仍然感到生疏,尽管对故乡亲人不禁发生了思恋之情,然而他对全椒城内士绅社会的厌恶之情,并没有因此而有所消失。他怀念故乡的只是古道淳朴的乡邻和山居平静的生活。"

到了雍正十二年的除夕,吴敬梓又填了一首《乳燕飞》:

> 令节穷愁里。念先人、生儿不孝,他乡留滞。风雪打窗寒彻骨,冰结秦淮之水。自昨岁、移居住此。三十诸生成底用,赚虚名、浪说攻经史。捧卮酒,泪痕渍。
>
> 家声科第从来美。叹颠狂、齐竽难合,胡琴空碎。数亩田园

生计好，又把膏腴轻弃。应愧煞、谷贻孙子。倘博将来椎牛祭，总难酬、罔极深恩矣。也略解、此时耻。

他在这首词中，感慨自己未能取得功名而有愧于先人的名声，从这些词中都可透露出，迁居南京之后，并未让他有了如鱼得水的生活。

然而到他三十六岁时，却在偶然间出现了一个让他转运的机会。这一年正赶上弘历登基，成为了乾隆元年，皇帝宣布这一年要举办第二次博学鸿词科考试。

整个清代，总计举行过三次博鸿科试，然而第三次因为德宗的去世而未能实施，因此，实际上清代只举办过两次这样的特殊考试，第一次是在康熙十八年，而第二次就是乾隆元年。其实，乾隆元年的这场博鸿科，原本是雍正十一年时所定者，但不知什么原因，当时推举的人很少，故而这场考试被延期，两年后，胤禛驾崩了，弘历即位后，又把这件事接续了下来。

吴敬梓迁居到南京的时间是雍正十一年，到了乾隆元年，他在此地已经住了三年多。在这段时间内，他也有了一些人脉，于是他被举荐去参加博学鸿词科考试。这场考试先是在地方举行，当时的南京属于江南省，其所辖区域包括现在的江苏和安徽两省，这是顺治二年的设置。到了康熙元年，安徽独立出来单独建省，而省会在安庆。

吴敬梓参加的博鸿科考试，首先是在南京，顺利通过之后，接着他就去安庆考试，而后他又回到南京，去参加两江总督赵弘恩主持的都院考试，可是，他在这场考试中，仅作了一首试帖诗，未等终场就离去了。这其中的原因，按照陈美林在《吴敬梓评传》中的说法，则为："还可能由于他的健康状况有所恶化。传主早年丧母，自幼又曾出嗣，缺少亲人的深情爱抚和细心照料，健康原就不佳，后来又罹患消渴病，特别是自去冬以来，先后出游仪征、扬州，今春又往安庆应试，旅途辛苦，酬宴伤神，就出现了病情复发的征兆，这导致他未能试毕最后一级的地方考试。"

这里所说的"消渴症"，就是今天所说的糖尿病。按照今日的说法，这是一种富贵病，也就是吃得太好了，看来，这跟吴敬梓年轻时的生活优裕，有着一定的关系。总之，他未能完成考试，自然也就没有资格赴京应试，这样的机会也就由此而错失了。

吴敬梓前去参加博鸿科考试，说明他依然没有放弃追求功名的欲望，可惜因为个人的原因，未能如愿，这样的结果当然不能令他愉快。而这种遗憾到他三十九岁时，虽然事情已经过了四年，但他还是不能释怀，于是，在他生日这一天，写了首《内家娇》：

行年三十九，悬弧日，酹酒泪同倾。叹故国几年，草荒先垅；寄居百里，烟暗台城。空消受，征歌招画舫，赌酒醉旗亭。壮不如人，难求富贵；老之将至，羞梦公卿。

行吟憔悴久，灵氛告：须历吉日将行。拟向洞庭北渚，湘沅南征。见重华协帝，陈词敷衽；有娀佚女，弭节扬灵。恩不甚兮轻绝，休说功名。

他在这首词中，感慨自己的身世，感觉到了这个年龄，却依然功名未就，而后，他就把自己的主要精力，放在了诗文和小说的创作方面，也正因如此，才有了《儒林外史》这部伟大的小说问世。

后世有些学者把吴敬梓解读为，其并不愿意参加博学鸿词科的考试，也许这样的解读有其道理在，但人性的复杂，也并不能一以贯之地始终本持着一种思维方式，比如到乾隆十六年时，弘历第一次南巡。皇帝到达南京，在当地开科考试，吴敬梓没有去参加，但他的儿子吴烺却抓住了这个机会，并且得以被录取，由此被赐为举人，同时授内阁中书。虽然不知道吴敬梓是否鼓励儿子这么做，但显然他没有规劝，由此说明他不反对儿子抓住任何机会。

两年之后，吴烺的妻子病逝，而吴烺本身又到朝中去任职，可能是吴敬梓想换一个新环境来疏解郁闷的心情，同时也为了谋生，他从南京来到了扬州，去投奔两淮盐运使卢见曾。当年经营盐业是发家致富的好渠道，而卢见曾是掌管盐运的高官，其财富之豪奢可想而知。

可惜的是，吴敬梓到扬州后不久，就突然病逝了，这应该跟他的糖尿病恶化有一定的关系，后来他的丧事也是卢见曾出钱安排的，由吴敬梓的幼子及其朋友，把他的灵柩用船从扬州运回了南京。吴敬梓去世后，程晋芳给他写了篇传记，关于吴敬梓的去世，文中称："先数日，衰囊中金，召友朋酣饮。醉，辄诵樊川'人生只合扬州死'之句，而竟如所言。"看来，吴敬梓真的希望自己死在扬州。只是程晋芳说，吴敬梓所吟的那句诗，不是杜牧的作品，而是张祜。

有的资料上说，吴敬梓被安葬在了南京的清凉山脚下，也有的说葬在了城南的凤台门附近，然而到如今却均找不到痕迹。孟醒仁、孟凡经所撰的《吴敬梓评传》中则说："他的墓地，或说在清凉山麓，或说在凤台门。解放后，他的远孙吴松泉曾经亲往勘测，已经湮没不可寻了。"

关于吴敬梓为什么要写一部《儒林外史》，历史上有不同的解读，比如嘉庆八年版的《儒林外史》前有"借闲斋老人"所写的序言："夫曰'外史'，原不自居正史之例也；曰'儒林'，迥异玄虚荒渺之谈也。其书以功名富贵为一篇之骨：有心艳功名富贵而媚人下人者；有倚仗功名富贵而骄人傲人者；有假托无意功名富贵自以为高，被人看破耻笑者；终乃以辞却功名富贵，品地最上一层，为中流砥柱。篇中所载之人，不可枚举，而其人之性情、心术，一一活现纸上。读之者，无论是何人品，无不可取以自镜。"

此处说，该书名起为"外史"，就是不想以正史来自居，而"儒林"二字的意思，是其所讲并非都是胡乱编造的故事，然而作序者却认为《儒林外史》的主体，讲述的就是功名富贵，为了取得这种富贵，吴敬梓在文中写到了不同的人用不同的手段，来达到这样的一个目的。除此之外，当然还有别的解读方式，比如同治八年，金和在《儒林外史》的跋语中则说："是书则先生嬉笑怒骂之文也。盖先生遂志不仕，所阅于世事者久，而所忧于人心者深，彰阐之权，无假于万一，始于是书焉发之，以当木铎之振，非苟焉愤时疾俗而已。"

金和认为，此书只是作者嬉笑怒骂之文。为什么吴敬梓会如此呢？金和从作者的生平予以了解读，因为吴敬梓参加科考，知道其中许多的弊端，于是他写入书中予以表现。

《儒林外史》刊行后，在社会上流传甚广，其原因之一，则是文中所刻画的人物极其生动传神，比如同治十三年刊刻的《儒林外史》有"惺园退士"所作序言，其在《序》中称："《儒林外史》一书，摹绘世故人情，真如铸鼎象物，魑魅魍魉，毕现尺幅；而复以数贤人砥柱中流，振兴世教。其写君子也，如睹道貌，如闻格言；其写小人也，窥其肺肝，描其声态，画图所不能到者，笔乃足以达之。评语尤为曲尽情伪，一归于正。其云：'慎勿读《儒林外史》。读之乃觉身世酬应之间，无往而非《儒林外史》。'斯语可谓是书的评矣！"

对于这段描述，孟醒仁、孟凡经所著的《吴敬梓评传》则认为该《序》："又充分肯定《外史》艺术性强烈，感人深切。"

我在上中学时，课本中就已经选录了《儒林外史》中的《范进中举》

一篇，在那个时段，因为自己阅世尚浅，其实不能完全读出该文字面意思之后所隐藏的思想，因为整篇文章读上去，只是一些客观事物的描写，以及人物之间的对话，看不到作者的评论和旁白。这样的写作方式，如果没有一定的经历，确实不能了解作者想表达怎样的观念，其实这正是该书的特色所在。袁行霈主编的《中国文学史》，对这个特色做了如下的评价："《儒林外史》改变了传统小说中说书人的评述模式，采取了第三人称隐身人的客观观察的叙事方式，让读者直接与生活见面，大大缩短了小说形象与读者之间的距离。作者尽量不对人物作评论，而是给读者提供了一个观察的角度，由人物形象自己呈现在读者面前。"

而今再重新读一遍《范进中举》，突然让我感到，当年上学时完全没读懂这个故事，也瞬间理解了《中国文学史》上所给出的评价，从而体会到吴敬梓确实是写书的高手：他仅仅是用一些人物的对话，就能把文中每个人物的嘴脸描绘得十分有特色。下面我就以《范进中举》为例，来展示一下吴敬梓不动声色地刻画人物之高妙：

范进进学回家，母亲、妻子俱各欢喜。正待烧锅做饭，只见他丈人胡屠户，手里拿着一副大肠和一瓶酒，走了进来。范进向他作揖，坐下。胡屠户道："我自倒运，把个女儿嫁与你这现世宝，历年以来，不知累了我多少。如今不知因我积了甚么德，带挈你中了个相公，我所以带个酒来贺你。"范进唯唯连声，叫浑家把肠子煮了，烫起酒来，在茅草棚下坐着。母亲自和媳妇在厨下造饭。胡屠户又吩咐女婿道："你如今既中了相公，凡事要立起个体统来。比如我这行事里，都是些正经有脸面的人，又是你的长亲，你怎敢在我们跟前装大？若是家门口这些做田的，扒粪的，不过是平头百姓，你若同他拱手作揖，平起平坐，这就是坏了学校规矩，连我脸上都无光了。你是个烂忠厚没用的人，所以这些话我不得不教导你，免得惹人笑话。"

范进的老丈人胡屠户，十分看不上作为穷书生的女婿，他说自己把女儿嫁给范进是走倒运的一种结果，因为范进到五十多岁仅考取了个秀才，胡屠户来到女儿家，对范进连说带骂，名义上是来祝贺，实际上是大抖威风地教育女婿，并且告诫范进：既然成了秀才，就不能跟那些种田的、挑粪的人平起平坐了，因为这么做就等于坏了规矩。可见，在胡屠户眼中，稍有进步就应当看不起他人，这才是社会的规则。

此后不久，又赶上乡试，作为书生的范进，当然不想放过这个机会，可是去参加乡试总需要些盘缠，但他家穷得揭不开锅，不可能有这些钱，于是他就找老丈人去借钱，没想到，钱没借到，却得到了一通臭骂：

> 这些同案的人约范进去乡试。范进因没有盘费，走去同丈人商议，被胡屠户一口啐在脸上，骂了个狗血喷头，道："不要失了你的时了！你自己只觉得中了一个相公，就'癞蛤蟆想吃起天鹅肉'来！我听见人说，就是中相公时，也不是你的文章，还是宗师看见你老，不过意，舍与你的。如今痴心就想中起老爷来！这些中老爷的都是天上的'文曲星'！你不看见城里张府上那些老爷，都有万贯家私，一个个方面大耳？像你这尖嘴猴腮，也该撒抛尿自己照照！不三不四，就想天鹅屁吃！趁早收了这心，明年在我们行里替你寻一个馆，每年寻几两银子，养活你那老不死的老娘和你老婆是正经！你问我借盘缠，我一天杀一个猪还赚不得钱把银子，都把与你去丢在水里，叫我一

家老小嗑西北风！"一顿夹七夹八，骂的范进摸门不着。

原本"癞蛤蟆想吃天鹅肉"是句俗语，但胡屠户觉得用这句话骂女婿不够解气，于是他就说范进想吃天鹅屁，而正是这句话使我在中学读到此文时，体味到了语言上的绝妙。

范进被一通臭骂后，还是没有死心，于是他偷偷地跟着几位同乡到城里参加乡试，没想到他竟然考中了举人。刚开始别人向他报喜时，他以为是别人拿他取笑，并没有相信，后来真的知道是这个结果，竟然一下子高兴得疯了：

> 范进不看便罢，看了一遍，又念一遍，自己把两手拍了一下，笑了一声，道："噫！好了！我中了！"说着，往后一交跌倒，牙关咬紧，不省人事。老太太慌了，慌将几口开水灌了过来。他爬将起来，又拍着手大笑道："噫！好！我中了！"笑着，不由分说，就往门外飞跑，把报录人和邻居吓了一跳。走出大门不多路，一脚踹在塘里，挣起来，头发都跌散了，两手黄泥，淋淋漓漓一身的水。众人拉他不住，拍着笑着，一直走到集上去了。众人大眼望小眼，一齐道："原来新贵人欢喜疯了。"老太太哭道："怎生这样苦命的事！中了一个甚么举人，就得了这拙病！这一疯了，几时才得好？"

这样的结果，当然令众人慌了神，于是有人出主意说，只有胡屠户才能治好范进的疯病。众人把胡屠户找来，让他打范进一个耳光，只是这胡屠户却完全变了嘴脸，他跟众人说：

> 虽然是我女婿，如今却做了老爷，就是天上的星宿。天上的

星宿是打不得的！我听得斋公们说：打了天上的星宿，阎王就要拿去打一百铁棍，发在十八层地狱，永不得翻身。我却是不敢做这样的事！

几天之前，他还把女婿范进骂个狗血喷头，而今他却将女婿视为天上的星宿，同时又是人间的老爷，他坚决不敢打。最后在众人的劝说下，他万般无奈地搧了范进一个嘴巴子，终于让范醒了过来。而后众人拿范调笑，接下来的一番对话，则更能显现出胡屠户变脸之快：

> 胡屠户上前道："贤婿老爷，方才不是我敢大胆，是你老太太的主意，央我来劝你的。"邻居内一个人道："胡老爹方才这个嘴巴打的亲切，少顷范老爷洗脸，还要洗下半盆猪油来！"又一个道："老爹，你这手明日杀不得猪了。"胡屠户道："我那里还杀猪！有我这贤婿，还怕后半世靠不着也怎的？我每常说，我的这个贤婿，才学又高，品貌又好，就是城里头那张府、周府的这些老爷，也没有我女婿这样一个体面的相貌。你们不知道，得罪你们说，我小老这一双眼睛，却是认得人的。想着先年，我小女在家里长到三十多岁，多少有钱的富户要和我结亲，我自己觉得女儿像有些福气的，毕竟要嫁与个老爷，今日果然不错！"说罢，哈哈大笑。众人都笑起来。看着范进洗了脸，郎中又拿茶来吃了，一同回家。范举人先走，屠户和邻居跟在后面。屠户见女婿衣裳后襟滚皱了许多，一路低着头替他扯了几十回。到了家门，屠户高声叫道："老爷回府了！"

范进成为举人，不仅家人高兴，同时当地的乡绅也立即赶来探望，这位张乡绅立即送来了五十两白银作为贺礼,同时看到范进家十分贫穷,认为这样的房子不能让举人居住,而他家还有一处在闹市区的房子,他要将此赠送给范进,范百般推托,这位张乡绅竟然急了起来,于是范进只好收下。等张乡绅离开后,范进跟他妻子打开银子来看,而后拿出了两锭递给了胡屠户。而下面的一段描绘,则把胡屠户的心态用语言勾勒得十分传神:

>　　范进即将这银子交与浑家打开看,一封一封雪白的细丝锭子,即便包了两锭,叫胡屠户进来,递与他道:"方才费老爹的心,拿了五千钱来。这六两多银子,老爹拿了去。"屠户把银子攥在手里紧紧的,把拳头舒过来,道:"这个,你且收着。我原是贺你的,怎好又拿了回去?"范进道:"眼见得我这里还有几两银子,若用完了,再来问老爹讨来用。"屠户连忙把拳头缩了回去,往腰里揣,口里说道:"也罢,你而今相与了这个张老爷,何愁没有银子用?他家里的银子,说起来比皇帝家还多些哩!他家就是我卖肉的主顾,一年就是无事,肉也要四五千斤,银子何足为奇!"又转回头来望着女儿,说道:"我早上拿了钱来,你那该死行瘟的兄弟还不肯,我说:'姑老爷今非昔比,少不得有人把银子送上门来给,只怕姑老爷还不希罕。'今日果不其然!如今拿了银子家去,骂死这砍头短命的奴才!"说了一会,千恩万谢,低着头,笑迷迷的去了。

通过以上的描绘,就能看出吴敬梓在语言上的高妙之处,这不仅仅是个人经历的深切感受,更多者也可看出,吴敬梓在语言把握上的精准,因为他不动声色,仅仅靠书中人物的语言,就能把每个人的特色,活灵活现地呈现在读者面前,正如他对胡屠户的讽刺。

吴敬梓：不三不四，就想天鹅屁吃　353

□ 吴敬梓旧居

对于《儒林外史》的这种讽刺特色，鲁迅在《中国小说的历史的变迁》一文中，评价道："讽刺小说是贵在旨微而语婉的，假如过甚其辞，就失去了文艺上的价值，而它的末流都没有顾到这一点，所以讽刺小说从《儒林外史》而后，就可以谓之绝响。"

也正因吴敬梓写出了《儒林外史》，使得他被后世目之为伟大的文学家，为此在民国期间，胡适写出了《吴敬梓传》，他在此传中这样夸赞传主："我们安徽的第一个大文豪，不是方苞，不是刘大櫆，也不是姚鼐，是全椒县的吴敬梓。"

□ 只能从侧边探看

吴敬梓旧居位于江苏省南京市秦淮河与清溪河交界处，门牌号为

□ 站在桥上

"桃叶渡8号"。打车前往此地,没想到该地距我所住酒店仅几百米远,上车时,出租车司机并未告诉我此况,可是刚开出不远,我就在路边看到了"吴敬梓故居"的字样,于是立即让司机停车。

这处故居的正门在中华路桥头边上,然院门紧锁,向内望之,门口戳着茶馆营业时间,从上面落的灰尘厚度来看,已经关张很长时间。近两年文物部门和名人旧居不再让经商,也可能是受这个影响而停业者,然此旧居从建筑方式上看得出也是新建之物。我只能在外面沿着这处旧居,四处寻找可拍者。

旧居的侧边即是秦淮河,对岸变成了鸟市,几百人抱着鸟笼在交易,场面看上去也挺壮观。走进鸟市见大多数鸟都是一种体型很小、毛色发黄的鸟,叫声的确是清脆,但从观赏角度确实难称养目。一方水土养一方人,一方人也会喜欢一方水土所出产的鸟,偌大的市场千鸟齐鸣,声音似乎也能盖过刺耳的汽车喇叭声,如果吴敬梓今天还生活在这里,我想,这巨大的鸟声合唱肯定会影响到他写出那么有名的著作。

曹雪芹：满纸荒唐言，一把心酸泪

中国古代的小说中，影响力之大者无过于《红楼梦》。二十世纪以来，对于《红楼梦》的研究成为了专门的学问，这个专业被称为"红学"，该书中的故事情节以及相应的人物，已然家喻户晓，因此，该书的故事情节也就用不着我在此啰嗦。

对于《红楼梦》的研究，红学界大概分有两个体系，一是关于文本本身的考证，二是对作者曹雪芹的研究。红学界大多认定《红楼梦》的故事，乃是作者曹雪芹根据其家庭情况写出的一部近似自传体的小说。对于这种写法的优与劣，研究者看法不一，比如陈独秀就写过一篇《〈红楼梦〉新序》，此文发表于1921年5月上海东亚图书馆出版的《红楼梦》卷首，以他的看法，这部小说有着如下的不足："因此中国小说底内容和西洋小说大不相同，这就是小说家和历史家没有分工底缘故。以小说而兼历史底作用，一方面减少小说底趣味，一方面又减少历史底正确性，这种不分工的结果，至于两败俱伤。"当然，陈独秀所言指的

□《红楼梦》，乾隆五十六年萃文书屋木活字本

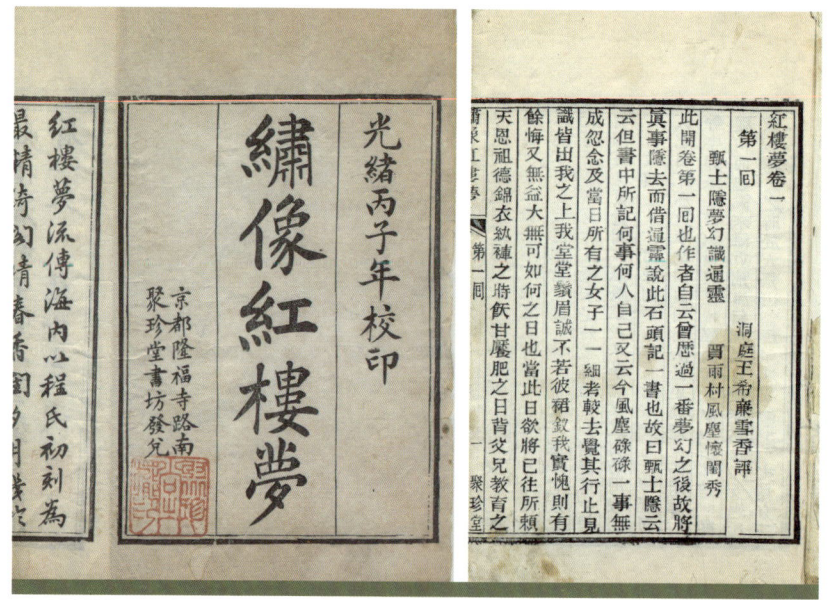

□《绣像红楼梦》，光绪二年京都隆福寺聚珍堂木活字本，牌记　　□《绣像红楼梦》，光绪二年京都隆福寺聚珍堂木活字本，卷首

是中国小说的普遍弊端，对于《红楼梦》本身他也有着相类的看法："拿这个理论来看《石头记》，便可以看出作者善述故事和善写人情两种本领都有；但是他那种善述故事的本领，不但不能得读者人人之欢迎，并且还有人觉得琐屑可厌；因为我们到底是把他当作小说读的人多，把他当作史料研究的人少。"

但也有人不认可陈独秀的这种指摘，比如吴宓在《〈红楼梦〉新谈》中就认为《红楼梦》不输于西方任何的著名小说，其在该文中开篇即称："《石头记》为中国小说一杰作。其入人之深，构思之精，行文之妙，即求之西国小说中，亦罕见其匹。西国小说，佳者固千百，各有所长，然如《石头记》之广博精到，诸美兼备者，实属寥寥。"

当年，和珅找到了一部《红楼梦》拿给乾隆皇帝看，弘历看后直截了当地说，这部小说其实写的是明珠家事，于是有人把纳兰性德目之为《红楼梦》中的贾宝玉。也有人对这种说法表示异议，比如1921年5月18日的《晶报》上发表了署名"臞蝯"所作的《〈红楼〉佚话》一文，该文中提到了两种说法，其一为："顷见某氏笔记一则，其说乃至可异，略曰：曹雪芹馆明珠家，珠有寡嫂，绝色也，偶与雪芹近于园中，夜即遣婢招之。雪芹逾垣往，忽闻空中语曰：'状元骑墙人。'悚然而退，然终情不自禁，复往，神语如

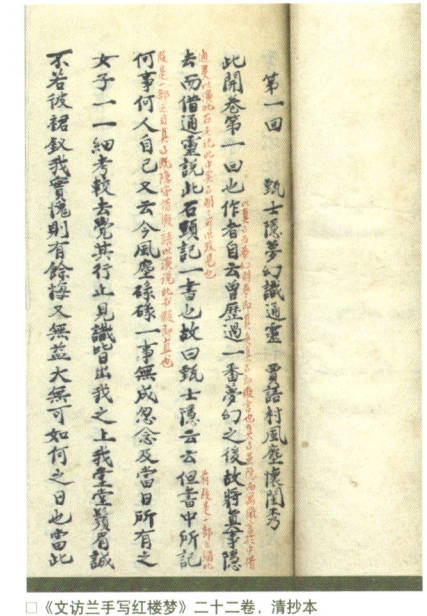

□《文访兰手写红楼梦》二十二卷，清抄本

初。雪芹弗顾曰：'状元三年一个，美人千载难得也。'遂与欢狎。旋以事败见遂，故作《红楼梦》以泄怨。书中妇女之清白者，惟李宫裁一人，即指其所欢也。"臞蝯没有说他看到的笔记是什么名称，然而这种说法也是肯定《红楼梦》的故事讲的是明珠家事。

臞蝯转述的笔记中，称当年曹雪芹住在明珠家内，而明珠有一位寡嫂长得十分漂亮，某天在游园时，两人一见钟情，于是当晚这位寡嫂就派婢女招曹雪芹前往，虽然此时的曹雪芹心里还是有些警惕，但是他觉得美人千载难逢，还是和这位寡嫂进行了鱼水之欢，可是这件事被明珠知道了，于是将其赶出了门，雪芹对这个遭遇十分不满，于是就写出一部《红楼梦》，来张扬明珠家的丑事。而这位寡嫂也被曹雪芹写入了书中，这就是《红楼梦》中的李纨，因为她基本上是《红楼梦》中最清白的一位。

这个故事说来倒颇具想象力，可惜无法印证其所言的依据何在。

臞蝯在讲述了这个离奇故事后，可能还是觉得不过瘾，于是他又讲出一个新段子："雪芹有中表妹，名红红，能诗工琴，即书中之黛玉也，与雪芹誓为伉俪，未果，赍恨以殁。雪芹引为奇痛，因作是书以记之，书名曰《红楼梦》，宝玉所居曰'怡红院'，皆隐女名也。雪芹居南京时，尝筑一小楼名'悼红轩'。后归燕京，辟一小园，园中有楼，亦名'悼红轩'。在内城东，今已荒废，而楼中'悼红轩'匾额犹存，雪芹手笔也。"这段话是说，雪芹爱上了一位叫"红红"的表妹，此女琴棋书画样样精通，两人私订终身，可惜红红未嫁给雪芹就去世了。这件事令雪芹痛苦不已，于是以此女的故事写成了《红楼梦》，而书名也是根据此女的名字而来，书中的黛玉就是表妹。同样，宝玉所居住的怡红院，也是隐含着该表妹的名字，而曹雪芹在南京居住时，给其中一个小楼起名为悼红轩，后来迁居到北京时，也悬挂这个匾额。此文中还说，在北京内城的城东，有一处曹雪芹的故居，虽已荒废，但悼红轩的匾额却保留了下来，并且能够确认是曹雪芹手笔。

但问题就来了，臞蝯何以知之？可惜，他的叙述有如小说家言，没有注明出处，诸如此类的说法还有多种，在这里就不一一引述了。除此之外，各种猜测还有很多，比如有的人认为《红楼梦》讲述的是清世祖与董鄂妃之间的传奇；也有的说，故事演绎的是雍正夺嫡之事，还有人说这本是讲述和珅家事，诸如此类，不一而足。

对于曹雪芹的家世，相应的研究同样是汗牛充栋，比如他的祖上究竟是汉人还是满人的问题，他家何以进入了关内，对于他高祖曹振彦和曾祖曹玺等研究也是红学界的重点问题。曹家之所以跟康熙皇帝有着一种特殊隐秘的交往，其重要原因是曹玺之妻就是玄烨的乳母，而曹雪芹的祖父曹寅在其少年时代，又曾是玄烨的伴读，玄烨当了皇帝之后，就派曹玺到江南去任江宁织造，这个职务是那

曹雪芹：满纸荒唐言，一把心酸泪　　359

□《红楼梦》，乾隆五十六年萃文书屋木活字本，插图一

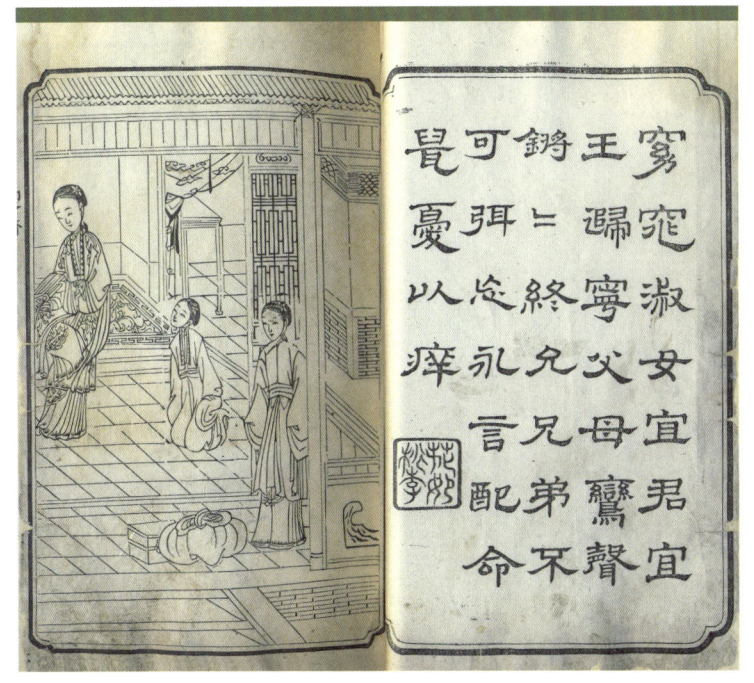

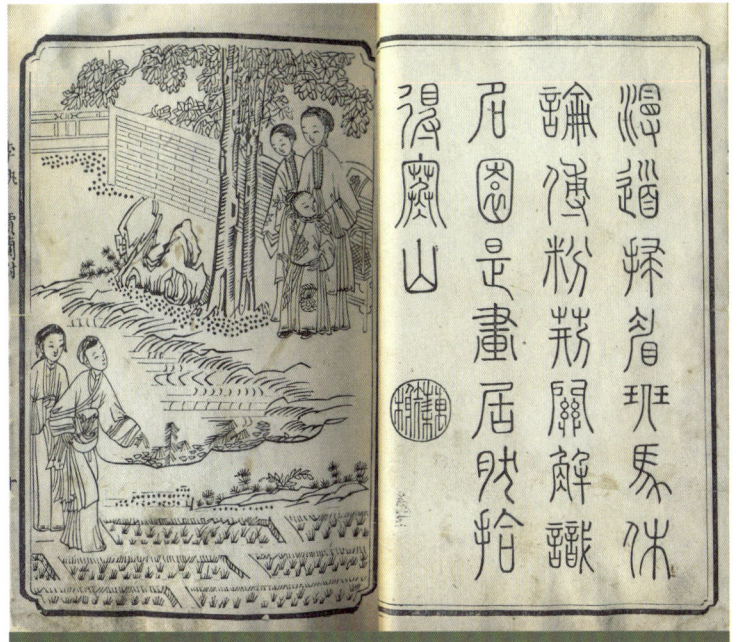

□《红楼梦》，乾隆五十六年萃文书屋木活字本，插图二

□《红楼梦》，乾隆五十六年萃文书屋木活字本，插图三

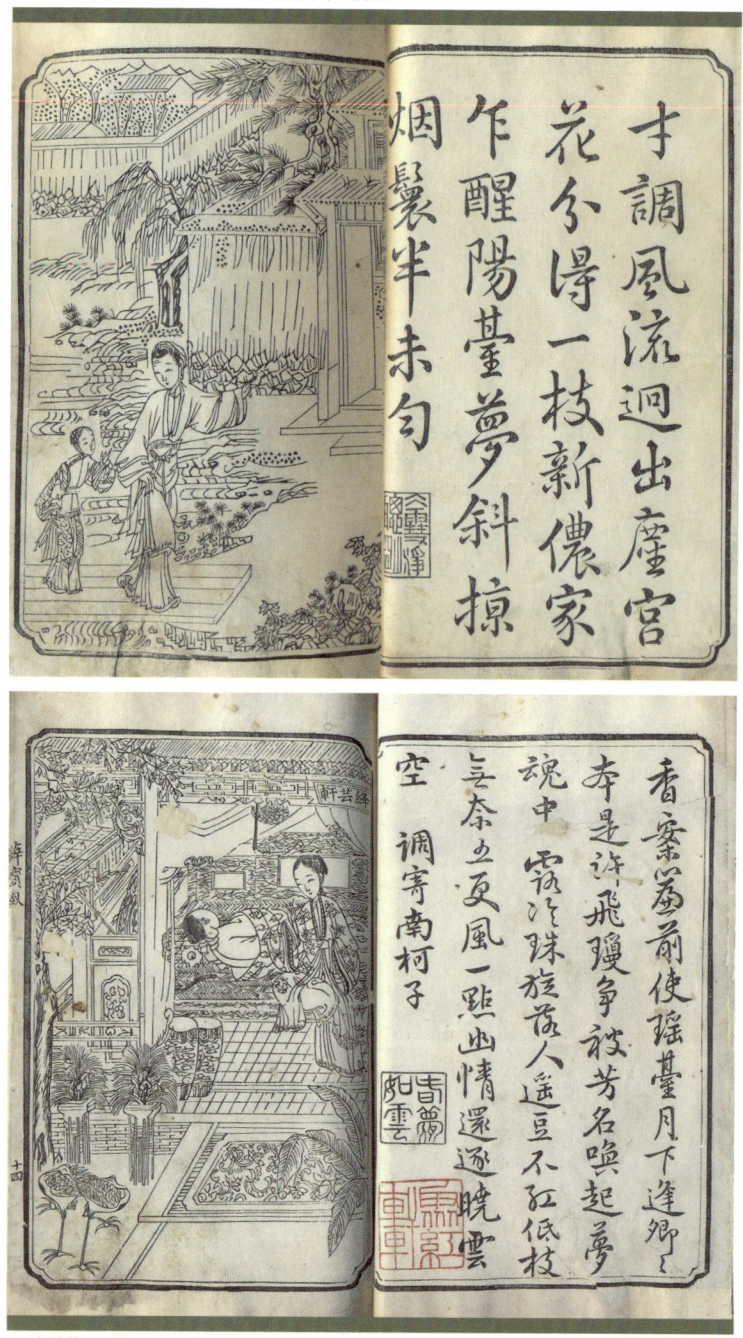

才调风流迥出尘宫
花兮得一枝新侬家
乍醒阳台梦斜掠
烟鬟半未匀

香案前使瑶台月下逢卿
本是许飞琼争放芳名唤起梦
魂中霜冷珠旌露人遥岂不红低枝
无奈立夏风一阵此情还逐晓云
空　调寄南柯子

□《红楼梦》，乾隆五十六年萃文书屋木活字本，插图四

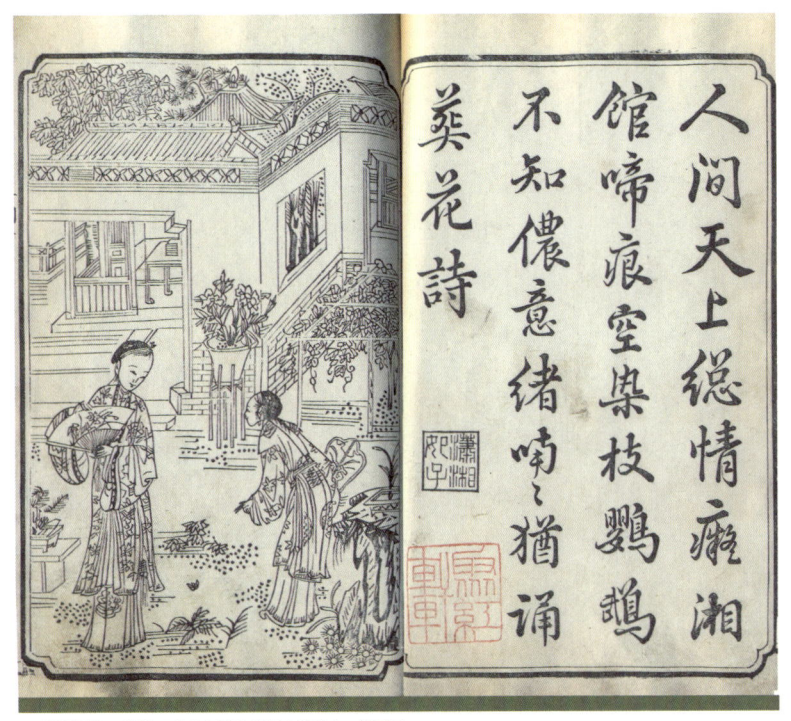

□《红楼梦》，乾隆五十六年萃文书屋木活字本，插图五

个时代内务府的肥缺，因为其主要职责就是给宫廷采办各种御用物品，替皇帝花钱，油水之大可想而知。

但所有的传闻都有多种说法，另一个说法是，因为曹家跟康熙皇帝之间的特殊关系，所以皇帝派曹玺任江宁织造也并非只是给发小一个大捞油水的机会，其真实的目的，是在江南充当皇帝的耳目，通过与当地各界的交往来了解汉人的思想动向，及时让皇帝掌握社会舆情。故曹玺之后，曹寅接替这个职务，以至于此后的曹颙、曹頫都担任此职，于是曹家成为了江南数一数二的大家族。而康熙皇帝六次南巡，其中有四次都是由曹寅负责接驾，就住在他的织造府内。

既然如此，那为什么这等显赫的家族，一瞬间就像大厦倾覆般的倒掉了呢？对于这一点，也是后世研究的重点。其中说法之一，则是认为曹家跟玄烨之间关系太过密切,了解太多的内幕,更何况曹家的奏折都不通过六部转呈,而是直接寄给康熙皇帝本人,故他们之间有着太多的秘密,而当胤禛成为皇帝时,当然不敢再用前一任皇帝的密探,尽管这个前任是他的父亲。当年曹家给玄烨递的密折有部分留了下来,后世读这些密折就能看出,他们之间的关系非同一般,比如康熙五十七年六月初二,玄烨给曹頫所上的密折做了如下的批语:"朕安。尔虽无知小孩,但所关非细,念尔父出力年久,故特恩至此。虽不管地方之事,亦可以所闻大小事,照尔父密密奏闻,是与非朕自有洞鉴。就是笑话也罢,叫老主子笑笑也好。"

当然,曹家的倒掉也跟一些经济情况有很大的关系。曹寅去世后,他在任所产生的亏空近五十五万两白银,这么巨大的亏空玄烨并没有指责曹寅家人,而是派李煦代任盐差一年,让他想办法去弥补曹家的亏空。这位李煦果真有能耐,在一年内就补上了五十余万两,所欠仅差三万六千余两,对剩余的这个零头,曹颙以密折报告给了康熙,康熙对此折做出了如下的批示:"当日曹寅在日,惟恐亏空银两不能完。近身没之后,得以清了,此母子一家之幸。余剩之银,尔当留心,况织造费用不少,家中私债想是还有,朕只要六千两养马。"

看来玄烨倒是很大度,将这剩余的三万六千两抹掉了整数,是他以个人的名义赏给了曹頫三万两银子。关于曹家为什么欠了这么多钱,历史上有种说法,就是因为曹家的几次接驾,均为私人掏腰包,还有一点,皇帝南巡浩浩荡荡带着大批的随从,而这些随从都要得到一些好处,手下人跟着沾光的事,玄烨也清楚。他在康熙五十九年二月初二批给曹家的奏折中说:"近来你家差事甚多,如磁器珐琅之类,先还有旨意,件数到京之后,送至御前览完才烧。珐琅今不知骗了多少,磁器朕总不知,已后非上传旨意,尔即当密折内声名奏闻,倘瞒著不奏,后来事发,恐尔当不起,一体得罪,悔之莫及矣。"

即有别样差使，亦是如此。"这样的众人沾光，以至于让皇帝都不能忍受，他劝曹家要把这些事情如实上报，免得自己受连累。因为以上的诸多原因，所以玄烨才想办法来弥补曹家所欠的公私费用。

既然皇帝已经替曹家弥补上了亏空，那为什么胤禛上台之后开始收拾曹家？到了雍正五年，曹頫仍然被以"织造款项亏空"等罪名革职抄家，这显然是一个政治事件，而非经济问题了。

对于《红楼梦》的另一大争论，就是该书的完缺。《红楼梦》的全本为一百二十回，后世有不少的人认为曹雪芹去世时只完成了前八十回，后四十回为高鹗所续者。提出此种说法的人，应该以俞曲园为最早，他在《小浮梅闲话》中称："《船山诗草》有《赠高兰墅鹗同年》一首云'艳情人自说《红楼》'，注云：'《红楼梦》八十回以后，为兰墅所补。'然则此书非出一手；按乡会试增五言八韵诗，始乾隆朝，而书中叙科场事已有诗，则其为高君所补可证矣。"

其实对于这个问题，《红楼梦》的第一位出版人程伟元在该书的序言中就有过类似的表述：

> 《石头记》是此书原名……好事者每传钞一部置庙市中，昂其值得数十金，可谓不胫而走者矣。然原本目录一百二十卷，今所藏只八十卷，殊非原本。即间有称全部者，及检阅仍只八十卷，读者颇以为恨。不佞以是书既有一百二十回之目，岂无全璧？爰为竭力搜罗，自藏书家甚至故纸堆中，无不留心，数年以来，仅积二十余卷。一日偶于鼓担上得十余卷，遂重价购之。欣然翻阅，见其前后起伏，尚属接榫。然漶漫不可收拾。乃同友人细加厘剔，截长补短，钞成全部，复为镌板，以公同好，《石头记》全书至是始告成矣。

即此可知，程伟元根据目录得知《红楼梦》全本为一百二十卷，而他只见到了八十卷，于是他就继续搜罗，终于从挑担的小贩那里买到了残存的部分，而后他跟友人共同进行编排，终于出版了全本的《红楼梦》。但细读这段话，却能得出另外一个结论，那就是曹雪芹已经写完了一百二十回全本，只是后来在流传过程中仅剩下了八十回，而后程伟元找到了所缺部分，虽然不完全，但经过他找人补缀，终于凑成了全本。于是另一派则称《红楼梦》没有高鹗的补配问题，然而这种说法没有成为主流。最终的结论只能等着专家们继续争论下去吧。

那么，程伟元是找到了谁来替他把收到的残本编辑成书呢？此人就是后世所称续写《红楼梦》的高鹗，对于这段事，高鹗在序言中也予以了说明：

予闻《红楼梦》脍炙人口者几廿余年，然无全璧，无定本。……今年春，友人程子小泉过予，以其所购全书见示，且曰："此仆数年来铢积寸累之苦心，将付剞劂，公同好，子闲且惫矣，盍分任之？"予以是书虽稗官野史之流，然尚不谬于名教，欣然拜诺，正以波斯奴见宝为幸，遂襄其役。工既竣，并识端末，以告阅者。时乾隆辛亥冬至后五日，铁岭高鹗序并书。

请注意，这段序言中，高鹗所说的一句话"以其所购全书见示"，由此可知，高鹗看到的虽然是程伟元所示的几部残本，但这些残本拼凑起来，也被高鹗视之为"全书"。于是高鹗在此基础之上进行了编辑整理，而后由程伟元以木活字形式印刷出版，这就成为了《红楼梦》成书后第一部正式出版物，该书出版于乾隆五十六年，这就是后世所称的"程甲本"。

虽然如此，后世专家仍然认为该书的后四十回是高鹗所续写的，

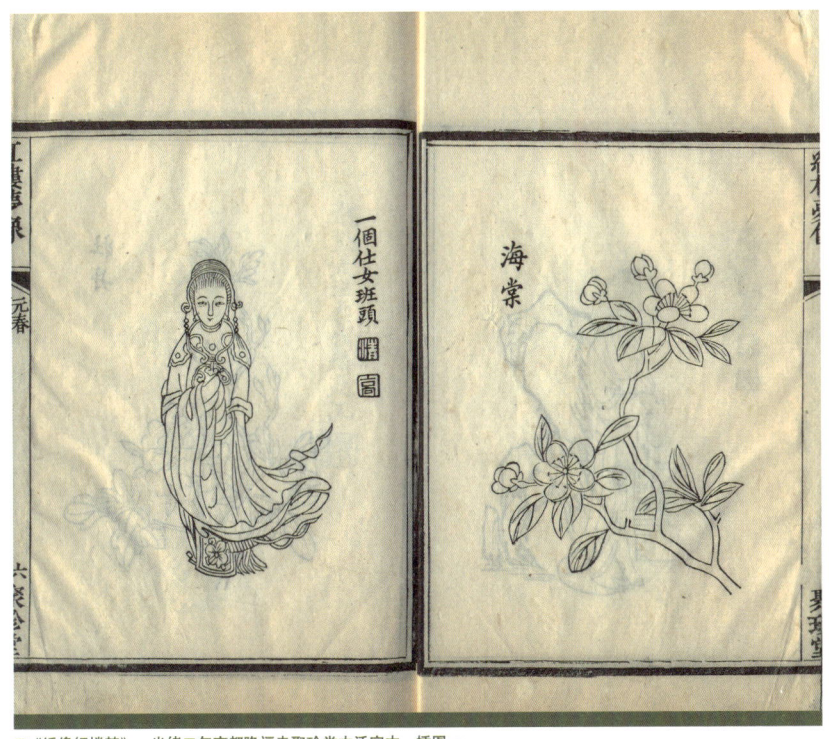

□《绣像红楼梦》，光绪二年京都隆福寺聚珍堂木活字本，插图一

直到近年《红楼梦》的出版依然有着高鹗的署名。比如俞平伯就在《红楼梦辨》中举出了三个理由，以证高鹗续写了后四十回。这三个理由分别是：第一，后四十回和第一回自叙的话都不合；第二，史湘云的丢开；第三，不合作文时的程序。俞平伯的观点受到了胡适的称赞，而后他在这三点理由之后，又补充了三点：第一，小红的没有下落；第二，香菱的扶正；第三，贾宝玉肯做八股文，肯去考举人。以上的这些理由又都遭到了宋孔显的驳斥。1935年5月的《青年界》发表了宋孔显所写《〈红楼梦〉一百二十回均曹雪芹作》一文，宋在该书中举出了很多实例，来驳斥胡适和俞平伯的看法，故而对高鹗是否续写了该书，红学界至今也没能达成共识。

但是，《红楼梦》所创造出的艺术成就，几乎受到了后世众口

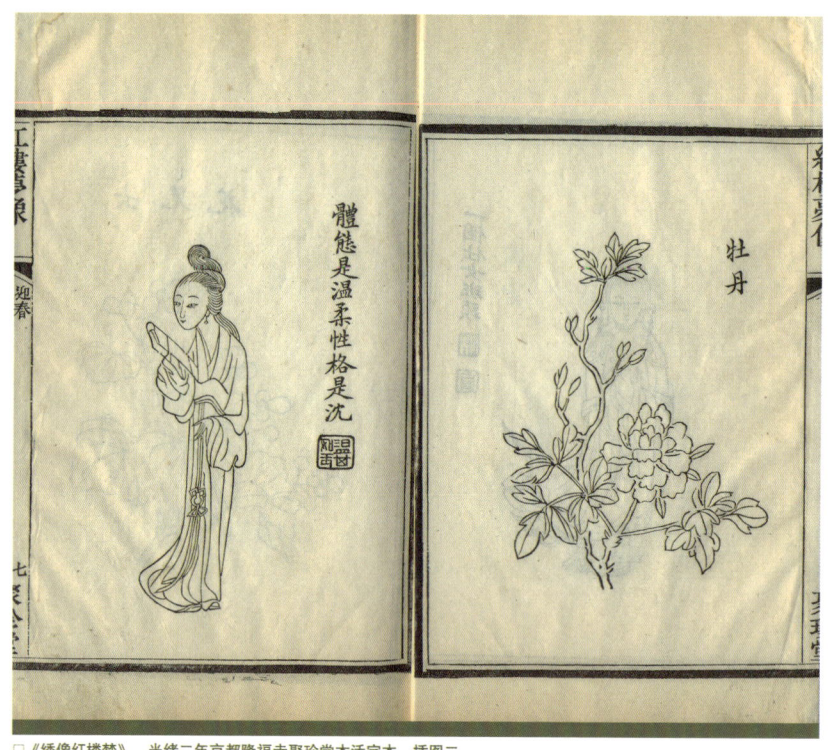

□《绣像红楼梦》，光绪二年京都隆福寺聚珍堂木活字本，插图二

一词的赞誉。而该书中曹雪芹根据不同的角色和故事情节，所作的诗词曲赋，也成了读者颇为喜爱的内容，以至于其中的许多名段大家都能背诵，为此蔡义江写出了《红楼梦诗词曲赋评注》一书，他在该书的序言中说到："自唐传奇始，'文备众体'虽已成为我国小说体裁的一个特点，但毕竟多数情况都是在故事情节需要渲染铺张，或表示感慨咏叹之处，加几首诗词或一段赞赋骈文以增效果。所谓'众体'，实在也有限得很。《红楼梦》则不然。除小说的主体文字本身也兼收了'众体'之所长处，其他如诗、词、曲、歌谣、谚、诔、偈语、辞赋、联额、书启、灯谜、酒令、骈文、拟古文……等等，应有尽有。"

曹雪芹在书中所作的诗词曲赋，大多是根据人物的身份以及故事情节，而后模拟书中人物的修养，来做出相应层次的作品，但也有一些辞赋是他本人以夫子自道的角度来叙述自己的心态，此类最有名者，则是第一回的《自题一绝》：

　　满纸荒唐言，一把辛酸泪！都云作者痴，谁解其中味？

此诗道出了作者写作该书时的心态，而这首诗也是《红楼梦》中唯一以作者身份来写的一首诗。而《红楼梦》中的词曲最能朗朗上口者，当是第一回中跛道人所唱的《好了歌》：

　　世人都晓神仙好，惟有功名忘不了！
　　古今将相在何方？荒冢一堆草没了。
　　世人都晓神仙好，只有金银忘不了！
　　终朝只恨聚无多，及到多时眼闭了。
　　世人都晓神仙好，只有娇妻忘不了！
　　君生日日说恩情，君死又随人去了。
　　世人都晓神仙好，只有儿孙忘不了！
　　痴心父母古来多，孝顺儿孙谁见了？

这首歌写得可谓极其通达，甄士隐因为家破人亡，上街散心，在街上遇到了一位疯道人，口中朗诵此诗，当时甄士隐听不清楚，于是他问跛道人为什么总说"好"啊、"了"啊，道人笑他说，你能明白好和了，就说明你依然很清楚。甄士隐听后产生了顿悟，于是当场做了一首好了歌注，但这首注太长，我仅引用其中最末两句：

　　乱哄哄你方唱罢我登场，反认他乡是故乡。

甚荒唐，到头来都是为他人作嫁衣裳。

由此可见，这位甄士隐终于理解了人生的真谛。

对于《红楼梦》的男主角贾宝玉，曹雪芹用了两首《西江月》予以描绘：

无故寻愁觅恨，有时似傻如狂。
纵然生得好皮囊，腹内原来草莽。
潦倒不通世务，愚顽怕读文章。
行为偏僻性乖张，那管世人诽谤。

富贵不知乐业，贫穷难耐凄凉。
可怜辜负好韶光，于国于家无望。
天下无能第一，古今不肖无双。
寄言纨绔与膏粱，莫效此儿形状。

作者在这两首词中以嘲笑的口吻来描绘男主角，但今人却将其解读为，这正是曹借此来反抗封建统治，这样的解读显系政治正确。但曹雪芹对这位男主角贾宝玉究竟是怎样的心态呢？这样的解读太过复杂，小文也承担不了这样的重任，那就说到这儿为止吧。

关于林黛玉和贾宝玉之间的故事，曹雪芹的心态应该颇为复杂，他在小说中既设定了贾宝玉跟薛宝钗的金玉良缘，同时又浓墨重彩描绘宝玉、黛玉之间的爱与恨。尤其1987年版的《红楼梦》电视剧使得红楼人物在民众心目中具相了起来，而电视剧中又把很多《红楼梦》诗词曲赋变成了歌词，其中最受人传唱者之一则是《枉凝眉》：

一个是阆苑仙葩，一个是美玉无瑕。若说没奇缘，今生偏又遇着他；若说有奇缘，如何心事终虚化？一个枉自嗟呀，一个空劳牵挂。一个是水中月，一个是镜中花。想眼中能有多少泪珠儿，怎经得秋流到冬，春流到夏。

这首曲已经预示了宝玉、黛玉之间必将是一场无果的悲剧。

《红楼梦》中另一个形象鲜明的人物则是王熙凤，对于她的一生，曹雪芹以《聪明累》来概括：

机关算尽太聪明，反算了卿卿性命！生前心已碎，死后性空灵。家富人宁，终有个，家亡人散各奔腾。枉费了，意悬悬半世心；好一似，荡悠悠三更梦。忽喇喇似大厦倾，昏惨惨似灯将尽。呀！一场欢喜忽悲辛。叹人世，终难定！

《红楼梦》第二十八回中讲述冯紫英家宴上几个人互行酒令，这几篇酒令特别能表现出人物的气质，比如贾宝玉所作的一首是：

女儿悲，青春已大守空闺。
女儿愁，悔教夫婿觅封侯。
女儿喜，对镜晨妆颜色美。
女儿乐，秋千架上春衫薄。

而薛蟠的一首也绝对能表现出他的个人偏好与修养：

女儿悲，嫁了个男人是乌龟。
女儿愁，绣房窜出个大马猴。
女儿喜，洞房花烛朝慵起。

女儿乐，一根屄耙往里戳。

　　总之，《红楼梦》中的诗词曲赋还有太多的名篇，在此无法一一予以抄录，而《红楼梦》本身的成功，也包含了这些诗词曲赋所予以的烘托表达，尤其小说中的人物叙述，最受后世所首肯，比如袁行霈主编的《中国文学史》中就给予了这样的评价："《红楼梦》文学创作上的新境界和巨大成功，突出地表现在塑造出了成群的性格鲜明而又富有社会内蕴的人物形象。小说中出现的有姓名的人物多达四百八十多人，给读者留下深刻印象的至少也有数十人。"对于该书其他方面的成就，相关的研究可谓汗牛充栋，在此无法一一详述。因为其影响巨大，故而后世产生了许多的续作，比如逍遥子的《后红楼梦》、秦子忱的《续红楼梦》、陈少海的《红楼复梦》、海圃主人的《续红楼梦》、归锄子的《红楼梦补》、临鹤山人的《红楼圆梦》等，计有三十多种。

　　《红楼梦》虽然这么伟大，但是作者曹雪芹的生平事迹，后人却知之甚少，关于他个人的经历，有着各式各样的解读，而对他是否曾经在北京生活过，也有着不同的说法，我在此引用袁行霈主编的《中国文学史》中的说法如下："曹雪芹生长在南京，少年时代曾经历过一段富贵繁华的贵族生活。在他十三四岁时，随着全家迁回北京。回京后，他曾在一所皇族学堂'右翼宗学'里当过掌管文墨的杂差，境遇潦倒，生活艰难。晚年移居北京西郊，生活更加穷苦。"由此可知，曹雪芹晚年生活于北京的西郊，而其具体地点就是在香山脚下的北京植物园内。

　　北京市植物园在西北五环外三公里处，离香山很近，门票五元，从东南门进入，沿东线上山路前行约四百米处在路边即看到黄叶村曹雪芹纪念馆，此即是曹雪芹写《红楼梦》的地方，现整个村庄已迁移出植物园，这里仅剩曹雪芹纪念馆。院门口是用木材和蒲草搭成的柴扉，上挂启功的方匾："黄叶村"。正前方是一不规则的新立巨石，上面刻着"曹雪芹纪念馆"，巨石之后有曹雪芹站立石雕像，这个雕像看上去风骨俨然，然而关于曹雪芹形象的历史唯一记载，却把他描绘成一个又黑又壮的胖子，真不知道他到底长得是怎样一个面

□ 纪念馆入口

□ 解味书屋前的曹雪芹塑像

目。总之，这里塑造的曹雪芹雕像是凝神细思，做构思书稿状的。

再往后是一进院落，院门口仍然是启功所书"曹雪芹纪念馆"，旁边还挂着市级非物质遗产保护牌，院内左侧是一溜长长的二十几间仿古建筑，式样不太像民居，右侧一明两暗的房间，入口处牌匾写着"解味书屋"，以前没有听说过曹雪芹有这样一个堂号，而该匾的书写者是红学专家周汝昌先生，我想周先生应当根据的是那首自题——"谁解其中味"而起出的一个堂号吧？书屋前的空地上也有一丛绿竹，绿竹前有一塑像，看样子像是曹雪芹在品茶。

从纪念馆的北门穿出，后面一处铁栏杆内圈着十几块大小不一的石碑，旁边的说明牌上写着"纪念馆碑林"。碑林共立碑刻十四通，系从香山地区的山坡、废寺等地收集而来。其中"和硕礼亲王代善碑"、

□ 纪念馆碑林

□ 古井的式样有些特别　　　　□ 石上松

"青崖和尚法脉源流碑"、"西城兵马司勒石碑"、"重修天仙庙篆文纪序"、"玉皇顶碑记"、"金山田地碑记"、"进献圣会碑"、"金顶施茶碑记"等，对研究清代香山地区八旗驻军的布防、西山一代宗教的沿革和《红楼梦》的创作环境等，都有重要的参考价值。

碑林的旁边还有一口古井，井的两旁用石块垒起两个支柱，中间再架上横梁，初不明何意，后看到横梁上有绳子滑动勒出的凹痕，才明白这个支架的作用：是汲水时用绳子穿过横梁向下拉，而不是像平常所见的双手向上拉绳子将水桶拎上来，这种打水的办法倒是很巧妙。井上还套着石质的井圈，向下望去井圈上压着半块石板，看不清里面是否还有水。古井旁也立着说明牌，上面写着："此古井是黄叶村（正白旗）遗存下来的唯一水井，至今已有三百多年的历史。井深约二十米，是当年此地居民的日常生活用井。据说，当年曹雪芹在正白旗居住时的饮用水便是取自此井。"我觉得这个说明牌写得最精彩的是"据说"二字,在黄叶村内所见的四五块说明牌,大多都有此二字,此二字巧妙的地方在于避免了考据癖的争论,看来今后在寻访中若有不能确定的问题时,也应当仿效此法。

沿黄叶村继续向山上走,约四百米左右,天气太热,不仅衬衣湿透,裤子也贴在了腿上,然路边仍有几十位园林工人在一片树荫下种万年青,这种完全不见阳光的地方来搞种植怎么可能活得好,当然这可能也是我的杞人忧天。还有几位工人在山坡上用便携式割草机把另一面山坡上的草剪平,长年以来我对割草的这种行为都特别不能理解,欣欣绿草长得错落有致,多么的自然,为什么非要把它们剃成千篇一律的"板儿寸",尤其不能容忍的还是在植物园中。

此次的寻访做得不彻底,因为植物园内的面积太大了,我无法踏遍青山。回来后查资料方得知,植物园北端的樱桃沟还有不少跟《红楼梦》有关的遗迹,于是就在这年的冬天,我又再次来到了植物园。

冬天的这程寻访主要是为了寻找孙承泽的藏书之处,此寻访过

□ 元宝石

程已经写入了《书楼觅踪》一书，在此不再赘述。等到找到了孙承泽藏书故址之后，我前往樱桃沟，去寻找《红楼梦》遗迹。沿着樱桃沟沟底一路上行，在沟里看到了多处跟曹雪芹有关的遗址，其中有"石上松"，是一棵树龄六百多年的松树，长在了一块巨石之上，旁边的说明牌上写着"相传曹雪芹受此景启发，故而创作了《红楼梦》中木石前盟的故事"。还有一块"元宝石"，也说是曹雪芹受到此石启发，"在《红楼梦》第一回中写道：'形体倒也是个灵物了，只是没有实在好处。'由此给书中主人公起名'贾（假）宝玉'"。

李伯元：拉了翰林就有官做，做了官就有钱赚

李伯元是《官场现形记》的作者，关于该书的价值，除了鲁迅称其为"晚清四大谴责小说"，阿英所撰的《晚清小说史》第二章也有着这样的评价："在文学史或小说史里，论到晚清的小说，经常举李伯元《官场现形记》、吴趼人《二十年目睹之怪现状》、刘铁云《老残游记》、曾孟朴《孽海花》……然以这几部为代表的原因，固然是由于各书在艺术上的成功，更主要的，还是全面地反映了晚清的社会。"

为什么在晚清会产生一系列这种题材的小说，对此鲁迅在《中国小说史略》第二十八篇中有着如下的分析："光绪庚子（1900）后，谴责小说之出特盛。盖嘉庆以来，虽屡平内乱（白莲教，太平天国，捻，回），亦屡挫于外敌（英，法，日本），细民暗昧，尚啜茗听平逆武功，有识者则已幡然思改革，凭敌忾之心，呼维新与爱国，而于'富强'尤致意焉。戊戌变政既不成，越二年即庚子岁而有义和团之变，群乃知政府不足与图治，顿有掊击之意矣。其在小说，则揭发伏藏，显其弊恶，而于时政，严加纠弹，或更扩充，并及风俗。虽命意在于匡世，似与讽刺小说同伦，而辞气浮露，笔无藏锋，甚且过甚其辞，以合时人嗜好，则其度量技术之相去亦远矣，故别谓之谴责小说。其作者，则南亭亭长与我佛山人名最著。"

鲁迅是从中国历史的角度来作出如此解读，他从清嘉庆年间的

白莲教讲起,而后又提到了太平天国、捻军等战乱,同时也强调英、法、日等国对中国的侵略,面对社会的这种乱相,很多有识之士都呼吁改革,这才发生了清末的戊戌变法,可惜这场变革以失败告终,而后又发生了义和团之乱,这一切都让社会上的有识之士感到失望,于是有人通过写小说来揭露社会的弊端,这也就是谴责小说的由来。

但鲁迅同时也指出这种写法太过于直露,究其原因,只是作者为了迎合当时人们痛恨时局的口味,所以就小说的格局与技法而言,显然这是一种不足,也正因为如此,鲁迅将这些小说归为一类,将其称为"谴责小说",而后他提到写谴责小说最有名的两位作者是李伯元和吴研人。

关于李伯元为何写《官场现形记》这部书,各种资料都有着大同小异的记载,比如吴沃尧在《李伯元传》中称:"武进李征君,讳宝嘉,字伯元,一称南亭亭长。夙抱大志,俯仰不凡,怀匡救之才,而耻于趋附,故当世无知者,遂以痛哭流涕之笔,写嬉笑怒骂之文,创为《游戏报》,为我国报界辟一别裁,踵起而效颦者,无虑十数家,均望尘不及也,君笑曰:一何步趋而不知变哉!又别为一格,创《繁华报》。"

由这段话可知,伯元是他的字,其本名为李宝嘉,号南亭亭长,从小就气度不凡,很想在乱世中有所作为,可惜的是,他不会趋炎附势,以至于得不到社会上的认可,于是他前往上海创造了《游戏报》,因为此报办得很成功,很多人学着他办起了同类的报纸,但根本比不过《游戏报》,虽然如此,但李伯元不愿意跟那些人搞恶性竞争,于是就另外创办了一份《繁华报》,此后李伯元"自是肆力于小说,而以开智讽谏为宗旨。忧夫妇孺之梦梦不知时事也,撰为《庚子国变弹词》,恶夫仕途之鬼蜮百出也,撰为《官场现形记》,慨夫社会之同流合污不知进化也,撰为《中国现在记》及《文明小史》《活地狱》等书，每一脱稿，莫不受世人之欢迎，坊贾甚有以他人所撰之小说，假君名以出版者，其见重于社会可想矣。"

显然，他写小说的目的，主要是想让老百姓能够了解当时的政局，而他的《官场现形记》就是想让世人了解官场之中是何等的黑暗。他撰写的一系列著作都特别畅销，以至于有出版商假冒他的名字来出版别人的作品。

与吴沃尧同样说法者还有周桂笙，其在《新庵笔记》中讲到了李伯元，该文的前几句是："昔南亭亭长李伯元君，创《游戏报》，一时靡然从风，效颦者踵相接也。南亭乃喟然曰：'何善步趋而不知变哉？'遂设《繁华报》，别树一帜。一纸风行，千言日试，虽滑稽玩世之文，而识者咸推重之。"但是也有人说，李伯元停办《游戏报》有着另外的原因，张乙庐在《天涯芳草馆笔记》中说："上海小报，创于常州李伯元氏之《游戏报》。其体裁略如旧式大报，销路甚广。后《寓言》《采风》等报继起，《寓言》主笔为番禺李芋仙，其友高太痴、金免痴诸先辈，皆有著作，名骎骎驾于《游戏》。氏惧，复创立《繁华报》，体裁仿《中外日报》。"

张乙庐说，李伯元的《游戏报》是上海小报的首份，当年特别畅销，为此有很多人效仿，也办起了其他的小报，其中一份名为《寓言》的小报因为是由名家撰写，故其影响力有超过《游戏报》的趋势，这让李伯元担心起来，于是他就转而创办了《繁华报》。

且不管这两种说法哪种更为正确，但至少说明李伯元有着中国小报鼻祖的地位。孙玉声在《退醒庐笔记》中就给出了这样的评价："南亭亭长李伯元，毗陵人，小报界之鼻祖也。为文典赡风华，得'隽'字诀。而最工游戏笔墨，如滑稽谈、打油诗之类，则得'松'字诀。又擅小说，形容一人一事，深入而能显出，罔不淋漓尽致，是又得'刻'字诀者。当其橐笔游沪时，沪上报馆，只《申报》《新闻报》《字林沪报》等，寥寥三四家。李乃独辟蹊径，创《游戏报》于大新街之惠秀里。风气所趋，各小报纷纷蔚起，李显而乐之。又设《繁华报》，作《官场现形记》说部，刊诸报端，购阅者踵相接，是为小报界极盛时代。"

孙玉声说，李伯元的文笔极好，他能写出很多轻松的文字来，除此之外，李伯元在写小说方面，也很有特色，而当时的上海仅有三四家大报，这让李伯元看到了商机，于是创造了《游戏报》，后来他创作了《官场现形记》，开始连载在《繁华报》上。

李伯元是怎么想起来要写《官场现形记》的呢？鲁迅有着这样一个说法："时正庚子，政令倒行，海内失望，多欲索祸患之由，责其罪人以自快，宝嘉亦应商人之托，撰《官场现形记》，拟为十编，编十二回，自光绪二十七至二十九年中成三编，后二年又成二编，三十二年三月以瘵卒，年四十（一八六七——一九〇六），书遂不完。"（《中国小说史略》）鲁迅仍然强调庚子事变是一种倒行逆施的行为，这个结果让海内有识之士感到失望，故很多人在思索，国家为什么如此的贫弱，所以他们都想读与之相关的著作，来了解真情，看来这种社会需求被某位商人看到了商机，于是他们就请李伯元写出了这部书。

鲁迅何以知道李伯元是因为某位商人之请而撰写者，他在文中没有说明，但鲁迅却讲出了该书的原本体例，其称这部书没有作完，李伯元就在四十岁的时候去世了。鲁迅的这番话留下了一个悬念，因为我们今天看到的《官场现形记》是一部完整的书，既然李伯元没有写完，那后半部分定然是他人所续写者，这个人会是谁呢？胡适在给《官场现形记》所写的序言中也没有给出答案。"他是一个多才艺的人。他的诗词小品散见当时的各小报；他又会刻图章，有《芋香印谱》行世。他作长篇小说似乎多在光绪庚子拳祸以后。《官场现形记》是他的最长之作，起于光绪辛丑至癸卯年，成前三编，每编十二回。后二年又成一编。次年（1906）他就死了。此书的第五编也许是别人续到第六十回勉强结束的。"

胡适夸赞李伯元多才多艺，除了写小说，诗词小品也不时出现在其他的报刊上，他还会篆刻，且有印谱存于世。胡适认为李伯元的长篇小说大多是写在拳祸之后，《官场现形记》是李伯元最大的作品，但胡适也称，此书还未写完的时候，李伯元就去世了，所以他认为该书的第五编有可能是别人续写的，但胡适只是用了猜测的口吻，他不能确定第五编确实不是出自李伯元之手，更不能确认这个续写者是何人。

但是有一位时人却大胆点出了《官场现形记》的续写人，他甚至说，这部名著恐怕整本都是代笔，这位时人就是包笑天。他在《钏影楼笔记》中有一节专门谈到了李伯元："谈晚清小说家，人家每举出了四个人，就是李伯元、吴趼人、刘铁云、曾孟朴四位。这四人中，除了刘铁云我不认识外，其他三人，我都认识。但四人之中，我只佩服铁云与孟朴，其次是趼人，最下是伯元了。这或者是我的偏见吧。"包在这里举出了晚清四大谴责小说的作者名称，他说这四位中，除了刘铁云，另外他都认识，然而这四个人，他只佩服刘铁云和曾朴，接下来是吴研人，而排在最后一位的，就是李伯元了。

为什么会是这样呢？包笑天用缓和的语气说，这可能是自己的偏见，为什么会有这种偏见，包首先从自己的朋友欧阳钜源说起："欧阳和我是在苏州小考时所认得，这人早慧，十六岁时，文章词赋，典赡富华，而且下笔极快。我怕考书院，他一人可以做四五本卷子。后来忽然到上海，依附于李伯元的小报馆里，日事冶游，一个大好青年，生生断送在脂粉队里（患花柳而死），死时尚未满二十五岁。"

包笑天称，他在苏州考试时认识了欧阳，两人成为了朋友，所以他对欧阳很了解。包称欧阳特别聪明，十六岁的时候就能写各种文章，不仅下笔快，而且写得很漂亮。后来欧阳来到了上海，就到李伯元所办的报馆内打工，但是没事的时候，就去逛妓院，以至于染上了性病，不到二十五岁就死了。接下来，包笑天又写道："后来钜源告诉我，他的《游戏报》完全交给了钜源，自己完全不动笔，即小说亦由钜源代作，伯元一天到晚，就是应酬交际，作花界提调而已。"

包称欧阳告诉他，《游戏报》全部都是由欧阳来撰写，李伯元根本不动笔，而同时，署李伯元名称的小说，也是由欧阳代笔者，作为老板的李伯元每天的任务就是出去交朋友搞女人。接下来包又称："据欧阳钜源说，伯元的许多小说，都是由他代做，但用伯元的名。不过《官场现形记》是否也有他的笔墨，却不曾问他。（我想伯元熟于官场事，必由他自写。）若《文明小史》等，则我曾见过原稿，确有钜源的笔墨在内咧。"

包笑天在这里依然是转述欧阳钜源的说法，他强调李伯元的很多小说都是欧阳所代笔者，虽然如此，包笑天倒也说了句客观的话，他说《官场现形记》是否也是欧阳代笔者，他没有听闻到。而后包猜测说，因为李伯元熟悉官场上的事，所以这部书应该是李伯元亲笔撰写者，除此之外，他就不能确认了。同时包也强调，他曾经看到过一些署名李伯元的文稿，而上面的笔迹出自欧阳钜源。

关于李伯元喜欢搞女人这件事，这的确是事实。晚清著名词人文廷式写过一首《念奴娇》："江湖岁晚，正少陵忧思，两鬓斑白。谁向水晶帘子下，买笑千金轻掷。凄诉鹍弦，豪斟玉斝，黛掩伤心色。更持红烛，赏花聊永今夕。　　闻说太液波翻，旧时驰道，一片青青麦。翠羽明珰漂泊尽，何况落红狼藉。传写师师，诗题好好，付与情人惜。老夫无语，卧看月下寒碧。"这首词当然作得很美，但仅从词意上难以确认跟李伯元有什么关系，然把该词的小序录下来，就能看明白了："乱后京津乐籍大半南渡，李伯元茂才于酒肆广征四十余人，为评骘残花之举。（此会当时海上名流与会者数十人，乐籍中则以林黛玉为魁首。）为赋此词。"

八国联军入京之后，北方地区大乱，而天津、北京地区受害最深，这两地的妓女为了躲避战乱都逃到了南方，李伯元就从中选出来了四十余人，对这些妓女进行评选，其中的选美冠军被称之为"林黛玉"，李的这个做法让文廷式很感慨，于是就写了这首词。

除此之外，郑逸梅在《南亭亭长之与安垲第》中也有着详细的描述。郑在该文的起头部分首先夸赞了李伯元的文笔是何等之好，而为人又是何等的风流："海上文人，荟兮蔚兮。我辈操觚为活者，当推我佛山人以及南亭亭长等为先进。亭长李伯元风流自喜，颇以东山丝竹、南部烟花为乐。文字渊茂古丽，读之如湌苓漱薇，芬留三日。"

接下来郑逸梅讲到了这样一个故事："静安寺路有味莼园者，以明旷开豁胜，水木之间，构屋数楹，榜之曰安垲第，长夏市茶，卢仝陆羽辈麕集焉。伯元亦常据座品荈，几于无日不至。园主张某，素慕伯元为士林闻人，来辄敬礼之，并嘱役者弗取茶资。伯元与诸文友挥麈清淡，兴致飙发，茶客因是无不知伯元其人，有执贽而称弟子，卒累至十余人之多。伯元遂有'借得味莼园一角，居然桃李作门墙'之句，盖纪实也。"原来在静安寺附近有这样一个美妙之处，后来这个茶馆内称李伯元为师者有十几位之多，而这些朋友当中，居然还有一位僧人，"伯元一日戏与某互易服御，徜徉于市，既而同上酒家楼买醉，醺然挟某入娼门，某不从，伯元固强之，途人见之笑，某大窘，乃托故遁去。而伯元竟黄冠狎妓，其狂放有非斗方名士所得而及也。"

某天，李伯元跟这位僧人互换了衣服，之后他去喝酒，喝醉之后就穿着僧人的衣服进了妓院。由此可知，李伯元喜欢逛妓院是确有其事。但是，由此推论他自己不写稿而让欧阳钜源代笔，似乎这个因果关系也不是太紧密。既然有人认为李伯元的作品大多是由欧阳代笔者，那必有他因所在。这个原因似乎跟《官场现形记》的序言也有一定的关系。

《官场现形记》书前之序写得很不错。比如起首一句："官之位高矣，官之名贵矣，官之权大矣，官之威重矣，五尺童子皆能知之。"这句话可谓直接点题。接下来序中又考证了捐赀买官之例古已有之，"限赀之例，始于汉代，定以十算，乃得为吏，开捐纳之先路，导输助之滥觞；所谓'衣食足而知荣辱'者，直是欺人之谈；归罪孝成，无逃天地。夫赈饥出粟，犹是游侠之风；助边输财，不遗忠爱之末。乃至行博弈之道，掷为孤注；操贩鬻之行，居为奇货；其情可想，其理可推矣。"此文中提到了买官卖官是怎样的一种流行风气，而后文中接着写到了当时的情形："沿至于今，变本加厉；凶年，饥馑，旱干，水溢，皆得援输助之例，邀奖励之恩；而所谓官者，乃日出而未有穷期，不至充塞宇宙不止！朝廷颁淘汰之法，定澄叙之方；天子寄其耳目于督抚，督抚寄其耳目于司道，上下蒙蔽，一如故旧。尤其甚者，假手宵小，授意私人；因苞苴而通融，缘贿赂而解释。是欲除弊而转滋之弊，乌乎可？"

这段话点出了社会卖官所产生的流弊，而后该文层层铺垫，之后得出了这样的断语："天下可恶者莫若盗贼，然盗贼处暂而官处常；天下可恨者莫若仇雠，然仇雠在明而官在暗。吾不知设官分职之始，亦尝计及乎此耶？抑官之性有异于人之性，故有以致于此耶？国衰而官强，国贫而官富，孝悌忠信之旧，败于官之身，礼义廉耻之遗，坏于官之手。而官之所以为人诟病，为人轻亵者，盖非一朝一夕之故，其所由来者渐矣。"

这几句话写得十分解气，而该序的落款则为"光绪癸卯中秋后五日茂苑惜秋生"，显然这是个化名，但此人是谁呢？胡适在后来给《官场现形记》所写的序言中有着这样的猜测："这书有光绪癸卯茂苑惜秋生的序，痛论官的制度；这篇序大概是李宝嘉自己作的。"看来胡适认为，茂苑惜秋生就是李伯元，但又不能肯定，为了谨慎起见，他用了"大概"二字。也由于他的这个不肯定，使得阿英想搞明白究竟是谁？于是他就写了篇《惜秋生非李伯元化名考》，阿英在此文的首段也作了这样的回顾："李伯元的《官场现形记》和《海天鸿雪记》两书，前面都有茂苑惜秋生的序。这惜秋生是谁呢？胡适《官场现形记》序，说大概是李宝嘉自己。鲁迅先生《中国小说史略》第二十八篇沿胡说也认作是李伯元自己。实际上，茂苑惜秋生是另有其人。"

那么阿英认为这个化名的本尊是谁呢？他在文中列举了不少的线索，最终的结论就是欧阳钜源。那欧阳的续写是否达到了李伯元的水准呢？阿英认为："不过茂苑惜秋生并不大会写小说，从他的一些续稿里，充分的能以看到。李伯元已经是从'讽刺'到'谴责'，惜秋生却从'谴责'走到'痛骂'。他'谑化'自己所痛恶人物的程度，比李伯元更甚。他不大会作大段描写，情感的表现过为率真。"看来，没有相关经历的人，就不可能把小说写得那么逼真。而这也恰恰证明，署名李伯元的一些著作，确实是他自己所写。

从其他的史料看，欧阳钜源并不像包笑天所形容得那样好，尤其包称李伯元整天去逛妓院，把写作的活都交给欧阳操刀。比如有位化名为"雾里看花客"的人写了篇《林黛玉》，该文中称："名士名妓相为点缀标榜，名士得名妓而名益大，名妓得名士而名益姚。林黛玉，名妓也；惜洋场十里中，只有斗方名士耳。二十年前盛行小报纸，常州李伯元首创《游戏报》，其中襄办笔墨者，为茂苑惜秋生。惜秋生姓欧阳，名淦，字钜元。黛玉获金刚大名后，一班洋场才子多以歪诗瞎词投赠。……惜秋生赠黛玉诗有'如此风流如此貌，谁人有福享温柔'之句，绝似马如飞开篇，此其所以为洋场才子斗方名士也。然今日之洋场才子斗方名士欲求一如欧阳钜元而不叵行，每况愈下，恐惜秋生在地下笑也。（欧阳钜元于光绪三十三年冬暮，客死于沪上小客栈。）惜秋生与黛玉有巫山之谊，既沾黛玉之身，又取黛玉之钱，终且欲败黛玉之名，文人无行，宜其死无人怜也。"

由这段话可知，欧阳确实不像包笑天说得那么无辜，他也跟名妓林黛玉有着密切交往。但文中也称，欧阳很有才气，以至于名妓林黛玉不但与他有肌肤之亲，同时还供他钱花，可惜的是，后来欧阳死在了一个小客栈里。其实不仅如此，欧阳在其他方面的人品也有问题，因为李伯元比他先去世，而后欧阳却另有所图，李锡奇在《李伯元生平事迹大略》中有详细记载，我录其中一小段如下："不意伯元所聘报馆助手欧阳钜元，恃其在馆有年，熟悉内外情形，竟意图把持侵占，以为外人无从接洽。伯元太夫人侦知情况，急驰书回里，召族人前往料理。适族兄宝淦及余之长兄俊贤均因事回乡，闻讯急会同前往，然于上海人事并不熟悉。"原来，李伯元死后，欧阳钜源想霸占出版社，因为他知道李伯元没有子女，但李家还是来了人，而后找到了朋友，经过一系列的运作，终于没能让欧阳的目的得逞。看来了解一个人是何等之难。

李伯元的《官场现形记》写到了太多当时的政局和名人，他当然也会担忧招来麻烦，于是在文中给很多名人起了化名，比如翁同龢叫周中堂，容禄叫华中堂，李莲英叫黑大叔等等，诸如此类。但一些小人物，他则用谐音来给他们起名，比如区奉人就暗喻趋炎奉承之人，贾悠芝就是假孝子的谐音，时悠仁就是实小人的意思，施步彤则谐实不通等等。而文中也有很多段落借人物之口来讽刺社会上的一些丑恶现象，比如第一回中有一段是劝人努力读书：

> 老三道："中了举人有甚么好处呢？"王仁道："中举之后，一路上去，中进士，拉翰林，好处多着哩！"老三道："到底有什么好处？"王仁道："拉了翰林就有官做，做了官就有钱赚，还要坐堂打人，出起门来，开锣喝道。阿啐啐，这些好处，不念书，不中举，那里来呢？"老三孩子虽小，听到"做了官就有钱赚"一名话，口虽不言，心内也有几分活动了，闷了半天不作声。又停了一会子，忽然问道："师傅，你也是举人，为甚么不去中进士做官呢？"

这段话不用解读，就能看出考试的目的直奔主题，学习是为了做官，做官是为了赚钱，除此之外，当了官还能坐在堂上打人，出门特别威风，想一想，这是怎样的世道。

而本书的第十三回，则是写一位统领在船上颐指气使，大骂他人，并且号称自己是替皇上来打土匪的：

> 统领道："放你妈的狗臭大驴屁！我不叫你，你就不该应进来伺候吗？好个大胆的王八蛋，你仗着谁的势，敢同我来斗嘴？我晓得你们这些没良心的混账王八羔子，我好意带了你们出来，就要作怪，背了我好去吃酒作乐，嫖女人，唱曲子。那桩事情能瞒得过我？你们当我老爷糊涂。老爷并不糊涂，也没有睡觉，我样样事情都知道，还来蒙我呢。无此番出来，是替皇上家打土匪的，并不是出来玩的。你们不要发昏！"

该书在写作方法上，也有其特别之处，因为书中的故事大多是单独完整成篇者，但相互之间又能联系在一起，这样的写法，袁行霈主编的《中国文学史》给出了这样的评价："虽不免于松散枝蔓，然亦适应敏锐地反映广阔的社会人生的需要。白描传神，是其所长。如胡统领严州剿匪数回，布局精巧，错落有致，人物映带成趣。"然该书中也称："《官场现形记》艺术上的缺陷是冗长，拖沓，人物情节间有雷同。"对这些毛病，鲁迅在《中国小说史略》中说得更为明白："凡所叙述，皆迎合，钻营，蒙混，罗掘，倾轧等故事，兼及士人之热心于作吏，及官吏闺中之隐情。头绪既繁，脚色复伙，其记事遂率与一人俱起，亦即与其人俱讫，若断若续，与《儒林外史》略同。然臆说颇多，难云实录，无自序所谓'含蓄蕴酿'之实，殊不足望文木老人后尘。况所搜罗，又仅'话柄'，联缀此等，以成类书；官场伎俩，本小异大同，汇为长编，即千篇一律。特缘时势要求，得此为快，故《官场现形记》乃骤享大名；而袭用'现形'名目，描写他事，如商界学界女界者亦接踵也。"

　　《官场现形记》在结构上的毛病，胡适在序言中也有着以下的看法："这

□ 整个青果巷成了文保区

部书确是联缀许多'话柄'做成的，既没有结构，又没有剪裁，是第一短处。作者自己很少官场的经验，所记大官的秽史多是间接听得来的'话柄'；有时作者还肯加上一点组织点缀的功夫，有时连这一点最低限度的技术都免去了，便成了随笔记账。"但即便如此，《官场现形记》仍不失为特殊时代的一部著名作品。

李伯元故居位于江苏省常州市青果巷259号。青果巷早年应该是书香荟萃之地，数个故居遗址皆在青果巷，当地于巷口立有"青果巷"文物保护牌，为常州市历史文化保护区，看样子整条巷子都在保护范围内，事实上的确在巷内每隔几米就看见墙上钉着"保护历史建筑"的牌子，看趋势有可能被打造成很多城市都有的旅游老街或者步行街。

因为是从中间进入，故最先找到的是李伯元故居，以我的想象，凭李伯元在晚清民国间的名声，他的故居应当有一定的规模，然而当我找到青果巷256号的门洞时，仅看到了很小的一块牌子。我不能确定这里的哪一间才是李伯元故居的范围，正巧在这个门牌号旁边，有一位妇女正在择菜，我向她询问李伯元故居指的是其中的哪几间，此女倒是很爽快，她随手向前一指，同时跟我说："这里面就是，有什么好看的，什么都没有。"

我顺着她的手看过去，原来她指的是两栋住宅之间

□ 历史与现代

□ 终于找对了地方

□ 要从这条窄巷穿进来　　　　　　　□ 当年的柱础和立柱

的夹墙，夹墙下的小路可谓狭窄，迎面遇到人都难错身。当年李伯元在上海也算是花天酒地，他在故乡的旧居是不是高门大户，我当然不能确定，但有一点，我倒是敢保证：他绝不会住在这么窄的小巷内。但那位择菜女士以肯定的手势指着这里，应该是不会错。我只能猜测，这个夹墙是后来形成者，即便是当年所有，恐怕也是李伯元故居的某个偏房。

既然如此，那我还是要进内一看。穿过后里面又是一个小天井，堆着一些杂物及空调外机等，从门牌的分号看，这小小的空间里似乎又分住着几家，虽然有几家开着门，但我不好意思走进里面，只能站在院子中拍几张照片，这小小的院落从建筑的砖色来看，房屋应是不同时期建造而成者，能够看出建造的随意性，这应当就是那位择菜女所言的"没有什么好看的"吧。

但细看上去，还是能够感到有些建筑是当年的旧物，尤其院中有几根木制的立柱，虽然石质柱础并不气派，但能够看出这是当年遗留下来者。从院中的整体风貌来看，这里只是李伯元故居的某个偏院，因为我从哪个方向看过去，都未能找到正堂。

拍照完毕，我走出小天井，那位择菜女的

院内的情形

旁边多了一位与她闲聊的妇女，显然这位择菜女跟此人说了我来寻找李伯元故居的事情，她看我出来后，马上笑着跟我说："是没什么吧？当年这一大片都是她们家的。"我马上意识到，那位择菜女恐怕跟李伯元有一定的关系，于是我向她问道："您是李伯元的后人吗？"择菜女还没有回答，她的街坊便说道："还是正版的呢。"

这段话让我略有疑虑，从查得的史料得知，李伯元没有子女，所以才有了欧阳钜源欲霸占财产的事情，而今我却在他的故居遇到了"正版"的李伯元后人，这会是怎样的一种关系呢？于是马上有了胡乱的推论：这是不是李伯元当年跟其他女子所生的后人？但我知道如果以此话来向妇女请教，必然遭到唾骂。于是我婉转地问此女，她是李伯元怎样的后人，可能是因为我问得太过婉转了，得到的答案是该女为李伯元的第四代后人。但怎样的第四代呢？到这个关键时刻，我发现了自己语言上的贫乏，因为我实在找不到更婉转的措词，来问明白这中间的关系了。转念思之，这样也好：李伯元那么多的情形，都是经过后人考证才一一揭示出来者，而今这位后人究竟跟李伯元是怎样的关系，也完全可以作为疑问，让专家们继续考证下去吧。

曾朴：你自伴侬侬伴你，悠悠。倒无离恨挂心头

鲁迅在《中国小说史略》中首先提出"晚清四大谴责小说"，其中的一部就是曾朴的《孽海花》。

曾朴出生于书香门第之家，其追溯的始迁祖乃是南宋的曾怀，而曾怀的祖父曾孝宽，乃在北宋任右丞相，曾怀的曾祖父曾公亮，也曾任参知政事，为北宋著名的人物，曾做到右丞相兼枢密使。到了南宋时期，曾怀将其家迁到了常熟，因此海虞曾氏就视曾怀为始迁祖。

□ 曾朴少年像。摘自沈潜、肖逸然所著《曾朴》一书

此后曾家也代有人出，到了曾朴父亲曾之撰这一代，其家在社会上依然有着广泛的影响力，曾之撰与萍乡文廷式、南通张謇、福山王懿荣并称为"四大公车"。曾朴出生在这样的家庭，故而从小就受到了良好的培训与教育，原本他应当走由科举而至仕途之路，但因为诸多的原因，使这位曾朴既对此做过努力，也对此没有太大的兴趣，而最终他把自己的感情与才气都用在了创作小说方面。

曾朴为何有这样的爱好？这跟他年轻时的经历有较大关系。在他十五岁时就已经跟一位远房的丁家二表姐谈恋爱，二人的恋爱谈得倒也是诗情画意，但不知为什么，二人却始终没有肉体上的接触。对于这段经历，曾朴都写入他的《病夫日记》中，这本日记现藏于美国普林斯顿大学，我的摘引均出自于沈潜、肖逸然合著的《曾朴》一书。《病夫日记》在1928年5月25日这一天，曾朴回忆了他年轻时跟丁家二表姐谈恋爱的情形："我幼年时，感情极丰富，性欲也极强烈，我和T的恋爱，只为尊重她，始终保守着纯洁，没有犯她的童贞，这是真的，但我的受苦是大了。记得每早晚相会后，经过一番偎依缠绵的亲昵，没有不弄到神智迷离的程度。"

曾朴在这里用T来代表这位二表姐，他说自己是出于尊重，才没有碰T，但二人在一起时的缠绵悱恻，让曾朴觉得很受折磨，于是他在日记中继续写到："像我那时情欲正盛的时候，受了这种刺激，全身如火一般燃烧，如何过得去呢？在先只好学着《西厢记》上指头儿告了消乏的法子，发泄一下。心里终究不满足。慢慢儿，就会真的试验了。第一个，是年轻的仆妇，相貌并不好，是胖胖的圆脸，两颊常是绯红，像两颗桃子一般。年纪约十九岁。——我那时只有十六岁，我略略地引诱一两次，竟把她弄得狂了，竟色胆如天地早上到了我床上，这是我第一次性试验。不多几日，被母亲觉察，把她轰走了。第二回是个邻女，姿色比较的好，却是她来诱惑我的，我也就来者不拒了。"

看来，曾朴最初是用自慰的方式进行自我解决。但这样做让他难以得到满足，于是他就开始跟仆人做，再后来，他又跟邻家女做。他的这些行为被T知道后，吵了几架，但还是能够得到体谅。而曾朴对这段经历的总结则为："然习惯却养成了，我一生的浪漫行为，未始不伏根于此。"

由此可知，他的浪漫气质有着天性的一面，同时也跟他的这些经历有着较大的关联，这也就是他有着写小说潜质的主要原因吧。然而，他的这些行为还是无法让表姐忍受，二人最终分手了。

再后来，曾朴娶了汪鸣銮的女儿汪珊圆。汪鸣銮也是晚清帝党人物，因为他协助光绪帝筹谋新政，而后被后党人物弹劾革职。汪鸣銮回到苏州后，将其主要精力用在了藏书方面，而汪珊圆出生在这样的家庭，自然也是位知书达理的女性，可惜的是，二人婚后不久，汪珊圆因为生女儿而得病，最终身亡，年仅二十二岁，而那个女婴也在一个多月后夭折了。

这件事对曾朴打击很大，他写了首《南乡子》来怀念前妻：

> 昙影忒温柔，拼要从今不注眸。魂会追寻心会记，难丢。红绕冰绡冻不流。
> 谁道此生休？也倚银灯伴我愁。你自伴侬侬伴你，悠悠。倒无离恨挂心头。

即使如此，曾朴还是不能疏解自己沉痛的心情，于是他就以自己跟汪珊圆之间的故事，写出了一部名为《雪昙梦》的传奇。这部传奇的男女主角分别是甄逎生和王镂冰，这两位是夫妇，曾朴在该传奇中把这对夫妇说成本就是天上的仙人，甄逎生的前世是林逎，他因为在仙界得罪了其他的神仙而被贬到了凡间，而女主角王镂冰是因产子早逝，这两位男女主角经历各种磨难，最终得到了仙界的成全，他们最终魂归天国，团聚在一起。显然，曾朴想借此剧达到心灵上的圆满。而该剧第一回，就是一首《蝶恋花》：

> 没个商量花落去，要借神仙略略消愁绪；漾出孤山春一缕，翻新排起鸳鸯簿。华鬘倘许双双住，雏凤离鸾，总算虚无语；

人世难圆天上补，蟠桃红照相思树。

在科举考试方面，曾朴的运气不算好，他在中举后，前往北京参加进士考试，原本这场科考的主考官是汪鸣銮，但汪是曾朴的岳父，为此他特意请假回避，故而这场考试改由户部尚书翁同龢任主考。翁当然愿意录取曾朴，他们本就是同乡，同时还有很多错综复杂的关系。故在考试之后，翁同龢仔细体味答卷，他感觉其中一人的口吻，似乎是跟曾朴相像，然而等到拆封时却是另外一个人。其实翁同龢不知道，因为曾朴污损了考卷，已被取消考试资格。

据说在会试考试首场时，不知什么原因，曾朴开始咳血，与他同号棚的考生是一位云南姓何的人，此人颇具同情心，他见此况，给曾朴送了一碗参汤，然而在递汤时，不小心用袖口碰倒了墨汁，使得曾朴的考卷被污。面对此况，何某马上去找房官换卷，当时的房官是礼部郎中李士瓒，然此人却坚持原则，不同意换卷，无奈，曾朴只好离场。

这样的结果，谁也未曾料到，很多人都替曾朴惋惜，然而他自己却不以为然。曾朴写过一部自传体回忆录名叫《象记》，此手稿现也藏在美国普林斯顿东亚大学图书馆内，该记中有这样一段话："那些污卷以后，如李部郎的坚持成案，启秀的到号安慰，那自然是真事。若说什么咯血症咧，云南人何某送参汤咧，袖口带翻墨壶咧，全个儿是屁话，是病夫先生的虚谎，是把来掩饰他一时的任性，无理由的情感冲动！"

曾朴首先承认污卷之事和拒绝换卷的事情都是确有其事，但他却说自己得了咯血症以及云南考生何某给他送参汤等等，这都是瞎编的故事，而这位编造者就是曾朴。看来，以墨汁来污卷是曾朴有意而为之者。他为什么要这样做呢？曾朴在《象记》中仅说自己是一时的任性。那为什么要有这样的任性呢?曾朴在《病夫日记》中又说了这样一段话:"我热心科名,辛卯乡试,在病中拼命去干,终究中了一个举人,为了谁呢?为了要安慰汪珊圆,我贤淑的妻。然后来灰心名场,污卷一次,半途折回一次,到底没有进过会试场,也是为了汪珊圆的死,心灰意懒的缘故。"

看来,曾朴考中举人也是为了安慰其妻汪珊圆。而后来故意污卷不愿考试,也是因为汪珊圆的死,其妻的意外离世让他对功名变得心灰意冷。由此可知,这位曾朴是何等的性情中人。他为了让家人高兴而参加科考,而家人的离世又让他故意退出考场。但他出生在如此显赫的家庭,这样的无所事事,家人当然不同意,于是父亲曾之撰就花了一笔钱给他捐了个内阁中书,让他留在京中任职。

曾朴毕竟是出生在大户人家,故而他的学问底蕴相当的不错,那时金石学盛行,而他交往的朋友中有很多都是著名的藏书家,除了翁同龢及曾的丈人汪鸣銮,曾朴还跟吴大澂、李文田、江标等一系列藏书家有着密切的交往,这些交往当然对他有较大的影响,于是他就在北京的周边开始搜集各种金石拓片,而后他编了一部《京畿金石录》,除此之外,他还写了一部《补后汉书艺文志并考》。曾朴编此书下了较大的功夫,他前后费时六年才将此完成。该书后来他送给了翁同龢,并得到了翁的夸赞。

□ 曾朴像

曾朴在京任职的这个阶段正赶上晚清社会巨变期，清同治元年，在北京成立了同文馆，此馆专门培养外交人才。当时同文馆设立了英、法、俄三个班，而后又陆续增设了德文和日文，以及天文班和数学班等等。同文馆最初的招生对象是八旗子弟，后来范围逐步扩大，曾朴也通过关系进入了同文馆的法文班，而当时英语班人数最多，法文班仅有两人，除了曾朴，另一位就是张鸿。

按照规定，同文馆学习期间，每天要背诵三十三个单词，但可惜馆内少有人认真学习，法文班仅开办了八个月就停办了，但这个爱好却被曾朴保留了下来，每日里通过查字典学习法文，这段经历给他后来办杂志社奠定了基础。

1904年秋，曾朴三十三岁，他来到了上海，而后跟几个朋友合资创办了一家出版社，该社名为"小说林社"，此社的发行所最初就设在上海四马路附近的望平街，此处的大概位置就是今天的福州路和山东中路的交叉口，而那时这一带已经成为了中国印刷业最集中的地方。

此社成立的第二年，曾朴等人扩大股本金，创办了几本杂志，最先是《女子世界》，后来是《理学杂志》，到后来就创办了《小说林》。《小说林》的主编是徐念慈，后来因为徐的去世而停刊。

在这个过程中，曾朴提议编写近代历史小说，当时他跟包笑天和徐念慈商议，由曾朴专写晚清朝中的各种掌故，将其定名为《孽海花》，由徐念慈写东北红胡子以及义勇军的事情，定名为《辽天一劫记》，由包笑天写秋瑾的故事，定名为《碧血幕》，并且约定这三本书虽然各自独立，但却能够成为一个完整的体系。

其实《孽海花》并非曾朴所首创者，其最初的创作人乃是苏州的金松岑，金撰《孽海花》的起因是1903年兴起的拒俄运动。关于这部书的内容，在1904年3月刊出的《爱自由者撰译广告中》有这样一段话："述赛金花一生历史，而内容包含中俄交涉，帕米尔界约事件，俄国虚无党事件，东三省事件，最近上海革命事件，东京义勇队事件，广西事件，日俄交涉事件，以至今俄国复据东三省止，又含无数掌故，学理，轶事，遗闻。"

原来金松岑是想通过赛金花的历史来讲述中俄和日俄之间的故事。在此之前，金松岑以麒麟的笔名在《江苏》第八期上刊出了《孽海花》的第一回和第二回，而后他又写出了第三回到第六回。后来金听到曾朴创办了小说林社，于是他就把《孽海花》前六回寄到了该社。

曾朴看到这前六回后，感觉到题材不错，但他觉得在写法上应当有所变化，于是他就向金松岑提出了改写的意见："借用主人公做全书的线索，尽量容纳三十年来的历史，避去正面，专把些有趣的琐闻逸事，来烘托出大事的背景，格局比较的廓大。"（《修改后要说的几句话》）

金松岑接到曾朴的来信后，不知什么原因，他不愿意修改，于是金就提出要改或要续写他都同意，但他要全权委托曾朴去办理。面对这种情形，曾朴同意改写和续写之事，于是就有了《孽海花》的再创造。曾朴决定将《孽海花》扩展为六十回，同时他对前六回也重新改写，而后他把自己关在屋中，一写就是三个月。在这个时段内，他完成了前二十回的创作。对于他的这份辛苦，沈、肖二先生在《曾朴》一书中引用了包笑天的回忆："孟朴的著书与写小说，全在夜里工作，至少要到半夜，时常至于通宵，因为他是有烟霞癖的，他独自在《小说林》编辑所的楼上，他的家眷都不在此。"

曾朴能够再写《孽海花》，其重要原因就是他在京期间与众多官员的交往，所以他写的《孽海花》有着较高的可信度，因为有很多事都是他的亲历。但问题也恰出在这个方面，因为这些人除了他的上级，就是他的朋友，把这么多人写入小说中，显然涉及到了太多朋友的隐私，于是他就采取了一种化名的办法，比如他在《孽海花》中把翁同龢改名为宫和甫，李慈铭则为李治民，端方为段扈桥，袁世凯为方安堂，李鸿章为威毅伯，康有为则称为唐常肃，张之洞则是张香涛，而梁启超则是梁超如等等。而曾朴给这些人物起名的方式，则大多是用这些人的字号等的谐音，稍微熟悉那段历史的人都能知道曾朴写的实际人物为谁。

他的这个写法遭到了不少人的反对和抗议，比如他后来的岳父沈梅孙，就极力反对曾朴写这部小说，曾朴自称："余作《孽海花》第一册既竟，岳父沈梅孙见之，因内容俱系先辈及友人轶事，恐余开罪亲友，乃藏之不允出版。但余因此乃余心血之结晶，不甘使之埋没，乃乘隙偷出印行。"

沈梅孙看到后，把《孽海花》的原稿藏了起来，阻止曾朴出版。曾没办法，只好让妻子偷偷把稿子窃出，这才使得该稿得以发表。但发表之后，他还是得罪了不少人，比如他在《孽海花》中写到了端方的儿子在日本胡乱花钱，没钱了就向端方索要，端方不给，于是他儿子就在信中说如果再不寄钱，他就要剪掉自己的辫子。儿子的这种威胁让端方无奈，他只好继续汇钱。端方看到这段描述后，把曾朴找来，告诉他不要这样写。此后，他文中提到的陆润庠、叶昌炽等人都对曾朴的写法表示不满。

其实这种情形，曾朴已经考虑到了，所以《孽海花》的发表他用了一个名为"东亚病夫"的笔名，但很快还是有人知道真实的作者就是曾朴。面对各种指责，令曾朴感到特别无奈，他觉得还是应当写历史小说，因为那些人都已故去了，而写当世的小说就会让自己感觉投鼠忌器。社会上的压力对曾朴还是有影响，他原本打算每天写两千字，一个月写六万字，用四个多月时间他就能完成全书，可是写到第三十五回时，他终于停下了笔，因此《孽海花》是一部未能完成的小说。按照惯常的说法，是因为曾朴身体有病而体力不支，但我却觉得这跟他受到社会上方方面面的压力应该有一定的关系。

《孽海花》的男女主人公是状元洪钧和妓女赛金花，由这两个人的爱情故事作主线来展现清末特殊的政局。该小说发表之后，在社会上引起了很大的反响，以至于很多人把《孽海花》当历史来读，而后产生了一系列的考证文章，比如林琴南在《红礁画桨录》中的《译余剩语》中说："方今译小说者，如云而起，而自为小说者特鲜。纾日因于教务，无暇博览，昨得《孽海花》读之，乃叹为奇绝。《孽海花》非小说也，鼓荡国民英气之书也。其中描写名士之狂态，语语投我心坎。"对于该书的夸赞，可以称得上是好评如潮，比如《负暄琐语》中说："近年新撰小说风起云涌，无虑千百种，固自不乏佳构。而才情纵逸，寓意深远者，以《孽海花》为巨擘。"而徐珂在《清稗类抄》中则说得更为详细："近人所著小说，以东亚病夫《孽海花》为最著。全书以名妓赛金花为主。金花初名彩云，不仅为近世名妓，其一生历史，即求之于古籍中，以一勾阑女关系国家存亡，除陈圆圆外，殆不多见也。是书网罗同、光以来三十年之遗闻轶事，可为近世之历史小说。其间描写名士气习，如禹鼎铸奸，如温犀照渚，尤为淋漓尽致。"

对于社会上的各种评价，曾朴有着自己的看法，比如林琴南认为《孽海花》不是小说，这原本是对曾朴的夸赞之语，但曾却对此不认可："若说我这书的意义，畏庐先生说：'《孽海花》非小说也。'又道：'彩云是此书主中之宾，但就彩云定为书中主人翁，误矣。'这几句话，开门见山，不能不说他不是我书的知言者！但是'非小说也'一语，意在极力推许，可惜倒暴露了林先生只囿在中国古文家的脑壳里，不曾晓得小说在世界文学里的价值和地位。他一生非常的努力，卓绝的天才，是我一向倾服的，结果仅成了个古文式的

大翻译家，吃亏也就在此。"（《修改后要说的几句话》）

曾朴认为林琴南的这种评价是他对小说的偏见，虽然林也是位外国小说的翻译家，而曾朴也对他的翻译表示了佩服，但他却不认可林只看重真实历史而不喜欢虚构。由此可知，曾朴对《孽海花》颇为满意，同时他认定自己所写的是小说而非真实的历史。

但是曾朴所认为的小说概念没有得到胡适的认可，1917年5月出版的《新青年》杂志上刊载有胡适跟钱玄同的通信，此通信是讨论《水浒传》《红楼梦》《儒林外史》《官场现形记》《孽海花》以及《二十年目睹之怪现状》六部小说的价值。胡适对这六部小说各有看法，而针对《孽海花》，胡适的态度是："但可居第二流，不当与钱先生所举他五书同列。此书写近年史事，何尝不佳？然布局太牵强，材料太多，但适于札记之体（如近人《春水室野乘》之类），而不得为佳小说也。其中记彩云为某妓后身，生年恰当某妓死时，又有红丝为前身缢死之证云云，皆属迷信无稽之谈。"

胡适认为《孽海花》是第二流的作品，比不上另外五部的价值。为什么给出这样的评分呢？胡适认为，《孽海花》里用到了太多的史料，而这种写法不是好小说的做法，同时在里面还有些迷信的说法。

对于胡适的这个评价，因为是公开发表者，当然曾朴能够看得到。曾朴首先说胡适"批评的很合理也很忠实"，同时曾朴也承认自己的这部小说跟真实太贴近了，所以他认为胡适的批评"恰正搔着我痒处，我的确把数十年来所见所闻的零星掌故，集中了拉扯着穿在女主人的一条线上，表现我的想象，被胡先生瞥眼捉住，不容你躲闪，这足见他老人家读书和别人不同，焉得不佩服！"

看来，小说写得太过真实也是一弊。但反过来说，这样的小说倒是记录下一段不为人知的真实历史，这应当就是鲁迅把《孽海花》跟李伯元的《官场现形记》、吴趼人的《二十年目睹之怪现状》以

□ 曾朴晚年像。摘自沈潜、肖逸然所著《曾朴》一书

及刘鹗的《老残游记》，并称为"晚清四大谴责小说"的原因吧。1924年，鲁迅出版了《中国小说史略》，他在该书中给予《孽海花》这样的评价："书洪傅其事，特多恶谑，并写当时达官名士模样，亦极淋漓，而时复张大其词，如凡谴责小说通病。"

也正因为《孽海花》在社会上引起了较大的反响，使得曾朴招来了一系列的麻烦。1934年11月17日，上海的《申报》上刊出了一篇《赛金花这一生》的报道，此文中有记者对赛金花的采访，赛称她在嫁给洪钧之前，曾朴曾暗恋过她，因为未能如愿，曾朴就借机报复，于是他就写出了赛金花一书。

这样的报道当然是人们最喜闻乐见者，于是记者乘胜追击，前去找到了正在上海的曾朴，问他如何评价赛金花的这段说辞。对于赛的这个说法，曾予以了驳斥，他说赛嫁给洪时，自己年仅十三岁，怎么可能去暗恋赛金花。不知曾朴所言是否是实情，毕竟他在十五岁时就开始搞对象，并且跟仆人和邻女等已经有了性关系。如此推论起来，他在十三岁爱上赛金花，倒也绝非没有可能。当然，这仅是一种随意的揣度，而这种揣度并不影响曾朴的伟大形象。

1935年6月，曾朴因为感冒而引发了肺炎，竟然为此就去世了，享年六十四岁。他去世后，蔡元培、胡适、柳亚子、吴梅等文化名人都写了纪念文章。对于曾朴在小说史上的贡献，郁达夫在《祭曾孟朴先生》一文中给予了高度的评价："中国新旧文学交替时代这一道大桥梁，中国二十世纪所产生的诸新文学家中这一位最大的先驱者，我想他的形象，将长留在后世的文学爱好者的脑里，和在生前见过他的我的脑里一样。"

曾朴去世之后就葬在了常熟的虞山，我曾专门包下一辆车，围着虞山寻找名人故居，兜了一圈半都没能找到曾朴墓所在，这真是一个遗憾。好在他的故居曾园保留了下来，并且得以修复，于是前往此处去探访跟他有关的遗迹。

关于曾园的来由，可以追溯到明万历年间的钱岱，当年钱在常熟建造了一处别业，名为小辋川，这处庄园占地近两百亩，后来小辋川渐渐荒芜。道光二十五年，曾熙文在此建起了明瑟山庄，此庄毁于太平天国战火。到了光绪九年，曾之撰又在此遗址之上建造起了曾家花园，起名为虚廓园。而在此建造之前的同治四年，常州的赵烈文就来此建造起了一处庄园，此园名为赵园，赵园内有着著名的藏书楼——天放楼，再后来曾、赵两家将小辋川遗址一分为二，共同营造起各自的园林，而后毗邻而居，且两家有着密切的交往。

十年前，我来常熟访藏书楼时，就已经进入了封闭多年的赵园，当时却未曾访曾园，而今再来此地，想一并访之。有意思的是，进入赵园要首先穿过曾园，而今的赵园已经整修一新，跟曾园并在了一起，两处园林的入口处有一个小广场，这应该是停车场，然而这里却没有看到汽车，反而是不少的自行车与电动

□ 赵园与曾园共同的入口处

□ 吴大澂写的匾额

车，这跟其他的景点有着较大的反差。

此处的入口修建成了老式的门楼，门楣上挂着吴大澂所题的匾额，入口的侧边是售票处，赵园与曾园统一的门票为十五元，而门票上则印着一句宣传语"《孽海花》作者曾朴的故居"，上面一个字也没有提赵烈文。其实赵在晚清历史上的名声和重要作用远在曾朴之上，而今他的名声盖过了赵烈文，显然这就是小说的作用。

□ 曾园内景

进入园林，首先看到的是一棵大槐树，这么粗壮的槐树，似乎在江南不多见。院中还摆放着一些太湖石，这也应当是当年的旧物，一座座仿古小楼之间有着大片的水系，其景色之

□ 天放楼

优美，确实令人叹羡。而曾园中我所看到的最大一座建筑名为归耕课读庐，而今里面摆放着一些藤椅，有很多老年人在这里喝茶聊天，显然成了一处休闲场所。

穿过曾园就进入了另一个院落，显然这就是赵烈文的赵园，而今的赵园比我十年前所见有了很大的变化，这里修造出的景点要比以往漂亮了很多。但我来这里还是为了看他的天放楼，可是在院内寻找一圈，却完全看不到遗迹，于是又重新退回曾园打听。询问一番，依然不得要领。重新返回赵园，总算找到了天放楼。

再次回到曾园，在其中一间展室内看到了曾朴的介绍，这间展室挂着的匾额为"君子长生"，也是出自吴大澂之手。该室的正厅摆放着曾朴像，而入口处的介绍牌则醒目地提到曾朴所创作的《孽海花》，看来他仅凭此一部小说，就足以受到后世的看重。

图书在版编目（CIP）数据

觅曲记/韦力著.-上海：上海文艺出版社.2017.11
（韦力·传统文化遗迹寻踪系列）
ISBN 978-7-5321-6348-9

Ⅰ.①觅… Ⅱ.①韦… Ⅲ.①随笔—作品集—中国—当代
Ⅳ.①I267.1

中国版本图书馆CIP数据核字(2017) 第118295号

发 行 人：陈　征
策 划 人：刘晶晶　肖海鸥
责任编辑：李　霞
封面设计：周伟伟
版面设计：钱　祯
助理美编：陈佳卿　陈　妍

书　　　名：觅曲记
作　　　者：韦　力
出　　　版：上海世纪出版集团　上海文艺出版社
地　　　址：上海绍兴路7号　200020
发　　　行：上海世纪出版股份有限公司发行中心发行
　　　　　　上海福建中路193号　200001　www.ewen.co
印　　　刷：苏州市越洋印刷有限公司印刷
开　　　本：650×958　1/16
印　　　张：25.5
插　　　页：5
字　　　数：348,000
印　　　次：2017年11月第1版　2017年11月第1次印刷
I S B N：978-7-5321-6348-9/G·0176
定　　　价：135.00元
告 读 者：如发现本书有质量问题请与印刷厂质量科联系　T:0512-68180628